JN436795

# 한국인의 효에 대한 사회조사

## - 질적 및 양적 접근 -

**성 규 탁**

**지문당**

# Social Research on Filial Piety

Qualitative and Quantitative Approaches

Kyu-taik Sung, Ph.D.
Center for Filial Piety Culture Studies

Jimoondang Publishing Company

# 머리말

효는 오랜 세월 동안 한국인의 가족과 이웃공동체의 안녕과 복리를 증진하는 데 커다란 영향을 끼쳐온 문화적 가치이다.

그러나 산업화-도시화 시대의 경쟁적이고 물질적인 생활환경 속에서 새로운 생활양식을 이루어 감에 따라 이 가치의 표현이 변화 내지 수정되고 있다.

이러한 시대적 변화에도 불구하고 우리는 여전히 이 가치의 맥락 속에서 부모는 자녀를 인자함과 애정으로 양육하고 자녀는 부모를 존중하며 보살피고 어려운 이웃의 노소를 돌보아 나아가는 전통을 이어가고 있다. 이러한 "서로돌봄"은 "경장자유"(敬長慈幼 : 어른을 존중하고 어린이에게 인자함)의 원칙을 실행하는 것으로서 이는 곧 효의 원리인 것이다.

이러한 서로 돌보는 호혜적 관계는 친밀한 상호의존적 관계를 유지하는 부모의 핵가족, 자녀의 핵가족 및 친족의 핵가족들로 이루어진 가족망 속에서 이루어져 나아가고 있다.

그러나 많은 가족들이 떨어져 살고, 개인중심적 문화가 스며들고, 가족의 자체부양능력이 저조해 가며, 발전도상에 있는 사회복지제도가 충분한 기능을 발휘치 못하는 어려운 실정이 드러나고 있다.

이런 시대적 도전을 감안하여 우리는 위와 같은 효의 가치를 다시 밝혀 새 시대의 생활양식에 맞게 가족과 이웃이 서로돌봄을 실현하는 방법을 슬기롭게 발전해 나갈 필요가 있다.

지금까지 효에 관한 자료는 대부분 구전(口傳, 입으로 전함)되거나, 전기(傳記), 속담집, 소설, 신문기사, 역사이야기와 같은 일정한 양식과 체제가 없는 글로 되어 있다.

이와 같이 효자료는 개설적이고 개념적인 설명에 치우쳐 효를 연구하고 실행하는 데 도움이 될 지침이나 지표를 체계적으로 분류해서 제시해 주지 못해 왔다.

따라서 현존하는 자료에 담겨있는 효의 의미를 탐사하여 효의 구체적 방식 및 행동을 가려내는 작업이 앞서야 하며, 이어 새 시대의 한국인이 생각하며 실행하는 효에 대한 사회조사가 이루어져야 하겠다.

이러한 필요성을 감안하여 그동안 저자가 행한 효에 대한 경험적인 조사에서 나온 자료를 분류, 해석, 논의해 보고자 한다.

저자는 효에 관한 한 가지 주제에 대한 조사가 끝나면, 다른 주제에 대한 의문이 생기어 이에 대한 새 조사를 시작하는 식으로 1985년~2015년에 걸쳐 일련의 조사활동을 해 나왔다. 그리하여 그동안 20여 과제의 사회조사를 국내외에서 수행하였다. 이 책에 소개된 13개 장의 내용은 이 조사활동의 일부이다.

효를 분석적으로 연구하는 데 참고할 수 있는 경험적 자료가 매우 드물고, 효행의 중심이 되는 가족이 변하는 시대적 맥락에서 효에 대한 태도와 행동을 측정, 해명하는 데 어려움이 많았다.

이 책에 담겨있는 글들은 효의 뜻과 실천행동을 질적 및 양적 접근으로 조사 분석한 결과를 보고한 것이다.

이 책의 내용이 사회복지, 노인복지, 한국가족, 한국인의 인성, 한국문화와 관련된 조사를 하는 데 다소나마 참고가 되기를 바란다.

2016년 1월 성 규 탁

효문화연구소

# 목 차

# 서 론
# 효에 대한 사회조사

1. 효연구를 위한 경험적 사회조사
2. 질적 조사와 양적 조사
3. 통합적 접근

## 1. 효연구를 위한 경험적 사회조사

효(孝)에 관한 자료는 대부분 구전(口傳)되어 왔거나, 전기(傳記), 생활사, 속담집, 소설, 신문기사, 역사이야기와 같은 일정한 양식과 체제가 없는 설화로 이루어져 있다. 유교경전(孝經, 禮記, 論語, 孟子, 中庸, 大學, 퇴계집, 율곡전서 등)에 수록된 효와 관련된 글도 역시 이야기식으로 윤리, 도덕, 예절과 관련된 가치와 준칙을 서술한 것이다.

효에 관한 이러한 전통적 자료는 대부분 이야기식인 설화이다. 그래서 효행을 실천하고 연구하는 데 도움이 될 구체적인 지침과 효행의 유형 또는 분류체계를 제시하지 못하고 있다.

따라서 현존하는 자료에 담겨있는 효의 의미를 탐사하여 효의 구체적 방식 및 행동을 체계적으로 가려내는 작업이 앞서야 하며, 이어 새 시대의 한국인이 생각하며 실행하는 효에 대한 경험적 조사가 이루어져야 하겠다.

이러한 조사의 필요성을 감안하여 이 책에서 그동안 저자가 국내외에서 행한 효에 대한 양적 및 질적 조사에서 얻은 경험적인 자료를 살펴보며, 논의해 나가고자 한다.

저자는 효에 관한 한 가지 주제에 대한 조사가 끝나면, 효에 대한 다른 주제에 대한 의문이 생기어 이에 대한 새 조사를 하는 식으로 일련의 연속된 조사활동을 해 왔다. 그리하여 그동안 20여 개의 크고 작은 사회조사를 수행하였다.

효는 우리의 문화적 자산으로서 이에 대한 경험적 조사를 수행함은 긴요한 과제이다. 그러나 경험적인 선행연구가 희소한 맥락에서 효를 규정하고 측정하는 데 어려움이 없지 않았다.

이 책의 13개 장은 저자의 효에 대한 탐험적 조사활동의 일부로서 효의 깊은 뜻과 다양한 실천행동을 탐색한 양적 및 질적 조사의 보기들이다.

## 2. 질적 조사와 양적 조사의 장점과 제한점

사회조사를 하면서 항상 염려하는 것은 어떻게 하면 조사를 보다 더 정확하고 믿음성 있게 하느냐의 과제이다. 이 과제를 염두에 두고 조사방법의 장점과 제한

점에 대해서 간략히 살펴보고자 한다.

사회조사에는 크게 나누어 두 가지 유형이 있다. 하나는 질적(質的) 조사이고 다른 하나는 양적(量的) 조사이다. 이 두 유형은 각각 조사를 하는 데나 이론을 개발하는 데 실용성이 높은 조사방법이다(Babbie, 2014, 고성호 외 옮김: 136~140; Cohen, Manion, & Morison, 2000; Strauss & Corbin, 1998; Goodwin & Goodwin, 1984; Denzin, 1970; 최성제, 2012: 332~343; 김영석, 2002).

이 책에 수록된 일련의 사회조사는 양적 접근을 한 것도 있고 질적 접근을 한 것도 있으며 두 가지 접근을 통합한 것도 있다.

사회조사의 양적 접근은, 약술하면, 특정한 주제에 대한 답을 얻기 위해 다수의 사례들을 무작위로 추출하여 이 주제와 관련된 개인적 및 사회적 변수들에 대한 정보를 객관적 입장에서 수집한다. 이어 이 자료를 통계기법으로 세분되고 명확한 숫자 또는 방정식으로 축소하여 현재의 상황을 증명하고 앞으로의 추세를 추정하는 보편화할 수 있는 양적 자료를 산출할 수 있다(Babbie, 2014, 고성호 외 옮김, 136, 181; 최성재, 2012: 74, 75).

이러한 양적 조사를 통하여 효행의 유형 및 실행빈도, 효행에 투입하는 에너지, 효행의 결과, 효행이 가족, 이웃 및 사회에 미치는 혜택 또는 영향, 아울러 이런 변수들 간의 상호관계에 대해서 신뢰도가 높고 타당한 통계자료를 수집, 분석, 검증할 수 있다. 효에 관한 이야기식 자료에는 바로 이러한 양적 정보가 들어 있지 않다. [이 책의 제1장, 제3장, 제4장, 제5장, 제9장, 제10장 및 제12장은 양적 접근을 한 조사에 속한다.]

한편 사회조사의 질적 접근을, 약술하면, 인간적 의도를 중시하여 연구주제에 대한 이해 또는 통찰력을 높이기 위해 단일 또는 소수의 사례나 조사대상에 대해서 주관적으로 심층적 탐색을 하여 통계분석하지 않고 자료를 수집, 해석하여 이야기체로 보고하는 방법이다(Babbie, 2014, 고성호 외 옮김: 136~140; 최성재, 2012: 478~480).

이 질적 방법으로 효행자가 품고 있는 윤리도덕적 가치, 효행을 하는 동기, 세대간 정서적 관계 및 사회환경적 요인이 작용하는 역동적 상황을 깊이 있게 탐색할 수 있다. 질적 방법은 조사대상자를 자극하거나 괴롭히지 않으면서 조사자의 주관적 접근을 자연스럽게 하는 장점을 지니고 있다.

이런 접근을 하는 데는 참여관찰, 면접, 문서/기록의 내용분석, 물리적 흔적 탐사 등 기법을 사용한다(Denzin, 1978: 237-244; Strauss & Corbin, 1998: 87-99; Rubin & Babie, 2001: 418-422; 최성재, 2012; 김영석, 2002). 이 접근으로 주로 주관적이고 서술적인 자료를 산출하지만, 다소간의 양적 자료도 산출할 수 있다. [제2장, 제6장, 제7장, 제13장은 질적 접근을 한 조사로 분류된다.]

그런데 이 두 가지 조사방법들은 조사자료의 타당성과 신뢰도를 확증하는 데는 다소간의 한계가 있는 것으로 보고 있다. 즉, 조사하고자 하는 사실을 정확히 믿을 수 있게 파악하는 데 어려움이 있다는 것이다(Rubin & Babbie, 2001: 235~236, 242-243; Goodwin & Goodwin, 1984; 최성재, 2012: 345).

그래서 정확한 이론적 틀을 세우고, 대표성 있는 표본을 잡고, 이로부터 나온 자료를 교차분석하고, 조사결과에 대한 전문인들의 합의를 이루고, 이 결과에 대한 질적 및 양적 해석을 하여 신뢰도와 타당성을 갖춘 조사결과를 산출하려고 노력한다.

하지만 사회조사의 대상이 되는 사회현상에는 변덕스럽게 변동하는 여러 요인들이 복합적으로 작용하며, 삶에 관한 현상 - 감정, 행동, 태도, 인간관계, 사회환경은 질적 및 양적 요인들을 모두 포용하고 있는 것이다.

이 때문에 노부모에 관한 현상은 숫자로만 설명될 수 없으며, 그분들의 내면적 차원과 사회적 환경에 대한 해석이 수반되어야 한다(Strauss & Corbin, 1998: 4-12; Denzin, 1970; Murphy & Longino, 1992).

그런데 양적 접근을 선호하는 논자는 사실과 가치를 분리하는 경우가 있다. 사실과 가치를 분리한다면, 예를 들어, 고령자가 학대를 당하는 경우, 학대당하는 고령자의 수만을 파악하는 것으로는 불충분하며, 이 분이 겪는 개인적 쓰라림, 비애 그리고 가족과 사회가 겪는 어려움도 해석해야 한다.

또한 효성스러운 자녀의 가장 커다란 걱정인 노부모의 건강에 관한 조사에서 입원 또는 와상 일수만 파악할 것이 아니라 비의학적 요인, 즉, 이분들이 겪는 고통과 손실, 가족과의 정서적 관계, 부양자의 부모돌봄에 대한 가치관 등도 곁들어 다루어야 한다(Gubrium & Lynott, 1985; McCullough, Wilson, Teasdale, Kolpakchi, & Skelly, 1993).

이러한 논의를 고려할 때, 노부모에 대한 조사에서는 양적 사실의 파악도 중요하지만, 질적 자료도 수집해서 이분들의 삶에 대한 포괄적 해석을 할 필요가 있는 것이다(Strauss & Corbin, 1998: 10-12; Cohen, Manion, & Morison, 2000).

## 3. 통합적 접근

위와 같은 질적 및 양적 조사방법의 장점과 제한점을 고려하여 두 방법을 통합한 접근을 해서 복합적 요인들이 작용하는 역동적 실상을 보다 더 타당하고 신뢰성 있게 파악하는 조사가 필요하다(Strauss & Corbin, 1998: 27-34; Cohen, Manion, & Morison, 2000; Goodwin & Goodwin, 1984; 최성재, 2012: 345).

효행의 대상인 노부모의 삶은 생명체의 생리적 작용과 함께 인생의 의미, 가치와 믿음, 사회관계로 충만해 있다(Murphy & Longino, 1992; Gubrium & Lyncott, 1985). 이 때문에 고령자에 대한 조사에 양적 접근과 질적 접근을 통합하는 방안이 제기되는 것이다.

질적 접근으로 효행과 관련된 내면적 차원인 윤리도덕적 이념과 가치 및 부모자녀 간의 정서적 관계, 그리고 사회환경적 요인들이 작용하는 역동적 상황을 깊이 있게 살펴볼 필요가 있다.

이와 함께 효에 관한 태도 및 행동과 관련된 다양한 개인적 및 사회적 변수들을 다량의 자료를 바탕으로 세밀하게 통계적으로 분석해서 정확히 제시하는 양적 접근도 필요한 것이다.

대개의 질적 접근은 돌봄이 진행되는 사회심리적 맥락 또는 과정에 대한 조사에 더 강하고, 돌봄에 투입되는 자원과 돌봄의 결과에 초점을 둘 때는 양적 접근이 더 적합하다고 보고 있다.

효에 대한 조사에서도 이들 두 가지 방법의 장점과 제한점을 다 함께 고려하여 양적 조사의 결과를 질적 자료로 보완하고, 질적 조사의 결과를 양적 자료로 보강하는 대안을 택할 수 있다고 본다(Goodwin & Goodwin, 1984; Sung, Kim, & Torres-Gil, 2010).

이상의 논구를 참작하여 이 책에서 소개하는 사화조사에서도 양적 조사와 질적 조사를 통합, 절충하는 접근도 시도하였다. [제1장, 제11장 및 제13장은 이러한 통합적 접근을 한 사례이다.]

아울러 양적 조사를 한 경우에는 조사가 진행된 과정 및 맥락에 대한 질적 '해석'(Interpretation)을 부가하였다.

어떤 논자는 조사자료의 타당성은 양적으로만 검증할 수 있다고 한다. 그러나 질적 방법으로도 이를 검증할 수 있는 것이다(Denzin, 1970; Rubin & Babbie, 2001: 451-452, 189-191; Cohen, Manion, & Morison, 2000).

에로 내용타당성(조사된 자료의 내용이 측정하고자 하는 속성을 제대로 측정하였음), 동시타당성(조사된 자료가 다른 타당한 자료와 서로 상관되는 관계를 가짐) 및 구성타당성(조사된 자료의 내용이 조사대상을 지적하는 이론적 근거와 정확히 맞아 들어감)을 복수의 전문인 또는 조사자가 질적으로 판정을 할 수 있다(Rubin & Babbie, 2001: 194-196; 최성재, 2012: 332~343; Denzin, 1970).

신뢰도의 경우도 수집된 자료에 대한 조사자들의 합의를 반복하거나 같은 결과를 일관성 있게 산출하여 질적 검증을 할 수 있다. 설문조사에서도 사전검사에서 제검사(동류집단에 대한 조사를 때를 달리 반복해서 조사결과의 일관성을 검증함)와 동형검사(2가지의 같은 요인들에 대한 측정결과 간에 동일성이 성립됨)를 하여 신뢰도를 판정할 수 있다(최성재, 2012: 332~342; Babbie, 2014, 고성호 외 옮김: 288, 544, 626).

일반적으로 어떤 사회조사방법이든 단 한 가지 방법으로는 타당성과 신뢰도를 갖춘 자료를 확보하기가 어려운 것으로 보고 있다. 따라서 전문가들은 한 가지 조사방법을 다른 조사방법으로 보완 또는 보강하는 타협적인 접근을 권장하고 있다(최성재, 2012: 345; Sung et al, 2010; Goodwin & Goodwin, 1984).

이러한 타협적 접근을 권하는 논자들은 질적 방법과 양적 방법 간에는 절대적 차이가 없으며, 한 조사에 두 가지 방법을 함께 적용함으로써 자료의 타당성을 더 높일 수 있다고 본다(Goodwin & Goodwin, 1984; Cohen, Marion, & Morison, 2000; 최성재, 2012: 345).

<사회조사에 대한 윤리적 준칙>

이 책에 수록된 사회조사는 효행과 관련된 부모와 자녀를 포함한 가족원들의 사생활의 일부를 탐사한 것이다. 따라서 조사대상자의 사비밀을 존중하는 윤리적 원칙을 준수해야 했다. 이를 위해, 각 조사에 앞서 응답자를 존중하여 이들에게 조사의 내용과 방법을 자세히 알리고, 이의 실행에 대한 승낙을 받았으며, 설문에 대한 응답은 자유이고, 무기명 응답이며, 모든 응답은 종합해서 평균을 내어 개인별 자료가 노출되지 않도록 하겠음을 설명했다. 미국에서 행한 조사는 해당대학의 사회조사윤리위원회의 검정과 승낙을 받고 했다.

# 제1장
# 효의 실천
# 질적 및 양적 분석

**조사방법**

1. 제1단계
   * 효행록(987사례)(질적 자료)의 내용분석(content analysis : 양적 자료로 전환하는 작업); 효행범주작성, 부호화, 돌봄서비스유형분석 등 실행
   * 효행의 중요성 분석(양적 접근), 통계분석 : 평균치기초 등위산정, 다중분류분석

2. 제2단계
   * 효행에 대한 설문조사(양적 접근) : 사전검증
     [설문 : 무기명, 폐쇄형, Likert측도 적용]
   * 제1단계 조사결과 재확인(신뢰도검정)
   * 통계분석 : 평균치기초 등위산정, 요인분석
   * 효행자면접(질적 접근) : 효행의 정서적 차원, 효행진행과정, 부모자녀관계 탐사

3. 조사결과 정리
   * 제1단계 및 제2단계 결과의 비교분석(신뢰도검정)
   * 가장 중요하다고 판정한 효행유형 및 효실천차원 식별

4. 해석, 논의

## 요 약

효의 뜻과 실천행동을 경험적 자료를 바탕으로 구체적이고 세분되게 분석한 자료가 희소하다.

오늘날 한국인이 실천하고 있는 효는 어떠한 것인가? 구체적으로 효자녀는 부모에게 어떠한 돌봄서비스를 제공하는가, 효를 하는 이유는 무엇인가, 효자녀는 가족원 및 이웃과 어떠한 관계를 유지하면서 효를 실행하고 있는가, 그리고 새 시대에 한국인이 지향하는 효의 상(像)은 어떠한 것인가?

이 장에서는 이러한 질문에 대한 답을 구하여 경험적인 사회조사를 한 결과를 해석, 논의한다.

2단계에 걸쳐 행한 이 조사는 효를 모범적으로 실행하여 효행상을 받은 성인남녀에 관한 기록을 내용분석하여 양적 자료로 전환해서 효행 및 돌봄서비스의 유형을 식별하고, 이어 이들에 대한 면접에서 얻은 질적 자료를 바탕으로 효행과정에서 효행자가 겪은 정서적 및 사회적 관계를 탐사하였다. 양 단계의 조사결과를 비교분석하여 자료의 신뢰도와 타당성을 검정했다.

효는 가족중심으로 다양한 돌봄서비스가 여러 이유로 제공되고 있음이 드러났다. 효는 가족의 역을 넘어 이웃으로 확대되어 실행되었다. 여성(며느리, 배우자, 딸)이 효행의 주역이 되어 있다. 효는 일방적인 돌봄이 아니라 세대 간에 이루어지는 양방향적인 서로돌봄이라는 사실이 분명해졌다. 노부모와 자녀가 생의 주기를 두고 돌봄을 호혜적으로 주고받은 것이다.

본 조사는 효행에 관한 질적 및 양적 자료를 바탕으로 구체적이고 체계적인 해석을 한 초유의 효연구자료를 산출하였다.

정부와 공익재단이 엄선한 효행상수상자에 대한 타당성이 있는 기록을 분석하여 일관성이 있는 결과를 이룩하였다.

[이 자료는 효행상수상자들의 선택된 집단의 효행에 관한 것이다. 그렇다면 효행자가 아닌 일반인의 효행은 어떠한 것인가? 이에 대한 답을 얻기 위한 후속조사에 대해 제4장과 제5장에서 논술한다.]

# 서 론

효는 우리 겨레가 여러 세대에 걸쳐 실천해 온 문화적 가치이다. 이 가치는 인(仁)에 뿌리를 두고 있다. 인은 인간애 그 자체이며 부모와 가족 그리고 이웃을 사랑하는 넓은 사랑이다.

이러한 이념적 바탕을 가진 효의 가치는 홍익인간사상에서 시발하여, 신라, 고려, 이조에 걸쳐 포교된 불교와 유교, 그리고 근대에 창도된 동학이 공통적으로 숭앙한 인간애-인간존중 사상과 합치된다. 근대에 도입된 기독교는 이 사상을 더욱 고양하였다. 효의 가치는 이러한 민족사상의 면면한 흐름과 합류하여 우리의 문화적 자산으로 승화한 것이다.

이와 같이 효는 오랜 세월에 걸쳐 고령자, 가족 및 이웃 공동체의 안녕과 복리를 증진하는 데 커다란 영향을 끼쳐온 우리의 문화적 가치이다.

근래의 산업화와 도시화의 충격적인 변화에 따라 우리 겨레가 일찍이 겪지 않은 다양한 변동이 가족 안팎에서 일어나고 있다.

이러한 시대의 변화에도 불구하고, 부모는 자녀를 인자함과 애정으로 보살피고 자녀는 부모를 받들어 돌보며 어려운 이웃을 지원해 가고 있다.

이러한 서로 돌보는 호혜적 관계는 곧 경장자유(敬長慈幼)의 효의 원리에 준하는 서로 존중하며 돌보는 인간적인 행동이다. 이 관계는 친밀하게 상호 의존하는 부모의 핵가족, 자녀의 핵가족, 친족의 핵가족들과 상호부조하는 이웃으로 이루어진 커다란 사회적 지원망 속에서 지속되고 있다.

하지만 시대적 변화가 가져온 커다란 도전에 부딪힌 우리 사회에서는 문화적 자산인 효를 재조명해 보고, 새 시대의 한국인이 생각하고 실천하는 효를 새로이 탐사해야 한다는 소리가 높아지고 있다.

지금까지 효의 뜻과 실천행동을 경험적인 자료를 바탕으로 구체적이고 세분되게 설명하지 못하여, 이를 실천하고 연구하는 데 도움이 될 자료, 특히 양적인 자료가 희소하였다.

* 오늘날 한국인이 실천하는 효의 구체적 행동은 어떠한 것인가?
* 노부모에게 어떠한 돌봄서비스가 제공되고 있는가?

* 효를 하는 이유는 무엇인가?
* 효는 가족중심으로 이웃과 어떠한 관계를 맺으면서 실행되는가?
* 새 시대에 한국인이 지향하는 효의 상(像)은 어떠한 것인가?

이러한 질문에 대한 답을 구하려고 본 조사를 실행하였다.

본 조사는 제1단계에서 모범적으로 효도를 하여 한국보건복지부의 효행상을 받은 효행자들과 민간의 대표적 포상제도인 재단법인 삼성복지재단의 효행상을 받은 효행자들의 효행기록(질적 자료)을 내용분석기법을 사용하여 양적 자료로 전환해서 분석하였다. 제2단계에서는 같은 효행자들에게 설문을 보내어 응답(양적 자료)을 수집하였고, 아울러 이들을 면접하여 효행에 대한 개인적 의견(질적 자료)을 청취하였다.

이와 같이 질적 자료의 분석과 양적 조사를 병행해서 조사결과의 신뢰도를 높이려고 노력하였다. 전국의 지방정부와 사회단체의 추천을 받아 정부와 저명한 공익재단의 심사를 거쳐 선정된 수상자에 관한 기록은 타당성이 있는 자료라고 볼 수 있다.

## 효의 이념

자료분석에 들어가기 전에 지금까지 전해 온 효의 일반적인 뜻을 살펴보았다. 효의 전통적인 뜻은 중국에서 나온 "효행에 관한 24개 옛이야기"(二拾四孝的故事, 1986)에 반영되어 있다. 세계적으로 널리 읽히고 있는 이 설화는 효에 관한 여러 가지 줄거리의 이야기들이다. 본격적인 조사에 앞서 예비조사로서 이 24개 설화의 내용을 분석해 보았다. 그리고는 한국에서 효행상을 받은 효행자들에 대한 기록문에서 무작위로 30편을 추출해서 분석하였다.

중국과 한국의 이야기들에 포함되어 있는 효의 뜻은 대체로 비슷하다. 그런데 중국의 이야기들 중에는 전설적이고 일화적인 내용이 포함되어 있는데, 한국 효행자들에 관한 이야기들은 현재 생존하는 사람들의 효행사례들이다. [최근에 중국에서 나온 신판 '24효행이야기'에는 전설적 내용이 들어있지 않다.]

이 예비적 조사에서 전통적 효행의 유형으로서 다음 8가지를 식별하였다.

1. 부모를 존경하는 것
2. 부모를 위해 육체적 및 재정적 에너지를 바치는 것
3. 부모에 대한 책임을 수행하는 것
4. 부모의 은혜에 보답하는 것
5. 부모를 중심으로 가족을 화합시키는 것
6. 부모에게 동정심을 갖는 것
7. 노부모를 극진히 돌보는 것
8. 부모를 위해 어렵고 비상한 일을 하는 것

위의 항목들을 본격적 자료분석에 참고할 지표(범주)로 사용하였다.

## 효행상과 효행이야기

효행상은 보건복지부가 운영하는 국가의 포상제도이다. 효의 모범적 실천사례를 홍보하여 일반인이 이를 따르도록 권장하는 공식적 방편이다. 수상후보자들은 전국에서 두 가지 경로로 추천된다. 한 경로는 행정단위 읍, 면, 군, 시, 도의 장이 추천하며, 다른 경로는 각종 민간단체의 장이 추천하는 것이다. 보건복지부 장관이 위촉하는 심사위원들이 추천된 후보자들에 관한 증빙자료를 심사하여 수상예정자를 선정한다. 매년 약 200명에게 5월 경로주간에 시상한다. 민간의 저명한 삼성복지재단도 이와 유사한 경로를 거쳐 전국에서 추천된 후보자들을 심사를 거쳐 수상후보자를 선정한다.

## 조사방법

두 단계에 걸쳐 조사를 진행하였다.

제1단계 조사에서는 987사례의 효행상수상자(이하 '효행자'라고 함)에 관한 이야기를 수록한 기록(이하 '효행록'이라고 함)의 내용을 분석하였다.

효행자에 관한 이야기들은 비구조화된 생활수기와 같은 질적 자료이다. 이런 기록문을 분석하는 데 적합한 내용분석기법(content analysis)을 사용하였다(Krippendorff, 1980; Babbie, 2014, 고성호 외 옮김: 444; 최성재, 2012: 472-

477). 이 기법으로 효행자에 관한 이야기의 내용(질적 자료)을 양적 자료로 전환하는 작업에 들어갔다. 사회조사과목을 이수하는 대학원생 20명이 효에 대한 상식과 내용분석방법에 대한 교육을 받은 후 이 조사작업에 참여했다.

제2단계 조사에서는 효행자들 가운데서 무작위로 130명을 추출하여 이들에게 설문을 우편으로 돌려 응답(양적 자료)을 받았으며, 이들 중 32명을 선정해서 전화면접을 하여 효행에 대한 개인적인 코멘트(질적 자료)를 받았다.

이러한 복합적인 접근으로 조사자료의 신뢰도를 높이려고 노력하였다. 내용분석한 효행자에 관한 정부와 저명한 민간재단의 기록은 신빙성있는 자료라고 보았다.

## [제1단계 조사]

### 1) 내용분석을 한 효행이야기

효행록은 다음과 같은 효행자에 관한 정보를 이야기식으로 서술하였다.

① 개인적 배경 : 성명, 주소, 연령, 성별, 교육정도, 직업, 종교 및 일상생활에 관한 정보

② 다년간 계속된 효행의 역사 및 특출한 효행에 대한 설명

③ 효행(돌봄서비스)의 전달상황 : 효도하는 과정에서 겪은 신체적, 재정적 및 사회적 어려움, 높이 칭찬할 만한 에피소드 및 극적인 사건에 관한 진술

④ 가정생활에 관한 정보 : 부모, 가족 및 이웃과의 상호관계, 노부모, 가족 및 이웃의 복리를 증진한 실적

⑤ 심사자의 의견 및 추천의 말

### 2) 분석방법

#### (1) 효행록의 내용분석

위에 제시한 과제들을 연구하기 위하여 효행록을 분석하는 것이 적절하고 용이하며 경제적인 방법이라고 판단했다.

#### (ㄱ) 내용분석을 위한 범주작성

제1단계 분석에서는 위에서 논한 아래의 8개 범주(분석을 위한 지표)를 따라 내용분석을 하면서 새로이 발견된 범주들을 보태어 나아갔다.

20명의 분석자들은 남녀 대학원생들로서 중산층 가정에서 성장하여 효의 개념과 실천에 대한 기본적 이해를 갖추고 있었다. 이들은 2명씩 소조를 구성하여 효행록 속의 효에 관한 태도와 행동을 탐색하면서 새 범주와 하위범주를 규정해 내었다 (Adams & Schvaneveldt, 1985: 291-315; 최성재, 2012: 472-477; 김영석, 2002: 204).

예를 들어 "부모에 대한 희생"이라는 범주는 다음과 같은 하위 범주들로 설명되었다.

① 효행자 자신의 안락, 안전 및 건강을 생각지 않고 부모를 섬긴 사실

② 부모의 의료비와 대가족의 생계비를 어려운 상황에서 부담한 사실

③ 와병 중인 부모를 시중하면서 신체장애가 있는 배우자를 부양한 사실

분석자들은 여러 차례에 걸쳐 회합을 거듭하면서 내용분석에 필요한 범주들을 체계적으로 정해 나갔다 [부록 참조]. 이 작업을 마친 후 각 범주에 적합한 효행에 관한 단어, 구, 절 및 문장의 의미를 이야기 속에서 찾았다. 특히 각 범주에 해당하는 의미가 상호배타적이어야 함에 유의했다. 이를 위해 흔히 이야기 내용을 단순화하거나 이야기의 초점을 잡거나, 또는 이야기를 요약해서 정해 놓은 부호로 바꾸었다(Miles & Huberman, 1984; Strauss & Corbin, 1998: 163). 이야기의 줄거리를 염두에 두면서 단어, 구, 문장 및 절의 의미를 참작한 후 이들을 종합하여 전체적인 양상을 형성하거나, 추리를 해 보았다. 또한 한 단어가 내포하는 뜻을 적합한 경우에는 두 가지 이상의 하위 범주로 구분하기도 했다.

그런데 30편에 대한 예비적 분석에서 각각의 효행사례는 제각기 특이한 내용을 갖추고 있어 이야기 하나하나를 개별적으로 분석할 필요가 있음을 알았다. 인구학적, 사회경제적 및 지리적 특성들을 제외한 변수들, 즉 효행에 관한 변수들을 사전에 확정된 범주에 따라 결정하지 않고, 이야기마다 내용에 알맞은 범주를 정해 나아가는 절차를 따랐다.

(ㄴ) 본격적 분석

모든 분석자들은 분석이 시작되기 전에 내용분석 절차에 익숙하도록 훈련되었으며, 부호화체계를 개발하는 데 참여하였다.

효행록은 각 효행자에 대한 추천자의 평가와 소견 내용을 포함하고 있다. 따라

서 이 추천자의 관점을 분석자들의 관점과 비교해 참작하였다.

다음은 효행이야기 내용을 범주화한 보기들이다.

"병들어 누워 있는 부모를 보살피기 위해 직장을 쉬었다." 직장을 쉬었다는 것은 부모를 위한 사회적 희생을 의미한다. 대가족을 부양한다는 것은 "가족에 대한 책임수행" 및 "가족부양"으로 이야기속의 전후관계를 보아 구분하였다.

자녀가 병든 부모에 대해 갖는 태도를 평가하는 데 있어서는 분석자의 감정과 견해를 고려해야 했다. 만약 분석자가 사항이 매우 중요하다고 판단할 경우에는 보다 높은 평점을 주었다. [그렇지 않을 경우에는 낮은 점수를 주었다.] 이어 분석자들은 그 정보의 중요성을 검토했다. 이 과정에서 분석자들은 주요성에 대한 판단을 상호 비교하여 합의를 이루면서 분석자신뢰도(coder reliability)를 지켜나갔다. 한 사례의 분석작업을 완료하는 데에는 이야기의 길이에 따라 20분~30분이 소요되었다.

효행자의 태도와 행동의 강도에 대하여도 유의하였다. 이야기의 내용은 대개가 긍정적이었다. 내용의 강도(긍정적인 정도)는 강조한 정도를 파악해서 결정했다. 즉 같은 진술을 반복하거나, 진술을 길게 하거나, 진술을 한 문맥상의 위치를 참작해서 결정했다. 특정한 단어, 문장 및 절에 무게를 둔 경우에는 내용의 강도가 있는 것으로 판정했다.

분석자들은 자료분석과 범주정립 작업을 신축성 있게 해 나갔다.

이와 같은 과정을 겪어 최종적으로 설정한 효행분석을 위한 범주들은 다음과 같다.

### (2) 분석에 적용한 제목과 범주 및 하위범주

제1제목 : 효행자(7개 범주)

① 사회적 특성(9개 하위범주)

② 가족성원들과의 관계(17개 하위범주)

③ 부모자녀 관계(6개 하위범주)

④ 친척과의 관계(7개 하위범주)

⑤ 이웃과의 관계(4개 하위범주)

제2제목 : 노부모(3개 범주)

① 사회경제적 배경(4개 하위범주)

② 가지고 있는 문제(신체적 및 기타)(16개 하위범주)

③ 효행자에 대한 태도(1개 하위범주)

제3제목 : 효행자의 배우자(2개 범주)

① 개인적 배경(4개 하위범주)

② 배우자에 대한 태도(1개 하위범주)

제4제목 : 효행의 내용(6개 범주)

① 부모에게 제공한 돌봄서비스의 유형(23개 하위범주)

② 효행을 한 연수(1개 하위범주)

③ 가족원에게 제공한 돌봄서비스 유형(7개 하위범주)

제5제목 : 분석자의 판단(9개 범주)

① 효행의 유형(9개 하위범주)

② 보상을 받은 정도(1개 하위범주)

③ 어려움을 겪은 정도(1개 하위범주)

②와 ③은 5단위 척도로 측정했음(5=가장 높음...1=가장 낮음).

이상과 같은 여러 가지 상하 범주들을 합하여 효행을 분석하였다. 몇몇 범주를 제외한 거의 모든 범주들에 "그렇다(yes)" 또는 "그렇지 않다(no)"의 양자택일식 척도를 적용했다.

범주를 선정하는 데 있어 분석자들이 동일한 판단기준을 사용하였나를 검증하기 위해 분석자의 신뢰도를 검정하였다. 즉 분석자의 선택적 감지와 기억력의 왜곡을 방지하기 위해서 내용분석 결과를 기록한 분석자들(3인)의 독자적 논증을 교차비교(triangulation)하였다(Miles & Huberman, 1984: 62-63, 222; Krippendoff, 1980: 129-154). 이러한 절차를 통하여 자료의 신뢰도를 높였다.

구체적으로 범주화작업의 신뢰도를 높이기 위해서 모든 분석자들이 똑같은 자료를 범주화한 후 그 결과를 교차 비교해 보았다. 이렇게 비교한 후, 각 분석자는 이 결과를 그전에 행한 분석과 다시 대조해 보아 이들 사이에 차이가 있는가를 검토하였다. 그뿐만 아니라 분석결과의 신뢰도를 알아보기 위해 비교적 단순한 검증도 했다. [즉, 987 사례들의 내용을 범주화한 후 분석자들은 이들 사례 중에서 무작위로 80사례를 선출하였다. 다양한 범주들 중에서 중요하다고 생각된 46개의 하위 범주를 선정했다. 그리고 이 범주들은 부모에게 제공한 서비스(23개), 효행유형(8개), 효행에 대한 보상(8개)이었다. 이들에 대한 제2차 범주화 결과를 제1차 범주화 결과와 대조하여 어느 정도로 같은가를 평가하였다. 제1차와 제2차 간의 차이를 다음 공식에 따라 검증했다(Miles & Huberman, 1984: 172-177).

[서로 같은 범주들의 수 × 10(분석자수)] ÷ [46(분석된 범주수) × 10(분석자수)]

이렇게 계산해서 얻은 수는 .81이다. 이는 제1차로 행한 여러 범주들에 걸친 부호화는 제2차로 부호화된 범주들과 대조해서 대체로 같거나 매우 비슷하여 신뢰도가 높음을 시사한다.

이렇게 분석된 효행에 대한 이야기들은 타당성이 있는 자료라고 볼 수 있다. 즉 이 이야기들은 책임성 있는 추천자가 작성한 추천자료를 정부가 선정한 권위있는 심사위원들이 심사해서 선정한 효행자에 관한 공적 문서에 기초한 것이기 때문이다(Denzin, 1970: 219-259). 또한 내용분석에서 얻은 결과와 설문조사에서 얻은 결과를 대조해서 자료의 타당도를 검증했다(Denzin, 1970: 237-238; Miles & Huberman: 230-243).

이러한 복합적인 방법으로 분석결과의 내적 일관성을 조사함으로써 신뢰도와 타당도를 함께 검증했다.

### 3) 효행분석결과

#### (1) 효행자의 사회적 특성

<표 1-1>은 효행자의 사회적 특성을 보여준다. 생활정도에 관한 자료는 분석자들의 해석과 추리에 기초한 것이며, 다른 모든 숫자들은 지적빈도로 산정한 것이다.

대다수(64%) 효행자들은 농촌지역에 거주하며, 3분의 1은 도시에 거주하고 있었다. 여성 효행자들이 남성 효행자들보다 훨씬 많았다(67% 대 33%). 과반수(52%)는 50세~69세 사이의 연령자들이다. 나머지 연령집단들은 비교적 고르게 분포되어 있다. 거의 70%는 기혼자들이고, 31%는 미혼자와 홀로 된 사람들이다. 교

육정도는 비교적 낮아 51%가 중학교 또는 그 이하, 22%가 고등학교, 16%가 대학 교육을 받은 것으로 나타났다. 대다수 효행자들의 생활정도는 대체로 낮거나 매우 낮은 편이다. 직업을 보면, 35%가 가정주부, 21%가 농업, 8.5%가 노동, 기타가 35.5%였다.

효행기간을 살펴보면, 효행자의 4분의 3이 5년 이상, 반 이상이 11년간, 3분의 1 정도가 16년 이상 효를 실천하였다. 평균 실천 기간은 12년이다.

<표 1-1> 효행자의 사회적 특성

| 사회적 특성[1] | | 백분율 |
|---|---|---|
| 거주지역 | 농촌 | 64.0 |
| | 중소도시 | 20.9 |
| | 대도시 | 15.1 |
| 성별 | 남 | 33.3 |
| | 여 | 66.3 |
| 연령 | 30-39세 | 16.6 |
| | 40-49세 | 13.5 |
| | 50-59세 | 26.5 |
| | 60-69세 | 24.5 |
| | 70-79세 | 14.5 |
| | 80세 이상 | 18.9 |
| 결혼상태 | 기혼 | 68.6 |
| | 미혼 | 16.4 |
| | 홀 로 됨 | 14.6 |
| | 이혼 | 0.4 |
| 교육정도 | 무학 | 15.7 |
| | 초등학교 | 35.2 |
| | 중학교 | 10.7 |
| | 고등학교 | 22.0 |
| | 대학 | 16.4 |
| 생활정도[2] | 매우 낮음 | 29.8 |
| | 낮음 | 42.0 |
| | 보통 | 24.9 |
| | 높음 | 2.8 |
| | 매우 높음 | 0.5 |

| | | |
|---|---|---|
| 직업 | 주부 | 35.2 |
| | 농업 | 21.3 |
| | 노동 | 8.5 |
| | 소상인 | 8.5 |
| | 관리 | 7.3 |
| | 행상 | 5.4 |
| | 교원 | 1.6 |
| | 무직 | 12.2 |
| 주거형태 | 부모자녀 동거 | 96.0 |
| | 부모자녀 별거 | 4.0 |

(N=763-987)
1) 각 특성에 대한 총계는 100%임
2) 이야기 내용의 해석에 기초함

### (2) 효행자와 가족

효행자들이 부양한 부모들 가운데 65%가 여성이고, 95%는 59세 또는 그 이상의 연령이다. 대다수의 부모들은 배우자를 잃고 재정적으로 자녀에 의존하는 상태였다.

약 3분의 1은 신체적 및 정신적 질환을 가졌거나 기동력을 상실한 고령자이다. 거의 모두(93%)가 효행자들의 직계가족이다. 이 사실은 효가 가족중심으로 실천되었음을 시사한다.

<표 1-2> 부양대상자와의 관계

| 관 계[1] | 지적 빈도(%)[2] |
|---|---|
| 시어머니 | 48.2 |
| 시아버지 | 33.8 |
| 어머니 | 30.7 |
| 아버지 | 24.6 |
| 시할머니 | 6.1 |
| 시할아버지 | 4.1 |
| 이웃노인 | 18.5 |

1) 형제와 자녀수에 관한 정보는 적었음
2) 한 응답자가 한 사람 이상을 부양한 사례가 있음

효행자의 배우자에 관한 정보는 적었다. 효행자 총수의 9%에 불과한 배우자들에 관한 자료를 분석해 본 결과, 배우자들의 사회적 특성은 효행자들과 대체로 비슷했다.

효행자들이 봉양한 노부모의 수는 1명이 48%, 2명이 36%, 3명 또는 그 이상이 16%이다. 따라서 약 반수가 부모 가운데 한 분(주로 시어머니)에게 효도를 한 셈이다.

노부모들을 다음과 같이 가족관계별로 나누어 보았다(<표 1-2>). 이들 가운데 시부모가 제일 많다. 이 사실은 남자보다도 여자(며느리)가 부모봉양에 더 많이 참여했음을 시사한다. 조부모의 수는 매우 적다.

(3) 부모의 능양(能養)을 위한 돌봄시비스

본 조사의 목표 가운데 하나는 효행자들이 제공한 돌봄서비스의 유형을 식별하는 것이다.

부모돌봄은 효행자와 부모와의 상호관계 속에서 이루어진다. 이 관계에서 보호자(즉 효행자)는 피보호자(노부모)의 안녕을 위해 걱정하고, 존경과 애정을 표시하며, 책임과 의무를 수행하였다.

부모를 위한 이런 서비스는 곧 효의 행위를 의미한다. 따라서 돌봄서비스에 관한 자료는 본 연구에서 매우 중요하다. 왜냐하면 돌봄서비스를 통해 효의 이념이 실현되었기 때문이다.

효행자가 부양한 노부모들은 허약한 고령자들이며, 신체적, 정신적 및 사회적 문제를 가졌었다. 이분들의 문제 중에는 만성질환이 제일 많았다. 가장 빈번히 지적된 문제는 마비증(26%), 대소변실금(24%), 기동력상실(17%), 노인성정신질환(10%), 시력장애(9%) 및 고독(8%)이다. 이들은 지속적으로 정성 어린 집중적 돌봄이 필요하였다.

<표 1-3>은 효행자들이 제공한 돌봄서비스의 유형을 보여준다.

29개 유형의 돌봄서비스들이 식별되었는데 이중 한 가지만 제외하고는 모두가 행동적인 돌봄서비스이다. 이런 서비스를 수행하려면 돌보는 사람(효행자)의 신체적, 재정적 및 심리적 사명감과 희생이 필요했을 것이다. 특히 와병 중인 부모는 장기적이고 집중적인 돌봄이 필요하기 때문이다. 대다수 효행자들은 어려운 생활을 하면서 이렇게 돌보았다.

<표 1-3> 효행자가 제공한 돌봄서비스

| 돌봄서비스의 유형 | 지적빈도(%)[1)] | 등 위[2)] | 구 분[3)] |
|---|---|---|---|
| 와병 중의 부모를 간병해 드림 | 65.6 | 1 | P |
| 대소변실금 부모를 도와 드림 | 49.5 | 2 | P |
| 식사시중을 함 | 45.7 | 3 | P |
| 약을 마련해 드림 | 44.7 | 4 | P |
| 대가족부양을 함 | 44.7 | 4 | F |
| 이웃노인을 돌봄 | 37.7 | 6 | C |
| 자녀교육을 시킴 | 23.1 | 7 | F |
| 세탁을 해 드림 | 23.0 | 8 | P |
| 목욕시중을 해 드림 | 22.0 | 9 | P |
| 양로원방문을 해 드림 | 13.9 | 10 | C |
| 침실정리를 해 드림 | 12.5 | 11 | P |
| 이웃을 위한 봉사를 함 | 10.6 | 12 | C |
| 말상대가 되어 드림 | 10.3 | 13 | P |
| 시동생을 교육시킴 | 10.3 | 13 | F |
| 와병 중인 남편을 간호함 | 8.8 | 15 | P |
| 부모의견을 존중해 드림 | 8.4 | 16 | P |
| 외출 시 동반해 드림 | 6.2 | 17 | P |
| 성묘를 함 | 5.7 | 18 | F |
| 가족의 장래를 위해 저축함 | 4.6 | 19 | F |
| 보행이 어려운 부모를 업고 다님 | 4.1 | 20 | P |
| 부모의 소원을 성취시킴 | 4.1 | 20 | P |
| 학교에 보내 드림 | 3.7 | 22 | P |
| 안마를 해 드림 | 3.7 | 22 | P |
| 잡비를 제공해 드림 | 3.7 | 22 | P |
| 친척을 대접함 | 3.6 | 25 | F |
| 부모에게 헌혈해 드림 | 3.3 | 26 | P |
| 이웃학생에게 장학금을 제공함 | 3.3 | 26 | P |
| 노인학교를 후원함 | 1.7 | 28 | P |
| 이야기책을 읽어 드림 | 1.3 | 29 | P |

(N=987)
1) 어떤 이야기(사례)에서는 한 가지 이상 유형의 돌봄이 제공되었음
   전체 사례수의 1%에 미달인 항목들은 제외했음
2) 백분율의 크기에 따라 등위를 정했음
3) P=개인적 보살핌, F=가족을 위한 서비스, C=지역사회를 위한 서비스

위의 29개 능양을 위한 돌봄서비스를 다음 3가지 범주로 구분할 수 있다.

(a) 부모를 위한 돌봄서비스

(b) 가족을 위한 돌봄서비스

(c) 이웃을 위한 돌봄서비스

이들 서비스는 다음과 같이 세분할 수 있다.

**(a) 부모를 위한 돌봄서비스**

* 병간호를 해드림
* 통변을 도와 드림
* 식사시중을 해 드림
* 약을 공급해 드림
* 안마를 해 드림
* 위독한 부모에게 헌혈을 함
* 세탁을 해 드림
* 목욕을 시켜 드림
* 방을 정리해 드림
* 말상대가 되어 드림
* 책, 신문을 읽어 드림
* 외출 시 동반해 드림
* 업어서 이동시켜 드림
* 부모의견을 존중해 드림
* 부모소원을 성취해 드림
* 노인학교에 보내 드림

**(b) 가족을 위한 돌봄서비스**

대가족 부양

자녀와 형제, 자매를 교육시킴

가족의 장래를 위한 저축

성묘

친척 대접

(c) 이웃을 위한 서비스

지역사회노인을 위한 서비스

양로원/노인정 방문

노인학교 후원

불우한 이웃 청소년 장학

이웃을 위한 자원봉사

효행상을 받게 된 이유는 이러한 노부모님의 능양(能養)을 위한 돌봄서비스를 제공했기 때문이다. 그런데 노부모를 위한 것만이 아니고, 배우자, 자녀, 형제 · 자매, 친척 및 이웃을 위한 것들까지 포함되어 있다. 가족의 테두리 안에서 가족끼리 돌보는 좁은 개념의 돌봄에서 범위가 더 넓은 이웃을 위한 돌봄으로 확대되었다.

(4) 효행자와 부모와의 호혜적 관계

효는 부모와 자녀 간의 호혜적(互惠的)인 성격을 띠고 있다. 부모는 자녀를 양육하는 데 헌신하고 자녀는 부모를 노후에 돌본다. 노부모와 자녀 간에 생활주기를 두고 돌봄을 주고받는 관계가 진행되었다. 효행자는 부모 이외에도 배우자, 자녀, 형제 · 자매와 서로돌봄관계를 가졌으며 가족 밖에서는 이웃과 그러한 관계를 가졌다.

가장 빈번히 지적된 것은 부모에게 헌신하는 태도(75%)와 꾸준히 받드는 태도(38%)이다. 한편 부모는 자녀에게 감사하는 태도(43%), 동정하는 태도(13%) 및 보상(報償)하는 태도(5.2%)로 대해 주었다.

효행자의 반이 노부모와 서로 도움을 주고받는 교호적 관계를 가졌다고 응답했다. 효행자와 노령의 부모 사이의 돌봄의 흐름은 양방향적이었다. 필요에 따라 도움이 성인자녀로부터 부모에게로 갔고, 부모로부터 자녀에게로도 갔다. 노부모가 자녀에게 준 도움은 아이 돌보기, 집안일 돕기, 정보제공, 충고를 해줌, 위로를 해줌, 사기를 돋아줌, 재정적 도움 등이다. 그런데 노부모는 이런 도움을 주기 전에 오랜 세월 동안 양육과 교육을 위한 온갖 유형의 돌봄서비스를 제공했을 것이다.

한편 효행자의 배우자들(아내와 남편)은 효행자에 대해 긍정적인 태도를 가졌다. 대다수는 효행을 하는 배우자에게 협동적이고 동정적이었다.

### (5) 효행의 유형

본 연구의 주요목적은 효행자들이 실천한 효행의 유형을 식별하는 것이다.

예비조사에서 9가지 유형의 효행을 식별했는데, 이들을 기본적 범주로 사용해서 효행을 식별해 나갔다.

본 조사에 적용한 모든 유형의 효행을 종합하면 다음과 같다.

〈효행유형(범주)〉

**(ㄱ) 부모를 존경함**

① 부모에게 각별한 경의를 표하며 공손하게 대함

② 부모를 진지하게 또 충심으로 돌보아드림

③ 부모에게 특별하게 명예를 드리고 귀하게 여김

**(ㄴ) 부모에 대한 책임을 수행함**

① 끊임없이 적극적으로 부모를 돌보아 나감

② 부모를 잘 모시기 위해서 결혼을 늦추거나 직장을 쉼

③ 어려운 생활을 하면서 부모를 잘 모심

**(ㄷ) 부모은혜를 보답함**

① 부모의 소원을 성취함

② 부모를 물질로써 즐겁게 해드림

③ 부모를 비물질적인 방법으로 즐겁게 해드림

**(ㄹ) 부모를 희생적으로 돌봄**

① 자신의 안락 또는 안전을 돌보지 않고 부모를 돌보는 데 헌신함

② 노동으로 번 돈으로 부모의 의료비를 지불하거나 대가족을 부양함

③ 와병 중인 부모를 간병하면서 신체장애인 배우자를 돌봄

**(ㅁ) 부모를 동정함**

① 부모를 보다 더 잘 섬기지 못함을 뉘우침

② 허약하거나 신체장애를 가진 부모를 가엾게 여김

③ 부모가 늙어가심을 가엾게 여김

**(ㅂ) 부모중심으로 가정을 화합시킴**

① 부모를 중심으로 통합된 가족을 이룸

② 부모와 다른 가족원들 간의 대화와 상호교환을 촉진함

③ 형제와 친족을 지원함

**(ㅅ) 다른 가족원을 위해 하지 못한 일을 부모에게 효도함으로써 보상함**

① 친정부모를 잘 모시지 못한 것을 보상하기 위해 시부모를 잘 모심

② 죽은 배우자를 섬기지 못한 것을 보상하기 위해 시부모를 잘 모심

③ 다른 가족원에게 해주지 못한 것을 보상하기 위해 부모를 잘 섬김

**(ㅇ) 종교적인 믿음으로 부양함**

① 유교의 가르침을 따름

② 불교의 가르침을 따름

③ 기독교의 가르침을 따름

**(ㅈ) 지역사회의 고령자를 돌봄**

① 이웃 노인들을 위해 모금을 하거나 서비스를 제공함

② 노인들과 조화된 인간관계를 갖도록 교육함

③ 자연환경을 보존하거나 교통안전을 증진함

**(ㅊ) 가족의 체면을 유지함**

① 부모나 가족을 욕되게 하지 않음

② 부모의 생일과 가족행사에 이웃 사람들을 초대해서 대접함

③ 사당이나 조상의 묘를 수리하거나 단장함

**(ㅋ) 가족의 영속을 도모함**

① 전쟁이나 천재지변으로 인해 분산된 가족을 다시 모이게 함

② 가족영속을 위해 부모를 모시고, 조상을 숭배하며, 자녀를 양육함

③ 자녀의 명예를 높이거나 가족의 사회적 지위를 지켜 나감

위의 효행 유형은 앞서 논한 바와 같이 효행록을 분석하여 식별한 것이다.

<표 1-4>와 같이 가장 빈번히 지적된 효행은 '부모에 대한 존경'(지적빈도 88%, 1등위), '부모에 대한 책임수행'(85%, 2등위) 및 '부모은혜에 대한 보답'(72%, 3등위)이다.

<표 1-4> 효행유형의 지적빈도에 따른 등위

| 효행유형 | 지적빈도(%) | 등 위 |
|---|---|---|
| 부모를 존경함 | 88 | 1 |
| 부모에 대한 책임을 수행함 | 85 | 2 |
| 부모은혜에 보답함 | 72 | 3 |
| 부모를 위해 희생함 | 47 | 4 |
| 부모를 동정함 | 43 | 5 |
| 부모중심으로 가족을 화합시킴 | 41 | 6 |
| 이웃고령자를 돌봄 | 20 | 7 |
| 이루지 못한 역할의 보상 | 11 | 8 |
| 종교적 신념에 따른 돌봄 | 7 | 9 |

(N=987)

### (6) 효행과정에서 겪은 어려움

효행을 하는 과정에서 효행자 등이 겪은 어려움의 정도를 효행자의 속성에 따라 다중분류분석(MCA)을 한 결과, 이 어려움을 설명하는 가장 중요한 속성이 '생활수준'임이 시사되었다(<표 1-5>).

일반적으로 생활정도가 낮은 자녀는 경제적 및 사회적 어려움(희생, 고통, 애로)을 생활정도가 높은 자녀보다도 더 많이 겪는다고 알려져 있다. 이 사실이 모범적으로 효행을 한 효행자의 경우에 적용됨이 드러났다. 이 사실은 효행은 자녀가 어려움을 극복하면서 실행하는 의무임을 시사한다.

<표 1-5> 부모를 위한 희생에 대한 다중분류분석

| 예측변수 | | N | 조정 전 편차* | 조정 후 개별편차** | 총 효과*** | 순 효과**** |
|---|---|---|---|---|---|---|
| 거주지역 | | | | | .11 | .15 |
| | 농촌 | 64 | .11 | .10 | | |
| | 중소도시 | 26 | .14 | .09 | | |
| | 대도시 | 14 | .03 | .08 | | |
| 성별 | | | | | .05 | .03 |
| | 남 | 26 | .07 | .04 | | |
| | 여 | 78 | .02 | .01 | | |
| 교육 | | | | | .35 | .33 |
| | 무학 | 15 | .01 | .16 | | |
| | 초등학교 | 46 | .01 | .01 | | |
| | 중학교 | 19 | .04 | .09 | | |
| | 고등학교 | 19 | .07 | .19 | | |
| | 대학 | 5 | .14 | .18 | | |
| 가족 수 | | | | | .23 | .24 |
| | 2명 이하 | 4 | .86 | .88 | | |
| | 3-4명 | 13 | .16 | .16 | | |
| | 5-6명 | 31 | .08 | .12 | | |
| | 7-8명 | 33 | .05 | .06 | | |
| | 9명 이상 | 23 | .06 | .00 | | |
| 생활정도 | | | | | | |
| | 매우 낮음 | 12 | .27 | .25 | .33 | .34[1)] |
| | 낮음 | 37 | .14 | .13 | | |
| | 중간정도 | 53 | .10 | .10 | | |
| | 높음 | 2 | 1.64 | 1.73 | | |
| | 매우 높음 | - | - | - | | |

(N=104, 종합평균=4.14, $R^{2=.17}$)

1) P=.012

* 각 하위 예측변수의 평균치는 총평균으로부터의 편차로 나타낸 것임

** 조정된 값은 다른 예측변수들로 인한 변화를 감안한 후 각 예측변수의 효과를 나타냄

*** 총효과(eta)는 다른 예측변수들의 영향을 감안하지 않고서 종속변수의 변화를 각 예측변수가 설명하는 확률을 말함

**** 순효과(beta)는 다른 예측변수들의 영향을 통제하면서 독립변수의 변화를 설명하는 각 예측변수의 능력을 말함

## [제2단계의 조사]

### 1. 효행자에 대한 설문조사 및 면접

제2단계에서는 2가지 작업을 하였다.

첫째로 제1단계의 분석결과가 과연 신뢰성이 있는가를 효행자에 대한 설문조사로 얻은 자료를 바탕으로 재검정하고, 둘째로 응답자들을 전화로 접촉하여 효행에 대한 의견과 코멘트를 수집하였다.

#### 1) 설문조사

제2단계에서는 효행자들로부터 직접 자료를 수집하기 위해 제1단계의 조사대상자가 된 987명 중에서 무작위로 130명을 추출하여 이들에게 우송 설문지(5단위 척도 적용: 1=가장 바람직하지 못함~5=가장 바람직함)로 답을 얻었다. 설문지는 효행자의 사회적 특징과 위의 9개 주요효행유형(<표 1-6> 참조)에 관한 사항들로 구성된 것이다(부록 참조). 130명 중 106명이 응답하여 81%의 응답률을 얻었다.

이들에게 폐쇄형(개방형포함)설문으로 된 설문지를 우송해서 양적 자료를 수집하였다. 설문지에는 무기명이고, 응답은 자유이며, 응답은 종합해서 평균치를 산출하기 때문에 개개 응답자에 대한 자료는 표출되지 않는다는 설명을 부기했다. 이 설문은 무작위로 선정된 효행자 10명에 대한 test-retest를 하여 신뢰도를 검정하였다.

응답자료에 대한 신뢰도는 표준화된 alpha(척도의 내적 일관성을 검증하는)계수를 (5단위 척도에 기초한) 모든 설문에 적용해서 검증하였다. 이 검증에서 효행이유에 대한 alpha값은 .68이며 통계적으로 유의한 .01선에 이른다. 각 항목에 평점 또는 가중치를 산정해서 우선순위를 정했다. [제2단계 조사에서 '가족의 영속도모'와 '가족의 체면유지'의 두가지 유형이 첨가되었음.] 이 자료에 기초하여 범주 간의 상호관계를 검증하고 효의 내포된 개념을 식별하기 위해 통계분석을 하였다.

#### 2) 설문조사결과 분석

제1단계에서는 9개 유형의 효행이 식별되었는데, 제2단계 조사에서는 2개 유형이 더 식별되어 총 11개 유형으로 증가하였다(<표 1-6> 참조).

<표 1-6> 제1단계와 제2단계에서 식별된 효행유형

| 효행유형 | 제1단계에서 식별된 효행(등위)* | 제2단계에서 식별된 효행(등위)* |
|---|---|---|
| 부모에 대한 존경 | 1 | 1 |
| 부모에 대한 책임수행 | 2 | 2 |
| 부모은혜에 대한 보답 | 3 | 3 |
| 부모를 위한 희생 | 4 | 5 |
| 부모에 대한 동정 | 5 | 6 |
| 부모중심의 가족화합 | 6 | 4 |
| 이웃노인돌봄 | 7 | 9 |
| 가족의 영속도모 | - | 7 |
| 못 다한 역할의 보상 | 8 | 8 |
| 종교적 신념에 따른 돌봄 | 9 | 10 |
| 가족체면 유지 | - | 11 |

* 각 효행의 등위는 지적빈도에 기초한 것임
- 해당자료가 없음

<표 1-7>은 효행자들이 각 유형의 효행을 지적한 빈도와 중요하다고 평한 평점의 크기를 바탕으로 등위를 비교한 것이다. 빈도를 기준으로 하나 평점을 기준으로 하나 가장 높은 등위를 차지한 항목은 역시 '부모존경', '책임수행' 및 '은혜보답'이다. 종합적으로 빈도를 바탕으로 정한 등위와 평점을 바탕으로 한 등위는 비슷하게 나타났다. 등위상관계수는 Rho .78으로 산출되어 한 가지 등위를 보고 다른 등위를 추정할 수 있음을 시사한다.

<표 1-7> 효행유형 : 빈도에 따른 등위와 평점에 따른 등위의 비교(효행자)

| 효행유형 | 빈도에 따른(ㄱ) 등위(%) | | 평점에 따른(ㄴ) 등위평균(SD) | | | 평균 등위 |
|---|---|---|---|---|---|---|
| 부모존경 | 1 | (88) | 1 | 4.73 | (.59) | 1 |
| 책임수행 | 2 | (85) | 2 | 4.54 | (.62) | 2 |
| 은혜보답 | 3 | (72) | 3 | 4.46 | (.76) | 3 |
| 희생 | 4 | (47) | 4 | 3.76 | (1.11) | 4 |
| 동정 | 5 | (43) | 6 | 3.29 | (1.23) | 5 |
| 가족화합 | 6 | (41) | 6 | 3.29 | (1.29) | 6 |
| 이웃돌봄 | 7 | (20) | 5 | 3.75 | (1.54) | 6 |
| 보상 | 8 | (11) | 9 | 3.16 | (1.62) | 8 |

| 종교적 심념 | 9 | (7) | 8 | 3.25 | (.84) | 8 |
|---|---|---|---|---|---|---|
| 가족영속 | 10 | - | 10 | | (1.84) | 10 |
| 가족체면유지 | 11 | - | 11 | 2.50 | (1.88) | 11 |

* Spearman 등위계수(Rho)=.82(.001)
(ㄱ) <표 6>에 기초함
(ㄴ) 5단위 척도에 의한 평점의 가중치의 평균에 기초함

### 3) 효행유형의 요인분석

다음에는 효행유형들의 저변차원을 살펴보기 위하여 11개 유형들에 대한 요인분석(factor analysis)을 하였다(<표 1-8>). 이 분석은 106사례 중 손실자료가 없는 96사례를 바탕으로 행하였다. 이 자료를(Kaiser 표준화로 회전을 한 후) Verimax회전에 의한 요인분석을 하였다. <표 1-8>에서 제시한 바와 같이 3개 요인들을 찾아내어 의미가 있는 제목을 각 요인에 붙였다. 이 분석에서는 .3이상의 적재치만을 사용하였다.

제1요인은 "가족적 효행"이라고 이름지었다. 이 요인은 체면유지, 이웃화합 및 가족영속의 3개 효행이유들로 이루어졌다. 이들 유형들은 효와 관련된 가족과 지역사회, 종교 및 신념과 관련되기 때문에 그렇게 이름붙였다. 이 제1요인은 총변량의 54.6%를 차지한다. 제2요인은 "행동적 효행"이라고 이름지었다. 이 요인은 부모에 대한 책임을 수행하기 위한 동기와 부모를 위해 희생하기 위한 동기의 두 행동 지향적인 유형들로 이루어졌으며 총변량의 25.8%를 차지한다. 제3요인은 "정서적 효행"이라고 이름지었는데, 가족화합, 부모에 대한 동정, 부모존경 및 부모은혜에 보답하려는 내면적 또는 감정적 유형으로 이루어졌는데 이들이 모두 효의 정서적 측면을 반영하기 때문에 그러한 제목을 붙였다. 제 3요인은 총변량의 18.2%를 차지한다.

이와 같이 11가지 효행유형들의 저변에 깔려 있는 3가지 차원을 찾아내었다. 11개 유형은 이상과 같이 3가지의 상이한 차원 또는 요인으로 축소되었다. 제1요인은 가족과의 관계를 나타내는 효의 차원이며, 제2요인은 부모부양의 행동지향적인 차원이며, 제3요인은 효행자와 부모와의 정서적 관계를 나타낸다.

다양한 효행들의 저변을 이루는 차원으로서 이 3가지 요인이 식별되었다. 이 자료를 바탕으로 효행은 가족을 중심으로 부모에게 행동적이고 정서적으로 돌봄을 제공하는 것이라고 해석할 수 있다.

<표 1-8> 효행유형의 요인분석

| 변 수 (효행유형) | 적재치 | | | 공분자 |
|---|---|---|---|---|
| | 1 | 2 | 3 | |
| 책임 | | .79 | | .67 |
| 희생 | | .58 | | .33 |
| 존경 | | | .42 | .28 |
| 동정 | | | .44 | .29 |
| 가정화합 | | | .45 | .53 |
| 보은 | | | .36 | .75 |
| 보상 | | | | .16 |
| 종교교의 | | | | .24 |
| 이웃화합 | .84 | | | .49 |
| 체면유지 | .72 | | | .53 |
| 가족영속 | .43 | | | .19 |
| 총변량에 대한 비율 | 54.6 | 25.8 | 18.2 | |

* Kaiser표준화를 거쳐 처리됨. 적재치 .3 또는 그 이상만을 고려함(N=96)

## 2. 효행자 면접

설문지에 대한 응답을 검정하는 과정에서 설문지 옆 또는 아래 공간에 응답자의 개인적 의견 및 코멘트를 기입해 놓은 사례가 38건이나 발견되었다. 설문응답에 대한 보충, 설문에서 문의하지 않은 사항에 대한 코멘트, 수상자 자신의 효에 대한 개인적 신념 또는 가치관 등에 관한 간단한 진술을 자진해서 기입해 놓은 것이다. 이러한 추가정보를 자원해서 제공한 효행자들 중 전화접촉이 가능한 33명을 선정하여 이들에게 1대1로 전화면접을 해서 효행을 하는 과정에서 각자가 개인적으로 겪은 또는 느낀 일들에 대해 5분~10분 동안 자유로이 이야기를 해달라고 부탁하였다. 그들의 응답은 일체 비밀로 하고 기록에는 기명을 하지 않음을 분명히 전했다. 이들의 거의 모두가 기명을 해도 좋다고 하며 매우 적극적으로 협조해 주었다. 33명 중 30명이 각각 10분~20분 정도, 3명은 5분 정도에 걸쳐 응답하였다. 모두가 사회적 칭송을 받는 자신들의 효행에 관해 자진해서 예정한 10분보다도 더 긴 시간동안 자랑스럽게 응답해 주었다. 이들의 응답을 무기명으로 기록하였다. 이들의 이야기(질적 자료)를 요약해서 이야기내용에 따른 빈도를 기초로 구분하면 다음과 같다.

(1) 효행자가 면접에서 피력한 코멘트

* 효는 자식으로서 부모에게 당연히 해야 하는 의무의 수행임(90%),
* 효는 부모로부터 오랜 세월 동안 받은 은혜를 돌이켜 갚는 것임(90%),
* 효는 자나 깨나 자식걱정을 해주는 부모에 대한 감사의 표현임(80%),
* 효는 정성을 다하여 부모를 돌보는 끊임없는 노력임(70%),
* 효를 충분히 못한 데 대한 자책 또는 죄의식을 가짐(50%),
* 효를 하는 데 배우자를 포함한 가족원들의 협조가 도움이 되었음(40%),
* 효는 부모와 가족원들이 책임감을 가지고 서로 돌보는 것임(40%),
* 효행을 하는 과정에서 개인적 및 가족의 어려움을 극복하였음(30%),
* 자신의 어린 자녀도 효행을 배워 노부모와 자신에게 효행을 함(20%),
* 젊은 사람들이 효에 대해 더 많은 관심을 가지기를 바람(20%),
* 어려울 때 이웃과 동사무소의 지원이 도움이 되었음(10%).

(ㄱ) 측은지심의 발현

효행자들의 부모의 needs를 충족하려는 이타적 노력의 밑바탕이 된 것은 이들의 부모에 대한 '측은지심'이었음을 면접에서 감지할 수 있었다.

그들은 고령의 병약한 부모를 딱하고 애처롭게 여기고, 그분들이 괴로워하면 스스로도 괴로움을 느끼고, 그분들이 어려움을 당하면 그들도 어려움을 당한다는 심정으로 돌보아 드렸다. 이런 심정은 효행자의 마음에서 절로 흘러나와 그만둘 수 없는 측은한 것이며 결코 그 보답을 구한 것이 아니었음을 알 수 있었다.

## 3. 종합적 해석(제1단계 조사 및 제2단계 조사)

지금까지 효에 대한 설명이 구체적이고 체계적이지 못하여 효에 대한 연구와 실천을 위한 분명한 지침을 입수하기가 어려웠다.

이러한 과제에 대한 답을 구하여 효를 모범적으로 실천한 효행자들에 관한 기록을 분석하고, 이들로부터 효실천과 관련된 의견을 청취하는 작업을 하였다. 즉, 질적 자료인 기록을 내용분석하여 양적 자료를 얻었고, 설문조사와 면접을 해서 양적 및 질적 자료를 수집하여 분석한 것이다.

효는 일반적으로 부모를 섬기고 돌보는 것으로 이해되어 왔으나 본 조사에서 효는 보다 더 다양한 유형의 행동으로 실행된 것으로 나타났다. 효는 가족을 중심으로 노부모와 성인자녀가 서로 존경, 애정, 책임, 보은과 같은 덕목을 실행하면서 다양한 돌봄서비스를 주고받는 호혜적 관계 속에서 실행됨이 밝혀졌다. 3가지 유형 -가족의 화합, 가족의 영속, 가족체면유지- 이 모두 가족중심적인 효행이다. 이와 같이 지금까지 없었던 효를 설명하는 세별된 행동적 지표들을 가려내었다.

다음에 이 조사에서 나온 주요결과를 음미해 보고자 한다.

〈효행의 유형〉

부모에 대한 존경, 부모에 대한 책임 수행, 부모은혜에 대한 보답을 포함한 11가지 유형의 효행이 식별되었다.

이런 효행의 유형들은 효행자들의 사회적 특성에 따라 유의한 차이가 없다. 즉, 모든 효행자들이 공통적으로 실행한 효행임이 시사되었다.

효행자들은 개인적 배경이 다름에도 불구하고 효실행의 높고 낮은 차이가 거의 없었다. 가족원들의 가슴속 깊이 내재하는 효심은 외부요인으로부터 별다른 영향을 받지 않았음을 시사하는 것이다. 이 경우 효심이라 함은 측은지심과 상통하는 마음가짐이라고 본다. 가족원들의 이러한 마음가짐은 서로돌봄의 어려움을 극복토록 한 힘이 되었을 것이다.

인상 깊게도 효행의 유형들 중 3 가지 -가족화합, 가족의 영속, 가족의 체면유지 - 가 모두 가족과 연계된 것이다. 이 사실은 효가 가족중심으로 이루어짐을 알려주고 있다.

가족이 효행의 중심적 세팅으로 드러났다. 이 사실은 또한 앞서 제시한 요인분석의 결과에서도 예증되었다. 즉, 효행은 가족을 중심으로 부모에게 정서적이고 행동적인 돌봄을 제공하는 것이다.

〈제공한 돌봄서비스〉

효는 구체적인 돌봄서비스를 부모에게 제공함으로써 실현되었다.

노부모들의 대다수는 손끝으로 하는 돌봄에서부터 대인관계를 돕는 일에 이르기까지 다양한 서비스를 제공받았다.

효행자들의 대다수는 중학교를 마친 가정주부(며느리)로서 생활수준은 대체로 낮았다. 모든 노부모들은 자녀와 동거하고 있었다. 가족의 세팅 안에서 효가 실천된 것이다.

효행자들이 노부모에게 제공한 다양한 돌봄서비스를 다음 3가지로 구분할 수 있다.

* 노부모를 위한 돌봄서비스
* 가족을 위한 돌봄서비스
* 이웃을 위한 돌봄서비스

이들 서비스는 다시 다음 3가지 단계에 걸쳐 분류할 수 있다.

"제1차적 서비스" : 집안일 돕기(방안정리, 세탁 등), 개인적 돌봄(식사시중, 목욕시키는 일, 대소변 돕기 등), 주택제공(자녀와 동거), 가정의료(간호, 의약품 제공 등).

"제2차적 서비스" : 교통제공(외출 시 동반, 등에 업고 다니는 것), 심리적 지지(존경, 부모의 소원 성취 등), 용돈 제공, 보호, 사회활동 참여 주선(주로 가족원들과 함께).

"제3차적 서비스" : 책 읽어주기, 대화상대가 되는 것, 교육의 기회를 마련해 주는 것.

돌봄서비스는 주로 여성 효행자들(며느리, 딸)이 제공하였다. 여성이 돌봄의 주역을 맡은 것이다. 아들은 주로 감정적 및 재정적 지원을 하고, 가족 밖의 자원을 활용하는 역할을 했다. 남녀 성별에 따라 돌봄패턴이 달랐다.

여성이 노부모부양을 위한 주역을 과연 얼마나 더 오래 담당할 수 있을까? 가족의 변화와 생활스타일의 변동을 보아 앞으로 성인남자가 더 많은 돌봄역할을 맡아야 할 것으로 본다.

효행자들은 노부모뿐만 아니라 다른 가족원들과 이웃에게도 돌봄서비스를 제공했다. 가족중심적으로 돌보는 효행은 이웃으로 연장된 것이다.

총 11개(예비조사에서 9개와 추가로 2개) 유형의 효행이 식별되었다.

〈효행에 따른 어려움〉

효행자들은 오랜 기간 자신의 안락을 뒷전으로 하고 힘든 일을 하면서 부모를 돌보았다. 특히 여성, 저소득자, 저교육자 및 대가족에 속하는 효행자들은 많은 어려움을 겪었음이 시사되었다.

면접을 통해 이들의 어려움을 더 자세히 알 수 있었다.

가장 어려웠던 일이 무엇이냐는 질문에 이들의 다수는 다음과 같이 말했다. 근심, 부담감, 좌절, 피곤, 사회적 격리, 구속감, 부모의 무능력 상태를 다루는 어려움, 부모를 돌보기 위해 다른 식구들에 대한 의무를 소홀히 한 것 등 문제를 견뎌내는 일이었다. 신체적 장애가 있는 노부모를 돌본 효행자들은 더욱 어려운 문제에 극복했다. 예를 들어 심한 체력소모, 긴 시간의 투입, 끊임없는 부양으로 인한 정서적 소진, 자신의 부양역할 수행을 제대로 못 한 데 대한 죄책감 등을 극복하는 어려움이다. 특히 여성효행자, 즉 며느리의 경우 혈연관계가 없이 결혼으로 인해 갖는 의무로서 힘든 부양작업을 하는 데서 겪는 긴장과 스트레스는 가히 짐작할 수 있다. 효행을 둘러싼 이러한 역동적인 상황이 면접에서 나타났다.

〈호혜적 돌봄관계〉

부모은혜를 갚기 위해 효도를 했다는 사실이 설문조사와 면접에서 현저하고 일관성있게 예증되었다.

한편 노령기에 들은 노부모들은 효행자에 의존하며 돌봄을 받았다.

그런데 자녀도 이들 노부모로부터 여러 가지 유형의 돌봄을 받았다.

세대 간에 호혜적 돌봄관계가 이루어진 것이다.

돌봄서비스는 가족원들 간의 정서적 및 행동적 교환관계를 통해서 이루어졌음이 드러났다. 자녀와 부모와의 돌봄관계는 자녀로부터 부모에게로 가는 단일방향적인 관계라고 지적하는 자료가 많다. 그러나 효행자들과의 면접에서 이들의 대다수는 부모와 상호교환적인 호혜적 관계를 가졌음을 알 수 있었다.

효행자들은 또한 부모로부터 받은 은혜를 갚는 것은 자녀의 의무이며, 책임성있게 이 의무를 수행해야 함을 지적하였다. 의무수행을 하는 중요한 방편이 곧 부모를 돌보는 행동임을 또한 지적했다. 그러고는 자신의 부양역할 수행을 제대로 못 한 데 대한 죄책감, 효행과정에서 가족원들 간의 화합을 이루었음을 지적했다.

이와 같은 효행이 진행된 과정과 환경에서 일어난 역동적인 상황에 대한 코멘트를 새겨 보면, 부모자녀 간에는 생의 주기를 두고 오랜 기간 양방향적인 돌봄관계가 진행되었음을 알 수 있다.

이러한 호혜적인 돌봄관계는 자(慈)와 효(孝)의 두 가지의 덕(德)을 일상생활에서 실천하는 것이다(退溪集, 2003). 자(慈)는 부모가 자녀에게 인자하게 돌봄을 베푸는 것이며, 효(孝)는 자녀가 부모를 섬기며 돌보는 것이다. 이 퇴계의 말은 자녀와 부모가 돌봄을 주고받는 호혜적 관계를 가르친 것이다.

이러한 서로돌봄 관계는 나아가 고령자와 연소자 간의 평등한 상호지원 관계로 진전될 수 있음을 시사한다. 이런 관계는 맹자의 다음 말에 함축되어 있다.

> "아랫사람이 윗사람을 공경하는 것은 귀귀(貴貴)이고, 윗사람이 아랫사람을 공경하는 것은 존현(尊賢)이다. 그 뜻은 다 같다"(맹자, 만장장구하 3).

호혜적 관계는 은혜에 대한 보답(報答)과 인과응보(因果應報)의 가치의 실현을 의미한다. "내가 베푼 것은 조만간에 나에게 돌아온다." 이 말에는 보답과 인과응보의 원칙이 표상되어 있으며 호혜적 관계의 원리가 담겨있다.

이러한 "호혜적 부모자녀 관계"가 바로 현대 한국인들이 발전적으로 재정립해야 할 과제라고 본다. 이 책의 각 장에서 이러한 서로 돌보는 관계에 대한 논의가 되풀이된다.

효행자들이 받은 보상은 심리적인 것임이 그들과의 대화를 통해 알 수 있었다. 효행은 가족의 화합과 단합을 이룩하는 결과를 가져왔다. 이들은 또한 사회로부터 칭찬을 받았다. 그리고 인상적인 것은 일부 효행자들의 어린 자녀가 효도하는 것을 보고 배워 자기들 부모(효행자)에게 효도를 했다고 하였다. 이 사례는 어린이를 위한 사회화와 교육이 중요함을 시사하는 것이다.

〈효행의 주요유형〉

본 조사에서 가장 많이 지적된 핵심적 효행유형은 다음의 세 가지이다.

(1) 부모에 대한 존경

(2) 부모에 대한 책임

(3) 부모은혜에 대한 보답

이 세 가지 유형의 효행을 연결해서 다음과 같이 표현할 수 있다.

"효행자들은 부모를 존경하고 책임성 있게 돌보며 은혜에 보답했다."

위의 세 가지 효행은 다음과 같이 규정된 것이다.

1. 부모에 대한 존경
 1) 경의를 표하며 공손하게 대함
 2) 명예를 주고 귀하게 여김
 3) 정성껏 돌보아 드림

2. 부모에 대한 책임
 1) 끊임없이 적극적으로 부모를 돌보아 드림
 2) 부모를 잘 모시기 위해서 결혼을 늦추거나 직장을 쉼
 3) 어려운 생활을 하면서 부모를 성심껏 돌봄

3. 부모은혜를 갚음
 1) 부모의 소원을 성취함
 2) 부모를 물질로써 즐겁게 해드림
 3) 부모를 비물질적인 방법으로 즐겁게 해드림

다음에 이 세 가지 효행의 뜻을 재음미해 보고자 한다.

〈부모에 대한 존경〉

부모존경이 가장 빈번히 지적된 효행이다. 사실 효에 대한 가르침에서 가장 강조된 것이 부모존중이다.

서로 돌보는 데는 두 사람들 -부모와 자녀, 어른과 젊은 사람- 이 서로 도움을 주고받는 사회관계가 이루어진다. 이 관계에서 지켜져야 할 기본요건은 예의(禮儀)이다.

예의 바르게 행동한다는 것은 사람을 존중하며 대하는 것이다.

우리문화에서는 습관적으로 부모, 선생, 윗사람에게 겸손하게 존댓말을 하고, 공손한 태도와 행동을 취하고, 뜻을 존중하고, 좋은 자리를 드리고, 음식을 먼저 권하는 등의 문화적 관행을 실행한다(성규탁, 2014). 효에 관한 가르침에서는 이런 존경하는 태도와 행위는 나의 부모에게만이 아니라 이웃과 사회의 모든 어른에게도 하는 예절로 되어 있다.

효행자들은 바로 이러한 예절을 지킨 것이다.

부모와 어른에 대한 존경에 관해서는 제3장, 제8장 및 제9장에서 자세히 논의한다.

〈부모에 대한 책임〉

효의 기본조건은 생의 주기를 두고 부모자녀 간의 호혜적 관계를 이루는 것이다. 이런 관계에는 서로에 대한 책임/의무가 따르게 마련이다.

효행자들은 효행을 하는 과정에서 여러 가지 어려움에 부딪혔다. 효행자와의 면접과 설문조사에서 어려움을 겪었다는 사실이 드러났다. 이들은 어려움을 강조하거나 과장하지는 않았으나 이를 겪었다는 점을 시인한 것이다. 어려움이란 희생, 고통, 수난 같은 정신적 및 물질적 난을 말한다. 이들은 이런 어려움을 부모에 대한 의무감/책임감으로 이겨냈을 것이다. 사랑은 열렬하다가도 식을 수 있지만, 의무감/책임감은 효행을 꾸준히 계속하는 힘이 될 수 있는 것이다.

친밀한 관계를 가진 가족원들의 경우에도 내가 받으면 돌이켜 줄 책임을 지게 된다. 즉, 부모에 대한 책임, 배우자에 대한 책임, 자녀에 대한 책임, 형제에 대한 책임을 지는 것이다. 나아가 이웃과 모든 사람들과도 받으면 돌려줄 책임이 있다.

유교경전에 수록된 부모자녀에 관한 가르침은 그 내용의 거의 모두가 자녀의 부모에 대한 의무/책임에 관한 것이다. 즉, 부모와 어른에게 자녀와 연소자가 마땅히 해야 할 도리를 가르치는 내용으로 차여있다.

자녀의 이런 의무의 수행은 부모에 대한 측은지심(惻隱之心)의 발로인 것이다. 측은지심은 곧 인(仁)의 출발점이다(맹자 공손추 상 5).

[책임/의무에 관하여 다음 장에서 다시 논의한다.]

〈부모은혜에 대한 보답〉

부모는 자녀의 신체와 머리털 및 피부를 낳아주신 분들이다.

몸을 물려주신 부모는 항상 마음속 깊이 자녀가 병이 없이 오래 살기를 염원하고 있다. 이런 간절한 소원은 오직 부모만이 가질 수 있는 고귀한 마음씨이다.

그뿐만 아니라 부모는 음식, 의복, 주거, 교육, 보건 등 유아로부터 성인으로 자라는 데 필요한 온갖 종류의 물질적 및 비물질적 돌봄을 그들에게 제공한다. 대다수 부모들은 자기들의 안락과 노후생활을 위한 자원을 자녀양육을 위해 희생적으로 바치며, 자녀가 자라서 성인이 되고 난 뒤에도 돌봄을 계속하다가 세상을 떠난다.

효행자들은 이러한 깊고, 넓고, 끝없는 부모은혜에 보답하는 의무를 수행한 것이다. 이 때문에 효행자들은 정부와 공인된 사회단체로부터 상을 받은 것이다. 다양한 효행유형들을 대표하는 3가지는 오늘날 한국사회가 바람직하다고 보는 효행의 형(型)을 상징한다고 볼 수 있다.

위의 3가지 유형의 효행 -(1), (2), (3)- 외에 다음과 같은 효행의 요건이 또한 드러났다.

(4) 부모를 위한 능양(能養)

(5) 측은지심의 발현

(6) 부모자녀 간의 호혜적 관계

이 요건들은 모두 위의 효행유형들과 병행해서 실행되었다.

이 효행유형과 요건들은 가장 뚜렷하고, 가장 중심적이며, 가장 강조되었다고 판단했기 때문에 선정된 것이다.

[이 조사가 끝나자 새로운 질문이 생겼다. 즉, 효행자가 아닌 일반인의 효행은 어떠한 것인가? 이 질문에 대한 답을 얻기 위한 조사에 대해 제4장과 제5장에서 보고한다.]

## 부 록

### 내용분석에서 유의한 점

[내용분석의 일반적 수칙에 대해서는 이 책 끝의 '부록'을 참조하기 바람.]

1. 부모에게 드린 보살핌 · 서비스를 분석하는 데는 "類別" 및 "빈도합산" 방법을 사용했음.
2. 효행을 한 연수는 "유별" 및 "합산"으로 분석했음.
3. 효행의 동기는 태도와 행동의 중심적 경향을 파악하고, 단편적인 단서들을 합성해서 전체적 상을 이루어 보고, 추리를 해서 분석했음.
4. 부모와의 관계는 요약 또는 영향의 방향을 잡아서 분석했음.
5. 효행의 결과(효과, 상태의 변화, 소출)는 유별, 단서의 합성 또는 추리를 해서 분석했음.
6. 가족성원에 대한 지지는 유별로써 분석했음.
7. 평점을 정하는 데 있어서는 예로 전반적 희생에서는 4단위 척도로 행하였음. 즉 매우 낮음, 낮음, 높음, 매우 높음으로 구분하였음. 단위를 결정하는 데는 단순한 지적, 종합, 유별, 또는 추리를 행하였음.

### 분석을 위한 부호화표 [보기]

다음 효행의 범주(지표)를 yes(1) 및 no(2)로 정하였음.

1. 부모의 문제

   INCONT(대소변 실금)

   PARALI(마비증)

   SENILI(노인성 질환)

   EYESIGHT(시력장애)

   CANCER(암)

   LONELI(고독)

   POVERTY(빈곤)

2. 제공한 돌봄서비스의 종류

   SERV-CONT(대소변 실금하는 부모를 위한 서비스)

SERV-BEDSI(와병중인 부모를 위한 간병)
SERV-BATH(목욕)
SERV-MEAL(식사시중)
SERV-LAUN(세탁 및 청소)
SERV-MEDI(약 보급 및 치료주선)
SERV-SAVE(가족의 장래를 위한 저축)
외

3. 부모와 효행자와의 관계
UNIDIRECT(일방향)
RECIPROCAL(상호교환적)

4. 자녀와의 관계
BEHA-MODEL(모범행동을 보임)
MAN-EDUC(적절한 행동을 가르침)
EDUC-ADUS(빈곤 중 교육제공)
INTI-RELA(친밀한 관계유지)
RECP-FILI(자녀로부터 효행 받음)

5. 효행의 유형
MOT-RESP(존경)
MOT-OBLI(책임)
MOT-SACR(희생)
MOT-HARM(가족화합)
MOT-REPAY(보은)
MOT-CONT(가족영속)
MOT-RELI(종교적 신념)
MOT-NEIGH(이웃돌봄)
MOT-FACE(체면)
외

## 제2단계에서 사용한 설문의 항목

1. 사회경제적 특성
   성별, 교육, 종교, 직업, 가족 수, 생활정도
2. 효행의 유형
   부모에 대한 책임, 부모에 대한 희생, 부모에 대한 동정, 가족의 화합, 보은의 소원, 보상, 종교적 신념, 지역사회의 화합, 가족의 체면유지, 가족의 지속
3. 효행을 함으로써 받은 보상
   부모의 병, 고통의 치유, 해소
   가족관계의 화합
   자녀 교육
   가족생활 만족
   자녀로부터 효도를 받음
   이웃으로부터 칭찬을 받음
   사회로부터 인정을 받음
4. 효행 중 경험한 어려움
   신체적
   사회적
   재정적

위의 어떤 항목들에는 5단위 척도(1=전혀 옳지 않음......5=매우 옳음)을 적용하였음.

# 제2장
# 전통적 효의 의미
# 문헌해석: 질적 접근

조사방법

* 조사대상 문헌(질적 자료)
  효경(孝經), 예기(禮記), 맹자(孟子)
  논어(論語), 중용(中庸), 소학(小學)
  퇴계(退溪集)
  율곡전서(栗谷全書)
  명심보감(明心寶鑑)

* 위 문헌에서 가장 뚜렷하고, 가장 중심적인 효행의 유형 및 요건으로 드러난 아래 6개 주제와 관련된 문장을 3인의 조사자들이 교차검정하여 발췌했음

  1. 부모에 대한 존경
  2. 부모에 대한 책임
  3. 부모은혜에 대한 보답
  4. 부모를 위한 능양(能養)
  5. 측은지심의 발현
  6. 세대 간 호혜적 관계

* 위 주제에 대한 윤리적 및 복리지향적 교시를 음미, 해석함

## 요 약

오랜 세월에 걸쳐 전해온 전통적 효와 오늘날 실행되고 있는 효 사이에는 어떠한 차이점과 유사점이 있는가? 이 질문에 대한 답을 얻기 위해 먼저 전통적 효에 대한 가르침을 담고 있는 유교의 경전과 문헌을 살펴보았다.

사회적 변동은 부모부양에 대한 윤리도덕 의식을 흐리게 하고 있다. 이런 시대적 어려움을 염두에 두고 효의 전통적 뜻을 재조명, 재확인해 보았다.

제1장에서 효의 중심적 요인으로 드러난 아래의 주제와 관련된 퇴계(退溪)와 율곡(栗谷)의 가르침과 유교경전(儒教經典 : 孝經, 禮記, 論語, 孟子, 中庸, 小學)의 내용을 탐사하였다.

부모에 대한 존경

부모에 대한 책임

부모은혜에 대한 보답

부모를 위한 능양(能養)

부모에 대한 측은지심(惻隱之心)

부모자녀의 호혜적 관계

3인의 조사자가 위 주제를 담은 문장을 상호대조(cross-checking)하여 내용의 타당성에 대한 합의를 이루면서 발췌해 나갔다.

우리의 문화적 맥락에서의 위 주제의 의의를 해석하고 이를 실천으로 옮기는 데 대한 논의를 하였다.

한국유학의 중심적 인물은 퇴계(李退溪; 滉)와 율곡(李栗谷; 珥)이다. 이분들은 다 같이 인간의 덕행(德行, 착하고 어진 행동)의 바탕을 효제충신(孝悌忠信 : 부모에게 효도함, 형제에게 정의로움, 임금(통치자)을 받들음, 믿음성있게 행동함)에 두었으며, 이 중에서도 특히 효(孝)에 가장 큰 무게를 두었다(채무송, 1985: 307-310; Pak, C. H. 朴鐘鴻, 1983). 앞 장에서 지적한 바와 같이 효는 인(仁, 인간애)의 발로이며, 한국인의 전통사상인 인간애-인간존중 사상과 합치한다.

효사상은 한국인의 가족체계와 일상생활의 사소한 부문에 이르기까지 영향을 미쳐 왔고, 개인과 사회가 지켜야 할 도의심과 예의범절의 기틀을 이루었으며, 부모자녀와 노소(老少)가 서로 존중하며 돌보는 윤리적 원칙을 제시해 주었다.

그러나 오늘날 노부모부양(효)은 가족 안팎의 변동으로 인하여 힘겨운 과업이 되고 있다. 이러한 변동은 노부모와 고령자에 대한 사람들의 윤리적 의식을 동요시키고 있다.

이런 사회적 맥락을 염두에 두고 우리의 전통적 가치인 효의 뜻을 재조명해 보고자 한다.

조선(朝鮮)의 거유(巨儒) 퇴계(退溪)와 율곡(栗谷)의 가르침과 중국에서 발원한 유교경전(儒教經典 : 孝經, 禮記, 論語, 孟子, 大學, 中庸 등)을 참고하여 제2장에서 드러난 효행의 기본이 되는 다음 주제에 의의와 실천에 대해서 논의하고자 한다.

부모와 어른에 대한 존경

부모에 대한 책임

부모은혜에 대한 보답

부모를 위한 능양

부모에 대한 측은지심

부자간 호혜적 관계

## 〈부모에 대한 존경〉

효경에는 다음과 같은 말이 있다.

"인간이 하는 모든 행동 가운데서 효행보다 더 중요한 것은 없다. 효행 가운데서도 부모를 존경하는 것이 제일 중요하다"(孝經, 10 聖治章 孝 莫大於嚴父).

예기(禮記, 祭儀)에도 부모존경을 으뜸으로 중요시했다.

즉, 예기에는 아래와 같은 효의 중요한 조건들이 제시되어 있다(大孝尊親 其次弗辱 其下能養).

첫째, 부모를 존경하는 것(尊親)

둘째, 부모와 가족을 욕되게 하지 않는 것(弗辱)

셋째, 부모에게 좋은 음식, 따뜻한 의복과 안락한 거처를 드려 편히 모시는 것(能養)

이 조건들에서 첫 번째로 무게를 둔 것이 부모에 대한 존경(尊敬)이다.

존경은 성인자녀의 부모에 대한 자연적이며 기본적인 의무이며 덕목이다. 따라서 부모에 대한 불경(不敬)은 사회적 비판을 받는다.

이러한 의무/책임을 수행하기 위해서는 노력을 해야 한다.

공자는 다음 말로 부모섬김에 있어 자녀가 할 윤리적 의무를 가르쳤다.

> "요사이 부모를 돌보기만 하면 효자라고 한다. 그러나 개와 말도 돌보아 주지 않는가. 부모를 존경으로 대하지 않는다면 부모와 짐승 사이에 무슨 차이가 있겠는가"(論語, 爲政, 7).

우리의 문화에서는 이웃과 사회의 사람들을 예의바르게 대하는 덕목이 강조되고 있다. 이 점에 대해 공자는 다음과 같이 교시하였다.

> "나의 가족 내에서 어른을 섬겨야 하고 가족 밖에서는 다른 가족의 어른을 존경해야 한다"(孝經, 2; 論語, 學而, 6).

예의의 기본은 사람을 섬기는 것이다. 예의바르게 행동하는 데에는 언제나 겸양(謙讓 겸손하고 양보하는 행동)의 덕(德)이 깃들어 있게 마련이다. 우리가 습관적으로 부모와 연장자에게 존댓말, 공손한 태도와 행동을 하고, 언행을 조심하고, 승낙을 받고, 뜻을 존중하고, 자리를 양보하고, 좋은 음식을 먼저 권하고, 와병 중일 때는 수심에 찬 얼굴을 하여 존중하는 의지와 행동을 표출한다. 이러한 겸손하게 존경으로 실행하는 효는 나의 부모에게만이 아니라 이웃과 사회의 어른에게도 한다.

### 〈자녀의 책임/의무〉

효경(孝經, 8 三才章)에 다음과 같이 효를 정의해 놓았다.

"효는 하늘이 주신 가르침이며, 이 세상의 올바른 도리이고, 사람들이 마땅히 해야 할 행동이다"(夫孝天之經也,地之誼也,民之行也).

'마땅히 해야한다'는 말은 의무/책임을 의미한다.

퇴계(退溪)도 효는 모든 행동의 근원이며 인간생활의 지도원리라고 했다(退溪集, 2003). 율곡(栗谷)도 같은 말은 했다. 즉, 효는 사람의 모든 행동가운데 으뜸이며(百行之首), 가정을 바로잡는 길(正家之道)이며(栗谷全書, 卷19, 聖學輯要, 正家章), 올바른 인간이 형성되는 데는 효에 바탕을 둔 부모자녀 간의 윤리가 중요하다고 했다.

효를 한다는 것은 부모가 필요로 하는 돌봄서비스를 제공하는 의무를 수행하는 것이다. 돌본다는 말(care)에는 다른 사람의 안전과 평안을 염려하며 보살핀다는 뜻이 담겨 있다(Webster's Dictionary).

퇴계(退溪)는 이타적 행동을 실천함을 강조하였는데, 이에는 책임의 수행이 따름을 반복해서 설교하였다(이황, 성학십도, 2001: 62, 63, 148).

그는 부모는 자녀를 인자하게 '보살펴야 하고' 자녀는 어버이에게 '효를 해야 한다'고 하여 세대 간 윤리적 의무를 명시했다.

공자(孔子)는 부모가 생존하는 동안에 자녀는 멀리 떨어진 곳에 가지 말 것이며, 부득이 먼 곳에 가게 되면 부모와 연락할 수 있도록 일정한 장소에 가 있으라고 했다(論語, 里仁篇, 父母在不遠 遊必有方). 자녀의 안전을 걱정하는 말이다. 부모의 유체인 자기 몸을 안전하게 다스리는 일은 곧 부모에 대한 자식의 책임/의무를 수행하는 것이다.

이 부모에 대한 책임/의무는 법적으로 규정된 타율적인 것이 아니라 스스로 알아서 하는 자율적인 것이다. 내 마음속에서 울어나는 측은지심으로 책임을 수행하는 것이다.

퇴계는 또한 다음과 같은 증자(曾子)의 이야기를 들어 인(仁, 인간애)을 실행하는 데는 책임이 따름을 분명히 했다(退溪, 2001: 46, 주 116). 퇴계가 소개한 다음 이야기는 자녀의 가장 큰 책임 -부모에 대한 의무- 을 수행하는 사례이다.

증자는 평생토록 부모로부터 물려받은 몸과 머리카락을 보존하는 것이 효도의 시초이며 끝임을 실증했다. 부모가 주신 귀한 몸을 지킬 무거운 책임을 그의 인생이 끝나는 순간까지 지켜낸 데 대한 이야기이다.

증자는 병들어 생의 마지막 순간인 임종에 이르자 문하의 제자들을 불러 다음과 같은 애절한 말을 했다(論語, 泰伯篇 2).

> "나의 발을 펴 보아라. 또 나의 손을 펴 보아라. 몹시 두려워하여 조심하기를 마치 깊은 못가에 임하듯, 마치 얇은 얼음을 밟듯 한다고 했거늘 이제부터는 그렇게 조심하지 않아도 되겠구나."

증자는 부모에게 효도하기 위해 부모가 주신 그의 몸을 그의 숨이 끊어질 순간까지 책임성 있게 지켜왔음을 제자들 앞에서 증언한 것이다.

위의 선현(先賢)들의 말은 자녀와 부모 사이의 서로돌봄의 도리와 의무를 가르치고 있다.

이분들은 효의 실행은 부모와 자녀 간의 서로돌봄이며 이는 자연적이고도 당연한 도리임을 분명히 했다. 부모자녀가 서로에 대해 져야 할 책임을 분명히 한 것이다.

### 〈부모은혜에 대한 보답〉

효경(孝經)에 효는 덕(德, 착하고 어진 품성과 행동)의 근원이며(夫孝德之本也), 인(仁, 인간애)의 실행이라는 말이 있다. 즉, 인과 덕의 구체적 표현이 곧 효도라는 것이다.

이런 효를 하는 이유로서 우리는 아래와 같은 막중한 부모은혜에 보답하기 때문이라고 한다.

1. 나를 낳아주신 은혜(生産의 은혜)
2. 나를 길러 주신 은혜(養育의 은혜)

효경(孝經, 今文開宗明義章)에서도 또한 효의 시작은 부모가 베푸신 '생산의 은혜'인 신체, 머리털 및 피부를 훼손하지 않는 것이라고 했다.

막중한 은덕을 베풀어준 부모님에게 효도한다는 것은 곧 이분들을 섬기며 이분들이 주신 나의 몸을 다스리는 것이다(孟子, 7 離婁章句上, 19 事執爲大 事親爲大 守執爲大 守身爲大).

율곡은 효로 몸을 다스리는(以孝守身) 도리에 대해 다음과 같이 말했다.

> "천하에 내 몸보다 더 소중한 것은 없다. 이 몸은 부모로부터 물려받은 유체(遺

體)이다. 부모가 남겨준 이 몸은 천하의 어느 것과도 바꿀 수 없다. 부모의 은혜가 얼마나 큰 것인가를 이로써 알 수 있다. 어찌 감히 몸을 나의 것으로만 생각하며 부모를 극진히 모시지 않을 수가 있겠는가"(栗谷全書, 卷27, 擊蒙要訣, 事親章).

이 모두가 부모은혜를 망각하는 불경스러운 행위가 있어서는 아니 됨을 가르치는 말이다.

율곡(栗谷)은 죄목 가운데서 불효(不孝)가 제일 큰 죄라고 했다(李珥, 學校模範, 事親條).

부모는 자녀에게 몸을 남겨주었을 뿐만 아니라 자녀가 성인으로 성장하는 오랜 기간에 걸쳐 끝없는 사랑과 관심, 그리고 음식, 의복, 주거, 교육 등 성장하는 데 필요한 온갖 유형의 정서적 및 물질적 도움을 자녀에게 제공한다. 대다수의 부모들은 자기들의 개인적 안락과 편의, 그리고 만년의 생활안정을 위한 자원을 자녀들의 양육을 위해 대가를 바람이 없이 바친다. 우리 사회의 부모는 다른 나라의 부모들보다도 이 점에서 더 뛰어나다. 이렇게 해서 자녀를 성장시켜 이들이 성숙한 성인이 되고 난 뒤에도 계속 정신적 및 물질적 돌봄을 하다가 세상을 떠난다.

이러한 생산 및 양육의 크고 넓고 깊은 부모은혜를 명심보감(明心寶鑑, 孝子篇)에는 다음과 같이 표현해 놓았다.

"아버지 나를 낳으시고 어머니 나를 기르시니 슬프도다. 아버지 어머니 나를 기르시는데 애쓰시고 수고하셨도다. 그 은덕을 갚고자 하는데 그 은혜가 하늘같이 다함이 없어 갚을 바를 알지 못하도다."

공자는 제자 맹무백이 효에 대해 질문하자 다음과 같이 대답했다.

"부모는 오직 자식의 병을 걱정하느니라"(論語, 爲政 6).

이 말은 부모는 자식이 병을 앓지 않고 오래 살기를 가슴속 측은지심으로 소원하고 있음을 시사한다. 부모만이 가질 수 있는 애절한 소원이다. 부모은혜의 막중함을 알려주는 말이다.

〈부모를 위한 能養〉

앞서 지적한 예기(禮記)의 세 가지 중요한 효행(大孝尊親 其次不辱 其下能養) 중에서 끝의 것이 능양(能養)이다. 즉, 부모의 마음을 편하게 하고, 걱정을 덜어 드리고, 입에 맞는 식사를 대접하고, 편안한 거처를 마련해 드려 섬기는 것이다(小學, 善行 第6章).

섬기는 일은 두 가지 차원에 걸쳐 할 필요가 있다.

첫째는 물질적인 봉양이고, 둘째는 첫째에 못지않게 중요한 부모의 마음을 평안하게 해드리는 정서적인 것이다.

예기(禮記, 內則)에는 노부모가 일상생활에서 필요로 하는 각종 물질적 도움을 자녀 스스로 또는 자녀의 대리인이 제공하는 것은 효의 중요한 부분임을 명시해 놓았다. 부모 곁에서 심부름, 병간호, 식사대접, 대소변가림, 가사돌봄, 침소정돈, 의복세탁, 이동지원, 세수목욕돌봄, 부모소원성취 등을 해드리는 것이다.

경서(經書)에는 이러한 물질적(수단적)인 돌봄보다도 비물질적(정서적)인 돌봄을 더 앞세워 교시함으로써 효의 보다 더 중요한 내용이 물질에 앞서 정서적 차원에 있음을 지적하고 있다.

율곡(栗谷)은 효행을 두 가지 차원으로 구분하였다. 즉, 부모의 구체(口體, 몸)를 물질적으로 잘 봉양하는 것과 부모의 심지(心志, 마음)를 정서적으로 잘 받드는 것이다(栗谷全書, 卷27, 擊蒙要訣, 事親章). 그는 이 두 가지를 함께 실행해야 한다고 했다. 그러나 율곡은 효를 행하는 데 있어 특히 부모의 심지(心志 마음)를 성실히 받들어 모셔야 함을 강조하였다.

공자는 부모를 형식적으로만 도와서는 아니 된다고 다음과 같이 말했다.

> "효는 부모를 봉양함을 뜻한다. 그러나 개와 말도 사육하지 않는가. 존경심을 가지고 부모를 봉양하지 않는다면 노부모와 동물 사이에 무엇이 다를 바가 있겠는가?"(論語, 2 爲政 7).

이는 물질적으로만 부모를 봉양해서는 충분치 못하며 존경심과 온정으로 섬겨야 함을 가리키는 말이다.

모름지기 자녀가 하는 모든 일이 부모의 마음을 평안히 할 수 있다면 이는 매우 성공적인 효가 될 것이다. 그래서 예기에는 부모의 마음을 편히 해드리는 것이 중요하다고 지적되어 있다(禮記, 內則 省心篇下).

### 〈측은지심의 발현〉

효는 자녀의 마음속에서 우러나오는 인간애(仁)를 통해 표현된다. 맹자는 측은지심(惻隱之心)은 인(仁)의 실마리라고 했다(孟子, 公孫丑).

그래서 인을 표하는 대표적 방법이 효이고, 효는 측은지심으로 실행되는 것이다(李滉, 2003).

맹자는 이런 마음속의 효심을 다음 이야기를 들어 묘사하였다(Chen, 1986: 376).

> "옛날 중국의 쩽쑤는 자기 아버지가 즐겨하던 단대추를 마련해 놓았다가 수시로 아버지를 대접하였다. 그러다가 그의 아버지가 세상을 떠났다. 아버지의 사망을 애통히 여기는 쩽쑤는 이 과일을 볼 때마다 아버지 생각이 간절하여 감히 그 과일을 먹을 수가 없었다."

이 이야기는 효심은 자녀의 마음속에서 우러나는 깊은 인간애(仁)의 표현인 측은지심임을 시사한다.

측은지심은 남이 배고프면 그에게 먹을 것을 주려하고, 남이 물에 빠지면 건져내려 하고, 남의 기쁨을 자신의 기쁨으로 여기며, 대가를 바라지 않고 저절로 남을 위하는 마음이다. 나아가 남에게 복이 있음을 기뻐하고, 남이 화를 입음을 싫어하고, 남을 사랑함이 가슴속에서 절로 흘러나와 그만들 수 없는 측은한 마음이고 그 보답을 구하는 것이 아니다(論語, 위영공 8; 孟子, 공손주 상 5).

이러한 측은지심은 공자의 살신적 사랑과 연계된다. 공자는 나의 생명을 바쳐서라도 남을 위한 공익을 추구해야 함을 지적하였다(論語 위영공 8).

퇴계(退溪)가 말한 자(慈)와 효(孝)의 호혜적 관계는 이런 측은지심으로 부모와 자녀가 서로 돌보는 관계이다.

퇴계는 공동사회의 모든 사람에게 미치는 넓은 인(인) -측은지심- 을 창도하였다(이황, 2001: 39). 그분의 다음 말은 이러한 사상의 발로이다.

> "인의 마음은 따뜻하게 남을 사랑하고 모든 것을 이롭게 하는 마음이며 사심없이 이타적인 측은한 마음이다"(성학십도, 2001).

퇴계의 측은한 마음은 이웃과 사회 -공(公)- 으로 연장되며, 돌봄이 필요한 모든 병든 사람, 고아, 자식없는 노인과 사회적 약자에게 미친다. 즉, 넓은 사랑이다(論語, 학이 2, 6; 안연 22; 옹야 3; 이인 25).

> "천지에 있으면 한없이 넓은 만물을 낳는 마음이요, 사람에게 있으면 남을 사랑

하고 이롭게 하는 따뜻한 마음 -측은지심- 으로 사덕 -인(仁), 의(義), 예(禮), 지(智)- 을 포괄하고, 이것이 발하여 이루어지는 사랑과 공(恭)의 정(情)이다."

유학(儒學)에서 사단(四端)은 인간의 착한 본성을 가리키는 말인데, 착함(선)을 싹틔우는 4개의 단서(실마리)로서 측은지심(惻隱之心)은 어려움에 처한 사람을 애처롭게 여기 구해내려는 마음이다.

측은한 마음(惻隱之心)은 곧 인의 대표적 표현이다(이황, 2001).

〈세대 간의 호혜적 관계〉

퇴계의 다음 말은 부모자녀 간의 호혜적(互惠的) 관계의 근본을 가르치고 있다.

"부모가 자식을 사랑하는 것은 자(慈 : 인자함)이며, 자식이 부모를 섬기는 것은 효(孝)이니 효와 자의 도는 천성에서 나온다. 효와 자는 중선의 으뜸으로 그 은혜는 지극히 깊고 무거우며 그 정은 절실하다"(채무송, 1978: 310).

이 말은 세대 간에 의무적으로 돌봄이 이루어져야 함을 가르치는 명언이다. 뿐만 아니라 이 말은 세대 간의 돌봄에는 공평성(公平性)과 호혜성(互惠性)이 깃들어야 함을 뜻한다.

율곡도 역시 부모자녀 간의 호혜적 관계의 중요성을 다음과 같이 지적했다.

"남의 아버지가 된 자는 그의 아들을 사랑할 것이요, 자식된 자이면 그의 부모의 은혜를 망각하는 행위를 해서는 아니 된다"(栗谷全書, 卷27, 擊蒙要訣 序文 只孝爲父 當慈爲子 當孝; 孝經, 第1章).

이러한 세대간 호혜적 관계는 생의 주기를 두고 계속된다.

공자는 이 점과 연계되는 다음 말을 하였다.

"효자의 어버이 섬김에 거(居)함에는 그 공경을 지극히 하고, 봉양함에는 그 즐김을 지극히 하고, 병들 때는 그 근심을 지극히 하고, 상을 당하여는 그 슬픔을 지극히 하고, 재사를 지남에는 그 엄함을 지극히 할지니 이 모두를 갖춘 연후에 능히 어버이를 섬김이니라"(孝經, 傳之7章 今紀孝行章).

이와 같은 세대 간 돌봄의 원칙은 어떠한 마음가짐으로 지킬 수 있는가? 이에 대한 답은 퇴계의 앞서 인용한 다음 말에 담겨 있다.

"천지에 있으면 한없이 넓은 만물을 낳는 마음이요, 사람에게 있으면 사람을 사랑하고 이롭게 하는 따뜻한 마음 -측은지심- 으로 사덕(四德) -인(仁), 의(義), 예(禮), 지(智)- 을 포괄하고, 이것이 발하여 이루어지는 사랑(愛)과 공경(恭)의 정(情)이다"(退溪, 2001: 85).

가족적 차원의 효는 이웃의 차원으로 확대된다.

효경(孝經)에는 다음과 같은 말이 있다.

"어버이를 사랑하는 자는 감히 사람에게 악하지 아니하고 어버이를 공경하는 이는 감히 사람에게 오만하지 아니하나니 사랑하며 공경하기를 어버이 섬김에 다하면 덕의 가르침이 백성에게 더하여 사해의 법이 되리니 천자의 효이니라"(孝經, 1 今文開宗明義章).

이 말은 사회의 모든 성원들은 서로 조화로운 도덕적 관계를 유지해야 한다는 가르침이며, 이런 관계의 중심은 효임을 지적한 것이다.

퇴계의 다음 말도 이 점을 예증하고 있다(퇴계, 2001: 83-84).

"백성은 나의 동포요, 사물은 나와 함께 사는 무리이다. 나이 많은 이를 높이는 것은 천지의 어른을 어른으로 대접하는 것이다."

"천하의 파리하고 병든 사람, 고아와 자식없는 노인, 홀아비와 과부는 모두 내 형제 가운데 어려움을 당하여 호소할 데 없는 자이다."

이 말들은 어려운 사람들 -사회적 약자- 은 모두가 나와 함께 공동사회를 이루는 형제로서, 이들을 이타적인 '서'(恕)의 정신으로 사랑해야 함을 가르치고 있다. '서'는 내가 원하지 않는 것은 남에게 하지 않고, 내가 원하는 것을 남에게 하는 것이다. 남을 중히 여기며 행동하는 이타적 마음가짐이다. 즉, 서로를 존중하고 사랑하며 돌보는 호혜적 관계를 중요시하는 가치이다.

호혜적 관계는 서로에 대해서 서(恕)의 정신으로 겸양(겸손과 양보)의 예를 지킴으로써 이룩해 나갈 수 있다.

이러한 겸양의 덕에 관한 교훈이 유교경전 여러 곳에 수록되어 있다. 예로 소학(小學, 3장 廣敬身 4)에는 '종신양로 불왕백보'(終身讓路 不枉百步)이라는 말이 있다. 평생동안 남에게 길을 양보해도 내가 입는 손해는 백 보밖에 되지 않는다는 말이다. 내가 오랫동안 남을 위해 양보해 나가도 내가 입는 손해는 매우 적다는 뜻이다.

세대 간 호혜적 돌봄으로서의 효는 또한 인과응보의 뜻이 함축되어 있다.

> "태공이 말하기를 `어버이에게 효도하면 자식도 또한 효도하나니 이 몸이 이미 효도하지 못하였으면 자식이 어찌 효도하리오."

명심보감(효행편)에도 이와 비슷한 말이 있다.

> "효도하고 순한 사람은 다시 효도하고 순한 자식을 낳을 것이오.....믿지 못하면 오직 처마 끝의 물을 보라. 방울방울 떨어지고 떨어져 어긋나게 옮기지 않느니라."

주고받는 호혜적 관계에도 순서와 절차가 있으며, 원인이 있으면 결과가 발생하는 자연적인 법칙이 적용됨을 알려주는 말이다.

퇴계는 효로써 어버이를 섬기고 공손하게 형을 섬기며(事親孝, 事兄悌), 서(恕)로써 남의 입장을 존중하면서 관계를 맺어(及物恕) 인을 실천할 것을 역설하였다. 이 가르침은 서로가 원하는 것을 서로에게 해 주는 호혜적 관계를 교시하는 것이다.

이 가르침은 효경(孝經)의 다음 말과 상통한다.

> "어버이를 사랑하는 자는 감히 사람에게 악하지 아니하고 어버이를 공경하는 이는 감히 사람에게 오만하지 아니하나니 사랑하며 공경하기를 어버이 섬김에 다하면 덕의 가르침이 백성에게 더하여 사해의 법이 되리니 천자의 효이니라"(孝經, 經1章 今文開宗明義章).

사회의 모든 성원들은 서로 조화로운 도덕적 관계를 유지해야 한다는 가르침이다.

공자는 나의 생명을 바쳐서라도 남을 위한 공익(公益)을 추구하는 적극적인 사랑에 대해 다음과 같이 말했다.

> "인자는 삶을 구하여 인을 해치는 일이 없고, 몸을 죽여 인을 이루는 일은 있느니라"[子曰 志士仁人, 無求生以害仁, 有殺身以成仁](論語, 위영공 8).

다른 사람을 사랑하기를 나를 바쳐서 한다는 뜻이다. 게다가 온 세상의 사람들을 널리 사랑함을 중시한 것이다(論語, 학이 6, 안연 5).

제자가 '인'은 무엇을 뜻합니까? 라고 질문하자 공자는 다음과 같이 답했다.

"사람을 사랑하는 것이니라"(論語, 안연 22).

공자가 말한 사랑은 보편적인 넓은 사랑이다. 그런데 공자는 이 사랑은 부모를 사랑하는 데서 시작된다고 했다. 이어 공자는 "나 자신의 부모를 사랑하지 못하는 사람은 다른 사람을 어떻게 사랑할 수 있겠는가"라고 했다.

인에 관해서 공자는 중용(中庸)에서 다음과 같이 분명히 말했다.

"인(仁)은 사람(人)이다. 육친가족과 일가친척이 서로 친애하는 것을 가장 중대하게 여긴다"(中庸, 20장 5 仁者人也親親爲大).

이 말의 뜻은 인(仁)은 사람자신의 본성이며 이 본성에 의거하여 친속을 사랑하는 것을 가장 중요하게 여긴다는 것이다(中庸, 박완서, 2008).

맹자의 다음 말도 같은 뜻을 담고 있다.

"인의 근본은 어버이를 효도로 섬기는 것이다(孟子, 離婁上 37장).

다시 말해서 인(仁)의 보편적인 뜻은 '사람을 사랑하는 것'인데 이 사랑은 부모에게 효도하는 데서 시작되는 것이다(論語, 안연 22; 孟子, 이루장구 上). 그뿐만 아니라 인은 나의 가족이 아닌 사람들도 널리 사랑하는 가치이다(論語 1 학이 2, 6).

이와 같이 사랑하는 범위가 확대된 인은 '넓은 사랑'을 뜻한다.

유교에서는 나와 다른 사람과의 관계-인간관계-를 보편적으로 중요시한다.

부모자녀의 관계에서도 공자가 말했듯이 '나'가 원하지 않은 것은 '너'에게 하지 않는다. 이것은 서(恕)의 원칙이다. 이런 원칙은 나로부터 다른 가족원에 이르고, 나의 가족에서부터 이웃과 사회로 이르며, 이어 온 세상 사람들에게 적용되는 것이다.

나아가 효의 이념적 바탕인 인은 가족 내의 친족을 공경하듯(親親) 다른 가족에 속하는 사람들도 공경하는(仁民) 넓은 '서로돌봄'으로 확대되어야 함을 가르치고 있다(孝經, 2).

부모사랑이 뭇사람에 대한 사랑으로 확대되는 점에 대해 공자는 아래와 같이 말했다.

"어버이를 사랑하는 자는 감히 다른 사람을 미워하지 못하고, 어버이를 공경하는 자는 감히 남을 업신여기지 못하나니, 사랑과 공경을 다하여 제 어버이를 섬기면 덕교(德敎)가 온 백성에게 까지 미쳐서 사해(四海)에 모범이 되리라"(孝經, 2 천자장).

맹자는 이 말의 뜻을 강조하여 다음과 같은 공자의 말을 들었다.

"집에 들어가면 부모에게 효도하고, 밖에 나오면 모든 일을 삼가며, 남에게 믿음을 주며, 모든 사람을 널리 사랑하라"(맹자, 學而 6).

따라서 효의 실천범위는 가족의 한계를 넘어 이웃과 사회로 확대된다. 즉, 이웃과 공동사회 복리의 추구로 연장되는 것이다.

위의 말과 관련된 맹자의 다음 말이 또 있다. 이 말은 세대 간의 서로돌봄의 공평성(公平性)을 더 구체적으로 설명하고 있다(孟子, 만장 장구하 3).

"아랫사람이 윗사람을 공경하는 것은 귀귀(貴貴)이고, 윗사람이 아랫사람을 공경하는 것은 존현(尊賢)이다. 그 뜻은 다 같은 것이다."

이 명언은 윗사람을 섬기는 것이나 아랫사람을 섬기는 것은 그 귀중함과 현명함이 다 같다는 것이다. 노소 간 공평한 서로돌봄의 당위성을 지적한 것이다. 뿐만 아니라 연령과 사회적 지위의 고하를 막론하고 모든 사람은 존엄성과 평등성을 존중받아야 함을 시사한 것이다.

세대 간 호혜적 관계가 이루어지는 데 필요한 이념적 기초를 제시해 주는 말이다.

## 맺는말

위에 논술한 유교문헌에 담겨 있는 전통적 효와 오늘날 우리가 행하는 현대적 효가 질적으로 다르다고 보아서는 아니 된다고 본다. 다른 것이 있다면 그것은 사회변동으로 인하여 효의 표현방법의 차이가 있다고 보는 것이 옳을 것이다. 우리는 가족구조, 주거형태 및 생활스타일의 변화 때문에 효의 표현방법을 수정하고 있는 것이다(성규탁, 2014).

이러한 변동과정에서 세대 간의 상호존중과 공평성을 중요시하게 되었다. 이런 가치도 이미 유인(孺人)들의 가르침에 들어 있다. 예로 앞서 인용한 맹자의 윗사람을 섬기는 것이나 아랫사람을 섬기는 것이나 그 귀중함과 현명함이 다 같다는 말을 들을 수 있다. 이 말은 모든 사람은 평등하게 존중받아야 함을 시사한다.

유교에서는 나와 다른 사람과의 관계 -인간관계- 를 보편적으로 중요시한다.

부모자녀의 관계에서도 공자가 말했듯이 '나'가 원하지 않은 것은 '너'에게 하지 않는다. 이것은 서(恕)의 원칙이다.

오늘날 이러한 서(恕)의 원칙은 세상 사람들이 금과옥조(金科玉條, The Golden Rule)로 삼고 있다. 이 교훈은 또한 우리가 오랜 역사를 두고 지켜 온 예절(禮節)의 기본이다. 예절의 기본은 다른 사람을 섬기는 것인데, 이 섬기는 방법의 대표적인 것이 곧 서(恕)이다. 이 가치로 예절을 지킴으로써 우리는 사회의 질서, 안정 및 화합을 이룩할 수 있다.

우리의 문화적 맥락에서는 다른 사람들을 예의바르게 대하는 덕목이 강조되고 있다. 예의의 기본은 사람을 섬기는 것이다. 예의바르게 행동하는 데에는 언제나 겸양(謙讓 겸손하고 양보하는 행동)의 덕(德)이 깃들어 있게 마련이다. 앞서 인용한 '종신양로 불왕백보'(終身讓路 不枉百步, 小學, 3장 廣敬身 4)가 뜻하는 바와 같이 평생동안 남에게 길을 양보해도 내가 입는 손해는 백 보밖에 되지 않는 것이다.

남을 사랑과 존경으로 대하는 이타적인 선행을 위해서는 나의 에너지의 일부를 받이게 되어 있다. 하물며 남이 아닌 나의 부모와 선생 같은 은인에게 겸손하게 행동함으로써 받는 손실은 비록 백 보보다 더하다 해도 성숙한 성인이 이를 능히 감당해야 할 의무가 아니겠는가.

예를 지키면서 나를 둘러싸고 있는 사람들로부터 우의적으로 인증을 받아 나를 실현하고, 나아가 이들과 자발적으로 서로 돌보는 관계를 이룩해 나가는 것이 우리의 문화적 가치이다(孟子, 양해왕 장구 상 7; 論語, 이인 25, 옹야 3, 28, 자한 7, 안연 5, 22).

이러한 전통적 가치를 새로운 사회적 맥락에서 구현하는 방식을 연구, 개발하여 역동적으로 변하는 새 시대에 이를 실행할 필요가 있다.

적어도 두 가지 차원에서 전통적 방식과 새 시대의 방식이 달라야 할 것으로 본다.

첫째 차원은 부모와 자녀 간의 관계가 일방적이고 권위주위적인 패턴에서 서로 돌봄을 주고받은 호혜적(互惠的) 패턴으로 바뀌는 것이다. 호혜적 관계에서도 효의 기본이념인 존경, 애정, 책임성, 희생, 가족화합 등은 실행될 수 있는 것이다. 이러한 덕행이 공평하고 상호존중하는 민주주의적인 방향으로 이루어질 때 오랫동안 안정되게 지속될 수 있다고 본다.

둘째 젊은 사람과 여성에 대한 시각이 달라져야 하는 것이다. 효행이 가족의 맥락에서 가족원들의 상호협동 하에 이루어지기 때문에 이 차원은 매우 중요하다. 부모부양의 대표적인 역할자가 며느리, 아내, 딸이다. 이들은 노부모부양의 주역을 맡고 있다. 부모와 가족 부양 과정에서 이들이 바치는 희생을 줄이는 방안을 강구해야 한다.

셋째 차원은 시대적 변화에 적응할 수 있는 효의 실천방법을 연구, 개발하는 일이다. 이를 위해서 앞서 지적한 바와 같이 효의 질적 가치를 생활현장에서 실천하는 데 있어, 실천을 위한 행동, 실천의 방식, 실천이 진행되는 과정 및 사회환경에 대한 경험적 자료를 바탕으로 수량적 정보를 축적할 필요가 있다.

이러한 일련의 필요성을 감안하여 전통사회에서 이루어진 효행방법을 절대시하는 시각은 수정되어야 하겠다.

흔히 효가 역기능적이다 또는 비현실적이라고 논평하는데 이러한 비판의 핵심적 내용이 바로 위의 요인들을 충분히 다루지 못한 데 있는 것으로 본다.

효는 하나의 가치이다. 이 가치는 한국인이 이어받은 문화적 유산인 인간애-인간존중 사상과 합치하는 것이다. 이 가치는 우리사회에서 통용되는 세대 간의 태도와 행위의 윤리적 적합성을 판단하는 문화적 기준이다. 이 가치는 급격한 사회적 변동에도 불구하고 여전히 부모와 고령자에 대한 태도와 행동을 조정하는 사회적 영향력으로 작용하고 있다. 이 사실은 앞 장의 효행자에 관한 자료에서 여실히 나타났다.

[본 조사의 제한점]

본 조사는 전통적 문헌에 담겨있는 효의 주요 차원에 대한 의미를 탐사하였다. 이 탐사의 결과는 질적 자료이다. 새 시대의 효 실천에 대한 경험적인 자료를 제시하지 못한다. 이 자료와 아울러 효행의 구체적 방식과 이 방식이 일상생활에서 실행되는 실정을 논술한 제1장, 제3장~제6장의 양적 자료를 참조하기 바란다.

# 제3장

# 효행의 유형

# 효행자의 경우: 양적 접근

조사방법

* 효행의 중요성 분석을 위한 양적 접근
* 표본(효행자 133명)
* 효행의 중요성 분석
* 설문조사 : 사전검증
[무기명, Likert측도 적용]
* 통계분석 : 상관관계 및 변량분석
* 가장 중요한 효행유형 판별
* 제1장의 결과와 대조(신뢰도검증)
* 결과에 대한 질적 해석

요 약

이 장에서는 제1장에서 식별한 효행유형에 대한 집중적 분석을 양적 자료를 바탕으로 행하였다. 효행자가 가장 중요시한 효행의 유형을 판별하였으며, 아울러 효행과 효행자의 특성과의 관계, 효행의 중요성에 따른 우선순위 등을 통계분석하였고, 각 효행유형이 한국의 문화적 맥락에서 가지는 의의를 문헌을 참고하여 질적으로 해석하였다.

이 조사로부터 효를 실천하고 연구하는 데 도움이 될 수 있는 구체적이고 세분된 양적 자료를 획득하였다고 본다.

# 효행과 돌봄서비스

개인의 효행은 노부모를 헌신적으로 돌보아야 한다는 내재화된 가치를 바탕으로 하는 행동이다. 앞 장에서 논한 바와 같이 효행은 인(인간애)과 서(恕)를 발현하는 행동이다.

본 연구의 대상인 효행자들은 노부모를 위해 이런 효행을 한 성인자녀이다. 이들은 제2장에서 예증된 바와 같이 모범적으로 부모를 돌보았다. 병구완에서부터 실금한 부모 수발, 가사정리, 노인학교에 모시는 일에 이르기까지 다양하다.

따라서 이들의 효행(존경, 책임, 보은, 화합 등)과 제공한 돌봄서비스는 명백하게 연계되어 있다. 이러한 사실을 염두에 두고 주요 효행유형을 탐사해 보고자 한다.

## Ⅰ. 조사방법

표본은 987명의 효행자들 중에서 무작위로 추출된 133명이다. 이들에게 폐쇄형질문(개방형포함)으로 된 설문지를 우송해서 양적 자료를 수집하였다. 설문지에는 무기명이고, 응답은 자유이며, 응답은 종합해서 평균치를 산출하기 때문에 개개 응답자에 대한 자료는 표출되지 않는다는 설명을 부기했다. 이 설문은 무작위를 선정된 효행자 10명에 대한 test-retest를 하여 응답의 신뢰도를 검정하였다.

이 설문지에는 응답자의 사회적 특성과 아래의 9가지 효행유형에 관한 문항들이 포함되었다. 설문은 효행자 7인을 대상으로 사전검정을 하였다.

1) 부모에 대한 존경

2) 부모에 대한 책임

3) 부모 중심의 가족화합

4) 부모를 위한 희생

5) 부모은혜 보답

6) 가족의 영속성 유지

7) 부모에 대한 동정

8) 이웃노인 돌봄

9) 못 다한 일 보상

질문의 보기는 다음과 같다.

(1) 귀하의 경험에 비추어 볼 때, 다음의 부모를 돌보는 행동(효행) 중 귀하가 가장 중요하다고 생각하는 것은 어떤 것입니까?(위의 9가지 효행유형이 제시됨.) 이 중에서 가장 중요하다고 생각되는 행동 3가지를 지적해 주십시오.

(2) 귀하의 경험상으로나 평소생각에 따라 다음의 부모돌봄을 위한 행동이 얼마나 중요하다고 생각합니까?(한 가지만 지적하십시오.)(예 : 「부모에 대한 존경」 - 나는 이 행동이 ⑤ 가장 중요하다, ④ 중요하다, ③ 그저 그렇다, ② 중요하지 않다, ① 전혀 중요하지 않다.

(3) 만일 귀하가 매우 중요하다고 생각하는 다른 종류의 효행이 있다면 아래의 빈칸에 적어 주십시오.

133명 중에서 113명으로부터 분석가능한 응답을 회수하였다(응답율=.85). 5단위척도에 의한 중요성을 묻는 질문에 대한 신뢰도는 높은 것으로 시사되었다($\alpha$ = .803, $p < .001$).

## Ⅱ. 분석결과

응답자들 중 다수(67%)가 여성(며느리 58%, 딸 9%)이고, 51%는 중학교 이하의 학력이며, 42%는 고등학교 이상의 학력을 보이고 있다. 약 60% 정도는 저소득계층에 속한다. 효행자의 연령은 30세에서 50세이다. 36%가 가정주부, 23%는 농업, 10%는 사무직 근로자, 31%는 그 밖의 직업에 종사하고 있었다. 효도를 받은 부모는 64%가 여성이고, 평균연령은 65세였으며, 93%가 효행자와 동거하고 있었다. 약 48%의 효행자들이 한 명의 노인, 나머지는 2~3명의 노인을 돌보았다. 조부모를 돌본 효행자는 5%였다.

효행자가 지적한 효행의 유형은 다양하다. 이들은 실제로 이러한 유형의 효행을 한 사람들이다. 따라서 이들이 제공한 자료는 신빙성이 있다고 볼 수 있다.

지적빈도에 따른 평균등위를 보면, '부모에 대한 존경'이 가장 중요한 유형으로 나타났다. 두 번째는 '부모에 대한 책임', 세 번째는 '부모은혜에 대한 보답', 네 번째는 '부모중심의 가족화합', 다섯 번째는 '부모를 위한 희생'이다. 이 밖에는 '가족의 영속', '부모에 대한 동정', '이웃노인 돌봄', '못 다한 일 보상', '종교적 신념', '가족의 체면 유지'가 따랐다. 11가지 유형의 효행이 식별되었다.

이 장에서는 11가지의 효행유형 중에서 효행자들이 가장 중요하다고 지적한 5가지 동기를 살펴보고자 한다(<표 3-1>). 이 5가지 동기는 응답자의 30% 이상이 중요하다고 지적하였고 또한 5단위 척도(5 = 매우 중요하다, 3 = 그저 그렇다, 1 = 전혀 중요하지 않다)에서 3.0 이상의 중요성 평점을 받은 것이다.

먼저 5가지 주요 유형들 간에 상호관련성을 탐색하기 위해 상관관계를 검증하였다(<표 3-2>). 이 결과 부모에 대한 존경은 부모에 대한 책임 및 부모은혜에 대한 보답과 통계적으로 유의한 수준에서 상관관계가 있음을 시사되었다. 이 자료는 부모를 존경하는 효행자들은 부모에 대한 책임을 수행하고, 부모에게 은혜를 갚는 행동을 하는 경향이 있음을 시사한다. 이와 함께 부모에 대한 책임을 지는 자녀는 가족원들과의 관계에서 조화를 이루고, 부모은혜에 보답하는 행동을 하는 경향이 있음을 시사한다. 가족화합은 부모에 대한 책임을 수행하고 부모를 위해 희생하는 성향이 있음을 또한 시사하였다.

효행유형은 개인의 사회적 특성에 따라 변하는지를 탐사하기 위해 중다변량분석(Multiple Classification Analysis)을 하였다. 이 분석에서 효행자의 사회적 특성은 대부분의 효행유형들과 통계적으로 유의한 수준에서 관련성이 없음이 시사되었다.

<표 3-3>이 보여 주는 효행자의 사회인구적 특성에 따른 희생의 중다분류분석에서는 단지 생활수준만이 변이를 설명하는 것으로 시사되었다. 즉 낮은 소득을 가진 효행자는 높은 소득의 효행자보다 부모를 위한 희생의 정도가 높았음을 시사한다.

<표 3-1> 가장 중요한 효행유형 및 등위(효행자)

| 가장 중요한 효행유형[a] | 평균등위* | 지적빈도에 따른 등위[b] | 중요성평점에 따른 등위[c] |
|---|---|---|---|
| 부모에 대한 존경 | 1 | 1(86%) | 1(4.73) |
| 부모에 대한 책임 | 2 | 2(82%) | 2(4.54) |
| 부모은혜 보답 | 3 | 3(74%) | 3(4.46) |
| 부모를 위한 희생 | 4 | 4(46%) | 4(3.86) |
| 부모중심의 가족화합 | 5 | 5(45%) | 5(3.29) |

a 응답자의 30% 미만이 지적한 유형 및 평점이 3.0 미만인 이유는 생략하였음
b '중요하다'고 응답한 비율(%)에 의한 등위
c 5 단위척도의 평점에 의한 등위(1 = 전혀 중요하지 않다...5 = 매우 중요하다)
* 평균등위=지적빈도에 따른 등위와 중요성에 따른 등위의 평균

<표 3-2> 가장 중요한 효행유형들 간의 상관계수

| | (1) | (2) | (3) | (4) | (5) |
|---|---|---|---|---|---|
| (1) 부모에 대한 존경 | - | | | | |
| (2) 부모에 대한 책임 | .57 | - | | | |
| (3) 은혜에 대한 보답 | .49 | .45 | - | | |
| (4) 가족의 화합 | - | .49 | - | - | |
| (5) 부모를 위한 희생 | - | - | - | .44 | - |

N=86, 모든 계수 : p < .001

<표 3-3> 효행자의 사회인구적 특성에 따른 부모를 위한 희생의 중다분류분석(MCA)

(N = 104, Grand Mean = 4.14, R Square = .17)

| Predictor | | N | Unadjusted Deviation[a] | Adjusted for Independent Deviation[b] | Gross Effect (Eta)[c] | Net Effect (Beta)[d] |
|---|---|---|---|---|---|---|
| 거주지역 | | | | | .11 | .15 |
| | 대 도 시 | 14 | .03 | .11 | | |
| | 중소도시 | 26 | .14 | .23 | | |
| | 농 어 촌 | 64 | .11 | .07 | | |
| 성 별 | | | | | .05 | .03 |
| | 남 | 78 | .07 | .44 | | |
| | 여 | 26 | .02 | .14 | | |
| 학 력 | | | | | .06 | .14 |
| | 무 학 | 15 | .01 | .05 | | |
| | 국 졸 | 45 | .01 | .09 | | |
| | 중 졸 | 19 | .04 | .14 | | |
| | 고 졸 | 19 | .07 | .34 | | |
| | 대졸 이상 | 5 | .14 | .20 | | |
| 가족규모 | | | | | .23 | .24 |
| | 2명 이하 | 4 | .86 | .92 | | |
| | 3-4명 | 13 | .16 | .19 | | |
| | 5-6명 | 31 | .08 | .12 | | |
| | 7-8명 | 33 | .05 | .16 | | |
| | 9명 이상 | 22 | .06 | .14 | | |

| 생활수준 | | | | | .33 | .34* |
|---|---|---|---|---|---|---|
| | 매우 낮음 | 12 | .27 | .99 | | |
| | 낮 음 | 37 | .14 | .23 | | |
| | 중 간 | 52 | .10 | .40 | | |
| | 높 음 | 2 | 1.64 | 1.73 | | |
| | 매우 높음 | - | - | - | | |

* $p < .012$
a 총 평균(grand mean)으로부터의 각 하위범주별 편차(즉 한 범주 내의 각 하위변인들의 영향력)
b 다른 변인들이 포함되어 변화된 후의 각 하위변인들의 영향력을 나타낸 표준화된 값
c Eta(다른 변인이 포함되지 않고 종속변인의 변량을 설명해주는 확률)
d Beta(다른 변인의 영향을 통제한 후 종속변인의 변량을 설명해주는 설명력)

## Ⅲ. 해석과 논의

이상의 분석에서 11가지의 다양한 유형의 효행을 판별했다. 특히 5가지의 중요한 유형이 드러났다.

우리는 지금까지 효를 하는 구체적 행동을 경험적인 자료를 바탕으로 분류하지 않아서 효를 실천, 연구하는 데 도움이 될 자료를 마련하지 못했다. 이런 점에서 본 조사에서 판명된 효행유형은 의미 있는 연구자료라고 할 수 있다.

효행자들이 가장 중요 하다고 판정한 5가지 효행유형들을 다음과 같이 요약할 수 있다.

효행자들은 “가족원들을 화합시켜 하나의 협동체를 이루면서 부모를 존경하고, 부모에 대한 책임을 수행하고, 부모은혜에 보답하고, 희생적으로 부모를 돌보았다.”

이들 5가지 유형들의 대부분은 서로 관련되었다고 볼 수 있다. 즉, 한 가지 효행유형은 다른 효행을 설명하거나 또는 이에 영향을 미친다고 보는 것이다.

이들 복수 유형의 효행은 한국가족의 자체돌봄(self-supporting) 성향을 나타내는 지표가 된다고 본다. 가족원들이 부모중심으로 화합을 이루면서 부모를 존중하고 책임성 있게 서로의 안녕을 도모하며 돌보아나가는 호혜적(互惠的) 망을 이룩하는 문화적 성향이다. 한국인이 오랜 역사를 통해 이어 나온 가족의 자체돌봄의 전통적 모형(model)을 반영하는 것이다. 효는 자체돌봄을 이룩하는 이념적 바탕을 이룬다. 이런 이념적 바탕이란 앞서 논한 인(仁)과 서(恕)의 가치를 말한다.

선진복지국들은 국가의 사회보장제도만으로는 국민의 점증하는 복지욕구를 충족하기가 어려워져 가족의 자체돌봄을 적극 권장하고 있다. 이런 시대적 과제를 고려할 때 효행자들이 과시한 이러한 가족의 자체돌봄 관행은 커다란 의의를 가진다.

한국문화적 맥락에서 각 유형이 갖는 의미를 고찰하고자 한다.

### 1) 부모에 대한 존경

첫 번째 유형의 효행은 "부모님에 대한 존경"이다. 존경이 가장 중요한 효행으로 나타난 것은 주목할 일이다. 전통적으로 효에 대한 교시에서 부모존경이 가장 빈번히 강조되어 왔고 또 현대적 교육에서도 부모존경이 매우 강조되고 있는 사실을 상기시키고 있다.

존경에 관해서는 제6장에서 자세히 논구된다.

### 2) 부모에 대한 책임

다음으로 중요한 효행유형은 "부모님에 대한 책임'이다. 부모와 자녀는 깊은 애정으로 연결되어 있다. 애정/사랑에는 책임이 따른다(Fromm, 2006). 불교의 부모은중경은 갚기가 그렇게도 어려운 부모은혜를 자녀가 갚아야 할 책임/의무에 대한 가르침으로 차 있다. 성경(聖經)(코린도전서 13장)의 '사랑'에 대한 말씀도 사랑하는 자가 상대자에게 마땅히 행할 책임/의무를 교시한 내용이다.

앞 장에서 논한 바와 같이 효행자들은 부모를 섬기기 위해 많은 시간을 보냈으며 힘든 수고를 아끼지 않았다.

'돌본다'는 말은 다른 사람의 안녕에 대해 관심을 가지고 보살피는 책임을 지는 이타적(利他的) 행동이다. 이타적 행동은 곧 도덕적인 것이다.

한국의 60세 이상 고령자들의 32%가 결혼한 자녀와 함께 산다(통계청사회조사, 2013). 특히 허약하고 질병이 있는 고령자일수록 자녀와 동거하며 돌봄을 받고 있다. 부모가 고령으로 의존도가 높아질수록 자녀와 동거하는 비율도 높아진다(권중돈, 2010). 부모자녀의 동거현상은 자녀의 부모에 대한 책임수행을 반영하는 한 가지 중요한 지표라고 본다.

오늘날 한국사회에서 부모에 대한 책임은 중요한 사회적 과제로 등장하였다.

### 3) 부모은혜에 대한 보답

세 번째로 중요한 효행유형은 "부모은혜에 대한 보답"이다. 효행은 성인자녀가 부모가 베푼 애정과 돌봄에 대해 보답하려는 의지에서 이루어지는 행동이다.

이 세상에서 가장 귀중한 나의 신체발부(身體髮膚)는 부모로부터 물려받은 것이다. 부모가 베풀어 주신 가장 고귀한 은혜이다. 이와 함께 부모는 자녀가 필요로 하는 음식, 의복, 주거, 건강, 교육 등을 충족시켜준다. 보은은 부모로부터 입은 이런 막중한 은혜를 갚고자 하는 행동이다. [은혜보답에 관해서는 다른 장에서 다시 논의된다.]

### 4) 부모중심의 가족화합

네 번째로 중요한 유형은 "부모중심으로 가족의 화합을 이룸"이다. 부모를 중심으로 가족원들이 친밀하고 지지적인 관계를 조화롭게 유지이룩하는 것이다. 가족화합은 가족성원들이 상호협동하여 부모돌봄을 위해 행할 의무 및 행동에 대한 규칙 및 결의사항을 따르는 것이다.

한국의 문화적 맥락에서는 기본적인 인성(人性)구조가 개인주의적이기보다는 관계지향적이다. 이런 맥락에서 부모자녀의 상호의존하는 관계를 인성발달의 이상적인 조건으로 보고 있다(송성자, 1997; 성규탁, 2014). 이러한 관계에서 자녀는 부모에 의존하고 해가 지나면 연로한 부모가 자녀에 의존하는 호혜적 관계를 생의 주기에 따라 갖게 된다.

한국의 가족원들은 매우 친밀하고 응집력 있는 관계를 유지한다. 친밀하고 응집력 있는 혈연관계는 가족자원을 공유하고, 가족원들에게 정서적 및 수단적 돌봄을 제공하며, 가족의 안정과 복리를 증진하는 호혜적 기능을 수행한다(손인주, 1992; 신용하, 2004; 성규탁, 2010).

효행유형들 중에서 세 가지(가족화합, 가족영속 및 가족체면유지)가 모두 가족과 관련된 사실은 이러한 기능을 반영하는 것이라고 본다.

가족은 부모에게 물질적 부양뿐만 아니라 정서적 부양도 제공하는 세팅이다. 특히 정서적 부양을 하는 데는 필수적 요건으로서 가족원들이 부모중심으로 화합을 이루는 것이다.

### 5) 부모를 위한 희생

다섯 번째로 중요한 유형은 "부모를 위한 희생"이다. 부모가 자녀를 돌보는 것은 부모 자신의 이익을 위해 이기적인 의도에서 하는 것이 아니다. 지극히 당연하며 본능적이고 무조건적인 것이다. 자녀가 부모를 돌보는 것도 이와 마찬가지로 당연한 것이라고 본다.

자녀가 부모를 돌보는 데 있어 지킬 윤리도 자기자신의 이익을 초월한 희생에 바탕을 둔 것이라 하겠다(孟子, 이루, I, 19). 이 경우 희생은 자녀의 살을 베어 받친다든가 굴욕적인 일을 하는 것을 의미하지 않는다. 자신의 에너지(신체적, 사회적, 재정적)의 일부를 노부모를 위해 사용하는 것이다. 이러한 이타적 행동은 흔히 어려움과 고통을 수반하는데, 이 어려움을 극복할 때 그 행동은 의미가 고매해진다. 부모돌봄 과정에서 효행자는 부모의 거동불편이나 의무수행에 따르는 가족원들 간의 갈등(부모부양에 대한 자신의 입장과 이에 대해 배우자가 갖는 입장 간의 차이에서 오는)에 대처하면서 걱정, 부담감, 좌절, 피로와 어려움을 극복하였다. 그들의 부모를 위한 희생의지는 이러한 어려움을 극복할 만큼 강했을 것이다. 그들은 부모를 모시는 데 있어 육체적, 사회적 및 재정적 어려움을 극복함으로써 장기간(평균 12년) 효행을 지속했다. 이러한 희생은 소득이 낮은 효행자들 사이에서 명백하게 나타났다. 부유한 효행자들도 부모돌봄을 하였겠지만 그들의 효행은 큰 희생이 없이 행할 수 있었기에 사회적 칭송을 덜 받은 것이다. 효행자에게 사회적 인정 또는 칭찬이 주어진 결정적 요인은 바로 '희생적 부모돌봄'을 한 것이라고 본다.

다음에 제시되는 효행은 부모를 위한 희생의 보기가 될 수 있다.

지선은 30세가 될 때까지 결혼을 하지 않고 어머니 병구완에 드는 돈을 벌기 위해 가정부로 일했다.

젊은 기술자인 '광식'은 사회활동을 줄이면서 결혼을 미루고 병원에 입원한 부모를 수발하고 대학에 다니는 형제들을 보살피기 위해 저녁 늦게까지 야근을 하여 시간 외 수당을 받으면서 일했다.

10명의 식구를 거느린 '선호'는 부모의 치료비를 벌기 위해 비누행상을 하고 다녔다.

'현자'는 신체장애를 지닌 남편을 도우면서 와병 중인 시부모를 수발하였다.

부모를 위해 이들은 개인적인 곤란, 불편 및 고통을 이겨낸 것이다.

부모를 위한 희생은 일방적인 것이 아니다. 자녀가 부모를 위해 하는 희생은 부모가 자식을 위해 바친 크고 많고 깊은 희생에 비해 훨씬 작은 것이라고 본다.

본 조사에서 부모에 대한 애정은 드러나지 않았다. 응답자들의 자료(효행록)에서 애정에 대한 이야기가 나오지 않았던 것이다. 사실 전통적으로 한국의 문화적 맥락에서는 사랑/애정을 자유로이 표현하지 못해 왔다. 효행자들은 부모에 대한 애정 때문에 효도를 했다는 지적을 하지 않았지만, 그들의 효행이 부모에 대한 사랑 때문에 행해졌을 경우가 있을 것으로 본다. 사랑이나 애정은 인간관계를 측정하는 데 매우 중요하다. 무엇보다도 애정은 가족원들을 하나로 묶어주는 힘이 된다. 하지만 사랑이 중요하다고 함으로써 결코 가족원들 간에 엄연한 의무/책임이 있다는 사실을 과소평가해서는 안 되겠다. 어떤 사회도 애정만으로 유지할 수는 없으며, 노부모는 자녀의 책임으로 돌봄을 받을 권리를 가지고 있다고 본다(성규탁, 2014).

부모돌봄은 오늘날 산업사회에서 중요하고도 어려운 과제로 등장하였다. 허약한 고령자는 도덕적 양심의 변덕스러운 변화 때문에 희생되기 쉽다. 하지만 문명된 현대사회에서 노인은 윤리적 차원에서 반드시 안정되고 적절하게 보호부양을 받을 수 있어야만 한다.

본 조사는 약 1,000명의 효행자들로부터 무작위로 추출된 비교적 작은 표본(133명)을 대상으로 행한 것이다. 다만 이 표본은 공통적으로 모범적 효행을 하여 상을 받은 성인자녀들이다.

선택된 효행자가 행한 효행은 모든 사람에게 보편화될 수 있다고 보기 어렵다. 그러나 이들의 효행은 국가기관과 대표적 공익단체가 권장하는 부모돌봄의 모범을 과시하는 것이다.

본 조사는 지금까지 추상적으로 해설되어 온 효행을 수량적 자료를 바탕으로 해명한 최초의 시도이다.

이 수량적 자료는 효행자가 부모, 가족원들, 그리고 가족 밖의 유관자들과 상호관계를 이루면서 효를 실행한 역동적 상황을 설명하는 데 제한점을 가진다. 제2장에서 논한 효행자 면접에서 나온 효실행의 역동적 상황에 대한 질적 자료를 참조하기 바란다.

다음 제4장에서는 효행자가 아닌 일반인의 효행을 조사한 결과를 보고한다.

# 제4장
# 효행의 유형 분석
# 일반인의 경우: 양적 접근

조사방법

* 일반인(효행자가 아닌)의 효행의 유형 및 중요시 정도를 탐사하기 위한 양적 분석
* 표본(일반인 757명)
  다단계집락표본
  비교집단(일반인 392명)설정
* 설문조사 : 무기명, 폐쇄형, Likert 측도적용, 개방식설문포함, 사전검증
* 통계분석 : 분포 및 등위 산정, 상관관계, 요인분석
* 일반인과 효행자 비교
* 결과에 대한 질적 해석

## 요 약

앞 장의 효행자에 대한 조사에 이어 이 장에서는 일반인의 효행에 대한 양적 조사를 하였다. 아울러 일반인과 효행자 간의 차이점 및 유사점을 비교분석했다.

서울시의 구, 동, 반, 가구에 걸친 다단계집락표집으로 선정된 일반인 757명을 대상으로 효행에 대한 설문조사를 하였다. 설문은 동류집단에 대한 사전검정을 하였다. 각 단계에서 대상소집단의 조사대상(자) 명단을 만들어 이들 중에서 무작위로 표본을 발췌하였다.

일반인으로부터도 다양한 유형의 효행이 식별되었다.

효행자와 일반인 간에 효행의 유형과 이에 주어진 중요성 정도에서 차이가 나타났다.

본 조사의 결과는 일반 한국인의 효와 세대 간 돌봄을 연구하는 데 참고가 될 수 있다고 본다.

# I. 서 론

이 장은 앞 장의 효행자에 대한 조사에 이어 일반 한국인에 대한 조사를 논의한다.

효는 부모자녀 간의 서로돌봄, 고령자의 복리증진, 가족과 이웃의 질서 및 안정에 지대한 영향을 미치는 동아시아의 문화적 가치이다. 효의 가치는 한국, 중국, 일본 등 동아시아 나라 사람들의 의식과 생활 속 깊이 스며들어 있고, 도덕성의 중심을 이루며, 예의범절과 일상생활에 역력히 반영되어 있다.

그러나 지금까지 효에 대한 경험적 연구가 거의 없었고, 효를 어떻게 인식하고 실천하고 있는지에 대한 체계적 분석을 한 양적 자료가 희소하다.

최근 들어 효의 개념을 재규정할 필요성이 공론화되고 있다. 젊은이의 도덕성뿐만 아니라 고령자의 복지에 효가 큰 영향을 끼칠 수 있기 때문이다. 더욱이 가족의 자체돌봄기능의 강화를 국가정책으로 내세운 이 시기에 가족중심의 서로돌봄으로서의 효는 중요성을 더해가고 있다.

효는 사람들이 일상생활에서 보편적으로 할 수 있는 행동이다. 제2장과 제3장에서 논한 바와 같이 동양윤리의 근원인 인(仁)(사랑, 인간애)과 서(恕, 서로를 공평하게 섬김)의 실행이 곧 효이다. 인과 서는 세대 간의 서로돌봄을 호혜적으로(서로에게 공평하게 혜택이 되도록) 실현하는 가치이다. 이런 기본조건을 고려할 때 효를 어렵게 보거나 이에 대해 부담감을 가질 수 없는 것이다.

한국의 노인복지정책관계자들은 부모부양의 세팅인 가족이 위기에 처해 있음을 걱정하고 있다. 이러한 걱정이 점차 커짐에 따라 노부모돌봄 -효- 을 객관적 시각에서 재검토할 필요성이 커지고 있다.

지금까지 입에서 입으로 전해져 일반적으로 알려진 효의 개념은 '부모를 공경하는 것'과 '부모를 돌보는 것'이다. 따라서 일반 사람들이 일상적 대화에서 오르내리는 효의 개념은 공경과 돌봄이라는 두 가지 요인을 다루는 것이 상례이다.

하지만 문헌에 나타난 효의 개념을 탐사해 보면, 이러한 단순한 개념정의로는 효의 폭넓고 심오한 이념을 종합적으로 이해하기가 어렵다. 문헌에는 저자의 신념과 관심에 따라 효의 가치를 설명하는 데 차이가 있으며, 효의 중요성 역시 저자에 따라 다르게 평가되고 있다. 효의 구체적 내용은 이직까지 체계적으로 식별되지 못한 것이다.

오늘날 (효행자가 아닌) 일반 한국인들이 "효를 하는 대표적 행동은 무엇인가?" 본 조사의 목적은 이 질문에 대한 답을 구하는 데 있다.

## Ⅱ. 효의 측정

앞 장의 효행자에 대한 조사에서 11가지 유형의 효행에 대한 양적 자료를 파악하였다. [일반인에 대한 본 조사에서는 11가지 유형에다가 "부모에 대한 애정(사랑하는 행동)"이 보태어졌다. '부모를 사랑함'은 본 조사에서 새로이 발견된 효행 유형이다. 따라서 이 장에서는 12가지 유형을 다루게 되었다.]

효행의 다양한 유형들을 보면, 한국인의 효행은 다차원적임을 알 수 있다. 따라서 총체적 효행은 이들 유형을 종합해서 설명할 수 있다.

총체적 효행을 탐색하기 위해서는 먼저 지금까지 알려져 있는 효의 의미(개념)와 실천행동을 종합적으로 포괄해서 분석해야 한다. 이렇게 함으로써 효행식별 결과의 내용타당도를 높일 수 있다.

## Ⅲ. 자료수집과 분석

### <조사대상자>

총 757명의 표본은 성인자녀와 고등학교 및 대학의 재학생들로 이루어졌다. 성인자녀 표본은 다단계집락표집으로 무작위 추출되었다. 제1단계에서 서울특별시의 24개 구들 가운데서 3개 구가 선정되었으며, 제2단계에서는 각 구를 구성하는 동들의 명단을 근거로 하여 3개 동들을 추출하였고, 제3단계에서는 각 동에서 3개의 반들을 추출하였다. 마지막 단계에서는 반별로 15가구를 선정하였다.

각각의 단계에서 소집단의 조사대상(자, 단위)의 명단을 만들어 이들 중에서 무작위로 선정하였다. 그러나 이들 하위세트 표본의 크기가 일정하지 않고 작기 때문에 표본오차가 생길 가능성이 있었다. 이런 절차를 겪어 각 가구별로 부모와 동거하는 1명의 성인자녀 총 354명으로부터 설문에 대한 응답을 받았다.

학생표본은 동일한 3개 구들에서 각 구별로 2개의 학교(1개 중학교 및 1개 고등학교)와 1개 대학교가 추출되었다. 학교별로 1개 학급에 대해 설문조사를 하여 총

403명으로부터 응답을 받았다. 중년층과 젊은 성인 및 청소년이 표본에 포함되었다.

설문지는 11개 효행유형과 응답자의 사회인구학적 속성에 관한 총 38개 항목들로 구성되었다. 11개 효행유형은 다음과 같다.

1) 부모를 존경함(부모존경), 2) 부모은혜에 보답함(보은), 3) 부모에 대한 책임수행(책임수행), 4) 부모중심의 가족화합(가족화합), 5) 부모를 위한 희생(희생), 6) 못 다한 것 보상(보상), 7) 이웃노인 돌봄(이웃돌봄), 8) 부모에 대한 동정(동정), 9) 종교적 교의를 따름(종교적 교의), 10) 가족의 영속을 도모함(가족영속), 11) 가족체면을 유지함(가족체면).

설문 앞에 "다음 효행의 유형들 중 당신에게 가장 중요한 것에 ○ 표를 하십시오."라는 지시문이 붙었다.

그리고는 개방식 설문으로 "위의 11가지 효행 이외에 중요시하는 효행이 있으면 아래에 기입해주시오"의 질문을 부가했다. [이 질문에 대한 답으로서 '부모를 사랑함'(부모에 대한 애정)이 새로 드러났다.]

효행항목들은 일정한 순서가 없이 Likert의 5점 척도에 따라 배열되었다. 각 질문에 대한 응답범주는 "매우 중요하다"(5), "중요한 편이다"(4), "그저 그렇다"(3), "중요하지 않은 편이다"(2), "전혀 중요하지 않다"(1)로 부호화하였다. "잘 모르겠음," 또는 "생각해보지 않았음"과 같은 중립적인 답은 자료의 편기를 나타낼 수 있어 포함하지 않았다. 질문은 행동(부모부양)지향적인 내용으로 꾸며졌다.

설문지에는 무기명이고, 응답은 자유이며, 응답은 종합해서 평균치를 산출하기 때문에 개개 응답자에 대한 자료는 표출되지 않는다는 설명을 부기했다. 이 설문은 무작위를 선정된 효행자 10명에 대한 test-retest를 하여 응답의 신뢰도를 검정하였다.

설문조사는 40명의 훈련받은 조사자들이 수행하였다.

수집 후 효행유형의 구조적 안정성을 파악하기 위하여 209명의 남자와 183명의 여자로 이루어진 비교집단(평균연령 33세)을 별도로 선정해 놓고, 이들에게도 위와 동일한 설문지를 배부하여 응답을 얻어 놓았다. 서울시에 살고 있는 이들 비교집단은 다양한 연령과 직업 및 학력을 가진 사람들로 구성되었다.

분석결과의 일반화에 문제가 되는 missing자료는 모두 제외되었다. 이 결과 총

사례 수는 732명으로 줄었다.

그리고 위에서 지적한 바와 같이 '사랑함'을 포함한 12가지 유형의 효행이 양적 자료를 바탕으로 식별되었다(<표 4-1>).

자료의 신뢰도와 제한적 구성타당도가 성립되었다고 본다. 모든 유형의 효행의 신뢰도는 α=.82이다. 각 유형의 상대적 중요성을 파악하기 위해 동일한 가중치를 가산한 점수를 더한 총점이 구해졌으며, 이 총점과 함께 유형들에 대한 상관계수가 계산되었다. 효행유형들의 차원에 대한 타당도는 비교집단에 대한 예비연구에서 성립되었다고 보며, 비교집단(정확성대조집단)에서 얻어진 동 유형들의 적재치는 본 조사의 기본집단(732사례)에서 나타난 결과와 유사하였다(<표 4-3>).

<표 4-1> 효행유형의 중요성의 평균치와 등위(일반인)

| 효행유형 | *평균 | 모드 | S.D. | 등의+ |
|---|---|---|---|---|
| 존경 | 4.42 | 4 | .59 | 1 |
| 은혜보답 | 4.39 | 4 | .76 | 2 |
| 사랑/애정 | 4.37 | 4 | .86 | 3 |
| 책임/의무 | 4.34 | 4 | .62 | 4 |
| 기족화합 | 3.84 | 3 | 1.11 | 5 |
| 희생 | 3.72 | 3 | 1.29 | 6 |
| 보상 | 3.67 | 3 | 1.62 | 7 |
| 이웃돌봄 | 3.54 | 3 | 1.54 | 8 |
| 동정 | 2.84 | 3 | 1.23 | 9 |
| 종교적 신념 | 2.84 | 3 | .84 | 9 |
| 가족영속 | 2.81 | 3 | 1.84 | 11 |
| 가족체면유지 | 2.23 | 2 | 1.88 | 12 |
| 재산상속 | 1.61 | 1 | 1.91 | 13 |

N=732
* 효행의 중요성은 5단위측도(1=전혀 중요치 않음. 5=매우 중요함)에 기초함
+ 등위는 평균치의 크기에 기초함

<표 4-2> 효행유형의 Varimax 회전된 요인*

| 변인(효행유형) (Eigenvalues) | 적재치 | | | Communalities |
|---|---|---|---|---|
| | 1<br>2.47 | 2<br>2.16 | 3<br>1.14 | |
| 희생 | .782 | .096 | .148 | .643 |
| 책임 | .768 | .142 | .107 | .622 |
| 보은 | .548 | .345 | .014 | .420 |
| 존경 | .124 | .684 | .040 | .485 |
| 부모사랑 | .464 | .664 | .138 | .509 |
| 가족화합 | .068 | .598 | .229 | .416 |
| 이웃돌봄 | .337 | .416 | .156 | .401 |
| 보상 | .041 | .275 | .456 | .285 |
| 가족영속 | .174 | .164 | .612 | .431 |
| 가족체면유지 | .046 | .275 | .595 | .432 |
| 동정 | .382 | .162 | .488 | .411 |
| 종교적 교의 | .467 | .268 | .115 | .303 |
| 설명된 변량의 %** | 20.6 | 15.7 | 9.5 | |

* Kaiser normalization
적재치 .5 또는 그 이상만 기재했음
** 3개 요인이 45.8%의 변량을 설명함

<표 4-3> 대조집단들의 요인적재치의 비교

| Factor | Variable | 조사대상[(1)] 집단 | | | 정확성대조[(2)] 집단 | |
|---|---|---|---|---|---|---|
| | | 요인 | 등위 | 적재치 | 요인 등위 | 적재치 |
| I<br>행동지향적 요인 | 희생 | s | .782 | 1 | .752 | 1 |
| | 책임 | s | .768 | 2 | .708 | |
| | 보은 | s | .548 | 3 | .610 | 3 |
| II<br>정서지향적 요인 | 존경 | s | .766 | 1 | .742 | 1 |
| | 사랑 | s | .664 | 2 | .679 | 2 |
| | 가족화합 | s | .598 | 3 | .650 | 3 |
| III<br>가족지향적 요인 | 가족영속 | s | .612 | 1 | .693 | 1 |
| | 가족체면유지 | s | .595 | 2 | .576 | 2 |

s=안정된 변수(비교집단-정확성대조집단-과 동일함)
적재치 .50 이상만 표시
(1) <표 4-2> 참조
(2) Eigenvalue : Factor Ⅰ=2.41, Factor Ⅱ=2.07. Factor Ⅲ=1.37

# Ⅳ. 분석결과

조사대상자들의 77%는 부모와 동거하고 있었으며, 여성이 56%로 남성보다 많았다. 연령분포를 보면 33세 이하와 33세 이상이 각각 절반 정도로 평균연령은 34세였으며, 직업은 학생, 주부, 소매상, 공무원 등으로 비교적 다양했다.

총 12개 유형의 효행에 주어진 중요성의 평균값에 근거하여 산정한 순위는 <표 4-1>에서 보는 바와 같다. 12개 유형 중에는 본 조사에서 새로 발견된 '부모에 대한 사랑'이 포함되었다. 앞서 논한 개방식 설문에 대한 응답 중 가장 자주 지적된 것이 '부모를 사랑하기 때문에 효도를 한다는 답이었다. 그래서 이를 새 유형의 효행으로 채택했다.

응답자들은 효에 대하여 상당히 긍정적인 태도를 갖는 것으로 시사되었다. 이들의 인구학적 변인들과 효행이유(5단위 측도에 따른 평균값)와는 통계적으로 유의한 관계가 없음이 시사되었다. 그러나 이들의 수입은 부모에 대한 희생, 책임, 보은 이유의 중요성정도와 긍정적 관계가 있음($p <.05$)이 시사되었다. 이러한 결과는 성별이나 다른 인구학적 속성들이 자녀의 마음속에 내재하는 책임, 보은, 희생 등과 같은 윤리도덕적인 가치와 신념에 영향을 미치지 못했음을 시사하는 것으로 보인다.

〈효행의 차원〉

다양한 유형의 효행의 저변에 잠겨있는 요인(또는 차원)을 밝혀 보기 위하여 효행의 중요성 자료를 바탕으로 SPSS-X의 요인분석을 하였다. 효행유형들 간의 상관관계에 근거하여 요인을 추출하는 R형 요인분석방법으로 상관행렬을 계산하고 주성분분석(principal component solution)을 반복해서 요인을 추출하였다. 요인회전에 의해 얻은 12개 변인들의 적재치는 <표 4-2>에서 보는 바와 같다. 이 분석결과에 따라 고유치가 1 이상이 3가지 요인을 추출하였다.

여러 가지 효행유형들이 단 하나의 요인으로 묶이지 않는다는 사실은 효행은 단일 차원이 아니라 몇 가지의 독립된 차원들로 얽혀 있는 상태임을 알 수 있다.

첫 번째 요인(차원)의 고유치는 2.47이며, 전체 변량의 20.6%를 설명하며, 두 번째 요인은 2.16이며, 15.7%를 설명해준다. 세 번째 요인은 1.14인데 9.5%를 설명해주고 있어 다른 두 요인들에 비해 무게가 낮다. 직각회전(orthogonal rotation)을 통하여 고유치가 1 이상인 3가지 요인을 추출하였는데, 이들 세 요인이 전체 변량의 45.8%를 설명한다.

첫 번째 요인은 '행동적 효행'이라고 명명하였는데 이 요인은 적재치가 .50 이상인 3개 변인을 포함하고 있다. 희생의 적재치(.78)가 가장 높고, 다음으로 책임(.76), 보은(.54)의 순이다.

두 번째 요인은 '정서적 효행'이라고 명명하였는데 존경(.71), 가족화합(.68) 및 애정(.66)을 포함한다. 존경이 가장 높고 가족화합과 애정이 뒤따른다.

세 번째 요인 '가족적 효행'은 적재치가 .50 이상인 가족의 영속(.61)과 가족체면유지(.59)를 포함한다.

상관관계 분석 결과는 존경, 보은, 책임, 애정, 희생, 가족화합 유형 중에서 책임을 제외한 5개 유형 간에 통계적으로 유의한 상관관계가 있음이 시사되었다 ($p<.001$). 책임은 보은, 희생과는 유의한 상관관계를 지니지만, 정서적 차원의 효행이유에 속하는 존경, 사랑, 가족화합의 3가지 유형들과는 유의한 상관관계가 없음이 시사되었다.

이러한 결과는 자녀의 부모에 대한 책임감이 크면 부모에 대한 희생과 보은의 정도는 크지만, 부모에 대한 존경, 애정, 가족조화와 같은 정서적 요인과는 같이 변하지 않음을 시사한다. 이러한 자료는 부모에 대한 책임은 수행하지만 부모를 반드시 존경하거나 사랑하지 않을 수 있음을 사사한다고 해석할 수 있다.

비교집단(정확성대조집단)과의 비교를 위해 3가지 차원으로 분류된 8개 유형들을 요인적재치의 크기에 따라 순서를 정해 보았다. <표 4-3>에서 보는 바와 같이 유형 앞에 S(안정성) 표시가 된 것은 각기 비교집단에서도 동일한 차원으로 분류됨을 말한다. 3개 차원 각각에 속하는 유형들을 요인적재치를 바탕으로 평가하여 부여한 순위가 두 비교집단들에서 동일하게 나타난 것은 특징적인 현상이다. 이러한 결과를 볼 때, 효행의 차원들이 상당한 정도의 구조적 안정성을 지니고 있음을 알 수 있다.

## V. 해 석

### 1. 효행의 유형

일반인에 대한 12가지 효행유형 조사에서 아래 6가지가 가장 중요한 효행으로 드러났다. 한국의 문화적 맥락에서 이들 유형에 대해 해석해 보고자 한다.

(1) 부모를 존경함(존경)

(2) 부모은혜에 보답함(보은)

(3) 부모를 사랑함(애정)

(4) 부모에 대한 책임을 수행함(책임수행)

(5) 부모중심으로 가족의 화합을 이룸(가족화합)

(6) 부모에게 나의 에너지를 바침(희생)

위의 효행유형들을 종합하면, "효행자는 가족원들의 조화로운 관계를 이루어 부모에 대한 존경, 책임, 보은, 사랑을 실천하면서 자신의 에너지를 바쳤다"라고 할 수 있다.

**〈새로 식별된 효행 - 부모를 사랑함〉**

"부모를 사랑함"은 본 조사에서 새로 발견된 효행의 유형이다.

제2장에서 보고한 바와 같이 효행자들에 관한 기록(효행록)을 분석한 조사자들은 부모를 사랑해서 효도했다는 내용을 찾지 못한 것이다. 이들을 수상후보자로 추천한 행정기관의 장과 사회단체의 장이 부모를 사랑했기 때문에 효도를 했다는 진술을 하지 않았던 것이다.

인(仁, 인간애, 사랑)에 대한 가르침이 유교경전 여러 곳에 수록되어 있으나, 사랑을 구체적으로 표현하는 방식에 대한 설명은 찾아보기 힘들다.

우리문화에서는 사랑을 남 앞에서 자유롭고 솔직하게 표현하지 않는 관습에 남아 있다.

그러나 인상 깊게도 본 조사의 대상자들(표본) 다수는 부모를 사랑함으로써 효도한다는 의견을 제시한 것이다. 이들의 대다수는 고등학교와 대학의 재학생이다. 부모사랑은 젊은 사람들의 선택임이 분명하다.

사람을 사랑한다는 것은 그 사람의 안녕을 걱정하고, 그를 돌보아 주고자 하는 심정을 가지는 것이다(Fromm, 2006). 이런 심정은 자연적으로 그 사람을 위해 무엇을 하고자 하는 의욕을 가지게 하고, 이 의욕은 조만간 그의 안녕을 성취하기 위한 이타적 행동으로 옮겨질 수 있다.

효는 인(仁, 인간애, 사람사랑)에 뿌리를 두고 있다. 앞 장에서 논의한 바와 같이 인을 실천에 옮기는 기본적 방법이 곧 효이기 때문이다.

사랑을 주고받는다는 것은 인간의 기본적 욕구이다(Montagu, 1975). 부모와 자녀는 이러한 사랑으로 연결되어 있다.

그런데 부모에 대한 애정보다도 '책임감'이 돌봄으로 이끄는 데 더 강한 힘이 될 수 있다. 고령자부양에 관한 조사에 의하면 애정보다는 책임감이 돌봄을 꾸준히 계속하는 데 더 큰 힘이 된다는 것이다. 사랑은 열렬하다가도 식으면 사라져 버리지만, 책임감은 급속히 식지 않고 돌봄을 오랫동안 지속시키는 힘이 된다는 것이다(Jarret, 1985). 위의 책임과 애정 간의 상관관계가 약하다는 자료는 아마도 이런 사정을 시사하는 것 같다. 그래서 애정을 부양의 필요조건으로 삼는 데는 한계가 있다고 보는 것이다(Connidis, 1989).

이러한 시각이 있지만, 본 조사에서 응답자의 다수가 애정 때문에 효도한다는 답을 제시하였다. 이런 답은 효행자에 대한 조사에서는 나오지 않았다.

〈일반인과 효행자의 효행유형의 등위 비교〉

일반인과 효행자 사이의 가장 현저한 차이는 "부모에 대한 사랑"에서 생겼다. 다른 효행유형에서는 두 비교집단 간에 차이는 평균치와 등위를 보아 대동소이하다(<표 4-4> 참조). 다만 중요성의 정도가 효행자의 경우 좀 더 높은 수준에 있다.

학생들과 일반인이 부모사랑을 중요한 효행으로 지적한 빈도를 비교하였더니 학생들이 이를 지적한 빈도가 후자보다 더 높았다(평균 4.58 대 3.96; 평균차이 .64). t검정에서도 두 집단 간에 유의한 차이가 드러났다.

부모에 대한 사랑이란 말 자체가 모든 효행록에서 나오지 않은 것이다. 약 1,000편에 달하는 효행록에서 20명의 조사자들이 부모사랑에 대한 기록을 찾지 못한 것이다. 그러나 일반인에 대한 본 조사에서는 사랑으로 효도한다는 사실이 현저하게 드러났다.

이러한 차이는 우리의 문화적 관행과 시대적 변화에 유래한 현상이라고 추정한다.

우리문화에서 권장되는 예의범절의 기본은 상대방에 대한 섬김과 양보의 덕을 실행하는 것이다. 이런 범절을 행하는 데는 나의 감정을 억제하여 솔직히 표현치 않으며, 표현해야 할 경우에는 간접적 또는 우회적 표현을 하는 경우가 많다. 상대의 심정과 입장을 존중해서 하는 짓이다. 남 앞에서 나의 개인적 심정을 토출하는 것은 나와 상대의 체면을 지켜주는 겸손하고 양보하는 행동이 되지 못한다고 보는 것이다.

사랑 표현의 경우에도 이러한 우리의 문화적 관행에 준해서 표현을 자제한 것으로 추정할 수 있다.

개인중심적 사고방식과 자유주의적 생활스타일이 유입된 지 몇 십 년이 되어 젊은 세대의 가족과 부모돌봄에 대한 태도와 행동에 변화가 일어나고 있다. 사랑으로 효도한다는 사실이 표출된 것도 이러한 시대적 변동에 따른 것이 아닌가 추정된다.

<표 4-4> 효행유형의 등위 : 일반인 대 효행자

| 효행유형 | 일반인 | | 효행자* | |
|---|---|---|---|---|
| | 평균** | 등위*** | 평균 | 등위 |
| 부모존경 | 4.42 | 1 | 4.73 | 1 |
| 은혜보답 | 4.39 | 2 | 4.46 | 3 |
| 부모사랑 | 4.27 | 3 | - | - |
| 책임수행 | 4.24 | 4 | 4.54 | 2 |
| 가족화합 | 3.84 | 5 | 3.29 | 6 |
| 희생 | 3.72 | 6 | 3.76 | 4 |
| 보상 | 3.67 | 7 | 3.16 | 9 |
| 이웃돌봄 | 3.54 | 8 | 3.75 | 5 |
| 부모동정 | 2.84 | 9 | 3.29 | 6 |
| 종교적 교의 | 2.84 | 9 | 3.25 | 8 |
| 가족영속 | 2.81 | 11 | 2.62 | 10 |
| 가족체면유지 | 2.23 | 12 | 2.50 | 11 |

* 제2장 <표1-8> 참조
** 효행은 5단위측도(1=전혀 중요치 않음...5=매우 중요함)에 기초함
*** 등위는 평균치의 크기에 기초함
- 해당자료 없음

## 2. 효행유형의 차원에 대한 해석

앞서 기술한 요인분석 결과는 매우 의미 있는 결과를 보여주고 있다. 다양한 변인들은 다음 3개의 안정된 효행의 차원으로 축소되었다.

요인 1 : 행동적 효행

요인 2 : 정서적 효행

요인 3 : 가족적 효행

요인 1 '행동적 효행'에는 희생, 책임, 보은이 포함되어 있다.

행동적 효행에는 성인 자녀가 자신이 가진 에너지의 일부를 부모돌봄에 투입하고, 돌봄을 하는 책임을 수행하고, 부모를 기쁘게 하기 위해 정서적 및 물질적 돌봄으로 은혜를 갚는 행동이 담겨있다.

부모를 돌보는 과정에서 자녀는 부담감, 좌절감, 피로, 부모를 돌보는 데 따르는 애로, 부모와 자신의 가족부양에 대한 의무감 사이의 갈등 등을 모두 해결해야 한다. 이들은 신체적 및 재정적 애로를 극복하여 부모를 돌본다.

부모부양의 윤리는 자기이익을 초월하여 에너지의 일부를 부모부양에 투입함(희생함)을 의미한다. 그러나 부모를 위한 이러한 희생은 결코 일방적인 것이 아니다. 자녀가 하는 희생은 부모가 그들에게 바친 그 많고 깊고 끝없는 돌봄과 비교하면 작은 것이다.

책임은 고령자가 된 부모를 돌보아야 하는 성인자녀의 의무로서, 부모를 위한 신변보호, 돌봄, 재정지원, 염려와 관심 등 자녀로서 부모의 안녕을 위해 행하는 윤리적 역할이다.

자녀가 부모에게 진 가장 큰 빚은 바로 몸과 생명이다. 부모는 태어나는 그 순간부터 자녀를 보살피기 시작하여 자녀가 스스로 자신을 보살필 수 있도록 성숙할 때까지 돌본다. 그래서 부모의 자녀에 대한 사랑은 끝이 없다. 이러한 부모은혜를 갚는 것이 곧 보은이다.

요인 2 '정서적 효행'은 존경, 가족조화, 애정이 포함되어 있다. 부모에 대한 존경은 효에 가르침에서 첫 번째로 중요시하는 요인이다. 일반인에 대한 본 조사에서도 존경은 가장 중요시되는 효행으로 나타났다. 존경이 없는 부모돌봄은 옳은 효행이라고 할 수 없다(논어, 제2권 제7장). 부모중심으로 가족의 조화를 이루고 부모에 대한 애정을 표시함은 비물질적인 정서적 돌봄이라고 볼 수 있다. 자녀는 부모에게 물질적 돌봄과 함께 이런 정서적 돌봄도 제공하는 것이다.

효는 가족의 맥락에서 실천된다. 부모를 돌보는 데는 조화로운 가족관계를 유지하는 것이 중요하다. 기본적인 성격구조가 친족 간의 인간관계에 바탕을 둔 한국 문화에서는 가족성원들이 친밀하고 결속된 관계를 유지함이 중요시되고 있다.

효이념은 부모자녀 간의 진정한 사랑에 바탕을 두고 있다. 부모자녀의 서로돌봄 관계에 강한 애정적 결속이 있을 때 부양에 따르는 스트레스가 적다. 그러나 장기간의 부양에 따라 야기되는 스트레스로 인하여 애정이 줄어들 수 있다. 비록 애정이 약해지더라도 부모에 대한 책임성은 계속 남아 있을 수 있다. 그래서 현대사회는 가족을 하나의 책임성체계로 보는 관점을 중요시한다.

부모와 다른 노인을 예의바르게 대하는 것이 중요하다. 예의는 항상 양보와 연계되어 있다. 한국인이 고령자를 대할 때 존댓말을 하고, 예의 바른 태도를 취하는 것은 바로 예의를 행동으로 표현하는 것이다. 한국문화에서는 고령자를 존경하는 의식이 깊이 자리잡고 있으며, 존경과 관련된 도덕적 가치를 매우 중요시한다.

요인 3 '가족적 효행'에는 가족의 영속과 가족의 체면유지로 구성되어 있다. 효의 가족지향적인 차원이다. 가족지향성은 효와 밀접한 관련성을 지닌다. 사실 효는 가족중심으로 가족원들 간에 이루어지는 서로돌봄이다.

가족은 효의 실천도장이다. 그러므로 가족의 돌봄의지와 부양능력이 매우 중요한 요인이다.

우리문화에서는 어려서부터 가족을 우선적으로 생각하고 가족의 복리를 위해 행동하도록 자녀들을 사회화한다. 우리는 오랜 전통에 따라 조상을 숭배하고, 제사를 지내고, 족보를 보존하는데, 이런 관행은 가족주의를 강화하는 영향력으로 작용한다. 효는 선조의 소망을 이루고 유업을 성취함으로써 이룰 수 있다. 효자효녀는 돌아가신 부모에게 제사를 지낸다. 가족모임과 제사에 참석하기 위해 고향을 찾는 것이 한국인들에게는 중요한 관습이 되어 있다.

이러한 관행을 통하여 가족의 영속을 도모하고, 가족외부와의 관계에서 가족의 위상과 체면을 유지하려고 한다. 이제는 모든 자녀들이 출생순위에 상관없이 가족재산을 공평하게 상속받을 수 있다. 민주적으로 모든 성원들이 서로 존중하면서 공평하게 권리를 보장받는 새로운 사회적 맥락에서 효행이 실행되는 것이다.

효행차원에 포함된 변인들은 한국인의 가족주의적 이념과 실천행동을 반영하고 있다.

위와 같은 3가지 차원의 효행이유들은 가족적 맥락에서 이루어지는 부모자녀 간의 서로돌봄관계로 압축될 수 있다. 부모와 자녀 관계는 영원히 소멸되지 않는 특수한 속성을 지니고 있다. 자녀가 부모를 돌보는 것과 3개 효행차원은 밀접하게 상호연관되어 있기 때문에 정확하게 구분, 분리할 수 없다. 그러므로 자녀의 부모 부양행동 -효행- 을 평하기 위해서는 이 모든 차원들을 함께 다루어야 하겠다.

효의 근본인 인(仁)은 사랑(애정)의 증표인데, 이 사랑은 나와 가족만이 아니라 이웃과 넓은 사회에게 미치는 넓은 사랑이다. 따라서 이런 넓은 사랑의 증표인 효는 이와 같이 다차원적인 하위개념을 내포하고 있는 것으로 보아야 하겠다.

## Ⅵ. 맺는말

앞서 효행자의 효행을 조사한 데 이어 본 조사에서는 일반인의 효행을 분석하였다. 본 조사에서도 효행자조사에서 나온 거의 모든 유형의 효행이 검정되었다. 효의 관행이 사회적으로 보편화되어 있음을 사사하는 것으로 본다.

다만 일반인은 효행의 중요성을 효행자보다 낮게 평하고, 몇 가지 효행유형들의 중요성평점에 따른 순위가 다르며, 효행자조사에서 나오지 않은 부모사랑을 효행으로 제시한 데서 효행자와의 차이를 보였다. 이러한 결과는 양적 자료에 대한 비교적 세밀한 분석에서 드러났다.

[젊은 세대와 중장년 세대 간의 효에 관한 비교연구는 다음 장에서 소개된다.]

본 연구에 적용한 다단계표집에서 동의 인구수와 사회인구학적 배경이 같지 않고, 최종 하위단위인 가구의 크기가 작은 동들이 소수 있었다. 게다가 효행이 진행되는 역동적 과정과 사회적 환경에 관한 질적 정보를 얻지 못했다. 이런 문제들이 본 조사의 주된 제한점이다.

앞으로의 연구에서는 보다 더 대표성 있는 표본을 선정해서 이에서 얻는 양적 자료를 질적 자료로 보완하여 포괄적으로 해석할 수 있기를 바란다.

# 제5장
# 효행이유의 세대 간 차이
# 양적 접근

조사방법

* 효행이유의 연령층 간 차이
(정도, 범위, 간격) 분석
* 조사대상
서울시 5개구거주
청소년, 성년, 장년(1,818명)
다단계집락표집
* 설문조사 : 효행이유의 중요성 질문
(무기명, 폐쇄형, 개방식설문포함, Likert측도적용), 사전검증
* 통계분석 : 분포, 등위, t-검증, 상관관계, 변량분석, 요인분석
* 결과에 대한 질적 해석

## 요 약

연령의 차이에 따라 부모에게 효도하는 의지와 행동이 다르게 나타난다. 그렇다면 구체적으로 어떠한 방식으로 어느 정도와 범위로 다른가?

이 장에서는 위의 질문에 대한 답을 구하여 연령층 간의 효행이유에 대한 차이를 탐사하기 위해 양적 조사를 했다.

서울시의 구-동-반-가구에서 다단계집락표집으로 선정된 연령층들(청소년, 성년, 장년)의 조사대상자(1,818명)에 대한 설문조사를 했다.

연하층들 간에 중요시하는 효행이유에 대한 차이점과 간격이 나타났다. 장년층은 존경과 책임을 중요시하고 청소년층은 부모에 대한 사랑을 중요시하였다.

모든 연령층 간에 부모를 존경하는 성향이 있음이 일관성 있게 시사되었다.

# I. 서 론

우리는 효(孝)에 대한 가치와 관행을 지키려는 노력과 이를 바꾸려는 움직임이 동시에 진행되는 전환기적 소용돌이 속에서 살고 있다.

새 세대는 변화를 가져오고 있다. 새 세대는 전통적인 사회적 환경의 영향을 받지만, 새로운 사회환경에서 자라나면서 구세대와 다른 의식과 시각을 갖게 되어 현존 사회질서를 변경, 배척하려는 성향을 갖는다. 이 때문에 구세대와 새 시대 간에는 흔히 견해차의, 갈등 및 충돌이 발생한다(Bengtson, 1989; Biggs & Lowenstein, 2011).

그러나 한편 부모와 자녀, 즉, 구세대와 신세대 간에는 유전학적 및 사회학적 유사성이 있어 생리적 및 사회적 지속성이 유지되고 있다. 따라서 세대가 달라지고 사회환경이 변하여도 구세대가 지키는 전통은 지속되는 경향이다(Evans & Baxter, 2012). 게다가 구세대는 전통을 고수하며 안정된 사회질서를 유지하려는 사회적 내지 집단적 노력을 한다. 인간사회의 역사는 이러한 지속과 변화가 연쇄되는 과정이라고 볼 수 있다.

그리하여 세대를 달리하는 연령집단들 사이에 지속과 혁신을 이루려는 노력이 있게 된다.

오늘날 우리사회에서는 효(부모돌봄)과 관련된 전통적인 가치, 규범, 역할을 준수할 의무와 새로운 사회적 변화에 순응하여 혁신을 추구하는 젊은 세대의 욕구가 서로 부딪쳐 고령자들에게 매우 어려운 사회적 상황이 조성되고 있다.

한국인의 효에 대한 체계적 연구는 김경동(1964)이 처음 행한 것으로 안다. 이 연구는 인간관계를 “부모자녀관계”, “장유노소관계” 등 항목으로 구분하여 설문(Likert방식)을 작성해서 각 가구별로 조사하였다. 종합적으로 효실천에 대한 전통적 성향이 강하게 나타났다.

이 조사에 이어 효에 대한 체계적인 연구가 연속적으로 이루어지지 못하여 한국인의 효의 이념 및 관행을 시계열적으로 연구하기가 어렵게 되었다.

연령층 간의 효에 대한 가치지향성을 조사함으로써 장래 한국인이 노부모돌봄에 대해 가질 가치와 이념의 실마리를 잡을 수가 있다. 가치지향성이란 개인이나 집단이 부모부양에 적용하는 신조, 태도 및 가치를 중요시하는 경향이다.

효에 대한 젊은 세대들의 시각과 가치는 앞으로 노인복지 증진에 커다란 영향을 끼칠 수 있다. 왜냐하면 이들의 시각과 가치관 여하에 따라 앞으로 우리사회가 노인복지를 위해 투입할 자원과 서비스의 유형이 달라질 수 있기 때문이다.

이 장에서는 한국인이 연령층에 걸쳐 가지는 효행이유를 분석하고, 이에서 얻은 자료를 바탕으로 인접(隣接)세대와 비인접(非隣接)세대 간의 차이, 자녀의 사회적 속성에 따른 효행이유의 변화 등을 탐사하고자 한다.

# Ⅱ. 이론적 배경

연령을 계층화함으로써 각 계층 간의 특이한 가치와 규범, 권위와 권력 등의 속성의 차이를 식별할 수 있다. 연령계층들은 같은 사회에서 생활하지만 이러한 차이가 있을 수 있다.

## 1. 연령층을 비교하는 의의

연령층 -소년, 청년, 중년, 장년, 노인- 에 따르는 변화는 상하로 이동하는 사회적 이동과는 달리 일방적이며 되돌아 갈 수 없는 인류사회의 보편적인 현상이다. 따라서 젊은 사람들은 시간이 지나면 자연적으로 고령자로 변하게 되고 다시는 젊은이로 되돌아갈 수 없다.

연령층을 구분함으로써 한 사회가 변하는 양상을 식별하고 예측할 수가 있다(Robert, 2008). 즉 연령층에 따른 가치관과 규범, 재산, 권위 및 권력의 변동, 생활스타일을 알아볼 수 있는 것이다.

연령이 낮은 세대와 높은 세대는 같은 사회에서 살고 있지만 성장기에 겪는 생활체험이 다를 수 있다. 특히 한국과 같이 산업기술과 사회변동이 빠르게 진행되는 사회에서는 젊은 연령층은 그들의 부모들의 가치와는 다른 가치를 내재화할 수 있다. 같은 맥락에서 이들 젊은 층보다도 위인 연령층은 이와는 다른 보수적인 가치를 지켜나갈 수 있다. 따라서 한 사회에서 일어나는 커다란 변화를 조사하려면 변화의 잠재적인 원인이 되는 젊은 세대의 태도와 가치에 대해 지속과 보수적 성향을 가진 윗세대의 그것과 대조해 보아야 한다.

소년층에서 장년층에 이르는 각 연령층에 따른 노인돌봄에 대한 가치지향성을 탐색해 봄으로써 노인돌봄과 관련된 장래 사회적 추세에 대한 실마리를 잡을 수 있다고 본다.

세대관계연구자 Bengtson(1993)은 거시사회적(macrosocial) 차원과 미시구조적(microsocial) 차원에 대해 논구하였다.

이 두 차원에 걸쳐 우리사회의 경우를 생각해 볼 수 있다.

먼저 거시사회적 차원에서 사회전체의 변화를 볼 수 있다. 한국사회의 경우 급격한 산업화로 인하여 핵가족 수가 늘어났고 대가족 수는 줄어들었다. 동시에 서구사회의 개인주의적 사조가 밀어닥쳐 전통적 가족 · 집단주의적 가치관 및 관행과의 갈등을 조성하고 있다. 노부모는 가부장적 권위와 재산관리자 및 가족통제자로서의 역할을 상실하고 있으며, 여성은 딸, 아내, 어머니, 직업여성의 사회적 역할을 놓고 갈등을 겪고 있다.

한편 출생률이 낮아지고 생명이 연장되어 노인인구가 증가하고, 민주정치하에서 비교적 자유로운 생활을 하면서 윤택한 생활을 하고 있다. 전통적 사회구조와 사회적 역할은 이러한 일련의 변화들에 적응해야 할 전환기에 이르렀다.

다음 미시구조적 차원에서는 가장 두드러진 상황이 가족의 변화이다. 서로돌봄 단위로서의 가족은 복수적 세대의 구성원들로 이루어졌다. 가족은 생활주기에 알맞은 가치, 규범, 역할을 상호 절충해 가기 때문에 지속과 변혁 사이의 갈등이 나타난다. 이러한 상호절충은 복잡미묘하게 끝없이 계속되는 과정이며 가족 내에서 진행되는 절충과정은 흔히 바깥사람에게는 보이지도 않는다. 가족 바깥에서도 각종 사회조직을 통하여 나이를 달리하는 세대들 간에 비슷한 절충과정이 진행되고 있는 것이다. 이 절충과정은 지속과 혁신의 절충이라고 요약할 수 있다.

우리사회에서도 노인돌봄과 관련된 전통적 가치와 새로운 가치 사이의 사회적 및 가족원들 간의 갈등이 표출되고 있다. 이러한 사회적 변화와 세대론적 시각에서 우리의 고령자돌봄문제가 연구되어야 한다.

문헌조사에 의하면, 서양에서도 산업화로 인하여 고령자에 대한 태도가 달라져 왔다(Palmore, 1999; Kastenbaum & Ross, 1975). 즉, 서구의 연구들은 흔히 고령자에 대한 젊은 사람들의 부정적인 태도를 보고하고 있다(Hendricks & Hendricks, 1978; Post, 1989; Palmore, 1999).

한국사회의 경우는 연령층에 따라 고령자 돌봄에 대해 어떠한 차이가 있을까? 본 연구는 위와 같은 시대적 변화를 염두에 두고 이 질문에 대한 답을 얻고자 시작한 것이다.

## 2. 세대 간의 대립현상

젊은 사람들과 고령자들, 부모들과 자녀들 사이의 대립을 Bengtson(1993)은 세 가지 영향변수들을 들어 설명하고 있다. 즉, 동시출생집단적(同時出生集團的) 영향(cohort effects), 가족계보적(家族系譜的) 영향(lineage effects) 및 시기적(時期的) 영향(period effects)이다.

이들 각각의 영향으로 인하여 일어나는 결과는 개인적, 가족적 및 역사적 발전의 세 가지 발전단계에 걸쳐 나타난다(Bengtson, 1989). 이러한 시각을 우리사회의 경우와 연계해서 생각해 볼 수 있다.

산업화가 본격적으로 시작된 1970년 이후에 동시출생한 세대는 일상생활에서 얻은 경험이나 개인적 및 사회정치적 관심에서 부모세대와는 차이가 있다고 본다. 1960년대 후반까지 우리는 대가족제도를 유지하면서 비교적 안정된 가족생활을 유지하였다. 즉, 고령자는 가부장적 지위를 가족 내에서 가졌고, 가족은 의무적으로 그분을 돌보았다. 그러나 1960년 후반에 시작된 산업화와 도시화로 이러한 전통적 가족제도가 무너지기 시작하였으며 가족의 구조와 기능이 점차 변함에 따라 고령자의 가족 내 권위가 낮아지고, 가족의 노부모돌봄에 대한 의지와 행동이 약화되어 왔다. 따라서 고령자는 역동적인 사회변동의 소용돌이 속에서 미시적 가족구조 및 역할의 변동에 부딪혀 매우 어려운 과정을 겪고 있다.

이러한 배경을 가진 우리의 사회적 맥락에서 젊은 세대(자녀)는 성숙도와 생활경험에서 구세대(부모들)와 차이가 있기 마련이다. 새 세대는 일찍이 Mannheim(1952)이 지적했듯이 새로운 사회환경에 부딪혀 새로운 시각에서 사회적 현상을 보게 되며, 전통적인 것에 대해 다른 시각을 가지게 된다. 즉, 새 세대는 새로운 세계관과 시대적 정신을 가질 수 있는 것이다.

같은 가족원들 사이에도 세대차이가 있다. 즉 이들 사이에는 유사성이 있겠으나 차이점도 발생하는 것이다. 가족은 세대 간의 위계적 질서를 이루는 특성을 가지고 있어 조부모, 부모, 자녀, 손자녀의 연속되는 생물학적 및 사회적 세대를 형성한다. 대가족의 경우는 증조부모와 증손자녀가 부가된다. 이와 같이 가족계보적으로 세대 간에 영향을 주고받는 사회화과정이 진행되는 것이다.

## 3. 세대관계의 변화와 지속

이 과정에서 부모가 자녀에게 영향을 주는 전달효과를 볼 수 있다. 이 전달과정은 대개 양방향적인 작용이다(Bengtson, 1993, 1989). 부모가 자녀에게 영향을 주고 자녀도 부모에게 영향을 끼친다. 이런 사회화과정을 통해 서로의 가치, 의견 및 태도가 비슷하게 되는 경향이 있다. 유사성을 증대시키는 세대 간의 교환이 이루어지는 것이다. 우리의 가족주의적 전통과 부모돌봄과 관련된 가치관과 태도도 이러한 교호적 관계 속에서 유사성을 이루어 왔다고 본다.

세대 간의 상호교환과정은 반드시 순조롭게 지속성을 유지하는 방향으로만 작용하지는 않는 것 같다. 즉 노년세대가 젊은 세대의 가치관이 변화하는 데 대해 하는 탄식, 노년세대의 완고하며 고식적인 사회관에 대한 젊은 세대의 개탄 등 세대 간의 차이와 갈등은 이 점을 증명해 준다. 우리사회에서도 고령세대와 청소년세대 간의 간격을 예증하는 논의들이 진행되고 있다. 출생시기에 따른 세대 간의 간격은 불가피하며 이는 곧 세대 간의 틈(cleavages)을 가리킨다.

이상 Bengtson이 제시한 세 가지의 영향력(동시출생집단적, 가계보적 및 출생시기적)은 결국 세대 간의 상호교환에 참여하는 개인, 가족 및 사회성원들의 태도, 가치관 및 행동에서 불가피하게 차이를 나타나게 한다. 그래서 세대관계에는 원초적으로 변화와 불안정이 내재한다고 할 수 있다.

한편 이러한 변화의 소용돌이 속에서 또한 지속성을 유지하려는 움직임이 계속되고 있다. 즉, 젊은 층이 성숙해 지면 그들의 가치관, 신념 및 행동이 부모세대의 것과 가까워질 수 있고, 또 세대 간의 교환을 통해서도 유사성을 높일 수 있으며, 출생시기적 영향으로 동시대에 생활하는 세대들이 비슷한 사회역사적 사건들을 경험할 수 있게 된다. 따라서 우리는 세대관계를 변화와 불안정이란 변수로만 설명할 수 없으며, 오히려 지속과 안정의 변수로도 설명할 필요가 있다.

이러한 변화와 지속의 연쇄과정 속에서 한국의 가족은 새로운 생활환경에서 전통적 부모돌봄(효)에 대한 가치와 관행을 유지하려는 노력을 하고 있다.

## 4. 세대관계와 호혜성

전통적 사회화이론에서는 일방적으로 부모로부터 자녀에게 사회화를 위한 영향이 흐른다고 가정한다. 그런데 근년에 경험적 연구를 통해 사회화과정에서 부모자녀 간에 일어나는 상호작용은 연령의 차이를 막론하고 서로에게 영향을 끼친다는 새로운 가정을 제시하고 있다(Acock, 1984; Biggs & Lowenstein, 2011). 이러한 이론을 바탕으로 적어도 다음과 같은 계론(系論)을 생각할 수 있다.

즉, 부모자녀 간의 교환은 부모자녀관계를 공고히 할 수 있으며, 이 관계는 일방적인 것이 아니라 서로 돌보는 호혜적(互惠的)인 것이다. 자녀의 행동이나 가치는 부모의 성향에도 영향을 끼칠 수 있으며 노소는 세대 간의 서로 돌보는 작용을 통하여 변화하고 발달한다(Featherman & Lerner, 1985).

위와 같은 해석을 하는 논자들은 부모자녀 간의 접촉이 계속되면, 부모가 자원(힘)을 소유하고 있기 때문에 자녀에게 영향을 주게 되어 부모자녀 간의 태도상의 유사성이 발생한다고 본다. 이 과정에서 자녀는 연령이 더함에 따라 이번에는 부모에게 영향을 가하게 되고, 반대로 부모는 나이가 더함에 따라 자녀에 대한 영향력이 덜해질 수 있다.

위와 같은 부모자녀 관계는 우리나라에서도 일찍부터 숭앙된 인간관계이다. 퇴계(退溪, 李滉)는 자녀와 부모 간의 교호적인 관계에 대한 훌륭한 교의를 남겼다. 그는 부모가 자녀에게 주는 사랑은 자(慈)이며 자녀가 부모를 받드는 것을 효(孝)라고 하였다(이황, 2001; 채무송, 1985).

부모는 자녀에게 양육에서부터 성장에 이르기까지 정신적 및 물질적 기여를 한다. 이렇게 함으로써 그들의 자녀들이 건강하고 행복한 삶을 영위할 수 있기를 갈망한다.

성장기의 사회화는 세대 간에 진행되는 협상의 과정이다. 이 과정을 통하여 젊은 가족원은 새 연령에 맞는 역할을 하게 되며 연상(年上)의 부모는 정보를 제공하고, 규범적인 인도 및 지지를 해준다. 그러나 이 단계의 부모와 자녀의 관계는 교호적이면서 지속적으로 변화하는 과정이다(Bengtson & Schaie, 1989).

따라서 상호교환하는 세대들은 세대 간의 교환과정에서 변화, 발전, 사회화하는 것이다. 만약 청년세대가 특이한 가치와 행동을 채택한다면, 이 행동변화가 그들의 부모세대의 성향도 어느 정도 수정할 수 있다고 본다.

## 5. 주요 연구 과제

위의 논의를 참작하여 세대간 부모돌봄 이유의 차이를 비교하는 데 있어 적어도 다음과 같은 추정을 할 수 있다.

첫째, 인접세대는 비인접세대보다 돌봄이유의 차이가 작을 것이다.

둘째, 연령이 높은 세대는 돌봄이유에 있어 젊은 세대보다 더 전통적이며 보수적인 경향이 있을 것이다.

셋째, 같은 세대에 속하는 사람들 사이는 부모돌봄이유가 일치 또는 유사한 경향이 있을 것이다.

넷째, 자녀의 개인적 속성에 따라 돌봄태도가 다를 수 있을 것이다. 연령이 많을수록 성숙도가 높아지고, 교육정도가 높을수록 사회현상과 인간관계에 대한 이해심이 많아져서 노부모돌봄에 대한 태도가 긍정적이며 돌봄의무를 수렴하는 경향이 있을 것이다

## Ⅲ. 한국인의 효행이유

앞 장에서 현대 한국인이 간직하는 효도하는 이유로서 다음의 11개 유형을 식별한 바 있다.

1. 부모에 대한 존경
2. 부모에 대한 책임/의무
3. 부모은혜에 대한 보답
4. 부모중심의 가족화합
5. 부모에 대한 애정
6. 부모를 위한 희생
7. 부모에 대한 동정
8. 가족의 영속
9. 못 다한 일의 보상
10. 이웃을 위한 돌봄
11. 종교적 신념에 따름
12. 가족의 체면유지

효행자들이 부모에게 제공한 돌봄서비스의 내용을 보면 구체적으로 부모에게

봉사하는 행동적(수단적) 차원이 있고, 부모의 안녕을 염려하며 보살피는 정서적 차원이 있다. 그리고 서비스 중에는 이웃노인을 위한 것도 들어 있다.

제2장에서 자녀가 효(孝)를 하려는 뜻을 가지면 부모를 부양하는 행동이 따른다는 사실, 즉 뜻과 행동의 연계성이 있음이 드러났다. 즉 이 사실은 제2장에서 실증되었다. 사람들의 태도 또는 의지와 실제 행동 간의 연계성에 대해서는 논의가 계속되고 있다. 이러한 점에 유의하여 본 조사를 위해 신뢰성있는 자료를 얻기 위해 노력했다.

## Ⅳ. 조사방법

### 1. 표본선정

연령층이 다른 4개의 집단들을 다단계표집을 통해 조사대상으로 선정하였다. 즉, 서울시내에 거주하는 초등학교학생(362명), 중고등학생(430명) 및 대학생(489명)부터 응답을 받았으며, 일반인(537명)은 서울시내 각 구의 중산층 성인들로서 이들을 면접해서 응답을 받았다.

응답자들(부모를 가진)을 연령에 따라 소년층(18세 또는 이하), 청년층(19-29세), 성년층(30-39세) 및 장년층(40세 또는 이상)으로 구분하였다(장년층에는 50세 또는 그 이상의 응답자 51명이 포함되어 있음). 응답자 총수 1,818명을 4개 연령집단으로 나누었다. 즉, 소년 568명, 청년 706명, 성년 323명, 장년 221명이다. 이와 같이 소년 및 청년층의 수가 표본의 약 70%를 이루고 있다. 이 표본구성은 본 조사가 젊은 층의 부모돌봄태도에 관심을 집중한 사실을 반영한다.

제1단계로 서울시 행정구역 총 25개 구들에서 3개 구를 무작위 추출하였고, 제2단계로는 각 구에서 중학교, 고등학교 및 대학을 1개교씩 무작위 추출하였다. 초중고등학교에서는 2학년 학급 2개를 무작위 선정하여 이들 학급의 학생들로부터 설문에 대한 응답을 받았다.

대학생은 무작위로 선정된 사회과학부 2개 강의실에서 조사되었다. 일반인은 주택지역(중산층 아파트단지)에 거주하는 주민들로서 3개 구를 무작위 선정하여 각 구에서 3개 동을 다시 무작위로 골라서 각 동에서 10~15개 가구를 무작위 선정하여 매 가구당 1명의 성인으로부터 응답을 받았다.

## 2. 조사도구

설문은 위에 나열한 13개 항목의 부모돌봄이유로 구성되었다.

설문은 짧게 작성했으며 측도는 5단위로 했다. 총 32개 항목(질문)으로 구성된 설문은 응답자의 속성에 관한 것 6개 항목들과 부양동기에 관한 것 26개 항목들을 포함한 것이다. 평균해서 10분이면 완료할 수 있는 설문으로서 동류집단(중고등학생 15명, 성인남녀 15명)에 대한 사전검사를 걸쳐 답변하기 쉬운 내용으로 작성하였다. 응답자의 속성에 관한 항목도 최대한으로 줄였다. 검사결과 응답자의 질문에 대한 저항이 거의 없는 것으로 나타났다. 조사대상학급의 담임교사들이 본 연구에 대한 관심이 많아서 최대한의 협조를 해주었다.

핵심적 설문은 응답자에게 부모를 부양하는 이유로서 다음의 어느 것이 가장 중요하다고 보느냐 하는 내용이다.

1. 부모를 존경하기 때문에
2. 부모에 대한 책임/의무 때문에
3. 부모은혜에 보답하려고
4. 부모를 중심으로 가족을 화합하려고
5, 부모를 사랑하기 때문에
6. 부모를 위해 희생하려고
7. 부모를 동정해서
8. 가족의 영속을 위하여
9. 못 다한 일을 보상하려고
10. 이웃과 화합하려고
11. 종교적 신념에서
12. 가족의 체면을 유지하려고
13. 위의 이유 이외에 어떤 이유가 있으면 적어 주시오.(개방).

**설문의 예 : 다음은 부모에게 효도하는 이유를 적어 본 것입니다.**

"사람마다 다르겠지만, 여러분은 다음의 부모를 돌보는 이유를 어느 정도로 중요하다고 보는지 해당되는 번호(1은 매우 중요함...5는 전혀 중요치 않음) 하나를 골라서 ×표를 해 주십시오."

"부모를 사랑하기 때문에"

____ 1. 매우 중요하다

____ 2. 중요한 편이다

____ 3. 그저 그렇다

____ 4. 별로 중요치 않다

____ 5. 전혀 중요치 않다

응답자 개개인을 분석단위로 하였기 때문에 부양태도와 가족단위와의 연관성, 가족 내의 젊은 세대와 연로한 세대 간의 차이, 가족 내의 인접세대들 간의 차이를 구별해서 탐사하지 못했다. 위와 같이 구성된 설문을 각 응답자를 면접하여 설문지를 주고 기입방법을 간략히 설명한 후 응답은 자유이며, 개개인의 응답은 종합해서 평균치를 산출하기 때문에 개인에 대한 자료는 표출되지 않는다는 설명을 했다. 이 설문은 무작위를 선정된 효행자 10명에 대한 test-retest를 하여 응답의 신뢰도를 검정하였다.

설문은 무작위로 선발된 고등학교생 15명과 성인 15명에 대한 사전검정(test-retest)를 하여 신뢰도를 검정하였다.

40명의 조사자들에게는 설문조사수행 시에 필요한 대인기법과 대화방법에 대한 기초적 훈련을 했고, 사전검사결과에 대한 정보도 제공했다.

## V. 분석결과

자료는 다음의 세 가지 차원에 걸쳐 분석하였다.

(1) 부모돌봄을 중요시하는 정도

(2) 부양이유의 세대 간 차이

(3) 동일세대 내의 부양이유

(4) 응답자의 속성(연령, 교육, 가족 수 등)에 따른 부양 이유의 차이

## 1. 응답자의 사회적 속성

남성이 61%로 여성응답자보다 많았다(<표 5-1>). 연령층을 보면, 소년층(<18세)이 31%, 청년층(19-29세)이 39%, 성년층(30-39세)이 18%, 장년층(40-49세)이 9%, 노년층(>50세)이 3%이다. [연령을 10세 간격으로 구분하여 한세대(20세)보다 더 세분된 연령집단으로 나누었음. 이렇게 구분된 연령집단을 "연령층"이라고 불렀음. 노년층은 크기가 작아 장년층과 합쳐 4개 연령층으로 축소했음.]

교육정도는 초등학교가 25%, 중고등학교가 34%, 대학교가 36%, 대학원이 5%이다. 대다수가 29세 이하이며 이들의 다수는 대학을 졸업했거나 재학 중이다. 30세 이상이 544명(30%)이 된다.

가족의 크기를 보면, 4인 또는 그 이상의 가족이 가장 많으며(51%), 3인이 39%, 2인이 10%로 나타났다.

응답자들 전체의 평균 가족 수는 3.4명이다. 출신지역별로는 도시출신이 77%로 대다수를 이루고 있다. 조부모가 생존하고 있는 응답자들이 37%가 된다. 이를 더 분류해 보면, 조부를 가진 응답자는 20%이고, 조모를 가진 응답자는 50%가 된다.

<표 5-1> 응답자들의 사회적 속성

| 속 성 | 구분 | 응답자수 | (%) |
|---|---|---|---|
| 성 별 | 남성 | 1,129 | 60.9 |
| | 여성 | 727 | 39.1 |
| 연 령 | <18 | 568 | 30.7 |
| | 19-29 | 706 | 39.1 |
| | 30-39 | 323 | 17.9 |
| | 40-49 | 170 | 9.3 |
| | >50 | 51 | 2.9 |
| 교 육 | 초등학교 | 457 | 25.0 |
| | 중. 고등학교 | 615 | 33.6 |
| | 대학교 | 661 | 36.1 |
| | 대학원 | 98 | 5.3 |

| | | | | |
|---|---|---|---|---|
| 가족크기 | 1인 | | 7 | .4 |
| | 2인 | | 21 | 1.1 |
| | 3인 | | 113 | 10.1 |
| | 4인 | | 675 | 34.4 |
| | 5인+ | | 1,002 | 51.0 |
| 출신지역 | 도시 | | 1,431 | 77.1 |
| | 농촌 | | 425 | 22.9 |
| 조부모 | 조부 | 계심 | 406 | 22.0 |
| | | 안 계심 | 1,436 | 78.0 |
| | 조모 | 계심 | 918 | 49.8 |
| | | 안 계심 | 925 | 50.2 |

속성별 응답자총수: 100% = 1,767명 ~ 1,818명
(무응답자는 백분율을 계산하는 기본수에서 제외하였음)

## 2. 부양이유의 유형 및 중요성 등위

13개 항목들에 대한 5단위 측도에 기초한 응답자료의 평균을 분석한 결과는 <표 5-2>와 같다(돌봄이유, 효행이유, 부양의지를 모두 유사한 뜻을 가진 용어로 사용하였음.).

평균치가 3.5 이상의 긍정적인 응답을 얻은 항목들을 평균치 크기의 순위로 보면 다음과 같다.

(1) 은혜보답 (2) 존경 (3) 사랑 (4) 화합
(5) 책임 (6) 희생 (7) 보상 (8) 이웃돌봄

평균치가 3.5 이하의 중요성이 낮다고 평가된 항목들은 다음과 같다.

(9) 동정 (10) 종교적 교훈 (11) 가족전통유지
(12) 체면유지 (13) 재산상속

평균평점의 크기에 따라 13개 유형의 등위를 보면 <표 5-2>와 같다.

4개 유형 -은혜보답, 존경, 사랑 및 화합- 은 평균치가 거의 같게 나타났다. 응답자들이 이 유형의 효행이유를 거의 같은 정도로 중요시했음을 시사한다.

<표 5-2> 돌봄이유의 중요성 : 평균 및 등위

| 돌봄이유 | 평균* | S.D. | 등위** |
|---|---|---|---|
| 은혜보답 | 4.47 | (.65) | 1 |
| 부모존경 | 4.39 | (.84) | 2 |
| 부모사랑 | 4.37 | (.86) | 3 |
| 가족화합 | 4.34 | (.88) | 4 |
| 책 임 | 3.84 | (1.01) | 5 |
| 희 생 | 3.72 | (1.01) | 6 |
| 보 상 | 3.67 | (1.09) | 7 |
| 이웃돌봄 | 3.54 | (1.03) | 8 |
| 동 정 | 2.84 | (1.23) | 9 |
| 종교교의 | 2.84 | (1.35) | 9 |
| 가족전통유지 | 2.81 | (1.18) | 11 |
| 가족체면유지 | 2.23 | (1.12) | 12 |
| 재산상속 | 1.60 | (.94) | 13 |

N=1,818
* 5단위측도에 기초함(1=전혀 중요치 않음. 5=가장 중요함)
** 평균치 크기에 기초한 등위

## 3. 인접연령층 및 비인접연령층과 돌봄이유

연령상으로 제일 가까운 세대(隣接世代)들 간의 돌봄이유의 차이를 조사하기 위해 인접세대의 3개 짝들(소년-청년, 청년-중년, 중년-장년)에 대한 13개 항목들의 평균에 대한 t검증을 했다. 결과는 <표 5-3>과 같다. 이 표에서 인접연령층인 '소년층'과 '청년층'의 두 집단 간에 모든 항목들에 걸쳐 통계적으로 유의한 차이가 있음을 시사되었다.

다음 인접집단들인 '청년층'과 '중년층' 간에도 역시 평균 평점들에 통계적으로 유의한 차이가 있다.

끝으로 연령이 높은 인접집단들인 '중년층'과 '장년층' 간에는 위의 두 인접연령 집단들과는 대조적으로 통계적으로 유의한 차이가 없음이 시사되었다.

분석결과를 종합하면, 가장 연령이 낮은 소년층과 다음으로 낮은 청년층은 돌봄이유를 평하는 데 있어 전반적으로 개혁적인 성향을 보이고 있는데, 이 연령집단들 사이에서도 나이가 어린 소년층이 청년층보다 더 개혁적임이 시사되었다. 마찬가지로 청년층은 중년층보다도 약간 더 개혁적이며, 반대로 중년층은 더 보수적인 성향임이 시사되었다. 또한 중년층과 장년층의 경우는 예상외로 차이가 거의 없어, 연령이 높은 이들이 다 같이 모든 돌봄이유들에 걸쳐 젊은 층들보다 덜 개혁적이며 더 보수적인 성향을 가졌음이 시사되었다.

<표 5-3> 인접연령층들 간의 돌봄이유평점의 차이(t-test)

| [소년층 : 청년층] | | | | |
|---|---|---|---|---|
| | N | 평균 | S.D. | |
| 소년 | 548 | 2.68 | .42 | |
| 청년 | 719 | 2.56 | .42 | |
| F | 2-tail. p | pooled | variance | est. |
| 1.00 | .993 | t | DF | 2-t. p |
| | | 4.99 | 1265 | .0001 |
| [청년층 : 중년층] | | | | |
| | N | 평균 | S.D. | |
| 청년 | 719 | 2.56 | .42 | |
| 중년 | 330 | 2.41 | .43 | |
| F | 2-tail. p | pooled | variance | est. |
| 1.08 | .432 | t | DF | 2-t. p |
| | | 5.11 | 1047 | .0001 |
| [중년층 : 장년층] | | | | |
| | N | 평균 | S.D. | |
| 청년 | 330 | 2.41 | .43 | |
| 중년 | 225 | 2.38 | .44 | |
| F | 2-tail. p | pooled | variance | est. |
| 1.02 | .864 | t | DF | 2-t. p |
| | | .93 | 553 | .353 |

다음 비인접 연령층의 짝으로서 역시 3개의 비인접(떨어져 있는) 연령층들('소년층과 중년층', '청년층과 장년층' 및 '소년층과 장년층') 간의 중요성평점의 차이를 t검증해 보았는데 결과는 <표 5-4>와 같다.

소년층과 중년층 간에는 통계적으로 유의한 차이가 있고, 청년층과 장년층 간에도 역시 유의한 차이가 있으며, 연령 간격이 가장 넓은 소년층과 장년층 간에도 예상했듯이 유의한 차이가 있음이 각각 시사되었다. 연령이 떨어져 있음으로 해서 이러한 차이가 있는 것으로 보인다.

<표 5-4> 비인접연령층들 간의 돌봄유평점의 차이

| [소년층 : 중년층] | | | | |
|---|---|---|---|---|
| | N | 평균 | S.D. | |
| 소년 | 548 | 2.68 | .42 | |
| 중년 | 330 | 2.41 | .43 | |
| F | 2-tail. p | pooled | variance | est. |
| 1.07 | .459 | t | DF | 2-t. p |
| | | 8.87 | 876 | .0001 |
| **[청년층 : 장년층]** | | | | |
| | N | 평균 | S.D. | |
| 청년 | 719 | 2.56 | .42 | |
| 중년 | 225 | 2.38 | .44 | |
| F | 2-tail. p | pooled | variance | est. |
| 1.10 | .378 | t | DF | 2-t. p |
| | | 5.53 | 942 | .0001 |
| **[소년층 : 장년층]** | | | | |
| | N | 평균 | S.D. | |
| 소년 | 548 | 2.68 | .42 | |
| 중년 | 225 | 2.38 | .44 | |
| F | 2-tail. p | pooled | variance | est. |
| 1.10 | .400 | t | DF | 2-t. p |
| | | 8.85 | 771 | .001 |

이상과 같이 연령에 차이가 있는 비인접 집단들 간에는 모두 부모돌봄이유가 다르게 나타났다. 그 중에서 소년층과 장년층의 차이는 가장 크다.

요약하면 연령차가 많을수록 부양이유를 중요시하는 정도에 차이가 단계적으로 더 많으며 세대가 인접할수록 그 차이가 단계적으로 더 적다. 가장 차이가 많은 경우가 소년세대와 장년세대이다.

연령이 낮은 사람들이 더 개혁적이고 높은 이들이 더 보수적인 성향이 있음이 일관성있게 시사되었다.

## 4. 부양이유의 요인분석

13개 유형의 돌봄이유의 저변에 잠겨있는 차원을 파악해 보기 위해 돌봄이유평점을 모두 묶어 요인분석(factor analysis)을 하였다. 이 분석에는 1,818사례들 중 손실자료가 없는 1,716사례를 사용하였다. [Kaiser표준화를 해서 회전한 후 Verimax에 의한 분석임.]

<표 5-5>와 같이 돌봄이유의 3개 요인(차원)을 찾아내 의미있는 제목을 붙였다. [적재치가 .5 이상인 것만을 사용했음.]

<표 5-5> 효행의지변수들의 요인분석*

| 변수 | 적재치 | | | 공동인자 |
|---|---|---|---|---|
| | 1 | 2 | 3 | |
| 존 경 | .71 | | | .54 |
| 책 임 | | | .63 | .46 |
| 희 생 | | | .57 | .43 |
| 보 은 | | | .53 | .41 |
| 가족화합 | .66 | | | .49 |
| 사 랑 | .63 | | | .44 |
| 보 상 | | | | .28 |
| 가족영속 | | .80 | | .67 |
| 가족체면유지 | | .77 | | .66 |
| 이웃돌봄 | | | | .22 |
| 동 정 | .52 | | | .33 |
| 종교교의 | | .52 | | .32 |
| 재산상속 | | | | .19 |
| 전체변량에 대한 비율 | 20.6 | 15.7 | 9.5 | |

* Kaiser normalization
적재치 .5 이상만 표시함

첫 번째 요인은 부모에 대한 존경, 부모중심의 가족화합, 부모에 대한 애정 및 부모에 대한 동정의 4개 이유(변인)로 이루어진 차원으로서, 이들을 묶어 "정서적 돌봄"이라고 이름 붙였다(이들 유형들은 전체 변량의 20.6%를 차지함.). 가족원들이 화합하여 부모를 존경심, 정의 및 동정심으로 돌보려는 정서적 차원의 이유라고 보았다.

두 번째 차원은 부모에 대한 책임의 수행, 부모를 위한 희생 및 부모은혜에 대한 보답의 3개 이유로 이루어졌는데 이를 "행동적 돌봄"이라고 이름 붙였다. 부모에 대한 책임을 수행하고, 부모를 위해 어떠한 희생을 하며, 부모은혜에 보답하고자 하는 이유는 부모돌봄을 위한 행동으로 연계될 수 있다고 보았다 (3개 유형들이 차지하는 전체변량에 대한 비율은 15.7%임.).

세 번째 차원은 가족의 영속과 가족의 체면을 유지하고, 종교적 교의를 따라 부모를 돌보려는 이유로 이루어졌다. 가족의 영속 및 체면유지는 가족주의적 문화속에서 생활하는 한국인들의 생활신조이다. 종교적 교의는 종교가 교시하는 가치와 규범에 따라 부모를 돌보려는 이유이다. 총괄해서 부모돌봄이 가족을 맥락으로 행해지고 있음을 시사하는 차원이다. 따라서 "가족적 돌봄"이라고 했다(3개 유형들의 전체변량에 대한 비율은 9.5%임.).

이상과 같이 13개 유형의 돌봄이유 또는 효행이유가 3개 차원으로 축소, 요약되었다. 효행을 하는 이유들이 이와 같이 크게 3가지 차원들 -"정서" - "행동" - "가족"- 으로 요약되었다.

정서적 돌봄은 자녀 개개인이 자기가 처해있는 가족적 맥락에서 부모에 대해 가지는 개인적인 정서적 유대 내지 애착을 뜻하는 것으로 본다. 행동적 돌봄은 부모에 대한 책임을 다하고, 은혜를 갚고, 희생을 하려는 실천적인 면과 관련되어 있다. 가족적 돌봄은 가족과 사회에서 보편화되어 있는 가치와 규범에 뿌리를 둔 것으로 볼 수 있다.

따라서 효행을 하려는 이유를 이들 세 가지로 요약할 수가 있다. 이들 3개 차원들은 상호관련된 심리적 내지 태도적인 변인으로 볼 수 있고, 또 해석상 편리를 위해 분리할 수 있는 변수로 볼 수도 있다.

자녀가 부모를 돌보는 데 있어, 정서적 면에서는 강하거나 긍정적이지만, 행동적 면에서는 약하거나 부정적일 수 있으며, 가족중심적 면에서는 강하지만 행동적이나 정서적인 면에서는 약하거나 강한 상황을 상상할 수 있다.

물론, 3개 차원들이 모두 긍정적인 상황에서 상호보완적인 관계가 형성될 때 효행이유가 강하다고 볼 수 있다. 그러나 부양자 개개인에 따라 이 세 가지 차원들에서 강도가 각각 다르게 나타날 수 있을 것이다.

3개 차원들이 상호보완적인 관계에 있기는 하지만, 노인부양 문제를 현실적, 실천적으로 해결하는 데에는 행동적 차원(책임, 회생, 보은)이 더 긴요한 차원이라고 볼 수 있다.

## 5. 같은 연령층의 유사성

같은 세대에 속하는 응답자들이 효행이유에 준 중요성 평점들 사이의 상관관계를 검증하였다. 위의 요인분석에서 도출된 3가지 차원을 새로운 변수로 설정하였다. 즉 1) 정서적 돌봄, 2) 행동적 돌봄, 3) 가족적 돌봄이다.

연령층들 모두에 걸쳐 통계적으로 유의한 상관관계가 있음이 시사되었다(표 5-6). 특히 정서적 돌봄과 가족적 돌봄과의 상관관계가 그러하다. 즉 부모를 정서적으로 돌보는 자녀는 가족적 돌봄도 크게 한다는 정적인 관계를 시사한다.

다음 각 연령층 평점들 간의 상관관계를 검증해 보았다(<표 5-6>). 소년층의 경우 응답자가 551명이었는데 이들의 자료를 바탕으로 상호관계를 검정한 결과 역시 3개 차원들 상호 간에 통계적으로 유의한 긍정적 관계가 시사되었다. 정서적 돌봄과 가족적 돌봄 간의 상호관계가 높음이 시사되었다.

<표 5-6> 연령층별 부양이유 간의 상관관계

| [전연령층의 경우] (N=1,825) | | | |
|---|---|---|---|
| | 정서적 | 행동적 | 가족적 |
| 정서적 | - | | |
| 행동적 | .200** | - | |
| 가족적 | .357** | .145** | - |
| **[소년층의 경우] (N=551)** | | | |
| | 정서적 | 행동적 | 가족적 |
| 정서적 | - | | |
| 행동적 | .146** | - | |
| 가족적 | .351** | .102* | - |

| [청년층의 경우] (N=719) | | | |
|---|---|---|---|
| | 정서적 | 행동적 | 가족적 |
| 정서적 | - | | |
| 행동적 | .196** | - | |
| 가족적 | .338** | .139** | - |
| [중년층의 경우] (N=330) | | | |
| | 정서적 | 행동적 | 가족적 |
| 정서적 | - | | |
| 행동적 | .244** | - | |
| 가족적 | .363** | .112 | - |
| [장년층의 경우] (N=225) | | | |
| | 정서적 | 행동적 | 가족적 |
| 정서적 | - | | |
| 행동적 | .197* | - | |
| 가족적 | .247** | .059 | - |

1-tailed p : * - .01, ** - .001

청년층의 경우에도 긍정적인 관계가 있음이 시사되었다. 중년층과 장년층에서는 대체로 비슷한 결과가 나왔다.

이러한 결과는 각 연령층마다 응답내용이 동질성이 있고, 같은 연령층에 속하는 응답자들의 효행의지가 대체로 비슷함을 시사한다.

## 6. 응답자들의 사회적 특성과 효행이유

응답자들의 사회적 속성에 따른 효행이유 평점의 차이를 분석하였다. 사회적 특성(성별, 연령, 교육정도, 가족 수, 출생지 및 조부모 유무)에 대하여 효행이유(13개 유형)를 대조해서 변량분석(ANOVA)하였다.

13개 돌봄이유 중 9개가 교육정도에 따라 차이가 났다. 애정만이 교육정도에 따라 차이가 없고 나머지는 모두 통계적으로 유의하게 연령에 따라 차이가 있음이 시사되었다(<표 5-7>).

연령층에 따라 통계적으로 유의한 차이 또는 변화가 있는 유형은 7가지이다. 즉, 존경, 보은, 사랑, 책임, 희생, 동정 및 가족체면이다. 연령에 따라 통계적으로 차이가 없는 유형은 가족화합, 보상, 이웃돌봄, 종교교의, 가족영속 및 재산상속의

6개이다. 교육정도가 낮은 응답자들이 높은 응답자에 비해 애정이 더 중요하다고 했으며, 나머지 12개 유형들은 교육정도가 높은 응답자들이 낮은 응답자들보다도 더 중요하다고 했다.

<표 5-7> 응답자의 특성과 부양이유를 비교한 변량분석

| 부양이유 | | DF | Mean Squares | F | P |
|---|---|---|---|---|---|
| 성별 | 보은 | 1 | 3.12 | 5.14 | .02 |
| | 사랑 | 1 | .36 | .95 | .33 |
| | 가족화합 | 1 | 2.88 | 4.77 | .03 |
| | 존경 | 1 | .04 | .06 | .81 |
| | 책임성 | 1 | 6.34 | 7.45 | .001 |
| | 희생 | 1 | 8.63 | 9.93 | .0001 |
| | 보상 | 1 | .00 | .00 | .97 |
| | 이웃도봄 | 1 | 2.03 | 1.99 | .16 |
| | 동정 | 1 | 1.28 | .87 | .35 |
| | 종교교의 | 1 | 10.99 | 6.50 | .01 |
| | 가족영속 | 1 | .00 | .00 | .99 |
| | 가족체면 | 1 | 1.83 | 1.49 | .22 |
| | 재산상속 | 1 | .00 | .00 | .98 |
| 연령 | 보은 | 4 | 1.84 | 3.03 | .02 |
| | 사랑 | 4 | .98 | 2.78 | .03 |
| | 가족화합 | 4 | .44 | .74 | .57 |
| | 존경 | 4 | 6.07 | 8.38 | .001 |
| | 책임성 | 4 | 44.71 | 52.56 | .0001 |
| | 희생 | 4 | 32.54 | 37.44 | .0001 |
| | 보상 | 4 | 1.94 | 1.85 | .12 |
| | 이웃돌봄 | 4 | .44 | .74 | .57 |
| | 동정 | 4 | 14.62 | 9.95 | .001 |
| | 종교교의 | 4 | 3.26 | 1.92 | .11 |
| | 가족영속 | 4 | 1.64 | 1.19 | .31 |
| | 가족체면 | 4 | 3.31 | 2.71 | .03 |
| | 재산상속 | 4 | .41 | .54 | .71 |

| | | | | | |
|---|---|---|---|---|---|
| 교육 | 보은 | 3 | 15.18 | 25.02 | .0001 |
| | 사랑/애정 | 3 | .80 | 2.28 | .08 |
| | 가족화합 | 3 | 3.08 | 5.10 | .002 |
| | 존경 | 3 | 4.82 | 6.66 | .001 |
| | 책임성 | 3 | 8.23 | 9.68 | .001 |
| | 희생 | 3 | 11.64 | 13.39 | .0001 |
| | 보상 | 3 | 25.20 | 23.99 | .0001 |
| | 이웃돌봄 | 3 | 23.37 | 22.97 | .0001 |
| | 동정 | 3 | 6.47 | 4.40 | .004 |
| | 종교교의 | 3 | 13.11 | 7.75 | .001 |
| | 가족영속 | 3 | 15.39 | 11.19 | .0001 |
| | 가족체면 | 3 | 12.07 | 9.85 | .0001 |
| | 재산상속 | 3 | 5.80 | 7.67 | .001 |

연령이 낮은 층보다 높은 층이 덜 중요시하는 경향이 있으나, 보은, 존경, 책임, 희생, 동정 및 체면유지에서는 연령이 높은 층이 낮은 층보다 더 중요시했다. 이 자료는 나이가 어린 응답자가 부모에 대한 사랑을 더 잘 표현하나, 연령이 많고 성숙한 응답자는 부모를 사랑하지만, 이보다도 부모에 대해 은혜를 갚고, 존경하고, 책임을 느끼며, 자기의 에너지를 바치고, 딱하게 여기고, 가족체면을 유지하며 돌보겠다는 의지가 연령이 낮은 응답자들보다도 더 크다는 것을 시사하고 있다.

한편 연령에 따라 차이가 적거나 거의 없는 효행이유는 가족화합, 보상, 이웃화합, 종교교의, 가족영속 및 재산상속이다. 이 자료는 연령의 높고 낮음에 상관없이 응답자들은 부모를 중심으로 화합된 가족을 이루려고, 지금까지 이룩하지 못한 일을 부모돌봄을 함으로써 성취하려고, 종교적인 가르침을 따라 부모를 돌보고, 부모를 중심으로 가족이 영원히 유지되기를 원한다는 이유를 지적한 것으로 나타났다. 다만 부모의 재산을 상속하기 때문에 부모를 돌본다는 이유는 극히 낮은 평점이 나와서 그 중요성이 거의 없음이 시사되었다.

애정은 연령이 낮은 층이 높은 층보다 더 중요시했고, 나머지 6개 유형들은 연령이 높은 층이 낮은 층보다 더 중요시하였다.

중요성평점에 차이를 내는 응답자속성은 가족 수이다. 가족 수에 따라 가족화합, 존경, 책임, 희생, 이웃화합 및 가족체면의 6개 유형에 대한 평점에 통계적으로 유의한 차이가 있다. 가족 수가 많은 응답자들이 가족화합을 위해서, 부모를 존경하여, 부모에 대한 책임 때문에, 부모를 위해 희생하려고, 이웃노인을 돌보려고, 가족체면을 위해 부모를 돌본다는 것을 가족 수가 적은 응답자들보다 더 강조하였다. 이 6개 유형을 제외한 나머지 7개 유형에 대한 중요성은 가족 수의 다소에 따른 차이가 없는 것으로 시사되었다.

위와 같은 결과는 가족 수가 많은 대가족, 즉, 3세대가족인 경우에 흔히 관찰될 수 있는 전통적 가족주의적인 성향이 강함을 시사하는 것으로 보인다. 남성보다 여성이 보은, 가족화합, 희생 및 종교교의 이유들을 더 중요시한 것으로 시사되었다. 농촌출신이 도시출신보다 이웃돌봄의 중요성을 더 강조하였다.

조부모가 계시는가 안 계시는가에 따라서는 오직 가족체면 유지에서만 차이가 있다. 다른 12개 이유에서는 변화가 없는 것으로 시사되었다. 이러한 결과는 예상과 달리 조부모를 가진 응답자들이 존경, 책임, 희생을 중요시할 것이라는 추측이 적중하지 못하였음을 시사한다.

성년층이 청년층에 비해 존경을 더 중요시하고 청년층이 소년층보다도 이를 역시 더 중요시했다. 대체로 청소년층은 사랑을 제외한 모든 효행의지에서 다른 그룹에 비해 낮은 점수를 기록하고 있고, 반대로 장년층에서는 거의 모든 의지유형에서 다른 연령층에서 보다 더 강하였다.

## 7. 교육정도와 돌봄이유와의 관계

교육정도는 모든 돌봄이유들과 통계적으로 유의한 수준에서 긍정적인 상관관계가 있음이 시사되었다(<표 5-8>).

교육정도가 높으면 연령층이 장년이든 중년이든 도는 청년이든 간에 노부모돌봄에 대한 전통적인 성향이 강하다. 반대도 교육정도가 낮을수록 이러한 성향이 낮아진다. 이러한 집단들 간의 차이는 아마도 개인적 성숙도, 인간관계 및 노인문제에 대한 이해도가 높고 나아가 윤리도덕에 대한 이해가 젊은 층보다도 더 많다는 점에서 연유한다고 본다.

응답자들의 부양이유에 대한 평점에 차이를 나타낼 수 있다는 연령, 교육정도 및 가족 수의 상관관계를 검증한 결과, 이들 변인 간의 관계들이 모두 긍정적이고 통계적 유의도가 비교적 높은 것으로 시사되었다. 예상했듯이 연령과 교육정도 간에는 강한 상관관계가 있고, 가족 수와 기타 변수들과는 강하지는 않으나 대체로 긍정적인 관계가 있음이 시사되었다.

<표 5-8> 교육정도와 돌봄이유유형을 비교한 변량분석

| 돌봄이유 | DF | Mean Squares | F | P |
|---|---|---|---|---|
| 보은 | 3 | 15.18 | 25.02 | .0001 |
| 사랑/애정 | 3 | .80 | 2.28 | .08 |
| 가족화합 | 3 | 3.08 | 5.10 | .002 |
| 존경 | 3 | 4.82 | 6.66 | .001 |
| 책임성 | 3 | 8.23 | 9.68 | .001 |
| 희생 | 3 | 11.64 | 13.39 | .0001 |
| 보상 | 3 | 25.20 | 23.99 | .0001 |
| 이웃돌봄 | 3 | 23.37 | 22.97 | .0001 |
| 동정 | 3 | 6.47 | 4.40 | .004 |
| 종교교의 | 3 | 13.11 | 7.75 | .001 |
| 가족영속 | 3 | 15.39 | 11.19 | .0001 |
| 가족체면 | 3 | 12.07 | 9.85 | .0001 |
| 재산상속 | 3 | 5.80 | 7.67 | .001 |

# Ⅵ. 맺는말

본 조사의 초점을 연령층 간의 효행이유의 차이점 및 유사점을 파악하는 데 두었다. 상이한 연령층이 노부모를 돌보는 이유를 4개 연령층으로 이루어진 1,818명의 조사대상자에 대한 양적 자료를 기초로 탐사했다. 이 탐사를 위한 기준으로서 저자가 선행연구에서 식별한 효행이유(효행의지)의 항목들을 적용하였다. 주요결과를 정리하면 다음과 같다.

모든 연령층들에 걸쳐 대다수 부양이유들에 대한 평점이 높았다. 즉, 5단위척도의 중간 점수인 3.0 이상을 받은 동기유형이 13개 중 8개나 된다. 부모돌봄에 관한 이들의 가치와 시각이 놀라운 정도로 전통지속적임을 시사하고 있다. 그리고 부모자녀 간에는 상당한 정도의 유사성이 있음이 또한 시사되었다.

하지만 분석의 차원을 낮추어 보면 세대 간에 역시 차이가 나타났다. 중년층과 청년층사이에 차이가 있고, 청년층과 소년층 사이에도 차이가 있다.

모든 부모돌봄이유에 걸쳐 젊은 연령층은 나이가 많은 연령층보다 더 비전통적인 성향을 나타냈다. 애정을 제외한 모든 이유에서 연상(年上) 세대는 연하(年下) 세대보다도 더 전통유지적인 성향을 일관성있게 나타냈다.

연령이 높을수록 돌봄이유를 더 중요시하였고 연령이 낮을수록 이를 덜 중요시했다. 인접연령집단인 소년층과 청년층 사이에서는 중요시하는 정도에 차이가 거의 없다. 각 연령층 내의 사람들은 비슷한 동질성과 비교적 안정된 돌봄 이념과 태도를 가지고 있음이 시사되었다.

예상했듯이 가장 연하의 소년세대와 가장 연상인 장년세대 간의 차이는 가장 컸다. 소년과 중년층 간에 그리고 청년과 장년층 간에도 역시 차이가 있었다. 소년들은 부모들(장년층, 중년층)보다 애정을 중요시하였으나 다른 모든 동기들에 대해서는 부모들보다 중요성을 낮게 평하였다. 연령차가 많을수록 돌봄이유를 중요시하는 정도에 차이가 많았으며 세대가 인접할수록 그 차이가 적었다. 이러한 세대 간의 차이 또는 틈과 유사성 또는 지속성은 예측할 수 있을 정도로 그 변화의 패턴이 단일적이었다.

연령이 높고 성숙한 응답자는 청소년층과 같이 부모에 대한 애정에 중요성을 두지는 않았으나, 부모에게 은혜를 갚고, 부모를 존경하고, 부모의 안녕에 대해 책임을 갖고, 부모를 위해 희생하고(시간과 자원을 바침), 연로한 부모를 딱하게 여기고, 가족의 체면을 유지하며 부모를 부양하는 이유에서는 연령이 낮은 청소년보다도 더 큰 것으로 나타났다.

한편 연령에 따라 차이가 적거나 거의 없는 동기들은 가족화합, 보상, 이웃화합, 종교교의 및 가족영속이다. 이 자료는 연령의 높고 낮음에 상관없이 응답자들은 부모를 중심으로 화합된 가족을 이루려고, 지금까지 이룩하지 못한 일을 부모부양을 함으로써 성취하려고, 부보돌봄에 관한 종교적 가르침을 따르려고, 그리고 부모를 중심으로 가족이 영원히 유지하려는 의지를 가진 것으로 시사되었다.

응답자들의 속성에 따라 돌봄이유에 차이가 엿보였다. 교육정도가 높을수록 모든 유형의 효행이유에 대해 더 많은 중요성을 주었다. 즉 부모돌봄에 대해 긍정적이고 돌봄지향적인 것으로 시사되었다. 그리고 연령이 높아짐에 따라서도 이러한 추세가 나타났다.

이러한 자료는 사람들의 교육정도와 연령에 따라 부모돌봄에 대한 시각과 행동이 다르다는 점을 시사한다.

다음으로 부양의지에 비교적 많은 차이를 내는 속성은 가족 수이다. 가족 수가 많은 응답자들이 가족화합을 위해서, 부모를 존경하여, 부모에 대한 책임 때문에, 부모를 위해 희생하려고, 이웃화합을 위해 그리고 가족체면 때문에 부모돌봄을 한다는 점을 가족 수가 적은 응답자들보다 더 강조하였다. 대가족에 속하는 사람들이 전통적 가족주의적 성향을 더 가지고 있음이 시사되었다.

13개 돌봄이유 유형에 대한 4개 연령층들의 평균 등위를 보면 애정을 제외한 모든 동기들에서 연령이 높을수록 중요시하는 경향이고, 이와 대조적으로 연령이 낮을수록 중요시하지 않는 경향이 일관성 있게 나타났다.

애정의 경우는 연령이 낮은 층이 더 중요시하고, 연령이 높은 세대는 이를 덜 중요시하는 경향이었다. 그런데 애정의 경우 최고치(소년의)와 최저치(장년의) 간의 차이가 매우 적었다. 따라서 모든 연령층들이 부모에 대한 애정을 중요시한 것으로 볼 수 있다. 그런데 사람들은 부모에 대한 애정을 과장해서 표현할 수 있다. 사실 부모를 사랑한다는 말은 응답자가 면접자에게 자기의 체면을 유지하기 위해 쉽게 말할 수 있는 안전한 표현이기 때문에 그러할 가능성이 크다고 본다.

노부모 돌봄에 대한 세대별 태도에 관한 자료는 드물다. 앞으로 이러한 자료를 수집하기 위한 조사를 정기적으로 실시할 필요가 있다. 그리하여 잠재적 또는 실재적 부모돌봄에 관한 자료를 시계열적으로 조사해서 축적해 나가야 하겠다. 이러한 조사는 한국인이 시대적 변화에 따라 부모돌봄에 대한 기본 가치와 이념을 어떻게 달리해 가는가 그 추세를 연구하는 데 필요한 자료를 제공할 수 있다.

이상의 결과는 한국사회에서 세대가 달라지고 사회환경이 변하지만 부모부양 이념과 관행은 지속, 유지되고 있음을 알려주고 있다. 즉 전통의 타성은 지속되고 있는 것이다. 고령자에 대한 긍정적인 태도가 감퇴되었다는 우려가 있으나 본 조사의 결과는 우리에게 안도감을 갖게 한다.

전통이 미치는 강력한 영향이 아직도 존속하며 그동안 우리사회에서 전통을 유지, 존속시키려는 사회집단적 노력이 어느 정도로 주효를 거두고 있음을 시사하는 것 같다. 그러나 전통적 가치와 새로운 가치 사이에는 갈등이 있게 마련이다. 이러한 갈등은 앞서 지적한 바와 같이 부모자녀 간의 서로 돌보는 호혜적인 관계를 개발해 나아감으로써 시정, 해소할 수 있을 것으로 본다.

따라서 우리는 세대관계를 변화와 불안정이란 변수로만 설명할 수 없으며, 오히려 지속과 안정의 변수로도 설명할 필요가 있다.

이러한 변화와 지속의 연쇄과정 속에서 한국의 가족은 새로운 생활환경에서 전통적 부모돌봄(효)에 대한 가치와 관행을 유지하려는 노력을 하고 있다.

본 조사는 세대 간 및 연령층 간의 차이(정도, 간격)을 양적으로 분석해서 해설하였다. 하지만 세대 간 및 연령층 간에 진행되는 역동적인 상호관계와 이 관계를 둘러싼 사회적 환경에 대한 질적 분석이 미흡하였다.

## Ⅶ. 논 의

세대가 달라지고 사회환경이 변하지만 전통의 타성은 끈질기게 지속되고 있음이 나타났다. 사회적으로 힘과 자원을 소지하는 구세대는 전통을 고수하며 안정된 사회질서를 유지, 지속하려는 사회적 노력을 하고 있다.

한국사회가 변모하고 있지만, 문화적 유산인 효가 무산되고 있다는 비관은 시기상조임을 본 조사의 결과는 시사하고 있다.

그러나 논자들은 변화와 지속에 대한 보수적 시각을 비판하고 있다.

전통적 사회화이론에 대하여 비판적 입장을 취하는 논자들은 사회환경적 요인의 영향력을 중요시한다(Hines et al., 1992; 임진영, 2003). 즉 부모가 자녀에게 전수하는 것은 태도와 가치보다는 사회적 신분(사회적 계급, 인종, 종교, 결혼상태)일 가능성이 더 크며, 사회적 신분은 부모자녀 간의 공통적 결합을 통해 태도의 세대 간의 유사성을 이룬다는 것이다.

사회화이론에 대한 또 다른 관점은 부모자녀 간의 태도의 유사성은 자녀의 태도가 부모의 태도에 영향을 끼치기 때문이라는 것이다. 즉 자녀도 연령이 더해짐에 따라 부모와 교호적으로 영향을 받기도 하며 주기도 한다.

한편 발전적 노화이론가(Bengtson & Kuypers, 1971; Hess & Waring, 1978)는 부모와 자녀는 연령단계를 거쳐 감에 따라 가족관계에 끼치는 바가 서로 다르며, 행사하는 권력의 출처도 다르다는 것이다. 그래서 부모와 자녀의 태도 사이에는 커다란 간격이 존재한다고 본다. 이 이론적 입장에서는 부모자녀 간의 관계를 단순히 유사성을 가지고는 설명할 수 없다.

오히려 부모와 자녀는 서로 주고받을 수 있는 경험이나 자원을 상호교환하는 수단을 통하여 아동기에는 주로 부모로부터 받고 청년기로부터 중년, 장년기로 감에 따라 부모에게 제공하게 된다.

결론적으로 부모와 자녀 간의 유사성과 차이점은 상호교호적 영향과 발전적 변화의 역동관계에 의해서 영향을 받는다고 할 수 있다. 이러한 시각은 본 조사에서 얻은 결과와 일맥상통한다고 본다.

노인에 대한 태도에 관한 문헌에 의하면 산업화에 따라 노인에 대한 태도가 점차 부정적인 방향으로 전환한다는 것이다. 한국사회에서도 연령층에 따라 이러한 부정적인 시각이 있을 수 있다. 서구에서는 고령자에 대한 차별적인 사회태도에 대한 연구가 노출되게 행해지고 있다. 고령자를 희망이 없는, 문제가 많은, 살길을 찾을 능력이 없는, 판에 박힌 듯한 행동만 하는 신세가 된 사람들이라고 부정적인 시각에서 보는 경우가 많다.

우리사회에서도 고령자에게 동정적이면서도 이러한 부정적이고 차별적인 태도를 가진 사람들이 있을 것이다. 물론 고령자를 똑같은 동질적인 사람들이라고는 볼 수 없기 때문에 사회인구학적, 신체적 및 지능적 면에서 이질적인 개인들로 보는 시각이 있을 수 있다. 그런데 노인들을 동질적인 사람들로 하나로 묶어 보는 사람들도 적지 않다.

고령자에 대한 젊은 세대들의 이해부족, 무관심, 무지, 냉담, 멸시, 차별이 있다면 어느 정도 심각한가? 젊은이들이 가질 수 있는 이러한 부정적인 시각은 그들의 부모돌봄에 대한 가치와 이념 여하에 따라 다를 수 있을 것이다. 앞으로 이러한 과제에 대한 연구가 있어야 하겠다.

연령층 간의 가치지향성의 차이는 사회변동을 반영할 수 있다. 본 연구에 포함된 소년층은 급속한 산업화와 도시화가 진행되던 시절에 출생한 어린이들로서 나이가 든 연령층들과는 부모돌봄에 대한 가치지향성에 있어 차이가 있다. 물론 이 어린 세대도 부모슬하에서 양육되는 과정에서 부모세대가 가진 가치를 상당한 정도로 이어받았을 것으로 짐작한다.

나이가 많은 연령층이 가진 가치와 신조는 전통문화를 반영한다. 그런데 전통문화는 서서히 변화 또는 수정되고 있는 것이다. 이와 대조해서 연하의 연령층은 새로이 등장하는 사회를 반영한다. 그래서 연하층에서는 연상층보다도 자유주의적, 개방적, 개혁적인 가치성향이 더 현저하다. 노년사회학에서 논의되는 많은 문제들은 이렇게 전통적 가치체계와 새로 출현하는 가치체계 간에서 발생하는 긴장과 갈등에서 기원한다고 볼 수 있다.

현대 한국인들 특히 청소년층이 사랑동기를 중요시한 점은 의미심장하다. 부모에 대한 사랑과 애정을 정직하고 솔직하게 표현한 자료가 한국문화적 맥락에서 드물다. 이는 오늘의 변화에 따른 표현의 자유와 부모자녀 간의 비권위적 관계의 발전을 반영하며, 새로운 시대적 흐름이 가져온 하나의 중요한 변화라고 볼 수 있다.

중년층과 장년층이 전통적 가치 지향성을 가짐으로써 청년층과 소년층에 대하여 사회화를 통해서 계속 전통적 부모돌봄을 고취해 나아갈 가능성이 있다. 그리고 젊은 층들에서 등장하는 새로운 부모부양에 대한 태도 및 가치는 산업화의 결과로 변해가는 가족역할에 적응하는 과정을 더욱 촉진시킬 것으로 본다. 노년층 사람들의 상당수는 새로 등장하는 가치추세와 갈등관계를 가질 수 있다. 그리고 현실적으로 젊은 층으로부터 존경과 대접을 과거와 같이 받지 못하는 경우가 많아질 수 있다.

젊은 세대와 연령이 높은 세대 간에 가치지향성의 차이는 사회변동으로 인하여 생기는 피치 못 할 현상이다. 그리고 disengagement 이론가들은 이러한 현상은 인간의 노화과정에서 나타나는 정상적인 과정이라고 보는 것이다. 그러나 이러한 해석은 사회변천이론에 비해서 설득력이 약하다고 본다.

연령이 낮을수록 부모부양에 대한 태도는 어느 정도의 비전통적인 성향이 있는 것으로 예측할 수 있다. 후속세대들은 아마도 전통적 부모부양태도 및 가치가 저하되고 부모에 대한 수정된 가치가 생성되는 사회에서 생활하게 될 것이다.

이러한 변화에 대비하여 가족의 노인부양 기능을 보완하고 공공 노인복지 프로그램을 개발, 확대해 나아가야 하겠다.

본 조사는 제한점을 가진다. 연령층 간에 진행되는 역동적인 사회관계, 과정, 및 환경에 대한 질적 자료를 수집하지 못했다. 표본 선정에서 일반인의 경우 동의 인구수와 최하 단계의 하위세트(가구)수가 동일하지 않고 소수이기 때문에 표본오차가 발생했을 것으로 본다. 따라서 본 조사의 결과는 조심스럽게 다루어야 하겠다.

# 제6장
# 어른존경 방식
# 문헌분석: 질적 접근

조사방법

* 부모와 어른을 존경하는 방식 조사
* 조사자료

1. 전통적 자료
   유교문헌
   논어(論語), 맹자(孟子), 효경(孝經),
   예기(禮記), 중용(中庸)
   퇴계집(退溪集), 육곡전서(栗谷全書)
   부모은중경(父母恩重經)

2. 현대적 자료
   존경조사보고서(논문, 책) (4편)

* 조사방법
  1) 부모, 선생, 윗사람, 고령자에 대한 예절 및 품행에 관해 가장 타당하고 중요한 내용을 담고 있다고 판정한 문장 발췌
  2) 발췌된 문장에서 존경에 관한 내용 선별
  3) 선별한 자료에서 존경방식 식별
     [조사자 3인이 발췌 및 식별-교차검증]
* 전통적 존경방식과 현대적 존경방식의 비교 : 공통점 및 차이점 식별
* 결과에 대한 해석 및 논의

## 요 약

제1장에서 식별한 다양한 유형들의 효행이유 사이에서 부모에 대한 존경이 으뜸가는 이유로 드러났다. 효에 관한 문헌에도 부모존경이 효의 기본임이 명시되어 있다.

지금까지 효의 중심이 되는 부모존경에 대한 경험적 조사가 희소하다.

이 장에서는 부모와 어른을 존경하는 데 관한 유교문헌의 내용과 근년에 발표된 존경에 대한 조사보고를 섭렵하여 전통적 존경방식과 현대적 존경방식을 대조해서 분석한 질적 접근의 결과를 논술한다.

종합해서 14가지의 존경방식을 식별했다. 각각의 방식이 한국의 문화적 맥락에서 뜻하는 바를 논의한다.

이 존경방식들에 관한 자료는 고령자 존중과 세대관계의 적합성을 연구하는 데 참고가 될 수 있다고 본다.

# 존경의 전통적 의미

한국을 비롯한 동아시아나라들에서 예부터 전해오는 어른존경의 전통적 의미와 방식이 아래 유교경전에 수록되어 있다.

* 예기(禮記) : 부모, 조상, 어른과의 관계, 그리고 모든 대인관계에서 마땅히 지켜야 하는 예절과 올바른 행동, 즉 예(禮)에 관한 가르침을 수록함.
* 효경(孝經) : 효(孝)의 실천에 관한 지침과 인격도야, 가족조정, 국가질서를 통해 보편적 도덕성을 이룩하는 데 관한 지시를 수록함.
* 논어(論語) : 인(仁)을 포함한 교육, 도덕, 인격양성 등 주제에 관한 논의를 수록함.
* 맹자(孟子) : 공자의 수제자 맹자가 공자의 인(仁)을 비롯한 사람존중과 관련된 가르침을 수록함.
* 중용(中庸) : 부모와 어른을 존경하는 데 관한 원리, 가르침 및 지침이 수록되어 있음.

* 퇴계집(退溪集) : 퇴계(李煌)의 시, 교서, 소, 강의, 언행록을 포함한 문집
* 성학십도(聖學十圖) : 퇴계(退溪, 李煌)의 태극도설(太極圖說)을 비롯한 차(箚)와 도(圖)
* 율곡전서(栗谷全書) : 율곡(栗谷, 李珥)의 성학집요(聖學輯要), 격몽요결(格蒙要訣), 어록(語錄)을 포함한 문집
* 부모은중경(父母恩重經) : 부모의 은혜의 높고 넓음과 이에 보답할 것을 가르치는 불경

본 조사는 위의 경전에 담겨 있는 부모와 어른을 존경하는 방식과 관련된 문장을 섭렵, 식별하였다.

위의 유교경전에는 같은 존경에 관한 글을 되풀이한 사례가 많다. 이런 사례는 論語, 孟子, 孝經, 禮記, 中庸의 순으로 한(1개) 경전(출처)의 말만을 인용하였다.

위의 경전은 효를 연구하는 데 가장 흔히 인용되며 참고하는 고전문헌이다.

유교경전은 원본, 한국어판(번역판) 및 영문판(번역판)을 모두 대조하면서 탐사해 나갔다.

이 조사작업은 유교문헌에 대한 조회가 깊고 사회조사에 대한 경험을 쌓은 2인의 조사자가 실행하였다.

〈부모에 대한 마음가짐〉

공자는 부모를 예(禮)로서 대접하는 것이 곧 효라고 했다. 예에 대한 공자의 가르침의 핵심은 부모와 어른, 그리고 사람을 존경하는 것이다.

공자는 이 점에 대해 다음과 같이 말했다.

> "존경으로써 사람을 대한다면 예를 행하는 데 무슨 어려움이 있겠는가?"(논어, 4, 13).

대인관계에 있어 사람을 존경하는 것이 가장 중요함을 지적한 것이다.

공자는 예를 다음과 같이 설명하였다.

> "사람이 예가 있으면 편안하다.... 무릇 예라는 것은 자기를 낮추고 남을 높이는 것을 원칙으로 한다"(예기, 1, 13 곡례 상).

존경은 사람과 사람이 서로에 대해 관심을 가지면서 섬기고 돌보는 이타적 관계 속에서 행해진다.

우리문화에 지대한 영향을 끼친 유교는 이러한 이타적 관계를 이루는 데 있어 지켜야 할 기본적 가치로서 인(仁, 인간애)을 들고 있다.

공자는 인(仁)을 다음과 같이 규정하였다.

> "인은 사람을 사랑하는 것이다"(논어 안인 22).

맹자는 인의 윤리적 바탕을 다음과 같이 분명히 하였다.

> "인이라고 하는 것은 사람이 사람 되는 원리인 것이다"(맹자, 14, 16 진심편).

인은 부모를 섬기는 데서 비롯된다. 이 점에 대해서 맹자(리루 상 37)는 다음과 같이 말했다.

> "인(仁)의 근본은 어버이를 섬기는 것이다."

중용(中庸)은 인은 부모를 포함한 가족과 친족을 중심으로 실천되어야 함을 다음과 가르치고 있다.

"인은 사람이다. 육친가족과 일가친척이 서로 친애하는 것을 가장 위대하게 여긴다"[仁者人也親親爲大](중용 20장 5).

아래에서 논하지만, 인은 이웃과 사회의 모든 사람에 대한 인간애로서 '넓은 사랑'을 뜻한다.

공자의 제자로서 효를 가장 많이 논구한 증자(曾子)는 다음과 같이 효의 중심인 존경을 해설했다.

"인간이 하는 모든 행동 가운데서 효행만큼 중요한 것은 없다. 효행 가운데서도 부모를 존경하는 것이 제일 중요하다"[人之行 莫大於孝 孝莫大於嚴父](효경, 10 성치장).

즉 존경이 효의 핵심이 됨을 분명히 한 말이다. 맹자는 존경을 다음과 같이 해설했다.

"존경의 마음은 예이며, 예는 인(仁)의 표현으로서의 측은한 한마음으로 이룩할 수 있다"(맹자, 11, 20 고자편).

한 제자가 어떤 방법으로 부모에게 효도하면 좋겠냐고 질문하자 공자는 다음과 같이 답하였다.

"요즘 사람들은 부모에게 먹을 것만 주면 되는 것으로 안다. 하지만 개와 말에게도 먹을 것을 주지 않는가. 부모를 공경하는 마음으로 대접하지 않는다면 사람과 짐승 사이에 차이가 무엇인가"(논어, 2, 7).

맹자도 비슷한 말을 했다.

"먹이기는 하면서도 사랑하지 않는다면 그것은 돼지로 여기고 사귀는 것이며, 사랑하면서도 공경하지 않는다면 그것은 짐승으로 보고 기르는 것이다"(맹자, 13, 37 진심편; 맹자, 7, 2, 36).

부모를 마음속에서 우러나는 측은지심으로 존경해야 함을 함축적으로 가르치는 명언이다. 이런 마음으로 "부모는 나의 눈에 보이지 않을 때도 존경해야 하는 것이다"(예기, 1, 1).

위와 같은 가르침을 익혀가면서 경전을 섭렵해 나가는 과정에서 발견된 사실은 존경은 돌보는 행동(서비스)과 밀접하게 연계되어 있다는 것이다. 즉, 부모를 돌봄으로서 존경하는 것이다. 바꾸어 말하면 돌봄은 존경의 일부인 것이다. 게다가 돌봄은 정서적인 것이 있고 수단적인 것이 있음이 드러났다. 예기(禮記, 上 曲禮 상 & 하; 下 內則)에는 돌봄의 이런 점에 대한 가르침이 자세히 포괄적으로 수록되어 있다. 이러한 돌봄에 대해서 아래에 논술하고자 한다.

**[돌봄]**

**〈수단적 돌봄〉**

부모돌봄을 행하는 방법에 대해 공자는 예기(禮記, 상 곡례 상 1; 하 내칙 12)에서 다음과 같이 구체적으로 설명하였다.

"무릇 사람의 자식이 되어 무모를 섬기는 데는, 겨울에는 따뜻하게 해드리고, 여름에는 시원하게 해드리며 밤에는 자리를 펴서 편안히 쉬게 해드리고, 아침에는 문안을 드리는 것이다"(예기, 1 곡례 상).

"아침에 시복이 부모님의 잠자리와 거실을 정돈할 때, 자녀는 시복을 도와야 하며, 부모님이 앉을 자리를 차지하도록 도와야 한다"(예기, 1, 1; 2, 12).

"부모가 침과 코를 흘릴 때는 즉시 닦아 주어 남에게 보이지 않도록 한다.....또 5일마다 물을 데워 신체를 목욕하기를 청하고 3일마다 머리감을 것을 청해야 한다"(예기, 내칙 12).

공자는 더 구체적으로 일상생활에서 행할 지침을 들었다.

"(아들과 며느리는 아침준비를 마치면) 부모님의 방으로 가야 한다. 방에 이르러서 마음을 가라앉히고 입고 있는 옷이 따뜻한지 추운지, 아픈 곳은 없는지, 가려운 데는 없는지를 묻고서 아프고 가려운 데가 있다면 공손히 이를 억누르거나 긁어드려야 한다.....음식은 부드럽게 한 다음 기름에 볶아서 향기롭고 맛있게 한 뒤에 올린다"(예기, 내칙 12, 1).

**〈정서적 돌봄〉**

공자는 부모를 마음속에서 울어나는 온정으로 섬겨야 함을 다음과 같이 말했다.

"부모의 의사에 어긋나는 언행을 해서는 안 되며, 이분들이 즐거운 것을 보고 듣도록 해야 하고, 이분들에게 편한 잠자리를 제공해야 한다. 아침에 잠자리에서 일어나면 곧 부모가 거처하는 방에 가서 문안을 드리고 공손한 말로 그분들의 의복이 따뜻한가 아프거나 불편한 데는 없는가 알아보아야 하고 있다고 하면 이를 해소해 드려야 한다"(예기, 2, 12).

"평상시 집에 있을 때는 마음을 다하여 부모를 공경하고, 부모를 봉양할 때는 마음을 다하여 즐겁게 해 드리고, 부모가 병환 중일 때는 마음을 다하여 근심하고, 부모가 돌아가셔서 거상 중일 때는 마음을 다하여 슬퍼하고, 부모의 영을 제사지낼 때는 마음을 다하여 엄숙하게 한다"(효경, 13).

공자의 부모돌봄의 정서적 측면을 중요시한 가르침으로서 또한 다음 사례를 흔히 들고 있다.

"부모가 살아계시거든 멀리 나가서 놀지 말 것이며, 혹시 먼 곳에 갈 일이 있으면 반드시 가는 곳을 알려야 한다"(논어, 4, 19).

같은 가르침으로서 다음을 들 수 있다.

"사람의 자식된 자는 나갈 때 반드시 부모에게 그 갈 곳을 알리고, 돌아왔을 때는 반드시 부모를 뵙고 인사를 드리되, 그 안부를 눈여겨 본다"(예기, 곡례 상 1).

맹무백(공자의 제자)이 효에 관하여 묻자 공자는 말하기를

"부모는 자식의 병을 걱정하느니라"(논어, 2, 6).

부모는 자식의 병을 걱정하므로 자식도 부모의 마음을 헤아려 효도하라는 뜻이다. 그리고 자식은 부모가 자식의 병을 염려하는 것만큼 부모의 병을 염려해야 한다는 것이다. 자녀의 부모에 대한 마음가짐 -부모의 걱정을 덜어드리고, 마음을 편히 해드리면서 돌보아드리는 것- 을 바르게 하라는 교훈이다. 위의 가르침에 나타났듯이 공자와 맹자에게는 부모에 대한 물질적 지원이나 외면적 표현보다도 마음속에서 울어나게 진정으로 부모를 존중하는 것이 더 중요했던 것이다. 즉, 측은지심의 발로가 중요했다.

**[인사]**

위에 인용한 구절에 아침에 일어나면 곧 부모에게 인사를 해야함을 교시하였다.

**[음식대접]**

"부모가 원하는 음식을 대접해야 하며 그 음식은 맛있고 신선하고 연하고 향기로운 것이라야 한다"(禮記, 상 1, 하 12).

**[돌봄으로 하는 존경]**

공자는 무릇 "효자는 부모를 즐겁게 해야함"을 교시했다(예기, 곡례 상 1).

이어 공자는 비록 집안이 가난하여도 부모에 대한 존경심과 온정을 다하면 효가 된다고 다음과 같은 말을 했다.

"부모가 콩죽을 먹고 물을 마시게 해도 그 즐거움을 다하게 한다."

이상은 돌봄으로 하는 존경에 대한 설명이다.

**[외모, 몸가짐]**

존경하는 데는 외면적인 표현 -외모 또는 몸가짐- 도 중요하다. 이 점에 관해 공자는 다음과 같이 말했다.

"부모나 시부모가 계시는 곳에서 명을 받으면 즉시 '예'라고 대답하고 공손히 대하며, 나아가 물러날 때의 마음가짐에 있어 신중히 하고, 정제해야 한다"(예기, 내칙 12).

공자는 스스로 다음과 같이 몸가짐을 옳게 하였다. "대궐 문을 들어갈 때에 허리를 굽히고 안색을 긴장하시고 걸음을 조심하셨으며 몸가짐을 마치 새가 날개를 편 듯 두 팔을 곧게 펴고 그 태도가 공경하는 듯하였다"(논어, 10, 3 & 6).

또한 공자는 다음과 같이 용모를 바르게 갖추어야 함을 지적했다.

"군자가 도를 실천하는 데에는 귀중하게 여기는 것이 세 가지가 있다. 용모를 갖춤에 있어 사납고 교만함을 멀리하고, 안색을 바르게 하여 신실하게 하며, 말을 함에는 야비하고 도리에 어그러짐을 멀리하여야 한다"(논어, 8, 4).

**[존댓말]**

공자는 대인관계에서 말을 조심해야 함을 효경에서 다음과 같이 교시하였다.

"군자는 말을 할 때에는, 먼저 그 말을 해도 좋은지 어떤지를 생각한 후에 말하고, 행동할 때에는 그 행동을 함으로써 과연 마음이 즐거울지 어떨지를 먼저 생각한 후에 행동한다"(효경, 12).

중용(中庸, 13)에도 말과 행동을 올바르게 해야 한다는 말을 해 놓았다. 또한 논어(16, 6)에는 다음과 같이 구체적으로 말을 표현하는 방식까지 지적하였다.

"말이 미치기도 전에 먼저 말을 꺼내는 것은 조급함이오, 말을 마쳤는데도 말하지 않음은 숨김이요, 안색을 살피지 않고 말함은 눈치가 없는 것이다."

효경(孝經)에는 말과 행동을 하는 데 조심해야 한다고 다음과 같이 타일렀다.

"예법에 맞는 말이 아니면 결코 말하지 않고, 도덕에 맞는 행동이 아니면 결코 행하지 않는다"(효경, 4). 공자는 특히 부모와 대화를 하거나 서신을 교환할 때는 언제나 예의에 어긋나지 않도록 부드러운 음조로 조심스럽게 존댓말을 사용한다고 분부하였다(효경, 4; 논어, 8, 4).

**[순종, 말을 따름]**

맹자는 부모의 충고와 지시에 순종해야 함을 강조했다(예기, 하 12).

**[우선적 대접]**

존경의 표시로 고령자와 손님을 우선적으로 대접해야 함을 가르쳤다.

"향리의 사람들과 술을 마실 때는 반드시 노인이 먼저 나가야 따라 나가셨다"(논어, 10, 10).

"무릇 손님과 함께 방으로 들어가는 자는 문마다 손님에게 사영해서 먼저 들어가지 않는다"(예기, 곡례 상 1).

**[윗자리 제공]**

부모와 연장자에게 존경의 표시로 윗자리 또는 가운데 자리를 제공해야 하며, 부모가 원하는 데 따라 앉을 자리의 방향을 잡아 드려야 한다(예기, 상 1; 하 12).

"사람의 자식된 자는 방에 있을 때 자리의 한가운데에 앉지 않는다"(예기, 1, 1; 2, 12). (한가운데는 부모의 자리이기 때문이다.)

"부모나 시부모가 앉아야 할 때는 방석을 받쳐 들고 어느 쪽으로 향해서 앉을 것인지 묻고, 또 누우려 할 때는 침석을 받쳐 들고 어느 쪽으로 발을 향하게 해드릴 것인지 묻는다"(예기, 내칙 12).

또 연령에 따라 자리를 구별하였다(중용, 19).

**[의논]**

공자는 부모와 의논하고 충고를 받을 의무를 수행해야 하는 데 대해 다음과 같이 말했다.

"무릇 며느리는.....시부모에게 물어서 처리해야 한다"(예기, 내칙 12).

"나의 의견을 말하기를.....남의 말을 잘 살피고 기색을 잘 관찰하여 신중하게 사람을 대하는 것이다"(논어, 12, 20).

"....보는 데는 명백히 보기를 생각하고, 듣는 데는 총명하게 듣기를 생각하고, 낯빛은 부드럽게 하기를 생각하고, 모양은 공손하게 생각하기를 하고, 말은 성실하게 하기를 생각하고, 일에는 조심하기를 생각하고, 의심나는 것은 묻기를 생각하고....."(논어, 16, 10).

"....많이 들어서 의문을 없애고, .....많이 보아서 위태함을 적게 하고, ....삼가 행동하면 후회가 적을 것이다"(논어, 2, 18).

**[선물]**

선물을 하는 것도 존경의 한 방법이다(맹자, 7, 2, 37). 예기(내칙 12)에는 며느리는 친정부모로부터 음식, 의복, 포백, 패세, 채란을 받으면 이를 시부모에게 바칠 것이며 이를 받은 시부모는 매우 기뻐한다고 했다.

위에 소개한 인용문들은 존경하는 구체적 방식을 알려 주고 있다. 즉 보살피고, 서비스를 제공하고, 음식을 대접하고, 인사를 하고, 윗자리를 권하고, 선물을 하고, 공손한 자세를 갖추고, 우선적으로 대접하고, 존댓말을 하고, 순종하는 것이다.

**[생일축하]**

공자는 이어 부모의 탄생일을 축하해야 한다고 했다.

"부모의 연세는 늘 기억하지 않으면 안 된다. 한편으로는 오래 사시는 것을 기뻐하고, 한편으로는 연로하신 것을 두려워해야 하느니라"(논어, 4, 21).

**[이웃노인돌봄]**

공자는 어른존경의 실천 범위를 확대하여 가족이 아닌 이웃 및 사회의 노인까지도 존경해야 한다고 했다.

"부모를 사랑하는 사람은 어떤 경우에도 결코 다른 사람을 미워하지 아니하며, 부모를 공경하는 사람은 어떤 경우에도 결코 다른 사람을 업신여기지 않느니라"(효경, 2).

"집에 들어가면 부모에게 효도하고, 밖에 나오면 모든 일을 삼가며, 남에게 믿음을 주며, 모든 사람을 널리 사랑하되 특히 어진 사람을 가까이하고...."(논어, 1, 6).

공자는 이러한 이타적인 원칙을 양해왕에게도 아래와 같이 교시하였다.

"내 집 노인을 공경해서 다른 집 노인어른에게까지 미치고 내 집 어린이를 사랑해서 다른 집 어린이에까지 미치면 천하를 마치 손바닥 위에서 놀리듯 잘 다스릴 수 있을 것입니다"(맹자, 1 양해왕편 5).

위의 맹자의 말은 "가난한 사람을 딱하게 여기며 섬긴다"의 공자의 가르침을 반영한다(논어, 4, 25).

공자의 다음 말에도 이 뜻이 함축되어 있다.

"비천한 사람이 나에게 물어오되 그 사람이 무지하다 하더라도 나는 성의를 다하여 처음부터 끝까지 가르쳐 주기를 하노라."

**[상장례]**

우리 문화에서 자녀에게 가장 애통한 것은 부모가 세상을 떠날 때 약이나 미음을 드리면서 임종을 지켜보지 못하는 것이다.

유교경전에는 부모의 상을 당하여 자녀가 할 의무에 대해 광범위하고 자세하게 교시해 놓았다. 특히 예기(禮記) 하권의 내용은 대부분이 부모의 상장례에 관한 것이다. 맹자는 “부모가 살아 계시는 동안에 식사를 대접하는 것만으로는 자녀의 도리를 다했다고 할 수 없다. 이 세상을 떠나신 부모를 위해 장례 의식을 경건히 올림으로써 그 도리를 다하는 것이다”라고 했다(맹자, 5, 2: 8).

이어 맹자는 다음과 같이 말했다.

> “부모의 상을 당하여 유자녀는 애통하고 오열하며 상중에는 좋은 음식을 먹어도 맛이 없으며, 음악을 들어도 즐겁지 않다”(맹자, 3, 1, 2). “사망한 부모에 대한 조의를 표하는 데는 형식적 의례보다는 마음속으로 슬퍼하는 것이 더 중요하다”(논어, 3, 4).

공자는 수레를 타고 있을 때에도 상복을 입은 사람을 만나면 수레 옆을 잡고 경례를 취하였다(논어, 10, 16).

공자는 부모가 돌아가시면 삼 년 동안 맛있는 것, 음악을 듣는 것 같은 즐거움을 삼가야 한다고 했다(논어, 17, 21).

공자는 심지어 부모의 유체를 매장하는 데 있어 외관(外棺)과 내관(內棺)을 사용하는 데까지 자세히 가르쳐 주었다(맹자, 2, 2: 7). 질이 좋은 관을 고르는 것은 돌아가신 부모에 대한 자녀의 존경과 애정을 표시하는 것이다.

공자는 나아가 다음과 같이 말했다.

> “조상에게 제사를 지내되 조상이 살아있는 것같이 할 것이며, 신에게 제사 지내되 신이 있는 것같이 할지니라”(중용, 19; 논어, 3, 12).

생존하는 부모를 대하듯 사망한 부모에 대해서도 외면적 행동과 함께 마음속에서 울어나는 존경을 표시해야 하는 것이다(중용, 19).

공자는 “조상에 대한 제사를 경건하게 모셔야 한다”고 했다(논어, 3, 12). 전통적으로 조상에 대한 예는 후손이 행하는 매우 중요한 의무로 되어 왔다.

이상의 글에는 부모의 탄생일을 축하하고, 돌아가신 후 장례를 엄숙히 거행하고, 조상을 경배하고, 가족이 아닌 다른 노인들을 존경해야 한다는 가르침이 포함되어 있다.

위에서 인용한 글들은 동아시아 사람들에게 여러 세대에 걸쳐 영향을 끼친 전통적 어른존경의 이념을 포함하고 있으며 아울러 부모와 어른을 존경하는 구체적 방식들을 알려주고 있다.

공자는 부모를 잘 보살피고 부양하는 방법을 구체적으로 지시하고, 마음속의 정서적 보살핌과 함께 구체적인 행동으로 돌볼 것을 강조하였다. 즉 부모의 마음과 몸을 함께 돌보라는 가르침이다.

# 존경방식 분류 : 유교문헌분석(질적접근)

## Ⅰ. 고전적 존경방식

다음에는 앞 장에서 인용한 유교경전에 담겨 있는 고전적 어른존경 방식들을 가려내는 작업을 하고자 한다.

다음에 이 조사작업을 한 과정을 약술하고자 한다.

저자를 포함한 세 사람의 공동연구자들이 각자 별도로 앞서 소개한 유교문헌 속의 어른존경과 관련된 문장, 구절 및 낱말을 분석하였다. 연구자들은 모두 효와 어른존경에 대한 지식과 경험이 있고 사회조사에 능숙한 학자들이다. 작업에 들어가기 전에 조사과정에서 참고로 할 아래의 5개 존경방식들을 설정하였다. 이 방식들은 동아시아 문화권에서 일반적으로 널리 사용되는 어른존경 방식들로서 공동연구자들이 효에 관한 문헌을 참조하여 미리 선정한 것이다.

먼저 아래의 5가지 존경방식을 선정하고, 이 방식들을 기초로 해서 이와 다른 존경방식을 본격적인 분석작업에서 찾아 나가기로 하였다.

1) 어른을 돌보는 것(돌봄으로 하는 존경)

2) 어른에게 인사하는 것(인사로 하는 존경)

3) 어른에게 존댓말을 하는 것(경어로 하는 존경)

4) 어른이 즐기는 음식을 대접하는 것(음식대접으로 하는 존경)

5) 어른의 명령과 지시에 순종하는 것(순종해서 하는 존경)

이 5개 존경방식들을 참고하여 위에서 인용한 문장을 분석하기 시작하였다. 분석해 나가는 과정에서 이 5개 방식들이 모두 가려내어졌고, 이 방식들 외에 새로운 존경방식들이 연이어 발견되었다. 기존 5가지 존경방식과 비교하여 그 뜻과 행동적 표현이 다르고 모든 분석자들이 새 존경방식으로 정하는 데 합의함으로써 선정되었다.

선정하는 과정에서 어른존경의 행동적 표현을 내포한 문장, 구절 및 낱말이 발견될 때마다 분석자들은 제각기 그 뜻과 표현을 파악하여 기록하였다.

예로 보살핌으로 하는 존경의 경우 어른을 위한 보살핌과 어른에게 제공하는 서비스를 포함하는 다양한 방법들을 종합해서 '보살핌으로 하는 존경'으로 요약했다. 어른에게 적절 또는 타당한 언행(존경하는 말과 행동)을 해야 한다는 문장에서 '적절한 말'이란 낱말을 어른을 존경하는 말로 해석하여 '존댓말(경어)로 하는 존경'으로 정하였다. 그리고 가족이 아닌 다른 노인을 존경해야 한다는 문장은 '이웃 노인에 대한 존경'으로 이름 지었다.

대부분의 방식들은 문장과 구절에 내포된 뜻과 표현이 분명하고 구체적이어서 쉽게 가려낼 수 있었다. 한번 또는 그 이상 기록된 존경방식에 대해서는 coding을 했다. 즉, 식별된 방식은 yes로 표시하였다.

분석자들은 각자가 식별해서 기록한 존경방식들을 서로 교차검정한 후 전원이 합의하는 방식들을 최종적으로 선정하였다. 그런데 분석자들 전원이 13개 방식을 가려내어 최종 선정하는 데 합의했기 때문에 신뢰도를 측정하는 절차를 약했다.

내용분석의 타당성도 대부분의 존경방식들이 문헌에 기술되어 있는 그대로 선정되었고 또 존경에 대한 전문지식을 가진 분석자들 전원의 합의에 따라 선정되었기 때문에 높은 것으로 보았다. 통계분석을 하지 않고 목측(eyballing)으로 분석작업을 완료한 셈이다. [이 조사에 사용한 내용분석방법에 대한 자세한 사항에 대해서는 제2장을 참고하기를 바람.]

이러한 조사작업을 통하여 처음에 설정한 5가지 존경방식들 이외에 8가지가 새로 발견되었다. 「* 표는 새로 발견된 방식임.」 종합해서 아래와 같은 13가지 존경방식을 찾아내었다(이들 13가지를 "*전통적 존경방식*"이라 이름 지었다.)(<표 6-1> 참조).

* *보살핌으로 하는 존경*(어른을 보살피고 어른에게 서비스를 제공하는 것)
* *순종해서 하는 존경*(어른의 지시를 따르는 것)
* *음식대접으로 하는 존경*(어른이 즐겨하는 음식을 대접하는 것)
* *선물로 하는 존경*(어른에게 선물을 드리는 것)
* *경어로 하는 존경*(어른과 대화나 서신을 할 때 존댓말을 사용하는 것)

* *외모를 갖추어 하는 존경*(단정하고 공손한 외모를 갖추는 것)
* *윗자리를 제공해서 하는 존경*(존경의 뜻을 나타내는 자리나 역할을 제공하는 것)
* *축하해서 하는 존경*(어른의 탄생일을 축하하는 것)
* *인사를 해서 하는 존경*(어른에게 인사하는 것)
* *먼저 대접해서 하는 존경*(서비스나 편의를 먼저 제공하는 것)
* *장례를 통해서 하는 존경*(돌아가신 어른을 위해 경건히 장례를 올리는 것)
* *조상에 대한 존경*(제사, 성묘, 기타 특별한 행사를 통해서 조상을 숭배하는 것)
* *이웃 노인에 대한 존경*(이웃과 사회의 어른을 존경하는 것)

이상은 유교문헌에서 찾아낸 전통적 방식들이다. 이들을 종합해서 전통적 존경 방식이라고 불렀다.

## Ⅱ. 현대적 존경 방식

### 근년에 발표된 자료(논문 및 책) 분석(질적 접근)

다음에는 조사 범위를 넓혀 근년에 행해진 경험적 조사들에서 나타난 현대적 존경방식을 탐사하였다. 이 조사들은 모두가 다음의 3가지 조건들을 갖추었다.

(1) 어른존경 방식을 조사하였음

(2) 동아시아 사람들을 조사대상으로 하였음

(3) 질적 또는 양적 조사를 위한 적절한 조사방법을 사용했음

1. 미국듀크(Duke)대학의 Palmore와 일본 루터대학의 Maeda(1985: 6-8, 17-28, 41, 81-100)교수들의 보고는 일본 노인에 관한 설문조사 자료, 생활사정, 정부 및 민간사업, 노년학자들과의 면접 자료, 문예작품에 나타난 자료 등을 바탕으로 하여 12가지의 표현방식을 지적하였다. 이 중 두 가지(이들이 지적하지 않은 장례를 통한 존경과 의논을 통한 존경)를 제외하고는 모두가 그 의미나 표현들이 전통적 존경 방식들과 동일하다.
2. 싱가폴대학의 Mehta(1997)교수는 중국인이 주종을 이루며 효정책을 추진하는 싱가폴의 주민을 대상으로 초점집단(focus group)방법을 사용해서 조사를 했다. 그는 7가지 방식들을 식별했는데 이 중 의논을 통한 존경을 제외한

6가지는 전통적 방식들 중 상통하는 것들과 거의 같다. 싱가폴 사람들은 이밖에도 여러 방식들을 사용하고 있지만 그는 특히 이들 7가지를 강조한 나머지 다른 방식들은 지적하지 않은 것으로 보인다.

3. 미시간대학의 Ingersoll-Dayton과 Saentienchai(1999)교수들도 역시 같은 방법으로 싱가폴, 대만, 피립핀 및 태국에서 도합 79개 초점집단들을 통하여 조사했다. 이들은 12가지 방식을 지적하였다. 이 중 의논을 통한 존경을 제외한 11가지는 전통적 방식들과 거의 같다. 이들은 장례를 통한 존경과 조상에 대한 존경은 지적하지 않았는데 대만 사람들과 싱가폴 사람들(대다수가 중국인)은 이 두 가지를 아직도 널리 실행하고 있는 것이 사실이다.
4. 한국의 Sung과 Kim(성규탁 & 김한성)(2003) 교수들의 보고는 한국인을 대상으로 어른존경 표현방식 관찰 및 설문조사를 하여 얻은 자료에 기초한 것이다. 이들은 14가지 방식을 식별하였다. 이 방식들은 모두가 전통적 방식과 매우 비슷하다.

위의 4개 조사들은 조사방법 면에서 모두 경험적인 조사에 속한다. 그리고 모두가 동아시아 나라의 고령자들과 성인 집단들을 대상으로 한 어른에 대한 존경의 표현방식에 대한 조사들이다. 연구방법에서는 서로 다른 점이 있지만 우연히도 이 연구들 모두가 거의 같은 어른존경 방식들을 식별해 낸 것이다(<표 6-1> 참조).

그런데 체계적인 계량적 조사를 하지 않았다.

이상의 4개 조사들이 제시한 결과에 기초하여 13가지로 이루어진 현대적 어른존경 방식의 세트를 갖출 수 있다(<표 6-1>).

이들 13개 현대적 존경방식들 중에서 7가지는 4개 연구들 모두에서 지적된 것이고, 5가지는 3개 연구들에서 지적되었다. 즉, 12가지 방식들이 4개 연구들 중 3개 이상의 연구들에서 지적된 셈이다.

이러한 결과는 이들 존경방식들이 동아시아 사람들이 널리 사용하고 있는 방식들임을 알려 준다. 여기에서 주목할 점은 13개 방식들 중 의논을 통한 존경을 제외한 12개는 모두가 전통적 방식과 동일하다는 사실이다. 이 사실로 미루어 보아 현대적 존경방식은 동아시아의 전통적 존경방식에 반영된 어른존경의 이념에 뿌리를 두고 있으며, 전통적 어른존경의 실천이 그 강도에서는 과거보다 약해졌다고 하지만 아직도 그 영향력은 동아시아 나라들에서 지속되고 있음을 시사하고 있다.

<표 6-1> 존경방식 : 전통적 방식과 현대적 방식

| 어른존경 방식 | | 전통적 방식 | 현대적 방식(저자) | | | | |
|---|---|---|---|---|---|---|---|
| | | | Palmore & Maeda | Sung & Kim | Mehta | Ingersoll-Dayton & Saengtienchai | 인용한 연구의 수 |
| 1 | 보살핌 | × | × | × | × | × | 5 |
| 2 | 음식대접 | × | × | × | × | × | 5 |
| 3 | 선물 | × | × | × | × | × | 5 |
| 4 | 존댓말 | × | × | × | × | × | 5 |
| 5 | 외모 | × | × | × | × | × | 5 |
| 6 | 이웃 | × | × | × | × | × | 5 |
| 7 | 의논 | - | × | × | × | × | 5 |
| 8 | 윗자리 | × | × | × | - | × | 4 |
| 9 | 생일축하 | × | × | × | - | × | 4 |
| 10 | 순종 | × | × | × | - | × | 4 |
| 11 | 인사 | × | × | × | - | × | 4 |
| 12 | 먼저대접 | × | × | × | - | × | 4 |
| 13 | 조상숭배 | × | × | × | - | - | 3 |

- 파악 안됨
× : 지적된 방식을 나타냄.

지적빈도가 낮은 조상에 대한 존경과 장례를 통한 존경은 일본인과 한국인에 대한 조사들에서 지적되었는데, 이 두 방식들도 모두 오늘날 일본, 한국 및 중국에서 널리 통용되고 있다.

일찍이 Silverman과 Maxwell(1978)이 식별한 7가지 방식들(윗자리 제공, 즐기는 음식 대접, 존댓말 사용, 공손한 외모 갖춤, 서비스 제공, 선물 제공 및 생일축하)은 34개의 여러 사회들을 대상으로 조사한 결과 식별된 방식들인데, 이 방식들 모두가 위의 동아시아 조사들에서도 발견되었다. 이 사실은 14개 방식선정의 타당성을 높여준다고 볼 수 있다.

이상과 같이 보살핌으로 하는 존경에서 시작하여 조상에 대한 존경에 이르는 구체적이고 포괄적인 현대동아시아인들이 사용하는 존경방식들을 가려내었다.

## 현대적 어른존경방식의 표현

현대적 존경방법들(14가지)을 표현하는 방식과 그 방법들이 갖는 일반적 의미를 다음에 간단히 적어보겠다.

* *보살핌으로 하는 존경* : 정서적 보살핌과 수단적 보살핌을 제공하는 것
* *음식대접으로 하는 존경* : 어른이 즐기는 식사나 음료를 대접하는 것
* *선물로 하는 존경* : 선물(돈, 옷, 일용품 등 물건)과 혜택(모임을 주도하는 권한, 편의 등)을 제공하는 것
* *외모를 갖추어 하는 존경* : 의복을 단정하게 입고 예의 있는 모습을 갖추는 것
* *순종해서 하는 존경* : 어른의 충고나 지시를 받아들이며 어른의 말을 귀담아 듣는 것
* *존댓말을 사용하는 존경* : 어른과 대화나 교신을 할 때 존댓말을 사용하는 것
* *윗자리를 제공해서 하는 존경* : 윗자리나 조용한 방을 드리는 것
* *축하를 해드려 존경하는 것* : 탄생일이나 특별한 가족행사에서 축하해 드리는 것
* *의논을 해서 나는 존경* : 개인적 또는 가정의 일, 지켜야 할 관습 등에 관해서 어른의 의견과 조언을 받는 것
* *인사를 해서 하는 존경* : 절을 하가나 두 손을 합장하여 인사하는 것
* *먼저 대접을 해서 하는 존경* : 도움을 먼저 제공하며 방, 자동차 등에 먼저 출입하도록 하는 것
* *조상에게 하는 존경* : 조상의 기일(돌아가신 날)에 제사를 올리는 것
* *이웃노인을 존경하는 것* : 이웃노인에게 보살핌과 서비스를 제공하는 것
* *사비밀을 존중하는 것* : 어른의 사생활과 개인적인 일을 존중하는 것
* *동일시하는 것* : 어른의 사상, 믿음, 생활스타일을 따르는 것

위의 어른존경방식들의 실천에 대해서 다음 장에서 자세히 논의하고자 한다.

## 시대의 흐름과 존경방식의 변화

산업화와 도시화에 따른 사회환경 및 생활스타일의 변동으로 인하여 존경을 표현하는 방식도 수정되어가고 있다. 그런데 존경방식이 어떻게 어느 정도 빨리 변하고 있는가에 대한 체계적인 조사가 이루어지지 못하고 있다.

위에서 소개한 조사들에 의하면 싱가폴에서는 존경의 뜻이 순종, 복종으로부터 공손, 친절로 변하고 있으며 대만, 싱가폴, 태국, 필리핀에서는 어른이 이야기 할 때 이를 경청하는 것(귀담아듣는 것) -그 이야기를 반드시 따른다는 것은 아니지만 - 을 젊은이들이 존경방식으로 사용하는 경향이 있다. 그리고 한국에서는 어른을 찾아 의논하는 방식이 비교적 널리 사용되고 있다.

앞으로 젊은 사람들이 공평, 대등한 세대 간의 교환에 더 많은 관심을 가지게 되면 의논하는 방식은 더 널리 사용될 것으로 본다. 윗사람에게 몸을 굽혀 절하는 대신 악수를 하는 경우가 눈에 뜨이게 많아졌다. 결혼식, 생일행사, 제사도 시간과 경비가 덜 드는 방식으로 전환하는 경향이다. 사람을 고용하여 자녀를 대신해서 부모를 보살피는 사례도 늘어나고 있다. 그리고 이웃의 고령자들을 돕는 그룹과 단체들의 봉사활동이 현저히 증대하였다.

존경하는 행동이 수정되고 있는 패턴을 보면 대략 아래와 같은 모양이 된다. 저자가 젊은 사람들의 존경하는 행동을 관찰하고 정리해본 것이다.

과거보다 간략하게, 편리하게, 시간을 아껴서, 횟수를 줄여서, 경제적으로, 덜 복잡하게, 가족의 형편과 개인적인 사정에 따라 수정되어 가고 있다.

앞으로 이러한 수정된 섬김방식은 더 널리 우리 사회에서 통용될 것으로 본다.

〈수정되는 방향〉

* *복잡한 표현* → 간단한 표현
* *길게 하는 표현* → 짧게 하는 표현
* *하기 어려운 표현* → 하기 쉬운 표현
* *여러 번 하는 표현* → 한두 번에 하는 표현
* *비용이 많이 드는 표현* → 비용이 적게 드는 표현
* *자기를 많이 낮추는 표현* →자기를 덜 낮추는 표현
* *사회적 관행에 따른 표현* → 나와 가족의 형편에 따른 표현

섬기는 방식 -행동적 표현- 이 위와 같이 수정되고 있다. 전통적 규범 이외의 요인들 때문에 이러한 변화가 일어나는 것이다.

앞으로 이러한 변화가 실제 섬김에 어떠한 영향을 끼치게 될 것인지 계속해서 살펴 나가야 하겠다.

이러한 일련의 변화는 대체로 어른존경과 관련된 새로운 시대적 동향을 반영하고 있는 것으로 보인다.

동아시아 나라들의 공통적 특성이었던 권위주의적이고 가부장적인 세대관계를 벗어나 평등주의적이고 상호교환적 관계를 바탕으로 어른 세대와 젊은 세대가 서로 존중하는 방향으로 나가고 있다. 그리고 가족중심적으로 행해진 어른존경이 이웃노인과 넓은 사회의 어른들을 존중하는 방향으로 확대되는 경향이다.

그러나 노년학자들은 존경의 표현이 달라지고는 있지만 어른존경은 일본, 한국, 중국 그리고 홍콩, 대만, 싱가폴을 포함하는 중국인 사회에서 여전히 중요한 사회적 가치로서 존속하며 이 가치는 가족성원들 간의 그리고 세대 간의 관계를 공고히 하는 힘이 되고 있다고 보고 있다(Chow, 1995; Meyer, 1988; Harper, 1992; Xie, Defrain, Meredith, & Comb, 1996; Singapore Ministry of Community Development, 1996; Mehta, 1997; Sung, 2001, 2007).

일본에서 노년연구를 한 미시간대학의 Elliott와 Campbell(1993)교수들은 동아시아 나라들 사이에 어른을 대접하는 데서 비슷한 점(유사성)이 있는 데 대해 다음과 같이 논하였다.

> "한국과 중국의 문화적 맥락에서 볼 수 있는 부모부양에 대한 자녀의 의무와 세대 간의 관계는 일본에서도 역시 볼 수 있다. 이러한 공통점이 있는 이유는 이들 동아시아 문화권에 속하는 세 나라들이 유교의 윤리적 가치인 효로부터 영향을 받았기 때문이다."

홍콩대학의 N. Chow 교수도 비슷한 말을 했다(2013).

동아시아 나라들에서 볼 수 있는 이러한 공통적인 문화적 영향은 아직도 작용하고 있는 것이 사실이다.

미국 노년사회학의 석학 Streib(1987) 교수는 그의 중국연구에서 중국인들은 어른을 만나면 "자동적(automatically)"으로 경의를 표시한다고 했다. Palmore와 Maeda(1985)는 일본인이 어른과 선배를 존경하는 관습은 일본의 사회구조 깊숙이 뿌리 박혀 있다고 했다. 그리고 Sung(1998)은 대부분의 한국인들은 어릴 때부터 부모, 선생 및 윗사람을 존경하도록 사회화되고 있다고 했다.

이러한 어른존경과 관련된 사회적 행위, 사회적 구조, 사회화 및 교육을 위한 노력은 과거보다 약해졌으나, 동아시아의 문화적 맥락에서 여전히 지속되고 있다.

# 논 의

본 연구는 14가지의 어른존경 방식들을 가려내었다. 이러한 방식들을 실천함으로써 동아시아 사람들은 부모와 선생을 비롯한 윗사람에 대한 존경을 표현하고 있다.

현대적 존경방식들이 의미하는 바와 표현되는 방식이 전통적 존경방식들의 의미 및 표현과 거의 같게 나타났다. 이 사실은 어른존경과 관련된 가치, 규범 및 사회적 역할은 여러 세대에 걸쳐 지속되는 동아시아의 문화적 특성임을 시사한다. 존경방식들을 두 가지 유형으로 분류할 수 있다.

하나는 보살핌(care, caring)을 통해 존경하는 행동이다. 예로 보살피는 것, 서비스를 제공하는 것, 식사를 제공하는 것, 선물을 제공하는 것, 가사를 돌보는 것 등의 행위이다.

다른 하나는 상징적(symbolical)인 뜻을 가진 존경이다. 예로 경어를 사용하는 것, 공손한 외모를 갖추는 것, 순종하는 것, 윗자리에 모시는 것, 먼저 대접하는 것, 축하를 해 드리는 것 등이다.

이들 두 가지 유형들을 결합해서 어른에 대한 존경을 종합적으로 표현할 수 있다.

보살핌(care)으로 하는 존경이 14가지 방식들 가운데 가장 중요한 요인으로 포함되어 있다는 사실은 뜻깊은 일이다. 서양학자들(Downie & Telfer, 1978; Dillon, 1992)이 논하는 바에 의하면 존경은 단순히 느낌 또는 감정의 차원이 아닌 다른 사람에 대해서 관심을 기지고 실제적으로 보살펴 주는 행위를 의미한다. 이들은 보살핌은 존경의 일부라고 규정한다. 그렇다면 이 서양 학자들이 논한 바와 본 연구에서 발견한 동아시아적 존경방식(보살핌을 존경의 중심적 요인이라고 보는) 사이에는 공통점이 있다고 할 수 있다.

보살핌으로 하는 존경은 사회복지 및 의료 서비스와 밀접한 관련이 있다. 만성질환으로 와상 중인 노령의 환자를 보살피는 일은 쉬운 일이 아니다. 이러한 노령의 환자는 서비스제공자에게 거의 완전히 의존하여 그들의 처분에 맡겨지고 있는 경우가 많다. 인생의 종말 단계에 있는 이 분이 여생을 품위 있게 살도록 인도적 서비스를 제공한다는 것은 인간봉사제공자(의사, 간호사, 사회복지사, 기타 서비스제공자들)의 중요한 전문직의 윤리적 의무이다. 따라서 인간봉사전문직은 이분들을 존경하면서 인도적인 서비스를 제공해야 하는 것이다.

인은 부모를 섬기는(존경하는) 데서 비롯된다. 맹자(리루 상 37)는 "인(仁)의 근본은 어버이를 섬기는 것이다."라고 했다. 인은 이웃과 사회의 모든 사람에 대한 인간애로서 '넓은 사랑'을 뜻한다. 공자의 제자로서 효를 가장 많이 논구한 증자(曾子)는 다음과 같이 효의 중심인 존경을 해설했다.

> "인간이 하는 모든 행동 가운데서 효행만큼 중요한 것은 없다. 효행 가운데서도 부모를 존경하는 것이 제일 중요하다"[人之行 莫大於孝 孝莫大於嚴父](효경, 10 성치장).

존경이 효의 핵심이 됨을 분명히 한 말이다.

본 연구에서 참조한 4가지의 선행연구들은 상이한 연구자들이 상이한 동아시아 사람들을 대상으로 상이한 지리적 장소에서 이루어졌다. 그런데도 불구하고 이들은 모두가 유사한 존경방식을 발견해 낸 것이다.

그러나 이들 연구는 모두가 제한점을 가지고 있다. 즉 표본의 크기가 작고, 표본을 무작위가 아닌 의도적 방법으로 추출하였고, 조사도구가 지역에 따라 달랐고, 어른존경에 영향을 끼칠 수 있는 환경적 변수들을 체계적으로 다루지 않았다. 그리고 중국본토의 중국인들에 대한 조사는 4개 조사에 포함되지 않았다. 필자가 별도로 중국본토의 5개 지역들(상하이, 난징, 칭다오, 청두, 지린)에서 행한 조사에 대해서는 이 책 제11장에서 보고한다.

본 연구에서 가려낸 다양한 방식들은 고령자와 윗사람 그리고 모든 사람을 존경하는 데 적용할 수 있을 것이며, 어른존경을 측정하는 도구를 개발하는 데도 도움이 될 수 있을 것으로 기대한다.

이중 어떤 방식들은 시간이 흐름에 따라 달라질 수 있다. 오늘날 중요하다고 보는 방식도 내일에 가면 그렇지 않을 수 있는 것이다. 선행연구들이 시사하는 바와 같이 존경 방식의 변화는 시대의 흐름을 따라 계속될 것으로 본다. 사회변동이 존경에 미치는 형태와 정도 그리고 존경방식의 변화가 노인의 안녕에 미치는 영향에 대해서 계속 조사가 이루어져야 하겠다.

끝으로 부언할 것은 4개 연구들에서 남자 어른과 여자 어른을 존경하는 데 있어 어떠한 차이가 있는지에 대해 논급하지 않았다. 동아시아에서는 일반적으로 여자(어머니)가 남자(아버지) 보다도 더 존경받는 것으로 알려져 있다. 이러한 차이는 아마도 자녀와 어머니 사이의 공생관계 때문에 생기는 것으로 볼 수 있다.

그러나 기타 존경방식에 있어서는 대부분이 상징적인 표현(경어로 하는, 의논으로 하는, 순종으로 하는, 외모를 갖추어 하는, 윗자리를 제공하는, 인사로 하는, 사회 노인에게 하는 존경)을 통해 남자 어른이 여자 어른 보다 더 존경받는 것으로 보인다. 이러한 차이는 부분적인 이유이기는 하지만 동아시아 나라들의 사회구조 안에서 아직도 남자가 생활을 위한 자원과 사회적 영향력을 여자보다 더 많이 점유하고 있기 때문인 것으로 보인다.

특별한 업적과 많은 재산을 가진 어른들이 여전히 상징적인 방식으로 더 존경받는 경향이 있는 것이 사실이다.

앞으로 남녀 어른에 따른 차이 그리고 명성과 재력을 가진 어른과 이를 안 가진 어른 사이의 어른존경의 차이에 대한 연구가 있어야 하겠다. 이러한 사회적 계층 및 신분에 따른 어른존경 상의 차이는 사회적 관심사가 되기 때문이다.

존경의 양적 해석에 대해서는 제3장, 제4장, 제5장 및 제10장을 참조하기 바란다.

# 제7장
# 부모님, 선생님 "고맙습니다" 표현방법 탐사: 질적 접근

조사방법

* 효의 첫 표현(부모님 고맙습니다)에 대한 청소년의 사회화와 교육을 위한 자료개발
* 부모, 선생 및 친구가 베풀어 주는 도움에 대한 가장 자주 사용되고 타당한 감사 표현 발췌, 분류(조사자 3인)(조사대상자의 사비밀 엄수)
* 자료수집
  1. 문헌섭렵
     * 초중등학교교과서(국정교과서)
     * 아동지도에 관한 서적(공인된 출판사간행)
     * 아동심리에 관한 서적(학술서적)

  2. 면접
     감사하는 표현에 대한 의견청취
     1) 초등학교 4학년~중학교 3학년 재학생 32명
     2) 초중등하교교사 8명
     3) 학부모 25명

  3. 관찰
     학생들의 일상생활 속의 감사표현 관찰
* 표현분류(조사자 3인 참여) : 가장 다수가 가장 빈번히 실행하는 감사표현 식별, 분류
* 해설 : 감사가 청소년에 주는 혜택
  감사교육의 장 : 가족과 학교의 역할

## 머리말

효에 관한 유교경전의 내용 소개, 효의 당위성 강조 및 효의 문화적 가치 고양에 관한 글들이 발표되고 있다.

그런데 이러한 이론적이고 교양적인 활동이 자라나는 사람들로 하여금 효를 실천하고 체험토록 하는 결실로까지 이르지 못한다는 걱정 소리가 나오고 있다.

우리가 바라는 바는 다음 세대가 효를 이해하고 실천하는 것이며 나아가 이 문화적 가치를 이들의 다음 세대에게 전수해 주는 것이다.

이러한 소원을 이루기 위해서는 우선 젊은 세대로 하여금 효를 이해할 뿐만 아니라 일상생활에서 실천, 체험하도록 이끌어 주는 기성세대의 노력이 필요하다.

자라나는 사람들이 어릴 때부터 고령자를 이해하고 배려하는 심성을 가짐으로써 앞으로 고령자의 복지는 물론 이분들을 가족과 사회에 통합하는 데 바람직한 역할을 할 수 있다.

우리에게 희망을 줄 수 있는 교육을 통하여 우리가 물려받은 이 문화적 가치를 다시 밝혀 젊은 세대가 변하는 환경에 맞게 실현할 수 있도록 도와야 하겠다.

이 장에서는 초중등학교 학생들이 부모, 선생 및 친구에게 감사하는 표현(말, 글)의 유형을 골라 보고, 감사하는 방법을 가정에서 가르치는 데 대해 논의하고자 한다.

이러한 표현방법의 식별과 가정 내 사회화에 대한 조사작업은 위에 제시한 '조사방법'(문헌섭렵, 면접을 통한 의견수집 및 행동관찰)에 따라 수행하였다.

## 효의 실행

앞 장에서 논술한 바와 같이 한국인이 효를 실천하는 여러 가지 행동을 살펴보았다.

이 중에서도 다음이 가장 뚜렷하게 나타났다.

1) '부모에 대한 존경'

2) '부모에 대한 책임수행'

3) '부모은혜에 대한 보답'

이 장에서는 "부모은혜에 대한 보답"을 들어, 부모에게 감사하는 표현의 유형을 살펴보기로 한다. 아울러 선생과 친구에게 감사하는 표현도 알아보고자 한다.

〈은혜에 대한 감사〉

우리문화에서 애독되는 문예작품과 속담집에서 자주 오르내리는 이야기가 부모의 은혜와 이에 대한 보답일 것이다.

부모은혜에 대한 감사는 어릴 때부터 시작된다. 그런데 사람은 태어나서부터 고마움을 저절로 표현하는 것은 아니다. 어른으로부터 배워서 하게 된다(이연숙, 2011; Ryan, 1999).

부모가 베푼 고마움 -부모의 은혜- 에 보답하는 첫 번째 행동은 "아버님, 어머님 고맙습니다"(감사합니다)라는 표현이 되겠다.

아이는 집안에서 자라면서 부모님으로부터 칭찬과 벌을 받아 가며 받은 은혜에 고맙다고 하도록 사회화(집안교육)된다.

초등학교에 들어가면 철이 들기 시작하여 은혜를 베푼 사람에게 감사하려는 마음을 품게 된다(김경희, 2003; Lewis, 2005). 게다가 받은 은혜에 대해 '고맙다'는 뜻을 표현하도록 교육을 받게 되는 것이다(한국청소년개발원, 2011; Rice, 1984). 이 시기가 지나면 감사의 표현이 점차 복잡해진다.

성숙해짐에 따라 도덕적인 시각에서 받은 은혜를 이해하고 이의 고마움을 태도와 행동으로 표현하게 된다(이희경, 2010; 김인자 외, 2004). 그리하여 청년기에 들어가면서 사회적 기대에 맞게 물질적 및 비물질적으로 고마움을 다양하게 표현하기 시작한다(Emmons & McCullough, 2003).

감사하는 사람은 은혜를 베푼 사람과 자신이 가진 것을 나누어 가지며, 그에게 의무적으로 도움을 주려는 친사회적 행동을 하게 된다(김인자 외, 2008: 646). 사람들과의 서로돌봄이 시작되는 것이다.

부모에 대한 감사는 외부로부터 강요를 당해서 하는 것이 아니라 사람의 마음속에서 우러나는 의무감에 기인한다(Ryan, 1999; Hashimoto, 2004). 이런 의무감은 사람이 태어날 때부터 가지는 성품에서 오는 것이라고 한다(효경, 11장).

우리 문화에서는 은혜를 갚는 것을 매우 중요시합니다. 은혜를 갚을 줄 모르는 사람은 '사람 축에 들지 못한다', '배은망덕자이다', '사람이 마땅히 지켜야 할 예의에 벗어난 행동이다" 등의 비난을 받는다. 그리고 사회적으로 대우를 받지 못하게 된다.

철학자 칸트는 은혜에 대한 감사는 성(聖)스러운 의무라고 했다.

명심보감(효자편)에는 부모은혜를 갚는 의무를 수행하기가 그렇게도 어려움을 시사하는 다음과 같은 글이 있다.

> "아버지 어머니 나를 낳으시고 애쓰시고 수고하셨도다. 그 은덕을 갚고자 하는데 그 은혜가 하늘같이 다함이 없어 갚을 바를 알지 못하도다."

막중한 부모은혜를 갚기 위해서는 매우 많은 노력이 필요함을 시사하는 말이다. 이런 노력의 첫 단계 실행이 곧 감사하는 것이다.

교육적으로 볼 때, 다른 사람에게 고맙다고 하도록 가르치는 것은 매우 바람직한 효과를 가져 온다. 즉 감사하도록 지도를 받은 아동은 다른 사람의 감정/느낌에 예민하게 되고, 아울러 감정 이입과 기타 정서적 기법을 발전하게 된다. 그뿐만 아니라 높은 만족감과 낮은 스트레스를 가지는 경향이 있다(Lewis, 2005; Ryan, 1999). 즉 위에서 지적한 '친사회적 성향'에 보태어 이러한 긍정적인 파급효과가 있는 것이다. 대체로 감사하는 마음을 심어 줌으로써 아동이 장래 이득을 보게 된다는 것이 전문가들의 견해이다. 어릴 때 시작된 좋은 버릇은 청년기를 거쳐 성인기에도 좋은 열매를 맺을 수 있음을 시사한다. 즉 세살 때 버릇이 여든까지 간다는 우리의 속담과도 같은 것이다.

부모가 아닌 사람에게도 은혜를 입으면 갚는다. 선생의 경우가 대표적인 예이다. 부모는 자녀를 이 세상에 출생시켜 양육하지만, 선생은 이 세상에서 살아가는데 필요한 지혜와 방법을 가르쳐 준다.

나를 도와주는 친구에게 고맙다는 말을 하는 것도 예의이다. 친구에 대한 감사의 표현은 우정과 비폭력의 교우관계를 촉진시킬 수 있다.

다음에 부모님을 비롯한 선생님 그리고 친구에게 고마움을 전하는 말의 보기를 들어 보고자 한다.

이 말의 보기는 위에 제시한 조사방법을 통해서 수집, 분류한 것이다.

## 1. "어머님, 아버님 고맙습니다"

부모님의 '은혜에 감사하는 것'은 그분들이 베풀어 주신 은혜에 대해 자라나는 자녀가 보답하는 첫 번째 행동이 된다. 부모님은 나를 이 세상에 태어나게 하셨고, 사랑으로 길러주시고, 교육시켜 주시고, 사회에 진출하도록 도와주시고, 나를 위해 걱정하시며 돌보아 나가신다. 그분들의 넓고, 깊고, 조건 없이 베풀어 주시는 은혜는 참으로 귀하고 어지시다. 다음 노래 가사는 바로 이러한 특수한 은혜를 읊고 있다.

> 낳으실 제 괴로움 다 잊으시고 기르실 제 밤낮으로 애쓰시는 마음 진자리 마른자리 갈아 뉘시고 손발이 다 닳도록 고생하시네. 하늘 아래 그 무엇이 높다 하리요 어머님의 희생은 가이 없어라.

부모님에게 감사드리는 행동은 어릴 때부터 시작된다. 자라나면서 철이 들어 은혜를 베푼 분들에게 감사하려는 의욕을 가지게 된다. 아울러 가정에서 그 은혜에 대하여 '고맙습니다'라고 하도록 배우며, 학교에 들어가서 고맙다는 뜻을 나타내는 예절을 배우게 된다. 부모님에게 고맙다는 마음을 언제나 가슴 속 깊이 품고 '부모님 고맙습니다'라는 표현을 할 수 있다. 이렇게 하는 것이 자라나는 사람들이 부모님에게 효도하는 첫 번째 행동이 된다. 다음과 같은 '고맙습니다'의 표현을 때와 장소에 따라 실행할 수 있다. [다음 대부분은 조부모님에게도 드릴 수 있다.]

**[실행]**

부모님

**[기본적 은혜에 대해서]**

(어른 앞에서는 나를 '저' 또는 '제'라고 함)

* 저의 몸을 낳아 주셔서 고맙습니다.
* 저를 사랑으로 길러 주셔서 고맙습니다.
* 저에게 먹을 것과 마실 것을 주셔서 고맙습니다.
* 저에게 입을 것을 주셔서 고맙습니다.
* 제가 살 집과 이부자리를 마련해 주셔서 고맙습니다.

**[건강돌봄에 대해서]**

* 제가 아플 때 돌보아 주셔서 고맙습니다.
* 저의 몸을 건강토록 잘 돌보라고 타일러 주셔서 고맙습니다.
* 저의 건강을 위해 음식을 골고루 먹도록 가르쳐 주셔서 고맙습니다.
* 제가 아플 때 병원에 데려다 주셔서 고맙습니다.

**[안전돌봄에 대해서]**

* 제가 위험한 곳에 가지 않도록 일러 주셔서 고맙습니다.
* 제가 위험한 장난을 하지 않도록 주의를 주셔서 고맙습니다.
* 교통규칙을 잘 지켜 안전하게 학교에 가고 오도록 지시해 주셔서 고맙습니다.
* 학교에 가고 오는 길에서 문제가 생기면 즉시 부모님에게 연락하라고 일러 주셔서 고맙습니다.

**[학교생활지도에 대해서]**

* 학교에 갈 때 외모를 단정하게 해서 가도록 도와 주셔서 고맙습니다.
* 제가 공부하도록 뒷바라지를 해 주셔서 고맙습니다.
* 선생님의 말씀을 따르도록 일러 주셔서 고맙습니다.
* 선생님에게 공손하게 인사하고 바르게 말하도록 주의 주셔서 고맙습니다.
* 학교규칙을 잘 지키도록 타일러 주셔서 고맙습니다.
* 학교에서 좋은 친구들과 어울리도록 충고해 주셔서 고맙습니다.

**[친구관계지도에 대해서]**

* 다른 학생을 따돌리지 말라고 주의를 주셔서 고맙습니다.
* 다른 사람을 절대 때리지 말라고 타일러 주셔서 고맙습니다.
* 다른 사람과 싸우지 말라고 주의를 주셔서 고맙습니다.

**[예절지도에 대해서]**

* 모든 사람들에게 예의바르게 행동하도록 가르쳐 주셔서 고맙습니다.
* 선생님과 어른에게 인사하도록 가르쳐 주셔서 고맙습니다.
* 이웃 어르신을 존경하도록 가르쳐 주셔서 고맙습니다.

**[생활환경정리에 대해서]**

* 나의 생활환경을 정돈하고 깨끗이 하라고 주의 주셔서 고맙습니다.
* 화분의 꽃과 나무를 가꾸도록 가르쳐 주셔서 고맙습니다.

**[절제지도에 대해서]**

* 어려움을 참고 헤쳐 나갈 수 있어야 한다고 가르쳐 주셔서 고맙습니다.
* 돈을 아껴 쓰라고 타일러 주셔서 고맙습니다.

**[부모님에게 감사하는 이유]**

간추림

* *나를 낳아 주심*
* *나를 사랑해 주심*
* *나에게 의식주를 마련해 주심*
* *나를 길러 주심*
* *나를 위해 공부를 시켜 주심*
* *나의 학교생활을 지도해 주심*
* *내가 건강하도록 이끌어 주심*
* *내가 아플 때 돌보아 주심*
* *내가 안전하도록 걱정해 주심*
* *나에게 예절을 가르쳐 주심*
* *친구들과 잘 어울리도록 일러 주심*

* *남에게 폭행을 하지 않도록 주의를 주심*
* *남을 따돌리지 말도록 주의를 주심*
* *나의 생활환경을 깨끗이 하도록 일러 주심*
* *나를 위해 끊임없이 걱정해 주심*

## 2. "선생님 고맙습니다"

부모가 아닌 분들에게도 은혜를 입으면 고마운 마음을 간직하고 이를 갚는다. 선생님이 바로 그런 분이다. 부모님은 나를 이 세상에 출생시켜 길러 주시지만, 선생님은 내가 이 세상에서 살아가는 데 필요한 지식과 방법을 가르쳐 주신다. 선생님은 나의 부모님 은혜에 못지않게 나에게 큰 은혜를 베풀어 주신다. 따라서 선생님에게도 마음에서 울어나게 고맙다는 말씀을 드린다. 우리 문화에서는 선생님이 제자에게 베푸시는 은혜에 대해 감사하는 것을 매우 중요한 가치로 삼고 있다. 이런 가치는 우리를 비롯한 아시아의 중국, 일본, 인도, 태국 등 나라들에서도 공통적으로 지켜지고 있다. 나는 선생님에게 언제나 고맙다는 마음을 간직하고 다음과 같은 '고맙습니다'의 표현을 때와 장소를 가려서 실행한다.

**[실행]**

선생님

**[학습지도에 대해서]**

(어른 앞에서는 나를 '저' 또는 '제'라고 함)

* 저에게 새로운 지식을 가르쳐 주셔서 고맙습니다.
* 제가 살아가는데 필요한 지혜와 방법을 가르쳐 주셔서 고맙습니다.
* 저에게 공부하는 방법을 가르쳐 주셔서 고맙습니다.
* 제가 공부를 게을리 하지 않도록 타일러 주셔서 고맙습니다.
* 제가 학교의 규칙을 잘 지키도록 지도해 주셔서 고맙습니다.

**[예절지도에 대해서]**

* 제가 어려움을 당할 때 헤쳐 나가도록 격려해 주셔서 고맙습니다.
* 제가 올바른 사람이 되도록 지도해 주셔서 고맙습니다.
* 제가 예의를 지키도록 이끌어 주셔서 고맙습니다.
* 제가 부모님의 말씀을 잘 지키도록 타일러 주셔서 고맙습니다.
* 제가 어른을 공경하도록 가르쳐 주셔서 고맙습니다.
* 제가 바른 말과 행동을 하도록 주의를 주셔서 고맙습니다.
* 선생님의 모범을 본받도록 저에게 보여 주셔서 고맙습니다.
* 저에게 꾸지람을 주시며 올바르게 학교생활을 하도록 지도해 주셔서 고맙습니다.

**[안전지도에 대해서]**

* 위험한 곳에 가지 않도록 주의 주셔서 고맙습니다.
* 제가 학교로 오고가는 길에 교통규칙을 잘 지켜 안전하도록 주의를 주셔서 고맙습니다.
* 학교 안과 밖에서 어려운 일이 생길 때는 선생님에게 연락을 하여 도움을 받으라고 일러 주셔서 고맙습니다.

**[건강돌봄에 대해서]**

* 저의 몸을 잘 돌보도록 타일러 주셔서 고맙습니다.
* 제가 아플 때 돌보아 주셔서 고맙습니다.
* 체육을 통해서 저의 몸을 건강하게 해 주셔서 고맙습니다

**[교우지도에 대해서]**

* 친구들과 다정하게 어울리도록 저를 인도해 주셔서 고맙습니다.
* 다문화 가정의 친구들과 잘 어울리도록 타일러 주셔서 고맙습니다.

* 다른 사람을 따돌리지 말도록 지시해 주셔서 고맙습니다.
* 교우들과 싸우지 않도록 타일러 주셔서 고맙습니다.
* 남에게 폭력을 행사하지 않도록 훈도해 주셔서 고맙습니다.
* 집이 어려운 친구를 돌보도록 가르쳐 주셔서 고맙습니다.
* 어려운 이웃 어르신을 도아 드리도록 지시해 주셔서 고맙습니다.
* 어린이, 장애인, 환자를 돌보도록 타일러 주셔서 고맙습니다.

**[자연애호에 대해서]**

* 모든 생명체(동물, 나무, 풀, 꽃)를 보호토록 주의주셔서 고맙습니다.
* 우리가 살고 있는 자연환경을 보호토록 가르쳐 주셔서 고맙습니다.

**[선생님에게 감사하는 이유]**

간추림

* *나에게 새로운 지식을 가르쳐 주심*
* *살아가는 데 필요한 지혜와 방법을 가르쳐 주심*
* *나에게 공부하는 방법을 가르쳐 주심*
* *학교규칙을 지키도록 이끌어 주심*
* *나에게 예절과 도의를 가르쳐 주심*
* *내가 건강하도록 지도해 주심*
* *내가 안전하도록 인도해 주심*
* *이웃을 위해 봉사하도록 지도해 주심*
* *어르신, 장애인, 어린이들 돌보도록 타일러 주심*
* *다문화가정 학생과 잘 어울리도록 지도해 주심*
* *남을 따돌리지 않도록 가르쳐 주심*
* *남과 싸우지 않도록 주의를 주심*
* *남에게 폭행을 가하지 않도록 훈시를 주심*

* *동식물을 애호하도록 가르쳐 주심*
* *자연환경을 보호토록 인도해 주심*

## 3. "친구여 고맙다"

친구는 서로 사랑하며 믿고 즐겁게 어울러 지나는 동료이다.

좋은 친구는 내가 어려움이나 위험에 부딪힐 때 도와주고 위로해 주며 용기를 돋우어 준다. 그는 또한 나의 잘못을 용서해 주고 오른 길을 가도록 일러 주며 나와 함께 사이좋게 지난다. 공부하는 데도 서로 도와주고 깨우쳐 줍니다. 나는 이런 친구와 서로 아끼고 서로의 안전을 걱정하며 학교생활을 해 나간다.

이렇게 하는 것을 나의 부모님은 늘 원하고 계신다. 나는 친구가 나에게 베푸는 친절과 도움에 대해서도 고맙다는 뜻을 품고 때와 장소에 따라 아래와 같이 '고맙다'라는 표현을 한다.

**[실행]**

친구여

**[친구사랑에 대하여]**

* 나의 친구가 되어 주어 고맙다.
* 나에게 친절하게 해주어 고맙다.
* 나를 돌보아 주어 고맙다.
* 나의 공부를 도와주어 고맙다.
* 도움이 되는 지식과 정보를 나와 나눠 가져 고맙다.
* 나에게 충고를 해 주어 고맙다.
* 나의 잘못을 용서해 주어 고맙다.
* 내가 어려움을 당할 때 위로와 격려를 해주어 고맙다.
* 내가 아플 때 도와주어 고맙다.
* 내가 친구들과 잘 어울리도록 이끌어 주어 고맙다.

* 내가 친구들과 싸우지 않도록 타일러 주어 고맙다.

**[안전돌봄에 대하여]**

* 내가 다치지 않도록 돌보아 주어 고맙다.
* 내가 위험한 짓을 하지 않도록 주의를 주어 고맙다.
* 내가 위험한 곳에 가지 않도록 타일러 주어 고맙다.
* 안전한 등교와 하교를 위해 나와 함께 서로 보호하며 길을 걸어 주어 고맙다.
* 학교 안과 밖에서 어려운 일에 부딪힐 때 선생님과 부모님에게 함께 알려 드리기로 약속해 주어 고맙다.

**[비폭력적, 비차별적 돌봄에 대하여]**

* 남을 때리거나 남의 몸에 상처를 입히지 않도록 주의시켜 주어 고맙다.
* 남의 몸을 내 몸같이 중하게 여기면서 돌보아주어 고맙다.
* 남을 용모, 재산, 인종, 문화적 배경에 따라 차별치 않아 고맙다.
* 나를 따돌리지 않아 고맙다.
* 나를 깔보거나 무시하지 않아 고맙다.
* 어려운 처지에 있는 친구들을 도와주어 고맙다.
* 공부에 뒤떨어진 친구를 잘 하도록 도와주어 고맙다.

**[학교사랑에 대하여]**

* 우리 반/학급을 위해 좋은 일을 해 주어 고맙다.
* 우리 학교를 위해 좋은 일을 해서 고맙다.
* 좋은 환경을 만들기 위해 교실과 식당을 깨끗이 해 주어 고맙다.

**[친구에게 감사하는 이유]**

간추림

* *나와 우정을 나눔*

** 나의 공부를 도와 줌*

** 나를 돌보아 줌*

** 나를 격려해 줌*

** 나와 어울려 줌*

** 나를 안전토록 해 줌*

** 나와 함께 교내 폭력을 반대함*

** 나와 함께 학생 차별을 반대함*

** 나와 함께 어려운 친구를 도와 줌*

** 나와 함께 이웃을 위해 봉사함*

**나와 함께 환경을 깨끗하게 가꿈*

〈종합적 해석〉

어린 학생들이 부모, 선생, 친구에게 감사하는 다양한 이유와 표현이 드러났다.

부모와 선생에게 감사하는 이유와 표현을 다음과 같은 항목으로 집약할 수 있다.

* 건강돌봄

* 안전지도

* 예절지도

* 교우관계지도

* 생활환경정리

이 밖에 부모에 대해서는 기본적인 돌봄 -낳아주신 은혜, 사랑, 의식주제공- 에 대한 감사가 표현되었다.

선생에게는 위의 항목 외에 학습지도에 대해 감사를 했다.

친구에게는 친구사랑, 안전돌봄, 비폭력적-비차별적 돌봄, 학교사랑에 대한 감사를 했다.

초중등학교 학생들의 다양한 감사의 표현을 종합해서 분류한 결과 놀랍게도 그들이 가정과 학교에서 부모와 선생 그리고 학우가 그들에게 하는 행동에 반응하여 감사하는 바가 비교적 광범위한 차원에 걸친 교육적인 의의가 있음을 알 수 있다.

부모, 선생 및 친구에게 가장 많이 감사한 항목은 건강과 안전에 관한 것이다.

이 질적 조사에서 얻은 결과는 어린 학생들은 그들이 받은 은혜에 대해 감사하고 있다는 사실을 예증하고 있다. 학생들과 면접을 한 결과 감사의 표현이 자동적으로 이루어지느냐 아니면 마음속에서만 하게 되느냐의 차이는 주변사정 -대인관계와 분위기- 에 따라 생길 수 있음이 나타났다. 자유로운 분위기에서는 어린 학생들은 위와 같은 여러 가지 차원에 걸쳐 감사를 표현하게 됨을 알 수 있었다.

이와 같은 결과를 보아, 효에 대한 태도와 행동의 표현도 때와 장소에 따라 자유로이 할 수 있음을 시사한다. 부모은혜에 대한 감사는 효행의 일종이다.

어린 세대도 이런 효의 행동을 하고 있는 것이다.

학생들과 부모 그리고 교사들과의 대화에서 공통적으로 드러난 또 하나의 사실은 학생들의 감사하는 습관은 가정에서 조성된다는 사실이다.

즉, 가정이 사회화의 기본 setting이 되는 것이다.

다음에 학생들의 감사하는 태도와 행동을 함양하는 가정에서의 사회화와 학교에서의 효교육, 그리고 감사의 윤리도덕적 의의에 대해서 살펴보고자 한다.

### 〈감사가 가져오는 혜택〉

어린이에게 '고맙다'고 말하도록 가르친다는 것은 좀 까다로운 일이기는 하지만, 인생 초기의 교육으로서 매우 중요하다고 본다. 고맙다고 표현하는 것은 배워서 하는 행동이다. 고맙다고 하는 것을 배운 어린이는 남에 대한 감정이입, 다른 사람과의 어울림, 그 밖의 생활기법을 더 잘 발전시켜 나아갈 수 있다(Lewis, 2005).

사람은 태어나서부터 고마움을 저절로 알게 되는 것은 아니다(Ryan, 1999). 어린이가 어른으로부터 배워서 알게 되는 것이다.

걸음마를 타는 유아는 완전히 자기중심적이다. 그렇지만 15~18개월이 지나면 고마움(감사)의 개념을 파악하기 시작한다(Lewis, 2005).

어린아이는 다른 사람에게 완전히 의존하는 상태인데, 그는 점차 어머니와 아버지가 그를 도와주는 것을 알기 시작한다. 다시 말해서 그는 그의 부모와 다른 존재임을 이해하고 엄마와 아빠가 그를 즐겁게 해 주기 위해 숨바꼭질을 하거나 비스킷을 주는 등의 행동을 함을 알기 시작한다(비록 그 나이에 감사함을 표시는 못 하지만). 두세 살이 되면 애완동물이나 사람에 대해서 고맙다는 표현을 할 수 있게 된다(Ryan, 1999). Ryan은 자기 딸 Annie가 두 살 때 식사를 할 때 식탁에 앉은 사람들이 돌아가며 감사하다는 말을 하는데 그의 순번이 되면 (감사하다는 말은 못했지만) 앉은 사람 하나하나에게 손가락으로 가리키는 짓을 하였다. 4세가 되자 Annie는 노리개 같은 물건에 대해서 뿐만 아니라 친절, 사랑, 돌봄 같은 정서적인 것에 대한 고마움을 이해하게 되었다.

고맙다고 하는 아이는 한 사람중심의 세상으로부터 벗어나 그의 부모를 비롯한 주위의 사람들이 그에게 제공하는 도움에 대해서 이해하고 있는 것이다(먹을 것을 주고, 기저귀를 갈아주고, 노리개를 주는 등에 대한). 한편 고맙다고 하도록 가르쳐지지 않은 아이는 자라서 남으로부터 도움을 당연히 받는 것으로 알고 흔히 실망하는 성향을 가진다(Lewis, 2005).

어린이에게 감사하는 감정을 길러주면 그 아이가 성인이 되어 덕을 볼 수 있다. Emmons와 McCullough(2008)의 연구에 의하면 감사하는 사람들은 높은 행복감과 낙천주의적 성격을 가지며 우울증과 스트레스를 갖는 경우가 드물다.

〈어떻게 가르치는가?〉

어린이는 부모가 하는 짓을 따르게 마련이다. 부모는 어린아이를 위해 무엇을 해주는 일이 있으면 언제나 "고마워요", "고마워"라는 말을 하도록 해서 이런 표현에 그가 익숙해져 따라 하도록 이끈다. 안아 줄 때도 "안아주어 고맙다"는 말을 해주면서 앉는다. 이와 같이 일상생활에서 가족끼리 대화할 때 고맙다는 표현을 하도록 일러주고 따라 하도록 유도해 나가는 것이다.

〈은혜에 대한 감사의 시작〉

감사는 부모은혜에 대한 보답의 첫 번째 표현이며 예(禮)의 표시이다.

우리의 문화에서는 부모에 대한 감사는 어린이 때부터 시작된다(김경희, 2003: 44~75).

한 살 된 어린아이도 어머니가 잠깐 밖에 나갔다가 돌아와 안아주면 그렇게도 반가워한다. 아이가 자라서 초등학교에 들어가면 철이 들기 시작하여 은혜를 베푼 사람에게 감사하려는 의욕을 가지게 된다. 이어 성장하는 과정에서 부모와 선생은 아이에게 다른 사람으로부터 받은 도움에 감사하도록 권장한다. 받은 은혜에 대하여 '고맙다'는 말을 하도록 사회화(社會化)하는 것이다. 이것이 사람을 섬기는 예를 행하는 시발점이라고 볼 수 있다(김경희, 2003; Hashimoto, 2004).

소년기와 청년기에 들어서는 감사의 표현이 점차 복잡해진다. 그리하여 성숙한 사람으로서 도덕적인 시각에서 받은 사랑을 이해하고 이에 대한 감사를 사회적 기대에 맞게 표현하게 되는 것이다(김경희, 2003: 44~75, 195~209; Rice, 1984: 481~494).

감사하는 마음을 가진 사람은 은혜 -사랑, 친절, 돌봄- 를 베푼 사람에 대한 의무감을 가지고, 자신이 가진 것을 그와 나누어 가지며, 그에게 도움을 주는 친사회적(親社會的) 행동을 하는 성향을 가진다(김인자 외, 2008: 646). 이런 행동은 넓은 사랑의 시발이다. 감사는 이렇게 값진 파급효과가 있는 것이다.

감사를 받는 사람은 감사하는 사람에게 도로 감사하는 의무적 교환을 되풀이하게 된다.

우리 문화에 커다란 영향을 끼쳐온 종교는 모두 넓은 사랑을 교시하였다.

불교의 자비(慈悲)는 사욕이 없이 다른 사람의(자신의 가족, 종파 및 나라에 국한되지 않고 모든 중생을 위한) 복리를 북돋우어 주는 넓은 사랑이다(나카무라, 1961: 제5장). 기독교의 사랑(agape)도 모든 사람들을 위하여 자기를 바치는 넓은 능동적 사랑이다.

유교에서는 넓은 사랑을 뜻하는 인(仁)이 기본적 가치이다. 인은 가정 안에서 부모를 사랑하는 데서부터 이웃 어른에 대한 사랑으로 연장된다. 이런 가치는 사람과 사람 사이에서 지켜져야 할 행동 및 태도 그리고 의무를 담고 있다.

받은 사랑 -은혜- 에 대한 감사는 대인관계와 사회적 교환을 통해서 이루어지며 나와 다른 사람과의 관계를 시작하고 유지하는 데 긴요한 역할을 한다.

G. Simmel(2008: 388)에 따르면 감사는 '인류의 도덕적 기억'(moral memory)이다. 사람은 받은 은혜를 기억해두었다가 감사하는 도의적 행동을 함을 뜻한다. 인간이 마땅히 해야 하는 예를 지키는 것과 같다.

사람들은 사랑을 서로 주고받으면서 감사하는 감정으로 얽힌 친밀한 관계를 맺고 유지한다.

사랑에 대한 감사는 우리로 하여금 이를 베푼 사람에게 행동으로 갚도록 유도한다. 그래서 감사는 도움을 받고서는 이를 갚는 책임성 있고 의무적인 교환관계에 이르게 된다. 이런 교환은 심리적 바탕으로 이루어지지만 그 기능은 사회적인(사람과 사람의 상호관계에서 이루어지는) 행동인 것이다.

Simmel(2008)은 나아가 받은 도움에 대하여 감사의 심정을 가짐으로써 사람들이 서로에 대한 의무를 수행하는 하나의 사회체계를 이루며, 이 체계는 곧 인간사회의 도덕적인 접착제(cement) 역할을 한다고 했다.

위의 말을 요약하면 감사는 사랑하는 사람에 대한 의무의 수행으로 이끌며, 이 의무수행은 인간관계를 원만하게 할 뿐만 아니라 사회체계를 안정시키는 기능을 한다. 다시 말하면, 사람이 예를 행하면 너와 나가 서로 믿을 수 있게 되고 안정된 사회관계를 이룩할 수 있음을 시사한다.

부모에게 효도하는 이유가 무엇일까? 그 까닭은 다름이 아니라 부모가 베푼 사랑 -은혜- 에 대해서 감사하기 때문이다.

그러면 왜 감사를 하는가? 그 이유는 부모는 나를 이 세상에 존재하게 했고, 사랑으로 양육하였고, 교육시켰고, 사회에 진출하도록 도왔기 때문이다.

사람은 은혜를 베푼 사람에게 자연적으로 그 은혜를 갚게 되며 이렇게 하는 것이 문명인의 예의이고 의무인 것이다. 이것이 한국사람들이 전통적으로 받들어온 문화적 가치이다.

그런데 부모가 아닌 사람에게도 은혜를 입으면 갚는다.

선생의 경우가 이의 대표적인 예이다. 부모에게 하는 것과 같이 선생에게도 감사하고 섬긴다. 부모는 자녀를 이 세상에 출생시켜 양육하지만, 선생은 이 세상에서 살아가는 데 필요한 지혜와 방법을 가르쳐 준다. 선생에 대한 존경은 유교경전 여러 장에 기술되어 있다. 나를 출생시킨 부모 은혜에 못지않게 생활능력을 길러 준 선생을 높이 섬기는 것이다.

유대문화와 이슬람문화에서도 전통적으로 선생을 매우 존중하고 있다. 이런 자연적이고도 인간적인 반응은 선생이 제자에게 베푼 은혜에 대해 감사하는 것이다.

감사하는 의무수행을 중요시하는 것은 우리를 비롯한 동아시아 사람들에게도 오랫동안 전해 내려온 문화적 특성인 것이다.

〈보은과 감사〉

'은혜'를 받은 사람은 은혜에 대해 감사하는 데 그치지 않고 이를 베푼 사람에게 보답하려는 욕망을 품고 이를 갚아야 한다는 의무감을 갖게 된다. 이런 의무감은 외부로부터 강요를 당해서 갖는 것이 아니다. 오히려 이 의무감은 다른 사람으로부터 받은 도움과 돌봄을 깨닫게 됨으로써 마음속에서 저절로 생기는 것이다.

부모님과 선생님으로부터 받은 은혜에 대해서도 대개의 학생들은 자라나면서 이를 깨닫고 보답하려는 자연적인 의무감을 가지게 된다(Ryan, 1999; Hashimoto, 2004).

우리나라를 포함한 동아시아 문화권에서는 받은 은혜를 갚는 의무의 수행을 매우 중요시한다. 은혜를 갚을 줄 모르는 사람은 '사람 축에 들지 못한다', '사람으로서 상종할 수 없다', '배은망덕자이다' 등의 사회적 비난을 받고 많은 사람들로부터 차별을 당한다. 받은 은혜를 갚는다는 것이 불문율로 되어 있는 것이다.

그런데 효에 관한 가르침을 담은 유교경전에는 부모은혜에 대한 보은의 당위성을 지적하는 구절은 많으나 감사함을 구체적으로 표현하는 데 대한 가르침은 희소하다. 이러한 경전의 내용으로부터 영향을 받아서 그런지 우리 한국인은 '고맙습니다'의 표현을 서양사람과 비교해서 훨씬 덜 하는 경향이다(이와 비슷하게 '사랑한다'는 표현도 역시 서양인들보다 훨씬 덜 하는 편이다.).

다른 사람이 나를 위해 해준 것에 대한 고마움을 느끼고는 있으면서, 다른 사람을 사랑하고 있으면서도, 이런 가슴속에 담긴 감정을 말로서 알려주기를 잘 안 하는 것이다. 아마도 나의 체면을 지키고 감정을 억제하는 성향이 센 우리의 문화적 특성 때문에 생기는 버릇이 아닌가 한다.

의견교환을 중요시하고 정보를 빠르게 교환하는 새 시대에는 '고맙다'라는 개인적인 감정도 장소와 때에 맞게 상대방에게 바로 전달하는 노력이 필요하다고 본다.

〈교육의 장 : 가정과 학교〉

효교육은 학교를 다니기 전에 가정에서 시작하는 것이 효과적이라고 한다. 가정을 사 회화(社會化)의 장으로 해서 발달단계에 있는 아동에게 효에 대해 일깨워 주기 시작하는 것이다. 즉 가정에서 일상생활을 해나가는 동안 어른들의 칭찬, 상, 통제, 벌을 받으면서 부모와 형제자매가 보여주는 본보기에 따라 자연스럽게 배워나갈 수 있게 하는 것이다.

효는 말로나 글로 지식을 전달하는 데 그쳐서는 충분치 못하며 일상생활 속에서 실천과 체험을 하는 것이 중요하다. 조부모와 부모가 함께 계셔 효를 실천할 대상을 갖춘 가정이면 이를 위한 좋은 조건이 된다.

가정에서 아버지와 어머니가 조부모에게 그리고 형과 누이가 부모에게 효행하는 것을 보고 이를 따라 하면서 자라는 것이 바람직한 것이다. 즉 이와 같이 참여하여 보고 배우면서 실천을 시작하는 것이 중요하다(이연숙, 2011).

그러나 이런 조건을 갖추지 못할 경우에는 따로 사는 친족(결혼한 형과 누이, 큰아버지, 큰어머니, 작은아버지, 작은어머니 외 집안 어른 또는 이웃 어른, 학교선생님)을 효행의 대상으로 모실 수 있다. 이 분들이 조부모와 부모의 역할을 대행해 주는 것이다. [이런 방법을 적용하기가 불편하면 효행을 연출하는 비디오를 통한 지도도 가능하다고 본다.]

이와 같이 효는 가정을 중심으로 배우기 시작하며 가정을 장으로 실천해 나가는 것이다.

〈학교와 효교육〉

오늘날 가족원 수가 적어져 가족이 아동을 사회화하는 능력이 약화됨에 따라 경로효친 교육(효교육과 같은 뜻을 담고 있음)을 위한 학교의 역할이 더욱 중요하게 되었다.

초중학교에서는 윤리도덕성의 증표인 경로효친과 관련된 도덕 교과를 편성하여 교육하고 있다(교육과학기술부, 2011-361호).

초등학교(3~6학년)에서는 기초능력배양과 생활습관 형성을 목표로 새우고 있다. 도덕 교과서에서는 도덕 및 바른생활과 관련된 단위들로서 부모의 은혜, 가정의 고마움, 자녀의 도리, 가족의 역할, 이웃과의 생활, 노인에 대한 존경(존댓말 쓰기, 인사하기)과 공경(경로봉사), 형제자매 간의 우애, 예절의 정신과 방식, 조상에 대한 보은과 제례, 가정의례(명절문화), 효의 실행 등의 내용이 반영되어 있다. 국어, 사회과, 음악, 미술 등의 교과서에서는 단편적으로 경로효친과 관련된 내용이 담겨 있다.

중학교(1~3학년)에서는 효도-예절 영역에서 가정생활, 친구관계, 이웃존중에 관한 내용이 포함되어 있다. 주로 생활상의 규범에 대한 이해와 규범에 따라 행동하려는 동기를 강화하는 데 중심을 둔다. 사람 된 도리로서 효를 행하는 것이 마땅하다는 당위(當爲)와 관련된 내용이 다루어진다.

종합해서 위와 같은 도덕교육을 통해 이루고자 하는 목표는 인간의 삶에 필요한 도덕규범과 예절을 익히며, 도덕적 사고력과 판단력, 실천의지 및 실천능력을 함양하는 데 있다(교육과학기술부, 2011-361호).

<바람직한 방향>

초등학교 저학년에서는 효를 지도할 때 아동의 도덕성발달 과정을 고려하여 부모의 자애(慈愛)에 대한 초보적인 보답으로서 '고마움'(감사)의 표현에 초점을 두는 것이 타당하며 의무와 책임을 강조하는 '당위'에 관한 지도는 상급학년에 가서 이지적이고 도덕적인 성향이 발달한 후 다루는 것이 바람직하다고 본다.

따라서 "*어머님, 아버님 나를 돌보아 주셔 고맙습니다*"와 같은 부모은혜에 감사하는 비교적 쉬운 표현에서부터 시작함으로써 효행동기를 싹트게 할 수 있다고 본다.

어린 학생들이 자율적으로 가치판단을 하도록 도와 주는 것이 중요하다. 자기도 부모의 사랑에 감사하며 은혜를 갚을 수 있음을 알고, 스스로 효도하는 것이 옳고 중요함을 깨닫고, 이를 내면화하도록 유도하는 것이다.

〈인격적 감화〉

공부에는 글공부, 마음공부, 공부한 것의 실천의 세 가지가 있다. 경로효친에 관한 글공부는 이루어지고 있는데 효에 관한 마음공부와 실천에서는 한계가 있는 것으로 보인다.

교사 - 학생 간의 신의 있고 온정스러운 인간관계를 통한 생활지도로서 효에 관한 마음공부와 실천이 이루어지는 것이 바람직하다. 이를 위해 인격적 감화가 매우 중요하다고 본다.

〈대화와 체험을 통한 교육〉

비위계적이고 평등한 인간관계를 지향하는 오늘날의 우리 사회에서는 어떠한 가치를 일방적으로 주입하는 식의 교육보다는 학생들에게 자신의 가치를 형성하도록 인도하는 노력이 필요하다고 본다. 이러한 노력을 통해 학생들이 효를 이해하고 실천하도록 이끄는 방법으로서 대화(의견을 주고받고, 복수의 사람들이 토론을 하는)를 통한 지도가 바람직하다.

대화를 통해서 효의 중요함과 값짐을 깨닫고 이를 가치로서 습득하고 간직해 나가도록 이끄는 것이다. 대화를 해서 효에 대해 평소 잘 알지 못한 점, 갈등을 가졌었던 점 그리고 부모와 자녀의 특별한 관계, 부모의 사랑은 자녀가 태어나서부터 자신들이 이 세상을 떠날 때까지 계속된다는 점, 자녀도 이분들을 사랑하고 존중해야 하는 의무, 어린 사람도 늙게 되며 늙으면 그도 효를 받게 된다는 사실, 그리고 효는 가족뿐만 아니라 이웃을 돌보는 넓은 사랑의 실천이라는 데 대해 자유롭게 논의하고 이를 통해 각자의 개인적 마음을 먹도록 인도하는 것이다.

## <도덕성의 함양>

〈감사의 성(聖)스러움〉

위와 같이 은혜에 대한 감사는 문화적 경계가 없다. 서양윤리학의 대가 T. Acquinas(1981)는 자녀가 어릴 때 부모로부터 받은 은혜는 법적인 빚 -받은 액수를 돌려 갚으면 되는 빚- 이 아니라 그 빚은 도덕적인 빚이고 감사의 빚이라고 했다. 부모에 대한 감사는 개인의 이익을 바라지 않고 오직 자녀의 안녕을 위해 조건 없이 베풀어준 은혜에 대한 것이다. 중요한 점은 은혜를 베푼 부모는 이를 돌려받을 기대를 하고 베푼 것이 아니라는 사실이다. 이런 점에서 부모가 자녀에게 베푸는 돌봄은 인간생활에서 볼 수 있는 가장 고귀한 것이라고 할 수 있다.

그런데 우리가 어떤 행위를 한다 해도 그리고 비록 부모가 해준 바와 똑같은 짓을 한다 해도 부모에 대한 감사는 다 할 수가 없는 것이다. 그 넓고, 깊고, 높고, 한이 없고, 조건을 붙이지 않고 제공해 준 사랑과 도움을 자녀는 어떤 방법으로도 모방할 수가 없기 때문이다.

아마도 부모 은혜를 갚기가 그렇게도 어렵다는 점을 가장 의미심장하고 애절하게 지적한 가르침은 불교경전에 담겨 있는 다음과 같은 구절일 것이다.

> "가령 어떤 사람이 그 왼쪽 어깨에 아버지를 메고 그 오른쪽 어깨에 어머니를 메고서 살갗이 닳아 뼈에 이르고 뼈가 패어 골수에 이르도록 수미산을 백천 번을 돌더라도 부모의 깊은 은혜를 아직 능히 갚지를 못하느니라"(부모은중경, 2부 정종분, 3장 광설업난, 147~148; Nicholson, 2000: 9).

사랑과 은혜를 갚는 첫 번째 행동이 위에서 논한 바와 같이 감사하는 것이다. 독일의 철학자 I. Kant(1964)는 감사에 대해서 다음과 같이 말했다.

> "감사는 우리에게 친절을 베푼 사람을 존경하고 받드는 뜻이 내포되어 있다."

이러한 뜻을 영국의 저명한 윤리학자 W. Blackstone(1856)은 부모와 자녀의 관계와 연관해서 다음과 같이 말했다.

> "부모에 대한 자녀의 의무는 자연적인 정의(情誼)와 보은(報恩)의 원칙에서 생기는 것이다. 우리를 이 세상에 출생시킨 부모에게 어려서는 당연히 순종해야 하고 자라서는 이분들을 받들고 존경해야 한다. 우리를 양육하고 교육시키고 성장시켜준 부모가 노쇠해서 도움이 필요하면 우리로부터 당연히 도움을 받아야 한다."

위의 명언(名言)은 부모와 은혜를 베푼 분들에게 감사하고 돌봄을 제공하는 의무를 수행하는 데 관한 것이다. 즉, 서로 돌봄의 윤리적 원칙을 설명한 것이다.

자녀의 부모에 대한 감사는 부모 은혜에 대한 대가를 치르기 위한 것이라고 생각해서는 안 된다. 자녀의 감사는 부모가 베풀어준 그 특수한 은혜의 너그러움에 대해 다만 반응하는 데 불과한 것이며 그 은혜는 어떤 짓을 해도 갚을 수가 없는 것이다.

이런 점에서 부모 자녀 간의 돌봄을 주고받는 관계는 참으로 특수한 관계이다.

Kant(1964)에 의하면 성인 자녀가 부모로부터 어릴 때 받은 은혜에 감사할 의무는 영원하고 성(聖)스러운(heilige) 의무라고 했다. 그는 이 점에 대해서 다음과 같이 말했다.

> "감사는 성스러운 의무라고 생각해야 한다. 그 의무는 언제나 의무로 남아 있을 때 신성(神聖)하다. 따라서 자기가 받은 친절을 모두 갚는다 해도 그 의무로부터 벗어날 수 없다."

명심보감(효자편)에는 그 의무를 수행하기가 그렇게도 어려움을 시사하는 다음과 같은 말이 있다.

> "아버지 어머니 나를 낳으시고 애쓰시고 수고하셨도다. 그 은덕을 갚고자 하는데 그 은혜가 하늘같이 다함이 없어 갚을 바를 알지 못하도다."

위의 동서양의 명언은 부모가 자녀에게 베푼 사랑과 은혜가 매우 특수하고 고귀함을 강조하였고 아울러 막중한 부모은혜를 갚기 위해서는 많은 노력이 필요함을 시사하는 교훈이다. 이런 노력의 첫 단계의 실행이 곧 감사하는 것이다.

어린 나이에 은혜에 대해 감사한다는 것은 감사 그 자체에 값이 있지만, 이에 못지않게 귀중한 파급효과가 나올 수 있다. 은혜를 베풀어준 부모, 선생, 그리고 모든 분들에게 감사할 줄 아는 어린이는 자기 마음을 다루고 다른 사람들과 어울려 긍정적으로 살아가는 능력을 일찍부터 길러 나갈 수 있는 것이다.

이상과 같이 효의 시작인 감사 표현의 보기를 분류, 정리하였다. 가장 중요시되고 가장 자주 해야 할 감사의 표현을 살펴본 것이다. 일종의 질적 조사를 한 것이다.

이러한 표현을 하는 학생 수, 그리고 이런 표현을 어느 정도로 자주 하며, 이런 표현을 함으로써 발생하는 효과에 대한 수량적 자료수집을 위한 조사가 있어야 하겠다.

# 제8장
# 효와 가족지향성
# 양적 분석

조사방법

* 가족지향성 분석
* 가족주의척도 적용
* 표본 : 성인 남여(1,518명)
* 설문조사 : 가존주의척도항목에 대한 설문
  (무기명, 폐쇄형, 개방식설문포함, Likert측도 적용), 사전검증
* 통계분석 : 평균, 등위산정, 요인분석
* 결과에 대한 질적 해석

## 요 약

효는 가족을 중심으로 행해진다. 한국인은 가족에 대한 애착이 강하고, 자신을 가족의 일부로 보고, 가족을 방어하고, 가족의 복리를 추구하며, 가족의 영속을 도모하는 성향을 가진다.

이러한 한국인의 가족지향적 성향은 어느 정도로 유지되고 있는가?

가족의 자체돌봄기능에 대한 관심이 고조되고 있는 이 시기에 한국인의 가족주의적 성향을 탐사함으로써 효에 관한 유용한 자료를 얻을 수 있다.

가족주의를 지적하는 23개 항목들로 구성된 설문을 사용하여 성인남녀 1,519명의 전국적 표본을 대상으로 설문조사를 하였다. 설문은 15명의 동류집단에 대한 서전검사를 하여 설문응답의 신뢰도를 검정하였다.

성별, 연령, 교육에서는 남자가 연령과 교육정도가 높을수록 가족주의적 성향이 더 강했다. 부모돌봄 -효행- 과 직접 관련이 있는 항목들(부모효도, 부모순종, 부모병간, 부모지원 등)에 대해서는 응답자의 속성과 상관없이 높게 찬성하였다. 다수 응답자들이 가족욕구를 중요시하고, 형과 누이를 따르며, 배우자 선택 시 부모허락을 받는 태도를 표명하였다. 이 자료는 효행과 연계된 가족지향적 성향을 시사하고 있다.

가족이 달라지고 생활양식이 변하고 있지만 효지향적 가족주의적 타성이 지속되고 있음이 일관성 있게 시사되었다.

# I. 서 론

효는 가족을 중심으로 행해진다. 한국인의 효사상은 가족중심적 가치관에 깊이 뿌리 박혀 있다(손인주, 1992; 신용하, 2004; 송복, 1999).

우리의 이와 같은 효와 연계된 가족중심적 성향이 어느 정도 달라졌는가 아니면 지속되고 있는가에 대한 경험적인 조사가 드물다.

오늘의 한국가족은 2세대 또는 3세대 이전의 가족과 같지 않다. 왜냐하면 산업화와 도시화로 인하여 가족의 안팎 사정이 달라졌으며, 이 변화로부터 파생한 새 생활조건에 상당기간 적응해 나왔기 때문이다.

이런 변동이 전통적인 가족주의적 관념과 행위에 변화를 가져온 것으로 본다.

이 변동과정에서 가족의 부양능력 -효행능력- 이 저하됨에 따라 고령자부양은 국가사회적으로 매우 어려운 과제로 등장하였다. 사회복지제도가 발전되어 가고 있으나 이 공식적 제도만으로는 고령자의 증대하는 욕구를 충족하기 어렵게 되었다. 잠증하는 고령인구, 고령자돌봄을 위한 국가부담의 증대, 국가사회의 재원부족 등 문제가 제기되고 있는 실정이다. 이러한 현상은 선진복지국가들에서 오래전부터 일어나고 있는 문제이다. 이들 나라는 사회보장제도를 수십 년 동안 운영해 왔으나, 근년에 이르러 매우 어려운 결정을 내리게 되었다. 즉, 사회보장제도만으로는 국민의 복지를 보장할 수 없다는 것이다. 그래서 국가의 사회보장제도는 가족이 자체돌봄기능을 수행한다는 조건 하에서 소기의 목적을 달성할 수 있다는 결론이 대두되고 있다.

이러한 시대적 과제를 감안하여 우리는 비공식적인 노인부양단위로서의 가족의 고령자지원 성향 -효행성향- 을 재검토할 필요가 있다.

한국인은 가족의 일원으로서 가족의 화합, 가족에 대한 의무, 가족공동체의 복리를 중요시하는 성향을 간직한다. 한국인은 '우리'라는 가족공동체의 밀접한 정서적 관계망 안에서 살고 있다. 이 맘속에서 가족적 자아(家族的 自我)를 간직한다. 가족적 자아는 가족원들과 공생, 교호하는 친밀한 상호의존적 관계를 가진 자아이다(Roland, 1989; Connidis, 2009).

이러한 상호의존적 관계를 가진 가족원들은 서로 협동하여 노부모를 돌보는 데 필요한 인적 및 물적 자원을 활용하며, 부모돌봄 -효행- 을 위한 능력을 갖출 수 있다. 가족중심적 성향은 이러한 능력을 반영한다고 본다.

본 조사는 전국적인 표본을 추출하여 효와 연계된 가족주의적 성향을 조사하였다.

## Ⅱ. 가족주의 측도의 선정

본 연구를 위하여 Panos D. Bardis의 가족주의 측도를 한국의 문화적 맥락에 적응시켜 보완해서 사용하였다(Blair, 1972; 노년학척도집-가족주의, 2010: 251-253).

지금부터 반세기 전의 미국사회는 근년에 우리 가족이 처했었던 사회와 흡사하였다. 즉, 1950년대 미국에서도 핵가족화 현상이 심화되어 가족의 변화에 대한 우려의 소리가 높았었다. 전통적 가족제도가 산업화, 도시화에 따라 구조적으로 변한 데 대한 위기의식이 팽배하였던 것이다.

그리하여 미국사회는 새 형태의 가족을 재건하지 않고서는 무너지고 말 것이라고 경고한 Sorokin(1941)을 비롯한 비관론자들이 있었는가 하면, 미국가족이 가족구조를 작은 형태로 축소, 조정하여 산업사회에서의 생활에 적절히 적응하고 있다고 희망적인 해석을 한 Burgess를 중심으로 한 논자들도 있었다(Burgess, Locke, & Thomas, 1963; Schlafly, 2014).

이와 같이 가족에 대한 서로 다른 견해를 가진 논자들 간에 논쟁이 계속되는 동안 가족에 대한 연구는 활발해 졌다.

Sorokin(1941: 302)은 미국이 필요한 새로운 형태의 가족은 편의주의적이며 가식적인 가치를 버리고, 도덕적 가치와 규범을 갖추어 모든 사람에 대한 의무를 수행하고, 결속되어 있는 가족이라야 한다고 갈파하였다.

그러나 이렇게 미국가족을 비관적으로 본 견해에 반대하는 논자들은 미국가족은 결코 해체되고 있지 않으며 오히려 재건되고 있다고 했다. 즉 미국가족의 안정성을 저하시킨 요인들이었던 강압이나 계약에 의하지 않고, 동반자관계에서 생기는 애정과 충성심으로 결합된 가족으로 단합시키는 요인이 작용하고 있음을 강조하였다(Burgess, Locke, & Thomas, 1963; Schlafly, 2014).

본 연구에 적용한 Bardis의 가족주의측도는 미국인들이 변해가는 가족 속에서 전통적 가족주의적 성향을 어느 정도 유지하고 있는가를 조사하기 위해 개발한 도구라고 볼 수 있다.

이러한 도구를 적용해서 한국인들이 현시점에서 가지는 가족주의적 태도를 조사해 보고자 한다. 오늘날 우리사회에서 형성되고 있는 가족도 이러한 동반자가족의 성격을 띠어가고 있음을 우리는 실감하고 있다.

그런데 우리의 새 가족은 아마도 이러한 가족의 특성 이외에 한국인 고유의 전통적 가족의 특성을 갖추고 있다고 본다. 따라서 이 측도를 한국적 맥락에 적응하기 위해 조정을 할 필요가 있었다.

### 1) Bardis의 측도와 한국문화적 맥락에 따른 수정

본 연구를 위해서 미국에서 개발된 Bardis의 가족주의측도를 참고로 하였다.

이 측도는 다음과 같은 항목들에 초점을 두고 있다.

도움이 필요한 친척을 지원하는 것(미국의 경우는 가족성원들을 의미하나 본 연구에서는 3촌과 4촌까지를 포함했음); 가족 성원 개인의 욕구와 욕망보다도 가족 전체의 소원을 중요시하는 것; 미성년 자녀들이 부모와 형에게 순종하는 것; 직계가족 외의 친척과 동거하는 것; 의사결정을 가족이 함께하는 것; 가족성원들의 윤리적 및 종교적 신조를 일치시키는 것; 외부의 위협으로부터 가족을 방어하는 것 등이다.

Bardis는 이들 항목에다가 Likert측도를 적용하였다. 그의 측도를 우리말로 번역하는 과정에서 5명의 사회사업교수들(유수현, 이병진, 김석천, 김석산, 저자)이 합동해서 원 설문의 뜻과 번역한 설문의 뜻 사이의 합치하는 정도를 다수결에 따른 합의에 따라 일치성이 낮을 경우에는 다시 번역을 하여 일치성을 높이는 작업을 되풀이했다.

한국가족이 처한 문화적 맥락에 알맞게 하기 위하여 Bardis의 원래 16개 항목들 이외에 7가지의 한국가족적인 항목들을 부가해서 총 23개 항목으로 이루어진 설문으로 조정, 구성하였다. 7가지 한국적인 항목들은 다음과 같다.

부모에 대한 효도, 부모를 돌볼 의무, 병환 중인 부모를 위한 병간, 길흉사 때의 친척 부조, 조상을 위한 제사 참례, 부모가 어려운 자녀를 지원하는 것, 배우자선택 때 부모의 동의를 얻는 것이다.

다음은 부모돌봄에 초점을 두고 설정한 총 23개 항목의 가족주의 성향 측도이다. [괄호 안은 약어임.]

### 2) 최종적으로 작성된 가족주의 척도

본 연구를 위하여 최종적으로 선정된 가족주의 측도는 다음 23개 항목(지표)으로 구성되었다.

1. 가까운 친(3촌, 4촌)이 어려울 때 언제나 도와 주어야 한다(친척원조).
2. 미성년 자녀는 자신의 소득을 부모에게 바쳐야 한다(소득바침).
3. 가족은 중요한 결정을 내릴 때 가까운 친척과 의논해야 한다(친척의논).
4. 미성년 자녀는 형/오빠나 누나/언니에게 순종해야 한다(형제자매순종).
5. 자신의 욕구보다는 전체 가족의 욕구를 더 중요시해야 한다(가족욕구).
6. 결혼한 자녀 중 최소한 한 자녀는 부모와 함께 살도록 해야 한다(부모동거).
7. 자신의 안정을 희생하면서 까지라도 자기 가족을 방어해야 한다(가족방어).
8. 가족전체는 각 성원의 행동을 통제할 권리를 가져야 한다(행동통제).
9. 자기 부모(친가, 처가)가 어려울 때 돌보아 드려야 한다(부모부양 1).
10. 자기 가족이 싫어하는 행위는 피해야 한다(행위조심).
11. 곤경에 빠져 있는 친척을 자기 집에 데려와서 같이 살도록 해야 한다(친척동거).
12. 가족에게 전적으로 충실해야 한다(가족충실).
13. 가족원들은 정치, 윤리 및 종교에 관해 같은 신념을 가져야 한다(동일신념).
14. 미성년 자녀는 언제나 부모에게 순종해야 한다(부모순종).
15. 자기 동생을 돌보는 부모를 도와야 한다(부모협조).
16. 시부모/처부모가 어려운 처지에 있으면 자녀 집으로 모셔와 돌보아야 한다(부모부양 2).
17. 친척의 관혼상제에 인적 및 물적으로 부조해야 한다(길흉사부조).
18. 자녀는 조부모의 제사/추도식에 참여해야 한다(제사참례).
19. 자녀는 부모를 공경하고 기쁘게 해드림으로써 효도해야 한다(부모효도).
20. 부모는 독립한 자녀가 곤경에 처했을 경우 도와야 한다(자녀지원).
21. 자녀는 애정에 관계없이 자기 부모를 도울 의무가 있다(부양의무).

22. 배우자를 선정할 때 부모의 허락을 받아야 한다(배우자선택).
23. 자녀는 병환인 부모를 임종 때까지 모시고 병간을 해야 한다(부모병간).

이상의 23개 항목들 이외에 개방식 질문으로서 "여러분의 가족에 관하여 위의 항목들 이외에 말씀할 것이 있으시면 무엇이든 생각나는 대로 기록해 주시기를 바랍니다"의 개방식 설문을 부가하였다. 그리고는 응답자의 성별, 연령, 교육, 종교, 직업을 비롯한 인구학적 항목들에 관한 설문을 포함시켰다. 아울러 응답은 자유이며 응답은 종합해서 평균치를 산출하기 때문에 개개 응답자에 대한 자료는 표출되지 않는다는 설명을 했다.

무작위로 선발된 대학생 21명에 대한 사전검정(test-retest)을 하여 신뢰도를 검정하였다. 조사결과 이들 23개 항목의 설문에 관한 자료의 신뢰도는 높은 것으로 시사되었다(Cronbach alpha = 80.5).

## Ⅲ. 조사방법

본 조사를 위한 표본은 도시와 농촌에서 추출되었다. 도시표본은 서울지역에서, 농촌의 것은 제주도를 제외한 모든 도에서 각각 입수하였다. 먼저 도시표본은 서울시와 변두리에 있는 종합대학들 가운데서 무작위로 3개 대학을 선정하고(연세대, 숭실대, 서울신학대), 각 대학에서 3학년 및 4학년 재학생들 150명 정도를 무작위로 선발하여 총 423명에게 설문에 응답하도록 하였다.

그리고 일반인은 다단계로 서울시내 24개구들에서 3개구들을 무작위로 선정하고(서대문구, 영등포구, 성북구), 각 구에서 주택지역(주로 아파트밀집지역)을 1개소 선정하여 각 소에서 30세 이상의 남녀 100명에게 질문서에 응답토록 하였다. 응답자를 선정하는 데 있어 각소에서 10개 아파트棟들을 무작위로 선정하여 각 동에 조사원을 1명씩 배정하여 각동에서 남녀별, 연령별로 균등히 10명의 응답자들을 골랐다. 3개 구에서 총 312명으로부터 자료를 수집하였다. 따라서 도시에서 도합 735명으로부터 자료를 얻었다.

다음 농촌표본은 제주도를 제외한 8개 도에서 2개 면을 선정하였다(면은 연세대 사회사업학과 학생들이 방학기간에 체재하는 고장이다.). 총 16개면들을 의도적으로 선정해서 각각의 면당 약 50명의 성인들을 선정하여 질문지에 응답하도록 하였다. 전국 16개 면에서 총 820명으로부터 응답을 받았다. 따라서 도시와 농촌에서 도합 1,555명의 응답자들로부터 23개 가족주의성향 항목들과 사회인구학적 속성들에 대한 자료를 얻었다.

# Ⅳ. 조사결과

## 1. 응답자들의 가족주의적 성향

가족주의적 성향을 표시하는 23개 항목들에 대한 1,555명으로부터의 응답(alpha 80.5)에 기초한 각 지표 또는 항목에 대한 평균치와 찬성 및 반대를 분석한 결과는 <표 8-1>이 보여 주는 바와 같다. 23개 지표들 중 18개에 대해서는 대체로 찬성한 정도가 높고 찬성지적 빈도도 50% 이상이며 나머지 5개 지표에 대해서는 찬성정도가 낮고 찬성지적빈도도 50% 이하로 나타났다.

<표 8-1> 한국인들의 가족에 대한 태도

| 등위 | 변 수 | 찬성정도[a] | (표준편차) | 찬성지적[b] 빈도(%) |
|---|---|---|---|---|
| 1 | 부모효도 | ** 4.51 | (.59) | 95.5 |
| 2 | 부모병간 | ** 4.37 | (.68) | 91.7 |
| 3 | 부모부양 1 | ** 4.31 | (.73) | 90.0 |
| 4 | 부모협조 | ** 4.26 | (.66) | 91.7 |
| 5 | 부모부양 2 | ** 4.09 | (.80) | 82.9 |
| 6 | 길흉사부조 | ** 4.02 | (.79) | 80.8 |
| 7 | 제사참예 | ** 4.00 | (.87) | 77.8 |
| 8 | 친척원조 | * 3.98 | (.79) | 80.3 |
| 9 | 가족방어 | * 3.96 | (.88) | 76.5 |
| 10 | 자녀지원 | * 3.93 | (.86) | 76.6 |
| 11 | 부양의무 | * 3.88 | (.94) | 71.3 |
| 12 | 배우자선택 | * 3.83 | (.91) | 76.6 |
| 13 | 가족충실 | * 3.83 | (.89) | 70.6 |
| 14 | 부모동거 | * 3.83 | (1.06) | 70.0 |
| 15 | 가족욕구 | * 3.71 | (.94) | 66.6 |
| 16 | 가족통제 | * 3.64 | (.94) | 66.3 |
| 17 | 행위조심 | * 3.62 | (.99) | 61.8 |
| 18 | 부모순종 | * 3.56 | (1.05) | 60.8 |

| 19 | 형/누이순종 | 3.37 | (1.11) | 49.4 |
|---|---|---|---|---|
| 20 | 친척동거 | 3.37 | (.90) | 48.0 |
| 21 | 친척의논 | 3.31 | (.98) | 46.1 |
| 22 | 소득바침 | 3.19 | (1.09) | 47.4 |
| 23 | 동일신념 | 3.11 | (1.17) | 41.0 |

N = 1,555
등위 = 평균치의 크기에 기초한 것임
(a) 찬성정도 평균 = 5단위측도 (1=매우 반대...5=매우 찬성) 에 기초함
(b) 찬성빈도 (%) = 매우 찬성 + 대체로 찬성

평균치가 가장 높이 나타난 항목은 인상 깊게도 "부모에 대한 효도"이다. 즉, 이 항목에 대해 가장 높이 찬성한 것이다(4.51)(5=매우찬성…1=매우 불찬성).

찬성한 응답자들의 비율도 이 항목이 제일 높다(95.5%). 다음으로 높게 찬성한 항목은 부모가 편치 않을 때 간호하는 일이다(부모병간). 이 항목에도 역시 높은 비율의 응답자들이 찬성하였다. 다음으로 어려운 형편에 있는 부모를 부양하는 것, 형제를 양육하는 부모에게 협조하는 것, 부모/시부모와 동거하며 부양하는 것, 길흉사에 친척을 지원하는 것, 조상제사에 참여하는 것의 순으로 나타났다.

이러한 항목들을 종합해서 부모를 공경하고 조상을 숭배하는 효를 의미한다고 볼 수 있다. 이들 7가지 지표들은 찬성하는 정도가 4.51에서 4.00의 범위 내에 속하는데 그중 부모효도 지표는 '매우 찬성한다'에 가깝고 나머지 6가지 지표는 '대체로 찬성한다'의 평을 받았다.

찬성 정도의 평균 크기에 기초한 등위에 따르면, (1) 부모에 대한 효도(평균 4.51; 찬성률 95.5%), (2) 부모의 병간(4.37; 91.7%), (3) 시부모부양(4.31; 90.0%); (4) 형제를 양육하는 부모지원(4.26; 91.7%), (5) 부모를 부양하는 일(4.09; 82.9%), (6) 길흉사에 친척지원(4.02; 80.8%) 및 (7) 제사참여(4.00; 77.8%)의 순이다. 찬성정도의 평균이 4.00(찬성함) 이상인 항목을 가려 보면 아래와 같다.

1. 부모에게 효도함(4.51)
2. 와병 중인 부모를 간병함(4.37)
3. 부모가 어려울 때 부양함(4.31)
4. 형제를 부양하는 부모를 지원함(4.26)
5. 부모와 동거하며 부양함(4.09)

6. 친척의 길흉사에 부조함(4.02)

7. 조상제사에 참여함(4.00)

위의 7개 항목보다는 낮으나 대체로 찬성 또는 대체로 찬성에 가까운 평을, 그리고 상당히 높거나 약간 높은 정도의 지적비율을 얻은 (80.3% ~ 60.8%) 지표들을 평균치의 크기에 따라 열거하면 다음과 같다. 즉 (8) 곤궁한 친척지원(3.98; 80.3%), (9) 위험으로부터 가족방어(3.96; 76.5%), (10) 부모의 자녀지원(3.93; 76.6%), (11) 부모부양의무(3.88; 71.3%), (12) 배우자선택에 대한 부모허락(3.83; 76.6%)), (13) 가족에 충실(3.83; 70.6%), (14) 부모를 동거부양(3.83; 70.0%), (15) 가족욕구 중시(3.71; 66.6%), (16) 가족행동 통제(3.64; 66.3%), (17) 싫어하는 행위 조심(3.62; 61.8%) 및 (18) 부모에 순종(3.56; 60.8%)이다.

이들을 다시 분류해 보면, 부모에 대한 자녀의 의무에 관한 것이 4가지(부모부양의무, 배우자선택허락 받음, 부모동거부양, 부모에게 순종)이며, 전체 가족에 대한 의무를 규정하는 지표들이 5가지(가족방어, 가족충실, 가족욕구중시, 가족행동통제, 행위조심)이고, 나머지는 친척원조와 부모의 자녀지원의 두 가지 지표들이다. 그런데 찬성정도와 찬성빈도의 크기를 보면, 역시 부모에 대한 항목들이 비교적 높은 등위를 차지하고 다음으로 가족에 대한 것들이 따랐다.

평균치가 4.0 이하의 항목들은 아래와 같다.

8. 어려운 친척을 동거시켜 지원함(3.98)

9. 외부의 위험으로부터 가족을 방어함(3.96)

10. 부모는 곤경에 있는 자녀를 지원함(3.93)

11. 애정에 관계없이 부모돌봄의무를 가짐(3.88)

12. 배우자 선택 시 부모의 허락을 받음(3.83)

13. 가족에게 전적으로 충실함(3.83)

14. 부모와 동거하며 부양함(3.83)

15. 가족욕구를 중요시함(3.71)

16. 가족성원들의 행동을 통제함(3.64)

17. 가족이 싫어하는 행위를 아니함(3.62)

18. 부모에게 순종함(3.56)

끝으로 찬성정도가 가장 낮은 항목들은 다음의 4가지 지표뿐이다. 즉 형/누이에 대한 순종, 어려운 친척과의 동거, 중요한 일에 대해 친척과 의논, 부모에게 소득을 받침 및 가족성원들 간의 동일한 신념의 5가지이다. 이들은 형제자매와 친척에 대한 의무를 가리키는 지표들이다. 즉 부모와 가족 전체 보다는 그 중요성을 낮게 보았으나 역시 약 반에 가까운 응답자들이 그 중요성을 인증한 것으로 나타났다.

그런데 가족원들이 동일한 윤리적 및 종교적 신념을 가지는 데 대해서는 응답자들 중 불과 41%만이 찬성하였는데 이를 현대 한국인이 개인중심적인 사고방식을 가졌음을 시사하는 것으로 보아야 할는지 또는 가족에 대한 개개 성원들의 의무와는 다른 차원의 것이라고 보아야 하는지 독자들의 현명한 판단이 있기를 바란다.

19. 형과 누이에게 순종함(3.37)
20. 어려운 친척을 동거시켜 지원함(3.37)
22. 중요한 결정을 나릴 때 친척과 의논함(3.31)
21. 미성년자녀의 소득을 부모에게 받침(3.19)
23. 가족원들이 같은 윤리적 및 종교적 신념을 가짐(3.11)

<표 8-2>가 보여 주는 바와 같이 요인분석에서 17개 가족측도의 요인들이 3가지차원(요인)으로 축소되었다. 가족을 지적하는 모든 변인들의 저변에 이 3차원이 잠겨있음이 시사되었다.

요인 1은 부모 순종, 형제 순종, 행위 조심, 동일 신념, 소득 받침, 가족욕구중시, 가족 충실의 7개 요인을 포용하고 있다. 이 요인들의 저변에 가족을 중요시하는 가치가 내재하는 것으로 해석하였다. 그래서 이차원을 '가족중시태도'라고 명명하였다.

요인 2는 부모에 대한 협조, 부모병간, 부모부양(1), 효도, 길흉사부조, 부모부양(2), 부양의 무수행의의 7개 요인들로 이루어졌다. 이 지표들은 모두가 부모를 중히 여기며 섬기는 차원을 이룸으로 '부모중시태도'라고 불렀다.

요인 3은 친척동거의무, 친척원조, 친척과 의논으로 이루어져 '친족중시태도'로 명명하였다.

<표 8-2> 가족태도변인들에 대한 요인분석결과

| 변수 | 요인 1 | 요인 2 | 요인 3 |
|---|---|---|---|
| 부모 순종 | .777 | | |
| 형제 순종 | .717 | | |
| 행위 조심 | .633 | | |
| 동일 신념 | .586 | | |
| 소득 바침 | .565 | | |
| 가족욕구중시 | .544 | | |
| 가족 충실 | .536 | | |
| 부모에 협조 | | .719 | |
| 부모 병간 | | .657 | |
| 부모 부양(1) | | .618 | |
| 효도 | | .608 | |
| 길흉사 부조 | | .569 | |
| 부모 부양(2) | | .564 | |
| 부양 의무 | | .557 | |
| 친척동거의무 | | | .734 |
| 친척 원조 | | | .639 |
| 친척과 의논 | | | .534 |
| 아이겐 치 : | 5.974 | 1.831 | 1.257 |
| 전체변량(%) : | 25.975 | 7.961 | 5.466 |
| 공통변량(%) : | 65.924 | 20.204 | 13.872 |

위의 요인분석에서 한국인들의 가족태도의 저변에는 "가족중시태도"(요인 1), "부모중시태도"(요인 2) 및 "친척중시태도"(요인 3)의 3가지 차원들이 내재해 있음이 시사되었다.

위의 자료에서 가족주의적 정통이 한국인의 가족에 대한 태도에 깊숙이 잠재해 있음을 알 수 있다. 특히 부모중시태도는 효가 중심이 되어 있어, 효가 가족중심으로 이루어짐이 시사되었다. 그리고 친척지원태도는 부모자녀중심의 가족의 개념이 확대되었음을 시사한다.

특히 요인 2는 부모중시태도를 이루는 7개 변인들 -효행을 지적하는 변인들-이 중심이 되어 있다. 이 변인들이 긍정적인 상관관계를 기지며 하나의 차원 또는 요인으로 응집되어 있어, 모두가 가족중심적 효행을 지적하는 타당하고 신뢰성 있는 지표들임이 시사되어 있다.

<해석>

한국인의 부모돌봄 -효- 에 대한 관심과 의지가 크다는 점이 이 자료에서 일관성 있게 시사되었다.

가장 높은 평균점수(4.51~4.00)와 지적빈도를 얻은(95.5% ~ 77.8%) 7개 항목들 중 다섯 가지가 모두 "부모돌봄"- "효"- 와 직결된 항목들이다. 이 중에서도 가장 높은 찬성정도와 지적빈도를 얻은 항목이 '부모에 대한 효도'이다. 나머지 2개는 조상제사와 친척길흉사에 관한 것인데, 조상제사에 참여하는 것과 친척의 길흉사에 부조하는 것도 역시 부모를 중심으로 가족의 영속을 꾀하고 가족 내 어른을 섬기며 가족을 중심으로 서로 돌보는 의지를 표시하는 것이다. 제사를 올리는 것은 효경(孝經)에 기술되어 있는 바와 같이 곧 효를 의미한다. 응답자들의 가족주의적 성향의 첫째가는 표현이 이와 같이 부모에 대한 효도와 부모에 대한 돌봄에 관한 것임은 인상적이라고 하겠다.

다음으로 비교적 높은 찬성정도(3.98~3.56)와 비교적 많은 찬성률(80.3%~60.8%)을 얻은 11개 항목들도 대다수가 가족, 친척에 대한 태도를 지적한 것이다. 이 항목들 중에도 세 가지가 부모에 관한 것인데, 즉 '애정에 관계없이 부모를 돌봄', '부모와 동거하며 돌봄' 및 '부모에게 순종함'에 대해서는 찬성하는 정도가 역시 다른 항목들보다 더 높았다. 그런데 '외부의 위험으로부터 가족을 방어함', '가족에게 전적으로 충실함', '가족욕구를 중요시함', '가족원들의 행동을 통제함' 및 '가족이 싫어하는 행동을 삼감'은 가족주의적 태도를 표시하는 항목들인데 이에 대한 찬성률은 높지는 않으나 '대체로 찬성함'에 가까운 것으로 나타났다. 끝으로 '동일한 신념', '소득을 받침', '친척과의 의논', '형/누이에 대한 순종' 및 '친척을 동거시켜 지원'의 5개 항목들에 대해서는 별로 중요하다고 보지 않았다.

이상과 같은 자료에서 대다수 응답자들이 가족주의적 성향을 가졌음을 확인할 수 있다.

이러한 가족주의적 성향은 요인분석에서 나타난 바와 같이 3가지 차원으로 구분되었다. 즉, 가족중시태도, 부모중시태도 및 친족중시태도이다. 가족전체를 중요시하면서도 부모에 대한 효도와 친족에 대한 돌봄을 중요시하고 있음을 시사한다.

심한 사회변동에도 불구하고 대다수 한국인은 여전히 가족중심적인 생활태도를 가지는 경향이며, 특히 가족을 중심으로 부모에게 효도하는 데 대해 긍정적 태도를 가졌음이 일관성 있게 시사되었다.

가족지향성을 탐사하는 데 비교적 다수의 항목들을 적용하였다. 이런 다수 변인들이 같거나 다르다는 사실을 정확히 제시하기 위해서 수량적 접근을 하였다.

본 조사는 제한점을 가진다. 전국적 표본이기는 하나 도시에서는 추출된 학교 수가 소수이고, 다단계조사에서 크기가 다른 하위소집단(가구)의 표본을 추출하였고, 농촌에서는 의도적으로 선정한 면의 수가 소수였다. 이 때문에 표본오차가 발생하였을 것으로 본다. 또한 가족성원들 간에 진행되는 역동적인 교환관계와 이 관계가 시대적 변화에 따라 어떻게 달라지고 있는가를 구명하지 못하였다.

이러한 제한점 때문에 본조사의 결과는 조심스럽게 다루어져야 하겠다.

# 제9장
# 효행의 보완수단
# 사회적 지원망: 양적 접근

조사방법

* 조사대상자
  고령자 423명
  다단계집락표집
* 설문조사 : 지원망활용 및 안녕에 관한
  설문(무기명, 폐쇄형, 개방식설문포함,
  Likert측도적용), 사전검증
* 통계분석 : 평균, Chi-sq., 상관관계 검정
* 결과에 대한 질적 해석

## 요 약

자체돌봄기능이 약화되어 노부모를 돌보는 데 어려움을 겪는 가족들이 늘고 있다. 이러한 가족에 속하는 고령자는 가족 바깥의 돌봄이 필요하다.

고령자는 어려운 일에 부닺힐 때 정서적 지지, 충고, 안내, 정보제공, 물질적 원조, 친구가 되어 주는 것, 돌보아 주는 것, 전문적 서비스를 받도록 돕는 것 등 다양한 형태의 돌봄을 필요로 한다.

이런 돌봄은 가족, 친구, 이웃, 사회집단으로 이루어진 지원망에 속해 있음으로써 얻을 수가 있다. 사회적 지원망이란 서로돌보는 사람들로 이루어진 망(網)이다.

양적 자료를 바탕으로 도시거주고령자의 사회적(비공식적) 지원망이 어떠한 형태를 갖추었나를 식별하고, 지원망이 고령자를 돌보는 기능을 살펴본다.

다단계표집으로 서울시의 구-동-반-가구에 걸쳐 무작위 추출된 423명의 고령자들에 대한 설문조사를 했다. 사전검사된 설문에는 사회인구학적 특성, 지원망과 안녕(安寧)에 관한 항목들로 이루어졌으며, 정확한 응답을 얻기 위해 점검하는 설문을 포함하였다.

구와 동의 크기와 주민의 사회인구학적 속성이 동일하지 않고 최하위세트(가구) 표본이 작아서 표집방법의 제한점이 있었다.

지원망의 핵심은 가족임이 드러났다. 그러나 친척, 친구, 이웃, 소속집단으로부터도 다소간의 도움을 받았다. 즉 가족 바깥의 지원망이 가족의 효행을 보완해 준 것이다. 이 사실은 비친족 지원망이 고령자에게 유용함을 시사한다.

본 조사결과는 사회적 지원망이 가족의 고령자돌봄(효행) 기능을 보완하기 위한 효과적 대안이 될 수 있음을 예증하였다.

# Ⅰ. 서 론

자녀와 노부모의 별거, 부양자 수의 감소, 고령자의 needs의 증가 등 일련의 변화로 인하여 가족의 노부모돌봄 능력이 저하되고 있다. 이러한 과정에서 가족의 부양능력감소에 대한 걱정소리가 커지고 있다.

우리는 그동안 사회복지제도를 비교적 성공적으로 발전시켜 나왔다. 그러나 국가의 공식적 제도만으로는 산업화 · 도시화된 사회의 고령자의 점증하는 욕구를 충족하기 어렵다. 가족의 돌봄능력이 저하함에 따라 가족바깥의 지원이 필요하게 되었다. 가족바깥의 (정부지원이 아닌) 비공식적인 사회적 지원을 하나의 긴요한 대안으로 삼고 이의 개발과 활용에 힘써야 하겠다.

고령자의 비공식적 지원망에 대한 경험적 연구가 희소한 실정이다.

이 장에서는 변동하는 한국사회에서 고령자의 비공식적 지원망이 어떠한 형태를 갖추었나를 분석하고, 지원망이 고령자를 지원하는 상황을 탐사하고, 비공식적 돌봄서비스개발에 대한 논의를 하고자 한다.

# Ⅱ. 고령자가 필요로 하는 사회적 지원망

고령자가 필요로 하는 사회적 지원이라 하면 정서적 지지, 충고, 안내, 정보제공, 물질적 원조, 필요할 때 친구가 되어 주는 것, 어려움이 있을 때 돌보아 주는 것, 전문적 서비스를 받도록 돕는 것 등 다양한 형태의 돌봄서비스를 말한다.

고령자는 일상생활에서 어려운 일에 부딪힐 때 어려움을 극복하고 평안한 삶을 영위하기 위해 사회적 지원을 원한다. 이러한 사회적 지원은 믿을만한 지원망에 속해 있어야 얻을 수가 있는 것이다.

사회적 지원망이란 사람들 사이에 연결되어 있는 인간관계의 망(network)을 의미한다(Scott, 2012; Wenger,2002; Sung, 1991; 이혜자 · 박경애, 2009; 민기체 · 이정화, 2008).

가족의 돌봄능력 -효행능력- 이 강조되고 있다. 그러나 가족 이외에도 친척, 이웃, 친구 및 사회집단(교회, 상호부조협회 등)이 가족의 효행능력이 부재하거나 부족할 때 대리기능을 할 수 있다.

이러한 점을 고려하여 본 조사에서는 다음의 5가지 형태의 비공식적 지원망과 이들 지원망의 구성부분에 대하여 조사하였다.

* 가족지원망 : 같은 가구 내의 노인부부, 아들 및 며느리, 미혼자녀
* 친척지원망 : (다른 가구에 속하는) 형제자매, 사촌, 숙부모, 조카
* 이웃지원망 : 이웃집 또는 같은 마을에 사는 사람
* 친구지원망 : (이웃이 아닌) 가까운 친구, 믿을 수 있는 친구, 직장동료
* 협회지원망 : 교회, 상조협회 등

본 연구에서는 사회적 지원을 "고령자가 사회적 지원망으로부터 필요할 때 받을 수 있다고 주관적으로 감지하는 원조"를 뜻한다(Wenger, 2002).

지원망은 다차원적으로 개념화하여 연구할 필요가 있음이 강조되고 있다(Scott, 2012; Gallo, 1984). 이들은 사회적 지원망은 구조적 속성과 기능적 속성을 가진다는 복합적인 개념적 틀을 제시하였다. Gallo(1984)와 Wasserman과 Faust (1994)는 비공식적 지원망을 식별하기 위한 연구에서 이러한 속성들을 포함하는 다원적 차원을 적용하였다. 고령자를 돌보는 사회적 기능 -효의 보완적 기능- 을 이와 같이 여러 차원으로 나누어 분석한 것이다. 이런 분석을 위해서는 수량적 접근이 필요하다.

본 조사에서는 이들이 제시한 틀에 기초해서 7가지 차원으로 지원망을 분석하였다. 즉, 지원망의 구조적 차원으로서는

(1) 크기

(2) 빈도

(3) 거리

(4) 지속기간

(5) 방향

(6) 친밀도

를 각각 적용하였고,

기능적 차원으로서는

(7) 도움을 받은 정도

를 적용하였다(<표 9-1> 참조).

<표 9-1> 사회적 지원망의 차원과 규정

| 차 원 | 규 정 |
|---|---|
| 크 기 | 노인이 접촉한 지원망내의 사람(들) 수 |
| 접촉빈도 | 노인과 지원망성원 간의 접촉 회수(1개월간) |
| 거 리 | 노인과 지원망성원 간의 지리적 거리 |
| 기 간 | 지원망과 관계를 유지해온 기간 |
| 접촉방향 | 누가 접촉을 시작하는가(일방적/상호교호적) |
| 친밀성 | 노인이 느끼는 지원망성원과의 관계의 친밀성 |
| 도 움 | 노인이 지원망으로부터 받았다고 판단하는 도움 |

지원망은 고령자의 안녕을 증진한다는 사실이 주장되고 있다(Scott, 2012; Wenger, 2002; Sung, 1991; 이혜자 · 박경애, 2009; 민기체 · 이정화, 2008). 이들은 긍정적인 사회적 지원을 받은 노인들은 이를 받지 못한 노인들보다도 더 높은 정도의 안녕을 누렸다고 보고하고 있다. 본 연구는 지원망의 이러한 긍정적인 영향도 살펴보고자 한다.

본 연구의 종속변수인 노인의 안녕(安寧, well-being)은 사회적 안녕, 심리적 안녕 및 신체적 안녕으로 나누어 측정하였다. 다음은 이들 세 가지 안녕의 유형과 각각의 유형을 측정한 척도(괄호 안)들이다.

* 사회적 안녕(사회적 지원, 경제적 안녕, 주택 및 환경에 대한 만족에 관한 10개 항목)
* 심리적 안녕(생에 대한 만족, 걱정의 부재, 주관적인 정서적 건강에 관한 6개 항목)
* 신체적 안녕(건강, 의사방문, 입원, 고통/불쾌감의 부재; 장애(시각, 청각, 치아, 마비)의 부재에 관한 12개 항목)

위와 같은 변인에 대한 조사와 병행해서 지원망과 고령자의 사회인구학적 특성과의 관계, 지원망을 형성하는 차원들 간의 관계, 안녕의 하위 차원들 간의 관계를 각각 탐사해 보았다. 그리고 지원망을 강화해 주는 우리의 특정한 문화적 요인과 프로그램활동에 대해서도 논의하였다.

# Ⅲ. 조사방법

서울시내 거주 고령자 423명을 다단계표집방법으로(3개 구 -각 구에서 3개 동들- 각 동에서 3개 반 - 각 반에서 10가구)를 각 소집단의 명단을 사용해서 무작위 추출하였다. 이 방법으로 서울시내에 거주하는 55세 이상의 노인을 모시는 모든 가구가 동일하게 선발될 확률을 가지도록 하였다(선정된 가구에 고령자가 부재한 경우에는 옆집 가구의 고령자를 면접했다.). 정신적 및 신체적 장애가 있는 분은 조사대상에서 제외하였다. 도합 30명의 훈련된 조사자들이 매 가구당 한 고령자를 면접하였다. 개방식 설문을 포함한 설문지를 사용해서 면접하였다. 설문에는 응답자의 사회인구학적 특성, 비공식적 지원망, 안녕 등에 관한 항목들이 포함되었다. 정확한 응답을 얻기 위하여 다음과 같은 점검하는 설문을 사용하였다.

"가장 중요한 일이나 어려운 일이 생겼을 때
찾아가셔서 의논을 하시는 분이 누구신지,
그분의 성명을 좀 알려주십시오."

이 질문을 하고 난 뒤에 지원망의 여러 가지 차원을 측정하기 위하여 다음 사항에 대한 질문을 했다. 이에 앞서 응답은 자유이며, 무기명이고, 응답은 종합해서 평균치를 산출하기 때문에 개인적 자료는 표출되지 않음을 설명했다. 이 설문은 무작위를 선정된 효행자 10명에 대한 test-retest를 하여 신뢰도를 검정하였다.

* 일상적으로 도움을 얻기 위해 접촉을 한 사람의 수
* 지원망성원들과 접촉을 한 빈도
* 지원망성원이 살고 있는 곳과 노인과의 거리
* 지원망과 관계를 유지해온 기간
* 접촉을 시작한 쪽(주로 한쪽에서? 또는 양쪽에서 교호적으로?)
* 지원망성원과의 친밀성의 정도
* 지원망으로부터 받은 도움의 정도

지원망 차원에 관한 설문은 Gallo(1984)이 사용한 것과 같다. 안녕에 관한 자료는 앞에서 기술한 3가지 차원에 관한 설문에 대해서 노인이 응답한 내용에 기초한 것이다. 설문은 5단위척도로 형성되었다(1=가장 바람직 함....5=가장 바람직하지 못함).

예 : "연세가 비슷한 다른 분들과 비교하셔서, 어느 정도로 건강하시다고 생각하십니까?" 다음 중 하나를 지적해주십시오. : __1) 매우 좋다, __2) 좋은 편이다, __3) 그저 그렇다, __4) 별로 좋지 못하다, __5) 매우 나쁘다

예 : "가족지원망의 성원들과 어느 정도로 친밀한 관계를 가지고 계십니까?" 다음 중 하나를 지적해 주십시오. : __1) 매우 친밀하다, __2) 친밀한 편이다, __3) 그저 그렇다, __4) 별로 친밀치 못하다, __5) 전혀 친밀치 않다

지원망을 2종류 이상 가진 노인의 경우, 각각의 지원망차원(크기제외)에 걸쳐 단일 숫자를 얻기 위하여 두 지원망들의 평균을 내었다. 접촉방향에 관한 자료는 recoding을 해서 조징했다.

지원망차원들에 관한 설문들과 안녕에 관한 설문에 관한 신뢰도계수(alpha)는 .77~.87(p<.001)이였다.

안녕의 각 유형에 대한 평점을 얻기 위해 해당유형을 지적하는 항목들에 대한 숫자들의 산술평균치를 구했다. 종합적 안녕에 대한 평점은 3가지 안녕유형들의 평균치로 정하였다. 지원망에 대한 자료도 위와 같은 절차를 거쳐 계산하였다.

## Ⅳ. 분석 및 결과

조사된 고령자들의 대다수(67.4%)가 65세 이상이고(55-59=10.4%, 60-64=22.2%, 65-69=20.5%, 70-74=23.1%, 75+=23.8%); 50%가 남성이고; 3분의 2가 중학교 또는 그 이하의 학력을 가졌고; 46%가 홀로되고; 58%가 장남(또는 다른 아들)과 살고(도합 81%가 기혼 또는 미혼 자녀와 함께 살고 있음); 11%는 배우자하고만 살고; 50%가 4-6 크기 가구의 성원이고; 80%는 직업이 없고; 58%는 자녀로부터 경제적 도움을 원했다.

### 1. 지원망의 특성

조사대상자의 93%가 도움이 필요할 때 (자신의) 가족지원망을 찾는다고 응답했다. 고령자들 중 28%는 "가족-친척-이웃-친구-사설협회"의 복합적인 지원망들로부터 동시에 지원을 받고 있었다. 22%의 노인들은 가족지원망 한곳으로부터만

지원을 받았다. 그리고 44%는 가족지원망과 친척, 이웃, 친구 및 협회 가운데 하나 또는 두셋으로부터 도움을 받았다. 가족지원망을 갖지 않은 6%의 노인들은 다른 지원망들에 속해 있었다.

「가족지원망」의 평균크기는 1.68인이고, 대개가 성인아들과 며느리이다. 이와 같이 가족의 크기가 작은 것은 핵가족 수가 증가했음을 시사한다.

노인들의 대다수는 11년 이상 가족지원망과 친밀한 관계를 맺어 왔고, 이 지원망과 비교적 자주 접촉했고, 지원을 대체로 많이 받았다고 했다. 노인들의 40%는 가족지원망과 一方적인 관계를 맺고 있었다. 이는 지원망성원이 노인을 찾아 원조하는 식의 관계이다. 그러나 약 20%는 자신들이 지원망을 찾아가서 지원을 받았다고 했다. 주목할 만한 상황은 45%가 가족지원망성원과 상호교환적인 관계를 가졌다는 사실인데, 이러한 관계는 노인과 지원망성원이 필요에 따라 서로 찾아오고 가면서 서로돌봄을 행하는 교환적 관계이다(노인들이 자녀에게 제공한 도움은 아이 보아주기, 충고와 정보제공, 위로 등 정서적 지지, 재정지원 등이다.). 그러나 4분의 1은 가족지원망으로부터 원하는 만큼 도움을 받지 못했다고 했다.

「친척지원망」은 크기가 작았다(.93인). 전통적으로 대가족을 유지해온 한국인들에게는 이 크기는 의외로 작은 것이라고 하겠다. 이는 대도시에 사는 한국가족들이 이미 소형화되었음을 시사한다. 가족지원망의 경우와 비슷하게 3분의 1정도가 친척지원망성원이 먼저 접촉을 했다고 했다. 이는 고령자에 대한 친척의 의무감 내지 책임성을 반영한다고 볼 수 있다. 그러나 친척지원망에서도 가족지원망의 경우와 같이 44%의 고령자가 서로돌보는 관계를 가지면서 접촉하였다. 한편 친척지원망에서는 친구지원망과 이웃지원망에 비하여 고령자들이 접촉하는 빈도가 낮았고, 지리적 거리가 더 멀었고, 관계가 덜 친밀했고, 이로부터 받은 도움의 정도도 더 낮았다.

「이웃지원망」도 역시 작았다(.95인). 그러나 노인들은 친척지원망보다도 가까운 이웃에 있는 이웃지원망과 훨씬 더 호혜적인 서로돌봄관계를 맺었고 접촉한 빈도도 더 높았다. 그 관계는 대체로 친밀하였다. 대다수 노인들(65%)은 이웃지원망이 '그런대로' 도움이 되었다고 했다.

「친구지원망」은 친척지원망이나 이웃지원망보다는 약간 크다(1.21인). 응답자들의 약50%는 친구지원망과 비교적 자주 접촉하였다. 이 지원망과 접촉을 해나온 기간은 이웃지원망의 경우와 같이 비교적 짧았다. 그러나 인상 깊게도 고령자들은 친척지원망보다도 이 친구지원망과 더 친밀한 관계를 맺었고 이 관계는 이웃지원망의 경우와 같이 현저히 서로돌보는 호혜적인 것이었다. 대다수 노인들은 친구지원망이 '그런대로' 도움이 되었다고 했다.

이와 같은 자료는 이웃지원망과 친구지원망이 매우 호혜적 또는 서로 돌보는 관계 속에 유지되었으며 대도시에 거주하는 노인들을 위한 중요한 지원의 출처가 되었음을 시사한다.

사설협회지원망에 속하는 분들은 소수였다. 이 지원망의 평균 크기도 매우 작았다(.09인). 응답자들은 이 지원망과 접촉을 많이 하지 않았으며, 접촉은 거의가 고령자가 찾아가서 시작된 일방적인 것이다. 그러나 일부 고령자들은 이 지원망과 상당히 친밀한 관계를 가지며 비교적 장기간 어느 정도의 도움을 받았다. 이러한 자료는 다양한 자원을 제공할 수 있는 사설협회지원망에 노인들이 더 참여할 필요성이 있음을 지적해 주고 있다.

가족지원망 이외의 이러한 여러 가지 비가족지원망들은 가족의 돌봄기능 -효행- 을 보완 내지 증대하는 중요한 역할을 할 수 있다.

## 2. 지원망 지표들 간의 관계

'지원망과의 접촉빈도'는 '지원망과의 (짧은)거리'와 긍정적인 상호관계를 가지고 있음이 시사되었다($r=.65$, $p<.001$). 즉, 이 관계는 고령자와 지원망과의 거리가 가까울수록 돌봄을 받기 위해 지원망을 더 자주 찾게 됨을 시사한다. 도움을 받은 정도는 접촉빈도를 포함한 세 가지 구조적 차원들과 약하기는 하지만 긍정적인 상관관계를 가지고 있다 [접촉의 빈도($r=.22$, $p<.001$); (짧은) 거리 ($r=.27$, $p<.001$); 친밀성 ($r=.21$, $p<.001$)]. 이러한 관계들은 이들 3개 차원들 간에 서로 강화하는 작용이 있음을 시사한다. 지원망의 크기와 돌봄관계를 맺은 기간은 각각 다른 차원들과 상관관계가 없다.

## 3. 사회인구학적 특성과 지원망차원 간의 관계

연령이 높은 분들(70세 또는 그 이상)은 연령이 낮은 분들보다도 더 큰 지원망을 가지는 경향이 있다($X^2=36.65$, $df=24$, $p<.05$). 자녀 또는 배우자와 함께 사는 고령자들은 홀로된 분들이나 홀로 사는 분들보다도 지원망과 더 친밀한 관계를 갖이며 도움을 더 많이 받은 것으로 시사되었다($X^2=47.91 \sim 66.72$, $df=12$, $p<.001$). 주거

형태를 보면, 자녀 집에서 동거하는 분들은 자신의 집이나 셋집에서 별거하는 경우보다도 도움을 약간 더 받았다(평점: 2.3 대 2.6: 1=매우 많이 받음...5=전혀 안 받음). 교육과 종교는 지원망차원들과 연관성이 없다.

## 4. 노인들의 안녕

대다수의 응답자들은 자신들이 비교적 독립적으로 신체적 기능을 하고 있다고 보았다(이들은 시설에 들어 있지 않고 자기 집에서 살고 있기 때문에 대체로 건강할 것으로 짐작은 했다.). 사회적 안녕과 연관이 있는 세 가지 문제들은 비상금부족(54%), 자녀로부터의 도움의 필요(58%) 및 주택에 대한 불만(21%)이다. 심리적 문제와 관련된 주요 문제는 고독이다. 사회적 안녕은 심리적 안녕과 긍정적 상관관계를 가지며(r=.45, p<.001), 심리적 안녕은 신체적 안녕과 긍정적인 관계에 있다(r=.31, p<.001).

중다회기분석결과에 의하면, 종합적 안녕에 대해서 각각의 지원망이 통계적으로 유의한 영향을 끼치지 못함이 시사되었다. 지원망차원들을 좀 더 세분해서 분석한 결과 '가족지원망의 친밀성'만이 종합적 안녕에 영향을 끼쳤음이 시사되었다.

## 5. 지원망과 프로그램이용

고령자들을 위해 운용되는 16개 공공복지프로그램들 가운데서 이분들의 50% 이상이 많이 또는 비교적 자주 이용한 것은 할인권, 직장알선, 노인정, 의료보험, 노인학교이다.

회기분석을 해본 결과, 이웃지원망과 친구지원망이 '고령자들의 프로그램이용'에 각각 영향을 준 것으로 시사되었다(R2=.67, R2=.48).

# V. 맺는말 및 논의

한국고령자들의 비공식적 지원망의 핵심은 가족이다. 그러나 이분들의 다수(78%)가 친척지원망, 친구지원망, 이웃지원망 또는 사설협회지원망으로부터 도움을 받고 있다. 고도로 가족중심적인 우리사회에서도 이와 같이 비교적 복수적인 지원망들이 가정바깥에서 고령자들에게 직접적 또는 간접적으로 돌봄을 제공하고 있다. 가족바깥에서 가족의 효행능력을 보완해 주고 있는 것이다. 이러한 사실은 비친족(이웃, 친구, 사설협회) 지원망이 도시거주 고령자돌봄을 위한 중요한 대안이 됨을 알려주고 있다.

지원망의 주요차원인 친밀성이 고령자들의 안녕에 영향을 미쳤음이 시사되었다. 그리고 친구지원망과 이웃지원망이 이분들의 복지프로그램에 대한 인식을 높이고 프로그램을 이용하도록 하는 데 영향을 끼쳤음이 또한 시사되었다. 따라서 지원망이 고령자들의 안녕과 대체로 긍정적인 상관관계를 갖고 있음이 한국적 맥락에서 부분적으로나마 입증된 셈이다. 이러한 관계에 대해서 심층적인 질적 분석이 있어야 하겠다.

먼저 "가족지원망"을 보면, 평균크기가 작다. 그러나 다른 모든 지원망의 크기보다는 크다. 가족지원망은 가족원들 간에 강한 연계관계를 갖고 고령자에게 커다란 도움을 주는 밀도가 높은 지원망인 것으로 보인다. 지원망의 크기에 따라 지원정도 등 변수들이 달라진다고 보고된 바 있으나(Uhlenberg, & Cooney, 1990). 본 연구에서는 이 관계가 뚜렷이 나타나지를 않았다. 이는 친밀한 가족관계의 맥락에서는 지원망의 크기가 별로 영향을 주지 못함을 시사하는 것으로 보인다. 사실 노인이 질병에 걸리거나 심한 장애를 가지게 되면 대개의 경우는 한사람의 가족성원(흔히 여성: 딸과 며느리)이 간병을 맡아 돌보는데 이 경우 가족지원망의 크기는 더욱 작아질 수 있다.

가족지원망의 경우와 비교하여 이웃, 친구 및 협회 지원망들은 그 크기가 더 작다. 그리고 대체로 느슨하게 연계되어 있는 것 같고, 이에 참여하는 사람 수도 적고, 지속기간이 짧고, 받은 도움의 정도도 낮은 것으로 보인다.

그럼에도 불구하고 비친족 지원망들(이웃, 친구, 협회)이 제공한 돌봄이 이들 도시 고령자들에게 중요함이 시사되었다. 예로 친척지원망보다도 이웃, 친구지원망과 더 자주 접촉하였고 이들 비친족지원망으로부터 도움을 받았다고 하였다.

접촉한 방향을 보면, 역시 가족・친적지원망 성원들이 먼저 시작하였는데 이는 고령자들에 대한 친족의 의무감/책임감과 친밀성을 반영하는 것으로 본다.

고령자들은 이웃, 친구지원망과 호혜적이고 평등한 서로돌봄관계를 가졌었는데 이러한 관계는 지속적이고 안정된 교환관계를 유지하는 데 적합한 인간관계라고 할 수 있다. 전통적으로 수직적인 대인관계를 유지해온 한국노인들에게는 상당히 괄목할만한 행태라고 하겠다. 그런데 교환적 관계는 병약하여 교환역할을 할 수 없는 분들에게는 적용될 수 없다. 이러한 분들을 돌보는 사람들은 거의 이웃이나 친척이 아니며 노인자신의 가족이다. 가족은 보상을 받지 않으며 노부모를 돌본다.

예측한 바와 같이 가장 친밀한 관계를 유지한 지원망은 가족지원망과 친척지원망이다. 도움의 정도에 있어서도 역시 가족지원망이 다른 어떠한 지원망들보다도 더 높은 것으로 나타났다. 가족지원망에서는 친밀성이 하나의 중요한 변수이다. 친밀하다 함은 곧 사람을 측은지심으로 사랑하고 신뢰하며 필요할 때 돌본다는 뜻을 담고 있다. 그러나 친밀성이 안고 있는 문제는 (사랑이나 애정과 같이) 부모부양을 하는 과정에서 심한 스트레스나 어려움에 부딪히면 해소되어버릴 수 있는 감정적인 것인 데 있다. 그래서 친밀성은 부모에 대한 의무감이나 책임성보다는 `약한‘ 변수라고 볼 수 있다.

본 조사의 결과가 시사하듯이 사회적 지원망은 가족의 자체돌봄기능 -효행기능- 을 증대하기 위한 효과적인 방편이 될 수 있다. 따라서 가족지원망을 조성하여 활용하는 대안을 연구, 개발해 나아갈 필요성이 매우 크다.

본 조사는 사회적 지원망의 구조적 측면과 기능을 측정할 목적으로 도움을 얻기 위해 접촉을 한 사람의 수, 지원망과 접촉을 한 빈도, 지원망과의 거리, 지원망과 관계를 유지해온 기간, 접촉을 시작한 방향, 지원망성원과의 친밀성 정도, 지원망으로부터 받은 도움의 정도를 수량적으로 산정하는 데 대한 여러 가지 방법만을 살펴보았다.

고령자돌봄을 여러 각도에서 분석하였는데 효행도 이와 같이 여러 차원에 걸쳐 분석해 볼 수 있음을 알게 되었다.

즉, 효행을 한 자녀의 수, 효행자가 부모를 접촉한 빈도, 고령자와 효행자 사이의 지리적 거리, 효행을 한 기간, 접촉을 한 방향(효행자가 찾아왔는가, 고령자가 찾아갔는가), 친밀성의 정도, 도움을 받은 정도를 각각 판정해 볼 수 있다. 이러한 판정을 위해서는 수량적 접근을 하고 나서 질적인 접근으로 각각의 차원을 둘러싼 역동적인 상황을 깊이 있게 해석할 수 있다.

고령자들이 지원망을 사용하는 과정에서 겪는 역동적인 인간관계, 지원망 활용을 에워싼 유동적인 사회환경, 지원망활용 또는 불활용으로 인한 혜택 또는 불이익에 대한 질적 자료를 수집하지 않았다. 결과적으로 고령자의 지원망활용에 대한 포괄적이고 심층적인 해석을 하는 데 한계가 있었다.

# 제10장
# 노부모의 안녕을 위한 요건
# 양적 분석

조사방법

* 노부모의 안녕에 대한 양적 조사
* 표본(자녀를 가진 고령자 450명) : 다단계집락표집
* 안녕(사회적, 심리적, 신체적) 분석
* 설문조사 : 면접을 통한 설문조사
  [무기명, Likert척도 적용]
* 통계분석 : 상관관계, 다중분류분석
* 결과해석

## 요 약

효행은 부모의 안녕을 이룩하는 행동이라고 본다. 효를 행함으로써 부모의 안녕을 이룩하게 된다면 이는 가장 바람직한 효행이라고 할 수 있다. 부모의 안녕을 이룩하기 위해서는 성인자녀와 caregivers는 여러 가지 과업을 수행해야 한다.

이 장에서 보고하는 사회조사에서는 부모의 안녕을 사회적 안녕, 심리적 안녕 및 신체적 안녕을 포용하는 것으로 본다. 노부모들이 이 세 가지 유형의 안녕을 가지는 정도를 파악하고 이어 안녕에 영향을 미치는 요인을 분석하였다.

서울시 행정단위(구, 동, 통)에 따른 집락표집으로 자녀를 가진 노부모의 표본을 추출하였다. 244통들에서 30통들을 무작위 추출해서 각 통당 15명을 추출하여 총 450명에 대해서 면접을 통한 설문조사를 하였다. 사회적 안녕은 배우자유무, 동거자 수, 건강상태 및 경제적 안정으로, 심리적 안녕은 생활에 대한 만족으로, 신체적 안녕은 일상활동으로 각각 측정하였다.

대다수 노부모들은 저축이나 사회보험을 갖지 못하여 경제사정이 어려웠고, 가족에 전적으로 의존하며, 가족 밖의 지원망을 갖추지 못하고 있었다. 성인자녀가 노부모의 안녕을 도모하는 데 참고할 기타 사항들을 식별하였다.

# Ⅰ. 서 론

노부모에게 효도한다는 것은 이분들이 안녕하도록 돌보아 드리는, 즉 효를 행하는 것이다. 효는 복수의 돌봄서비스를 해드림으로써 이분들의 안녕을 이룩하는 성인자녀의 이타적 행동이다.

이 장에서는 서울특별시내에 거주하는 노부모들의 안녕상태를 조사한 결과와 안녕상태를 유지하는 데 필요한 돌봄서비스의 유형을 식별해서 이분들에게 효도하는 데 참고가 될 사항들을 분석해 본다.

# Ⅱ. 노부모들의 안녕과 욕구

노부모의 안녕(well-being)을 "사회적 안녕", "심리적 안녕", 및 "신체적 안녕"의 3가지 차원으로 구분하였다. 이 3가지 차원의 안녕상태에 대한 노부모들의 주관적 판단을 바탕으로 조사하였다. 그러나 이 3개 차원은 개념상으로는 구분될 수 있지만, 실제로는 서로 중첩 또는 연관되는 경향이 없지 않다.

본 연구에서는 <그림 10-1>에 제시된 안녕을 이룩하는 데 필요한 요인들을 통합해서 다루었다.

본 연구에서는 65세 또는 그 이상을 고령자로 보았다.

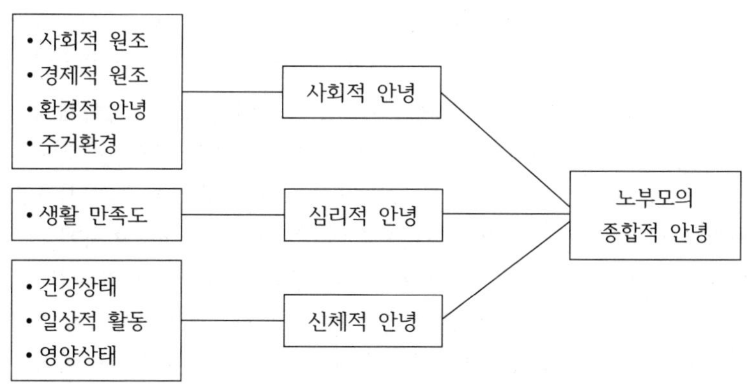


<그림 10-1> 노부모의 안녕

# Ⅲ. 조사방법

조사대상은 서울특별시에 거주하는 65세 이상의 자녀와 동거하는 거택노인들이다. 언어표현을 할 수 있고 판단이 분명한 노부모들을 조사대상으로 하였다. 본 조사의 목적이 노부모의 안녕을 이룩하기 위해서 성인자녀가 행할 돌봄(효행)을 조사하는 데 있기 때문에 이 조사방식을 택하였다. 따라서 본 조사의 결과는 모든 고령자에게 일반화하는 데 제한점이 있다.

표본추출에는 다음과 같은 다단계 집락표집기법을 적용하였다(<그림 10-2>).

1단계에서는 시를 행정구역에 따라 24개의 구들(집락)에서 단순무작위표집방법(제비뽑기)으로 은평구, 서대문구 및 동대문구의 3개 구를 표집하였다.

2단계에서는 1단계에서 추출된 3개 구들을 은평구 17개 동, 서대문구 22개 동, 그리고 동대문구 43개 동, 총 82개의 동들(집락)로 분류한 후, 은평구에서는 역촌2동, 신사동 및 녹번동의 3개 동을, 서대문구에서는 연희1동, 연희2동, 및 홍은3동의 3개 동을, 그리고 동대문구에서는 답십리3동, 용두2동 및 회기동의 3개 동(총 9개의 동)을 단순무작위표집방법으로 추출하였다.

3단계에서는 2단계에서 추출된 9개의 동에서 다시 역촌동의 24개 통, 신사동의 39개 통, 녹번동의 42개 통, 연희1동의 28개 통, 연희2동의 18개 통, 홍은동의 32개 통, 답십리3동의 18개 통, 용두2동의 26개 통, 그리고 회기동의 17개 통(총 244개의 집락(통))으로 분류하였다. 다음 은평구의 총 105개 통 내에서 10개의 통, 서대문구의 총 78개의 통 내에서 10개의 통, 그리고 동대문구의 총 61개의 통내에서 10개의 통을 단순무작위표집하여 총 30개의 통을 추출하였다.

4단계에서는 조사대상 노인들 15명을 단위로 각각의 통들에 균등하게 배정하였다. 즉 지도상의 주택번지를 기초로 하여 선정된 통내에 소재하는 주택들을 체계적 무작위추출방법을 통해 표본(가구)으로 추출한 것이다. 선정된 가구 내에 의사를 분명히 표현할 수 있는 고령자가 부재시에는 그 다음 번지에 거주하는 자녀를 가진 표현이 가능한 노부모를 면접하였다. 그리하여 총 450명의 노부모들로부터 분석할 수 있는 응답을 받았다. 각 단계에서 구, 동, 통의 수와 크기가 동일하지 않고, 이들 소집단에 속하는 주민의 사회경제적 배경에도 차이가 있기 때문에 대표성에 제한이 있다고 본다.

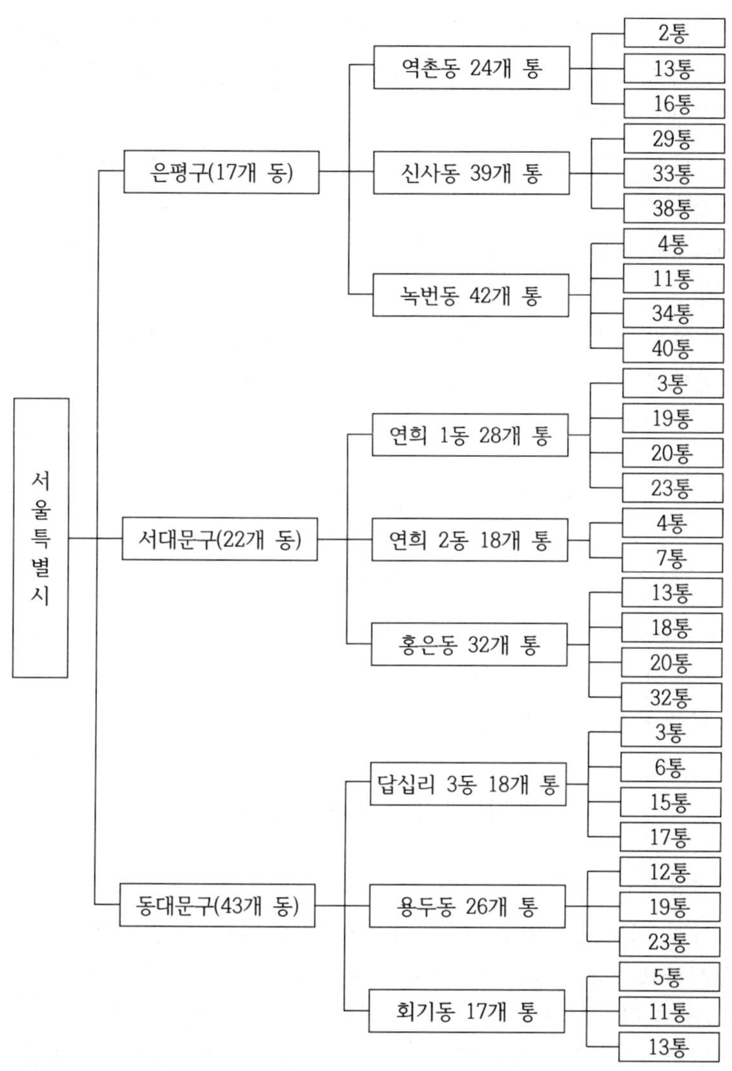


<그림 10-2> 표본추출과정

이와 같은 방법으로 추출된 노부모들을 직접 방문하여 면접을 통한 설문조사를 하였다. 60명의 조사자들에게 조사자가 지켜야 할 윤리, 면접기법 및 설문조사방법에 대한 교육을 한 후, 각 통에 2명씩 배치하여 자료를 수집하였다.

본 연구를 위하여 작성된 설문지는 노부모의 '일반적 특성', '심리적 안녕', '신체적 안녕' 및 '사회적 활동'에 대한 욕구를 파악하도록 구성되었다. 설문은 한국의 사회문화적 상황과 노인복지사업 실정에 맞도록 작성된 다음과 같은 총 87개의 문항으로 구성하였다.

1. 일반적 특성(12문항) : 사회인구학적 특성, 주거상황, 금전적 지원의 출처를 파악하는 질문
2. 사회적 안녕(24문항) : 사회적 지원망, 경제적 및 환경적 상태를 파악하기 위한 질문
3. 심리적 안녕(16문항) : 주관적 행복도, 고독감 및 생활만족도를 파악하기 위한 질문
4. 신체적 안녕(16문항) : 건강상태 및 일상적 활동상의 의존도를 파악하기 위한 질문
5. 사회적 활동(3문항) : 취미활동 및 직업안내의 필요성을 파악하기 위한 질문

각 질문은 5단위 척도에 기초했는데 안녕의 정도가 높은 단위는 욕구가 없거나 매우 낮고, 그 정도가 매우 낮은 단위는 욕구가 많은 것으로 판단하였다. 즉 일반적인 기대와 현실과의 차이를 통해 욕구를 추정한 것이다.

각 항목에 따른 지적빈도와 백분율을 기초로 해서 욕구의 평균정도를 파악한 후, 각 변인 간의 상관관계, 영향력 등을 알아보기 위하여 상관관계분석, 다중분류분석과 같은 통계기법을 사용하였다.

## Ⅳ. 자료분석 결과

조사대상이 된 노부모들의 사회인구학적 특성은 다음과 같다.

65세에서 74세 사이의 분들이 전체의 76.2%를, 75세 이상이 전체의 23.8%를 각각 차지하고 있다. 배우자와 함께 사는 분들이 54.4%를, 함께 살고 있지 않은 분들이 45.6%이다. 배우자와 함께 살지 않는 가장 커다란 이유는 사별인데, 사별이라고 응답한 190명 중 여성이 72.6%의 높은 비율을 차지하며, 연령상으로는 75세 이상이 68.2%가 된다. 연령이 증가함에 따라 배우자 없이 홀로 노후를 보내는 확률이 여성분들에게 많음이 시사되고 있다.

교육정도는 중학교 이하가 전체의 65.3%로서 그 정도가 낮다. 이것은 반세기 전 우리사회의 낮은 취학률과 관련이 있다고 본다. 직업을 가진 분이 21.3%, 갖지 않은 분이 78.7%이다. 수입 액수를 질문하지 않고 수입원(금전적 지원의 출처)만

을 알아보았는데, 대다수(73.0%)가 자녀에게 금전적으로 의존하고 있다. 연금, 저금 및 사회보험으로부터 지원을 받는 분들이 18%에 불과하다.

주거상황을 보면 82.7%가 자택 및 자녀의 집에서 생활하고 있다. 대다수는 가족지원망 속에서 살고 있어 비교적 적절한 안식처를 갖고 있는 것으로 보인다. [본 연구는 전술한 바와 같이 자녀와 동거하는 노부모의 안녕을 이루는 요인을 탐색하는 데 주목적을 두고 있다.]

## 1. 노부모들의 사회적 안녕

동거자, 경제형편, 생활환경 및 주거상태의 4개 요건들이 적절한 수준으로 유지되어야만 노부모들이 사회적 안녕을 이룰 수 있다고 보았다.

### 1) 돌보아 주는 동거자

노부모들은 감정적 지지, 원조 및 자원 등을 제공해 줄 수 있는 사람들과의 지속적인 연계를 통하여 사회적 지원을 받을 수 있다. 가족, 친척, 친구 및 이웃은 노부모와 가까운 관계를 유지하면서 이분들이 원조를 필요로 할 때 바로 도움을 제공할 수 있다.

노부모들의 52.9%가 장남부부, 23.2%가 다른 기혼자녀, 17.9%가 미혼자녀, 6.0%가 기혼 딸과 동거하고 있다. 기혼자녀가 동거자의 대다수를 점하고 있다.

노부모들이 동거자와 대화하는 시간을 보면 하루에 1~3시간 정도 대화한다고 응답한 분들이 전체의 73.5%를 차지한다. 동거자와의 대화시간과 가족친밀도와는 거의 상관관계가 없는 것으로 시사되었다(r=.037, p=.22). 결혼상태 및 동거자의 수와 가족 및 친척과의 만남빈도 간에도 각각 차이가 없음이 시사되었다.

($X^2$=5.33, df=16, p=.946 ; $X^2$=14.93, df=16, p=.244)

### 2) 노부모들이 받는 경제적 원조

경제적 형편을 파악하기 위하여, '자녀로부터 도움이 필요한 정도', '비상시에 대비한 자금', '건강유지비', '여가활동비', '음식구입비(간식비 포함)', '주택유지비', 및 '의류구입비'에 대한 노부모들의 주관적 대답을 받았는데, 그 결과는 다음과 같다(<표 10-1>).

<표 10-1> 노부모들이 자녀로부터 도움이 필요한 정도

| 도움 요구 정도 | 응답자 수(명) | 백분율(%) |
|---|---|---|
| 전혀 필요없다 | 40 | 8.9 |
| 별로 필요없다 | 84 | 18.7 |
| 보통이다 | 66 | 14.7 |
| 약간 필요하다 | 150 | 33.3 |
| 매우 필요하다 | 110 | 24.4 |
| 계 | 450 | 100.0 |

자녀로부터의 도움이 필요한 정도 및 비상금 준비정도를 노부모들의 성별, 연령, 동거자 수 및 직업의 유무에 따라 살펴보면 다음과 같다(<표 10-2>).

남성노부모에 비하여 여성노부모가 자녀로부터의 도움을 훨씬 더 많이 필요로 한다(도움이 필요함: 남=15.7%, 여=65.8%). 연령이 높아짐에 따라 자녀에게 도움을 요구하는 정도가 높아진다(70세 이하=36.1% ; 70~74세=66.0%). 57.5%가 자녀의 도움을 필요로 하며, 53.7%가 비상금이 부족하다고 했다.

<표 10-2> 노부모들의 비상금 준비 정도

| 비상금 준비정도 | 응답자 수(명) | 백분율(%) |
|---|---|---|
| 매우 충분하다 | 11 | 2.4 |
| 충분한 편이다 | 75 | 16.7 |
| 보통이다 | 113 | 25.1 |
| 부족한 편이다 | 119 | 26.4 |
| 매우 부족하다 | 123 | 27.3 |
| 계 | 450 | 100.0 |

예측한 바와 같이 직업을 갖지 않은 분들이 직업을 가진 분들에 비하여 자녀로부터의 도움을 더 필요로 하고 있다(도움필요정도 : 직업을 가진 노인=39.6%, 안 가진 노인=62.6%).

그러나 동거자수에 따라서는 도움의 요구정도가 다르지 않은 것으로 시사되며 ($X^2$=13.42, df=16, p=.642), 건강유지비(평균=3.02, S.D.=1.03), 여가활동비(평균=3.02, S.D.=1.07), 음식구입비(평균=2.62, S.D.=.94), 주택유지비(평균=2.61, S.D.=1.16), 그리고 의류구입비(평균=2.70, S.D.=1.07)는 각각 충분하다고 응답한 노부모들과 부족하다고 응답한 분들이 거의 비슷한 비율이다.

이상과 같이 노부모들의 주관적 판단을 근거로 경제적 안녕상태를 조사한 결과, 자녀에게 도움을 요구하는 정도가 높고, 비상금이 부족하다는 것을 미루어 보아, 이분들이 현재의 경제적 상태에 만족하고 있다고 볼 수 없다. 특히, 높은 연령층의 여성노부모들이 경제적 도움을 많이 필요로 하고 있다.

### 3) 환경적 상황

주관적 판단을 통하여 노부모들이 생활하는 지역에서 느끼는 안전도(범죄 등의 위험으로부터), 이분들에 대한 젊은이의 태도, 그리고 이분들이 연령 때문에 받은 부당한 대우에 관하여 다음과 같은 응답을 받았다. 생활환경에 대해서 18.3%가 위험하다고 하였으나, 대다수(65.1%)는 안전하다고 느끼고 있다(평균=2.10, S.D.=.99). 젊은이들로부터 존경을 받는 정도에 대해서는 35.6%가 존경을 받지 못한다고 했다(평균=3.00, S.D.=1.04). '연령으로 인하여(나이가 많다해서) 부당한 대우를 받은 경험이 있습니까?'라는 질문에 대하여 23.4%가 부당한 대우를 받은 경험이 있다고 응답하였다(평균=2.51, S.D.=1.13).

노부모들은 생활환경에 대하여 대체로 만족하고 있으나, 존경을 받는다고 응답한 분들과 존경을 받지 못하고 있다고 응답한 분들의 비율이 거의 비슷하다. 여자분들에 비하여 남성분들이(여=24.2%, 남=43.9%), 높은 연령층에 비하여 낮은 연령층이(높은 연령층=32.7%, 낮은 연령층=48.9%), 그리고 직업을 갖지 않은 분들에 비하여 가진 분들이(무=29.9%, 유=56.3%) 존경을 받는 정도가 낮다고 느끼고 있다.

이처럼 존경도가 성별, 연령별 및 직업 유무에 따라 차이가 있음은 노부모들의 활동과 관계가 있는 것으로 추측된다. 일반적으로 남자는 여자에 비하여, 낮은 연령의 분들이 고령의 분들에 비하여, 직업이 있는 분들이 없는 분들에 비하여 생활현장이 복잡하고 활동범위가 넓은 것이 사실이다. 이런 환경에서 신진세력과의 대립과 갈등을 경험할 수 있는데 이러한 젊은 사람들과의 대립 및 갈등과 연계된 응답이 아닌가 추측한다.

## 2. 노부모들의 심리적 안녕

본 연구에서는 생활에 대한 만족도를 지표로 해서 심리적 만족도를 추정하였다. [이렇게 단일사항으로 심리상태를 파악하는 데에는 제한점이 있다.] 구체적으로 사용한 질문은, '종합적으로 볼 때 어른께서는 그동안 살아오신 생활에 어느 정도 만족하고 계십니까?'이다. 노부모들 중 52%가 생활에 대해 만족하였으며, 7.7% 만이 만족하고 있지 않은 것으로 시사되었다.

생활만족도 및 경제적 상태와 관련된 변인들 간의 상관관계를 검증하기 위하여 Pearson r계수를 측정하여 본 결과 <표 10-3>과 같이 나타났다. 생활만족도와 경제적 상태와 관련된 비상금, 건강유지비, 여가활동비, 의류구입비 간에 비교적 높은 정적 상관관계가 나타났다. 경제적 상태에 따라 생활만족을 느끼는 정도가 높아짐을 시사한다.

<표 10-3> 생활만족도 및 경제적 상태와 관련된 변인들 간의 상관관계

| | 비상금 준비정도 | 건강 유지비 | 여가 유지비 | 의류 구입비 |
|---|---|---|---|---|
| 생활만족도 | .308 | .444 | .394 | .361 |

N=306 - 440
모든 r : p≤.001

다음에는 다중분류분석(Multiple Classification Analysis, MCA)기법을 사용하여 노부모들의 사회인구학적 특성에 따른 생활만족도를 분석해 보았다. <표 10-4>은 생활만족도에 영향을 미치리라고 예측되는 사회인구학적 변인들에 대한 생활만족도를 다원변량분석(n-way ANOVA)한 결과에 기초하여 작성한 MCA표이다. 이 표를 보면 생활만족도의 총 평균은 2.6이므로 '만족하는 편이다'와 '보통이다'의 중간 정도임이 시사되고 있다(1=매우 만족하다...5=매우 불만족하다). 성별, 연령, 학력, 결혼상태, 취미활동시간, 동거자 수를 독립변인으로 하여 다중분류분석한 결과, 건강상태가 생활만족도의 가장 많은 비율(eta=.28)을 설명해 주고 있으며, 전체 독립변인은 생활만족도의 61.9%를 설명하고 있음이 나타났다.

종합해서 심리적 안녕 상태는 양호한 편이라고 볼 수 있다. 경제적 요인이 심리적 안녕에 상당한 영향을 미치고 있음이 시사되었는데, 이 자료는 노부모들의 경제적 사정을 호전시키는 서비스가 필요함을 시사한다.

## 3. 노부모들의 신체적 안녕

건강상태는 남에게 의존치 않고 독립적으로 기능하는 능력을 나타내는 척도이다. 신체적 건강의 척도로서 (1) 육체적 손상(임상적 증상의 유형 및 내용), (2) 신체적 장애의 정도, (3) 일상적 활동에 있어서의 기능적 의존도, (4) 신체적 건강에 대한 주관적 판단, (5) 영양상태가 각각 흔히 사용되고 있다.

<표 10-4> 노부모들의 생활만족도에 대한 다중분류분석(MCA)

(N=416, Grand Mean=2.60, R2=.114)

| Predictors | N | Unadjusted Deviation | (eta) | Adjusted Deviation | (beta) |
|---|---|---|---|---|---|
| 성 별 | | | | | |
| 남 | 250 | .00 | | .01 | |
| 여 | 178 | .00 | | .01 | |
| | | | (.00) | | (.01) |
| 연 령 | | | | | |
| 55~59세 | 47 | .17 | | .17 | |
| 60~64세 | 97 | .13 | | .13 | |
| 65~69세 | 88 | .12 | | .12 | |
| 70~74세 | 99 | .01 | | .01 | |
| 75세 이상 | 97 | .11 | | .11 | |
| | | | (.13) | | (.13) |
| 학 력 | | | | | |
| 대 학 | 30 | .07 | | .06 | |
| 고등학교 | 50 | .07 | | .07 | |
| 중학교 | 63 | .13 | | .02 | |
| 초등학교 | 143 | .03 | | .01 | |
| 무 학 | 128 | .03 | | .01 | |
| | | | (.07) | | (.04) |
| 결혼 상태 | | | | | |
| 함 께 | 232 | .00 | | .04 | |
| 별거중 | 10 | .21 | | .23 | |
| 이 혼 | 2 | 1.09 | | 1.04 | |
| 사 별 | 177 | .01 | | .07 | |
| 결혼한적 없음 | 1 | 2.41 | | 2.36 | |
| | | | (.16) | | (.17)* |
| 건강 상태 | | | | | |
| 매우 좋다 | 52 | .50 | | .50 | |
| 좋 다 | 164 | .08 | | .09 | |
| 그저 그렇다 | 118 | .07 | | .06 | |
| 나쁘다 | 78 | .32 | | .34 | |
| 매우 나쁘다 | 10 | .61 | | .65 | |
| | | | (.28) | | (.29)* |
| 취미활동시간 | | | | | |
| 매우 충분 | 35 | .40 | | .18 | |
| 충분한 편 | 130 | .31 | | .18 | |

| | | | | | |
|---|---|---|---|---|---|
| 그저 그렇다 | 114 | .01 | | .03 | |
| 불충분 | 118 | .35 | | .26 | |
| 매우 불충분 | 47 | .23 | | .06 | |
| 동거자 수 | | | | | |
| 10명 이상 | 6 | 1.10 | | .86 | |
| 7~9명 | 86 | .20 | | .09 | |
| 4~6명 | 231 | .03 | | .02 | |
| 2~3명 | 106 | .28 | | .20 | |
| 혼자 산다 | 15 | .07 | | .22 | |
| | | | (.23) | | (.17)* |

* p≤.05 수준에서 유의함

신체기능을 측정하기 위한 척도가 여러 가지 있다. 자기유지능력을 측정하기 위해서 가장 널리 사용되고 있는 방법은 일상생활활동척도(Activities of Daily Living Scale: ADL)인데, 이는 목욕, 식사, 배설 및 거동과 같은 일상적 활동을 수행하는 능력을 측정하는 도구이다.

그리고 개인의 독립적 생활 유지에 필요한 과업을 수행할 수 있는 능력을 측정하는 일상생활방편적 활동척도(Instrumental Activities of Daily Living: IADL)가 또한 사용되고 있다. 본 연구에서는 노부모들의 신체적 안녕상태를 측정하기 위하여, ADL척도와 IADL척도에 포함된 일상적 활동에 관한 항목들 중에서 중요하다고 인정되는 9개의 항목을 발췌하여 5단위 척도(1=혼자 힘으로 함...5=혼자서는 불가능함)로 조정하여 사용하였다. 아울러, 건강상태에 대한 주관적 판단 및 영양상태를 조사하였다.

### 1) ADL척도 및 IADL척도를 근거로 일상적 활동 측정

<표 10-5>에 의하면 노부모들은 일상적 활동을 수행하는 데 큰 어려움을 느끼고 있지 않음이 시사되었다.

일상적 활동에 관한 변인들과 다른 변인들과의 상관관계를 검증해 보았다. 거의 모든 일상적 활동 변인들 상호 간에 통계적으로 유의한 정적 상관관계가 있음이 시사되었다. 특히 '보행' 변인은 모든 건강에 관련된 변인들과 상관관계가 있다. 즉, 보행이 자유로운 분들은 여타의 일상적 활동에 있어서도 불편을 느끼지 않을 뿐만 아니라 건강상태도 양호함이 시사된 것이다. 다음으로 '구매능력'과 '목욕' 변인이 대다수의 변인들과 상관관계가 있다.

<표 10-5> 노부모들의 일상적 활동능력

| 일상적 활동의 종류 | 평균 (S.D.)* |
|---|---|
| 전화이용 | 1.86 (1.32) |
| 물건구입 | 1.51 ( .91) |
| 약복용 | 1.14 ( .47) |
| 식사 | 1.05 ( .24) |
| 세수 및 갱의 | 1.12 ( .48) |
| 집안일 | 2.29 (1.15) |
| 목욕 | 1.35 ( .75) |
| 용변 | 1.08 ( .39) |

* 평균은 5단위 척도(1=혼자 힘으로 함..5=혼자서는 불가능함)에 기초한 것임

## 2) 신체적 건강

신체적 건강상태를 알아보기 위하여 지난 6개월 동안의 병원내왕빈도 및 신병일수, 건강상태에 대한 주관적 판단을 조사하였다<표 10-6><표 10-7>.

병원내왕빈도 및 신병일수와 주관적 건강과의 연관성을 알아보기 위하여 Chi square를 검증하였다. 위의 표들에서 나타난 바와 같이 주관적 건강상태에 따라 병원내왕빈도 및 신병일수에 유의적 차이가 있음이 시사되었다.

노부모들의 건강상태에 따라 신병일수를 알아본 결과 평균이 2.58(매우 좋다.....5=매우 나쁘다)로서 건강상태는 '보통'인 것으로 시사되었다.

<표 10-6> 노부모들의 건강상태에 따른 병원내왕빈도(N=446)

| 병원내왕빈도 | 주관적 건강상태(%) | | | | | 계(%) |
|---|---|---|---|---|---|---|
| 가지 않았다 | 64.7 | 57.3 | 43.2 | 32.5 | 33.3 | 49.1 |
| 1~3번 | 19.6 | 30.9 | 30.4 | 28.8 | 16.7 | 28.7 |
| 4~6번 | 9.8 | 6.6 | 1.2 | 15.0 | 16.7 | 9.9 |
| 7~10번 | 0 | 1.7 | 4.0 | 6.3 | 0 | 2.9 |
| 10번 이상 | 5.9 | 3.9 | 11.2 | 17.5 | 33.3 | 9.4 |
| 계(%) | 100.0 | 100.0 | 100.0 | 100.0 | 100.0 | 100.0 |

($X^2$=44.77, df=16, p<.001)

<표 10-7> 노부모들의 건강상태에 따른 신병일수(N=446)

| 신병일수 | 주관적 건강상태(%) | | | | | 계(%) |
|---|---|---|---|---|---|---|
| | 매우 좋다 | 좋다 | 보통이다 | 안좋다 | 매우 안좋다 | |
| 아프지 않았다 | 82.4 | 70.9 | 47.6 | 34.2 | 25.0 | 58.0 |
| 1주일 이하 | 7.8 | 19.0 | 36.3 | 29.1 | 0 | 23.8 |
| 1주~1개월 | 7.8 | 8.4 | 13.7 | 27.8 | 16.7 | 13.5 |
| 1~3개월 | 2.0 | 1.7 | 2.4 | 2.5 | 8.3 | 2.2 |
| 4~6개월 | 0 | 0 | 0 | 6.3 | 50.0 | 2.5 |
| 계(%) | 100.0 | 100.0 | 100.0 | 100.0 | 100.0 | 100.0 |

($X^2$=184.11, df=16, p<.001)

### 3) 영양상태

영양상태를 알아보기 위하여 식사 정도, 식이요법 여부, 소화상태, 조리상태 등을 조사하였다. 75.7%가 식사를 잘하고 있는 편이라고 응답하였다. 또 68.9%가 소화가 잘 된다고 했다. "음식의 맛이나 조리 상태에 개선할 점이 있다고 보십니까?"라는 질문에 대해서 38.7%가 필요없다고 응답하였다(평균=2.61, SD=.87, 1=전혀 필요없다 - 5=매우 필요하다).

## V. 결 론

이상과 같이 노부모들의 사회적, 심리적 및 신체적 안녕 상태에 대한 일련의 양적 분석을 하였다.

노부모들의 사회적 안녕의 상태는 사회적 지원망과 경제적 및 환경적 사정에 따라서 결정되는 경향이 있음이 시사되었다. 즉 이분들의 필요를 충족하도록 원조하는 사람들이 있는가, 자녀로부터 금전적 지원을 받는가, 그리고 생활환경으로부터 위협을 받는가에 따라 노부모의 사회적 안녕이 좌우되는 것으로 보인다. 대다수 노부모들은 가족 이외의 다른 사회적 지원체계와는 별로 밀접한 관계를 갖지 않은 것으로 보인다. 이 점은 제9장의 사회적 지원망에서 발견된 바와 같다. 그런데 상당수 노부모들의 경우 가족과의 상호부조관계도 그다지 깊은 것으로 보이지 않는다. 그러나 대다수 노부모들은 가족에 전적으로 의지하고 있는 실정이다. 따라서 이분들이 현대 산업사회에서 생성하는 복합적인 욕구를 충족하기에는 다소 간의 어려움이 있을 것으로 추정한다.

노부모들의 경제적 상태는 그저 그런 편으로 나타났으나 비상금과 여가활동비가 부족하다는 분들이 상당히 많다. 다수 노부모들이 자녀의 도움을 원하고 있다. 연금, 사보험 및 저축과 같은 사회적 안전을 위한 장치를 이용하는 분들이 매우 적다.

이분들의 심리적 안녕상태를 좌우하는 주요인을 생활만족으로 보았는데, 결혼상태, 동거자 수 및 건강상태와 같은 사회적 및 신체적 요건이 생활만족도와 깊은 관련이 있음이 일관성 있게 시사되었다. 대체로 심리적 안녕은 양호한 편으로 보인다. 심리적 안녕과 경제상태 사이에는 높은 상관관계가 있어 경제적 조건이 좋지 않은 분들은 심리적 안녕도 좋지 않음이 시사되었다.

본 조사에 참여한 대다수 노부모들은 신체적으로 건강한 편이었고, 영양상태 및 일상적 활동에 있어서도 별로 어려움이나 곤란을 느끼지 않았다. 표현적이고 판단이 분명한 노부모들을 대상으로 했기 때문에 건강상태가 비교적 좋게 나타난 것으로 본다. 보건프로그램(의료보험, 의료보호, 건강진단)에 대한 높은 인지도가 낮은 병원내왕빈도 및 신병일수와 연관되어 있음은 주목할 점이다.

가족이 함께 하는 외출과 주말계획을 세우는 횟수가 적음이 나타났다. 이러한 자료는 사회활동에 대한 욕구를 시사한다.

종합적으로 다수의 노부모들은 다른 사람들과의 우정 및 사랑에 대한 욕구를 소원대로 충족하지 못하고, 가족 및 친척과 같은 비공식적 원조의 출처를 제대로 갖추지 못하였고, 공식적 서비스로부터도 원조를 못 받고 있으며, 게다가 사회활동도 제대로 못 하고 있음이 시사되었다.

이러한 자료를 보아 가족 외부의 공식적 원조는 물론 성인자녀와 가족이 제공하는 비공식적 원조의 양 및 질도 다 같이 높여야만 이분들의 안녕을 이룩하는 요건을 갖출 수 있을 것으로 본다. 서비스제공기관은 특히 이분들이 가족 및 사회적지원망을 형성, 개발하도록 도와야 하겠다. 이를 위한 구체적 방안으로서 노부모와 가족(성인자녀 등) 간의 관계의 개선 및 유지를 돕는 한편, 혼자 사는 분들을 위해서 봉사활동을 실시하여 비공식적 원조를 확장하고, 아울러 정상적인 심리적 및 신체적 상태를 유지하도록 조치해야 하겠다.

비상금 및 여가활동비는 사회적 활동과 연관 지어 생각할 수 있다. 노인복지기관은 노인능력은행, 직업안내소 및 다른 복지기관들과 긴밀한 협력관계를 조성하여 직업을 원하는 분들에게 고용의 기회를 제공함으로써 경제적 상태의 호전을 도모하는 한편, 이분들의 특성에 맞는 자원봉사프로그램을 개발함으로써 사회활동에 대한 욕구를 충족하도록 할 수 있다.

노부모들의 안녕을 이룩하는 데 필요한 요건을 복합적이고 다차원적인 특성을 갖고 있음이 드러났다. 즉, 이분들의 안녕을 이룩하기 위해서는 사회적, 심리적 및 신체적인 차원들은 종합적으로 고려하여야만 하는 것이다.

따라서 이분들을 위한 서비스프로그램은 복수적인 요건을 충족할 수 있도록 계획되어야 하며 무엇보다도 여러가지 서비스프로그램을 개발하여 그 종류와 내용을 다양화할 필요가 있다.

노인복지정책이 가족부양에 기초해야 한다는 데 대해서는 논쟁의 여지가 없다. 그러나 오늘날 핵가족화가 계속되고 자녀와 떨어져 사는 고령자 수가 증가하고 있음을 감안할 때, 노인부양의 1차적 책임을 가족(성인자녀 등)에게만 지도록 하는 데는 한계가 있다. 따라서 앞으로의 노부모의 안녕을 가족, 지역사회 그리고 국가가 연계하여 상호보완적 기능을 수행하는 방향을 취해야 할 것이다.

효를 함으로써 안녕을 증진하는 과업은 이상과 같이 매우 복합적이고 다양한 과업을 수행해서 이룩할 수 있음이 드러났다. 이러한 과업을 노부모를 부양하는 성인자녀, 케어제공자 및 복지기관은 이해하고, 돌봄서비스전달과정에서 수행할 수 있어야 하겠다.

위와 같은 양적 자료는 안녕을 이룩하기 위한 요건의 정도와 범위를 숫자상으로 지적한 것이다. 노부모의 삶은 생리적 안녕과 함께 인생의 의미, 가치와 믿음, 정서적 및 사회적 관계로 차여 있다. 하지만 위의 수량적 자료는 안녕을 이룩하는 과정에서 노부모와 성인자녀 및 케어제공자 사이에 이러한 정보를 제공하지 못한다. 따라서 본 조사에 이어 안녕에 대한 질적 접근이 있어야 하겠다.

# 제11장
# 한국인과 미국인의 부모부양이유 양적 분석

조사방법

* 비교문화적 조사 : 한국인의 부모부양 이유 vs 미국인의 부모부양 이유
* 조사대상자 : 한국과 미국의 노부모부양자 [속성을 matching함]
* 2개 비교집단에 동일한 지표, 측정방법 및 계량기법 적용 [조사기법을 matching함]
* 설문조사 : 무기명, 개방형, 사전검증
* 결과 : 공통점 및 차이점 식별
* 비교문화적 해석

## 요 약

본 조사는 양적 자료를 바탕으로 한국과 미국의 상이한 문화적 맥락에서 노부모를 부양하는 성인자녀의 부양이유를 비교분석하였다.

흔히 서양사람들과 우리는 부모에 대한 대토와 행동에서 다르다고 한다. 즉, 효를 행하는 데 있어 다르다는 것이다.

한국과 미국의 두 비교집단들에 동일한 주제, 조사기법, 측정기법, 측정단위 및 계량기법을 동일하게 맞추어 (matching해서) 적용하였다.

무기명개방식설문으로 수집한 양적 자료를 바탕으로 두 집단의 공통적인 효행이유와 상이한 효행이유를 식별하였다. 공통적 효행이유는 부모에 대한 '애정', '보은' 및 '책임'이다. 다른 효행이유에서는 양자 간에 차이가 드러났다. 즉, 한국 측은 존경, 회합 및 희생을 중요한 효행이유로 지적하였는데, 미국 측에서는 이런 이유가 지적되지 않았다. 양 집단에는 부모부양의 정서적 측면을 강조하는 공통점이 있다. 문헌을 참고하여 이러한 차이와 관련된 두 나라 사람들의 문화적 성향에 대해 논의하였다. 문화 간의 차이를 흑백선택이 아닌 정도차이로 해석하였다.

# Ⅰ. 서 론

동서양의 선진국들은 고령자의 복지를 증진하기 위하여 다양한 서비스들을 개발하고 있다. 한국을 포함한 여러 나라들은 경로우대, 노령수당, 교통편제공, 식사제공, 보건의료서비스, 취업알선, 평생교육 등과 같은 수단적 또는 양적 돌봄을 제공하고 있다. 그러나 부모부양의 정서적 또는 질적 측면에 대해서는 커다란 관심을 기울이지 않는 경향이다. 질적 측면은 눈에 보이지 않는 인간의 내면적인 측은지심과 관련되며, 사람들의 이타적인 의지와 가치를 반영하는 것이다. 즉 부모에 대한 존경, 애정, 의무감, 은혜를 갚으려는 의지와 가치를 말한다. 이러한 정서적 측면은 고령자의 안녕과 복리를 위한 정책과 프로그램 개발에 커다란 영향을 끼칠 수 있다. 그러므로 부모부양의 양적인 측면뿐만 아니라 이런 질적 측면도 소중히 다루어야 한다.

한국의 부모부양에 대한 연구는 국내의 소가족화 경향에 따른 부모부양의 어려움에 초점을 두고 있으며, 아직은 다른 문화적 맥락으로까지 뻗어 나가 비교문화적 연구를 하는 사례가 드물다.

이 장에서는 한국과 미국의 부모부양에 관한 연구자료를 바탕으로 고령의 부모를 부양하는 한국인과 미국인의 부양이유와 양국의 문화적 특성을 비교분석한다.

이러한 비교문화적 연구를 통하여 문화적 차이에 관계없이 나타나는 공통적인 부양이유와 각 문화 특유의 부양이유를 식별하여 부모부양에 대해서 우리가 수렴해야 할 사항과 우리가 다른 문화권 사람들에게 시범할 사항을 규명할 수 있다.

# Ⅱ. 부모를 부양하는 이유

부모를 부양할 이유는 효(孝)의 행위를 결정하는 주요한 변인이 될 수 있다.

[부양이유-예로 "*부모님의 은혜를 갚기 위해서*"-는 은혜를 갚으려는 '의지'와 은혜를 갚기 위한 '행동방식'을 반영한다.]

부양행위는 '부모를 돌보기 위해 정성껏 이타(利他)적으로 행동해야 한다'는 자녀의 의무감에 의해 동기화되므로 '도덕적' 및 '친사회'(親社會)적 행동이라고 할 수 있다. 한 사회의 성원들의 효행이유는 그 사회의 일반적인 가치를 반영한다고 볼 수 있다. 이러한 가치는 자녀의 부모부양을 위한 수단 및 목적을 선택하는 데 영향을 미칠 수 있다.

## Ⅲ. 비교문화적 조사

특정 문화에 바탕을 둔 연구의 결과를 모든 문화에 일반화하기는 어렵다. 따라서 상이한 문화적 관점을 고려하여, 문화에 따라 차이가 나거나 공통적인 변인을 파악해야 한다(Matsumoto & van de Vijver, 2010; Ember & Ember, 2009).

한국인과 미국인의 부모부양이유를 비교연구 하는 목적은 문화적 차이에 따른 효행이유의 차이를 파악하기 위한 것이다. 동아시아에서 성장한 저자의 시각을 통하여 미국인이 부모부양에 가치를 두는 상황을 검토해 보면, 두 문화 간의 부모부양과 관련된 태도와 행동의 차이점과 유사점을 파악할 수 있다고 본다. 이런 비교를 통해서 다른 문화로부터 배워야 할 점, 특히 각각의 문화에서 중요시하거나 경시하는 효행에 대한 태도와 행동을 알아볼 수 있다.

## Ⅳ. 비교연구를 위한 자료

### 1) 미국자료

미국부양자에 관한 자료는 뉴욕시에서 수집되었다(Horowitz & Shindelman, 1983). 미국 측의 조사대상은 3개 노인복지시설에서 주간보호서비스를 받고 있는 노부모를 돌보는 203명의 주부양자(primary caregivers)이다. 면접조사를 통하여 이들의 부양이유를 파악하였는데, 사용한 설문은 "귀하는 어떤 이유에서 부모를 돌보아 드리고 있습니까?"라는 개방형 질문이었다.

응답자들이 이 질문에 응답하여 부모를 돌보는 이유를 지적하였는데, 각 이유의 지적빈도를 보면, '자녀로서의 의무/책임 때문에(58%)', '부모를 사랑하기 때문에(51%)', '부모은혜를 갚으려고(17%)'의 세 가지로 나타났다. 부양자의 대부분은 고령자의 성인자녀(65%)였으며, 이들의 평균연령은 51세이다. 그리고 피부양자의 부인 또는 남편인 경우가 9%, 형제, 조카/질녀인 경우가 16%이다. 주거형태는 대부분의 보호부양자가 별거하면서 부양하고, 27%가 동거부양하고 있었다. 돌봄서비스를 받는 고령자의 80%가 여성이며, 사별한 경우가 67%, 75세 이상이 66%이고, 신체장애 정도는 평균해서 중간정도인 것으로 나타났다. 부양자는 전화대화, 대면접촉, 가사원조, 개별돌봄(personal care), 쇼핑, 식사준비, 건강돌봄(health care), 경제적 원조, 재정관리, 정서적 지지, 교통서비스, 외부 노인복지서비스와의 연결 등과 같은 돌봄서비스를 제공하고 있었다.

### 2) 한국자료

한국 측의 부양자에 대한 자료는 서울시에서 저자가 수집하였다. 조사대상은 3개 노인복지시설에서 재활, 주간보호, 급식 등 서비스를 받는 노부모를 부양하는 주부양자 226명이다. 이들은 각 시설에서 보유하는 보호부양자 목록을 근거로 체계적 무작위표집을 하여 추출되었는데, 표본크기는 각 시설소속 보호부양자의 수(30~120명)가 다르기 때문에 시설마다 다르다(표집비율: .52). 자료수집방법은 각 가구를 직접 방문하거나 전화를 통한 면접조사이며, 부양이유를 파악하기 위한 질문은 "귀하는 어떤 이유에서 노부모님을 돌보고 계십니까?"라는 개방형 설문이었다. 조사대상자 중 172명에 대한 조사를 완료하여, 응답률 .82를 내었다.

한국보호부양자들이 지적한 6가지 주요 효행이유는 '존경', '책임', '애정', '보은', '가족화합' 및 '희생'이다(<표 11-1> 참조). 다음으로는 '보상', '동정심', '종교적 신념'의 순이었다. 지적한 응답자가 10% 이하인 항목은 분석에서 제외하였다.

〈부양을 하는 이유(한국 측)〉

① 부모를 존경하기 때문에

② 부모에 대한 자녀의 책임/의무를 수행하려고

③ 부모의 은혜를 갚으려고

④ 부모를 위해 나의 힘을 바치려고

⑤ 부모중심으로 가족의 조화를 이루려고

⑥ 부모에 대한 애정 때문에

부양자들의 대부분은 성인자녀(74%)이며, 며느리 74%, 아들 13%, 딸이 12%이고, 이들의 평균연령은 48세이다. 부양자의 85%는 여성이며, 83%가 유배우자이며, 81%가 동거하면서 부양하였다. 피부양자인 노부모들 중 66%가 여성이며, 65세 이상이 78%, 사별한 경우가 66%이다. 피부양자들의 대다수는 건강문제와 사회적 문제를 가졌다. 부양자들은 개인적 부양(personal care), 가사원조, 식사시중, 투약, 청소, 세탁, 목욕, 용돈, 외출동행, 공식적 서비스의 연결 등의 서비스를 제공하였다.

## 1. 조사방법

비교문화적 연구를 하는 데 제기되는 문제들이 있다. 연구자들은 이 문제를 해결하는 방안을 제시하고 있다.

예로 Streib(1987)는 미국과 중국에 대한 비교문화적 연구에서 두 나라에 공통되는 문화적 가치를 측정하는 방식을 택하고, 이 문화적 가치의 하위 단위에 대한 비교를 함으로써 문제를 해결하였다. Ember & Ember(2009)도 역시 상이한 사회체계들을 비교하기 위해서 비교범주(comparative categories)를 채택하였다. Matsumoto와 van de Vijver(2010)는 비교문화적 조사에서 기능적으로 동등한 항목(functional equivalence of item)을 다루었다.

한편 Cogwill(1986)은 더 구체적으로 노인에 관한 비교연구에서 각 문화에 동일한 조사기법(comparable techniques)을 사용하고, 동일한 주제를 다루고, 동일한 개념을 적용할 필요성을 강조하였다. Liang과 Jay(1990) 그리고 Matusmoto와 van de Vijver(2010)는 좀 더 체계적으로 동일한 측정(measurement equivalence) 기법을 사용하고, 조사대상 제목에 동일한 의미를 설정하고, 동일한 측정 단위와 계량방법(metric equivalence; measurement specification)을 사용하는 것이 중요함을 지적했다. 그리고 이들은 문화 간의 비교는 이것이 아니면 저것이다 식의 양자택일 보다는 차이의 정도를 다루어야 함을 제안하였다.

본 연구에서 제시되는 한국과 미국의 자료를 수집하는 데 있어서는 서로 다른 두 문화적 맥락에서 공통적으로 나타나는 부양이유를 파악하기 위해 동일한 개념이 포함된 질문을 사용하였기 때문에 개념적 동질성(conceptual equivalence)을 지니고 있다고 본다. 그리고 두 연구에서 다 같이 부양이유를 포괄적으로 측정하기 위해 동일한 부양이유 유형들을 사용하였으며, 응답자들은 노부모가 필요로 하는 동일한 비공식적 돌봄서비스를 제공하는 성인지녀들이었다. 부모를 부양하는 장소(caregiving setting) 또한 유사하며, 피부양자인 부모집단이 3개 노인복지시설에서 유사한 돌봄서비스를 받고 있다는 점에서도 두 연구는 matching되어 실행되었다. 이런 조건하에서 각기 다른 나라에 거주하고 문화적으로 다른 맥락에서 부모를 부양하는 두 개의 성인부양자 집단들의 부양이유에 대해 제한된 범위내에서 비교연구를 시도하였다. 이와 더불어 두 하위문화의 맥락에서 나타나는 부양이유를 파악하기 위해 사용한 연구도구(설문지), 연구주제(부양이유), 측정기법(지적한 이유의 빈도)이 모두 유사하다. 다만 두 연구에서는 동일한 설문지를 번역하여 사용하거나 공동조사연구를 실시하지는 않았다.

설문지는 무기명이고, 응답은 자유이며, 응답은 종합해서 평균치를 산출하기 때문에 개개 응답자에 대한 자료는 표출되지 않는다는 설명을 부기했다.

## 2. 조사결과

미국부양자들과 한국부양자들 간에 상이한 특성이 나타났다. 미국부양자들의 경우는 노인들의 자녀가 65%이며, 부모와 동거하는 경우가 27%인데 비하여, 한국부양자들은 91%가 자녀이며, 81%가 부모와 동거하고 있었다. 이와 같이 한국 측은 대부분의 성인자녀와 그들의 부모가 동거를 하는데 반하여 미국 측에서는 대부분의 자녀가 부모와 별거하는 차이가 드러났다. 그리고 한국 측에 비하여 미국 측은 상대적으로 연령이 높다. 미국인의 수명이 한국인에 비하여 더 길다는 인구학적 특성상의 차이를 보이고 있다. 이러한 자료는 두 사회의 문화적 차이를 시사한다고 본다.

<표 11-1> 미국인과 한국인의 부양이유 비교

| 효행동기* | 미국인(N=203) 순위(%) | 한국인(N=172) 순위(%) |
|---|---|---|
| 책임/의무 | 1 (58%) | 2 (77%) |
| 애정/사랑 | 2 (51%) | 3 (75%) |
| 보은 | 3 (17%) | 4 (73%) |
| 존경 | - | 1 (81%) |
| 가족화합 | - | 5 (61%) |
| 희생 | - | 6 (24%) |

(%)는 지적한 부양자의 비율
* 응답자의 10% 이상이 지적한 항목만 제시

### 1) 미국인과 한국인의 공통적인 부양이유

미국과 한국의 부양자 모두가 책임, 애정, 보은을 부모를 부양하는 주요이유로 지적했다. 그러나 부양이유를 지적한 빈도에 있어서는 두 집단 간에 차이를 보이고 있다. 한국 측은 미국 측에 비하여 이 3가지 유형의 부양이유를 지적한 빈도가 더 높다(<표 11-1> 참조). 그러나 2개의 상이한 문화에 속해있는 성인자녀들이 부모에 대한 애정, 보은, 책임감과 같은 필수적인 인간적 자질을 공통적으로 보유하고 있음을 알 수 있다.

다음에 각 문화에서 이러한 인간적 자질이 지니는 의미에 대하여 논의하고자 한다.

#### (1) 부모에 대한 애정/사랑

사랑은 인간의 특성으로서 동서양을 막론하고 공통적인 미덕이다. 유교권에 속하는 한국에서는 전통적으로 사랑을 표시하는 태도나 행동을 서양문화에서와같이 자유롭게 공개적으로 표출하지 않았다. 하지만 유교에서 가장 고귀한 인간의 가치로서 숭앙되는 인(仁)은 바로 인간애/사랑 그 자체인 것이다. 인의 가장 대표적 표현인 측은지심(惻隱之心)은 곧 지극한 사랑의 표현이다. 동아시아 사람들은 이러한 인간의 기본적 가치를 숭앙하면서도 단지 이의 표현을 서양사람들과 같이 자유롭게 자동적으로 표시하지를 않는 성향이다.

사랑을 주고받는 것은 인간의 기본적 욕구이다(Montagu, 2014). 더욱 중요한 사실은 사랑을 이루는 핵심적 차원은 돌봄/보살핌(caring)이라는 사실이다(성서, 코린도전서 13장; Fromm, 2006).

서양의 유대-기독교 윤리에서는 사랑은 엄연히 덕(德)으로 개념화되어 왔다(Aquinas, 1981). 기독교적 사랑의 특성은 타인의 복지를 위하여 자신을 희생하는 것이며, 유대인들은 전통적으로 사람들에 대한 사랑과 돌봄이라는 가치를 통하여 타인과의 관계를 맺어 왔다(Novick, 1981).

동양의 효도 인간의 본능적인 사랑에서부터 유래된 것이다. 유교윤리의 중심적 교의는 인(仁, 인간애)에 기초한 것인데, 인은 도덕성의 핵심이고, 인간성 그 자체이며, 인을 실천에 옮기는 가장 기본적인 방법이 부모를 측은지심으로 사랑하는 것이다. [이 점에 대해서 제3장과 제4장에서 논술하였다.]

애정은 부모와 자녀와의 관계를 사정(査定)하는 데 매우 중요한 변인이 된다. 피부양자와 부양자 사이에 강한 애정적 결속이 있는 경우에는 부모를 부양하는 데 대한 부담이나 stress를 적게 느낀다(Nydegger, 1983; 성규탁, 2014). 부모와 자녀 간의 사랑은 호혜적 속성이 있다. 한편에서 많은 사랑을 베풀게 되면, 다른 한편에서도 많은 사랑을 베풀게 되는 것이다. 부모자녀 간에는 이러한 호혜적 관계가 정상적으로 이루어져야 하겠지만, 한편에서 애정을 주지 못하는 경우도 있다. Jarret(1985)는 애정은 보호부양에 따르는 부담감이나 스트레스가 심할 경우에는 줄어들거나 무산되어 버릴 수 있다고 했다. 그래서 Nydegger(1983)는 어떠한 사회도 노인부양에 있어 애정에만 의존해서는 안 된다고 했다.

(2) 보은

부모는 의식주, 애정, 보호, 건강, 교육 등과 같은 자녀의 기본적인 욕구를 충족시켜 준다. 그러므로 자녀가 이러한 부모의 은혜에 보답하려는 욕구를 갖는 것은 자연적인 것이다.

부모는 자녀에게 두 가지 막중한 은혜를 베푼다. 첫째는 나를 이 세상에 태어나게 하신 은혜이고, 둘째는 나를 어머니 뱃속에서부터 태어나 성인이 될 때까지 키워 주신 은혜이다.

맹자는 "이 세상의 모든 일 가운데서 부모가 자녀에게 베푸는 봉사만큼 큰 것은 없다"고 했다(논어, 학이편).

서양의 저명한 윤리학자 Sidwick(1983)은 자녀가 부모로부터 받은 것 중에서 최고의 선물은 생명 그 자체라고 했다. 동양의 공자는 "신체발부(*身體髮膚* 몸, 머리털, 피부)는 부모로부터 받은 것이므로 이를 더럽히거나 손상해서는 안 된다"고 했다(효경, 1). 그뿐만 아니라 불교의 부모은중경에 들어 있는 10가지의 어머니의 은혜는 무엇으로도 갚을 수 없는 막중한 것이 아닌가.

부모은혜에 보답하는 것은 쉬운 일이 아니다. "부모는 열 명의 자녀를 보살필 수 있지만, 열 명의 자녀는 한명의 부/모를 보살피지 못한다"는 말이 있다. 유감스럽게도 많은 자녀들은 부모에 대한 보은의 교리를 실행에 옮기지 못하고 있다. 그러나 효성스러운 자녀는 이를 갚으려고 노력한다. 하지만 불타(佛陀)의 말과 같이 "비록 자녀가 백 년 동안 향기로운 물약으로 부모를 목욕시키고, 부모를 위해 왕좌를 갖추고, 세상의 모든 호사스러운 것을 다 바친다고 해도, 부모에게 진 은혜의 빚을 갚기란 불가능하다"고 했다(Teaching of Buddha, 2011).

자녀가 성숙해져 부모은혜에 보답할 준비가 되었을 때는, 부모는 이미 이 세상을 떠나버린 후인 경우가 많다. 그리하여 부모 사후에라도 은혜에 보답하기 위하여, 자녀는 부모의 묘소를 찾아 경배하고, 자신들의 자녀들에게 선조의 은덕에 대한 덕담을 해주고, 부모와 가까웠던 이웃이나 친척을 초대하여 접대하고, 부모의 명의로 된 공익 서업을 한다. 이러한 행동은 부모에 대한 보은의 의리를 실행에 옮기려는 인간적 노력이다. 이러한 자녀의 노력에 앞서 부모는 자녀에게 애정을 베풀고, 훈육을 하고, 지원을 해주고, 온정으로 대해주며, 사회적으로 바람직하고 친사회적인 방향으로 자라나도록 영향을 미쳐왔다. 이러한 부모자녀 사이의 아름다운 관계를 나타내는 한 예로서, "나는 내 어머니의 어머니 역할을 하고 있다. 나의 어머니는 사랑과 따뜻한 애정을 필요로 하는 나의 자녀와 같다"라는 병약한 모친을 부양하는 딸의 표현을 들 수 있다. 그래서 초기에는 자녀가 부모에게 의존하고, 후기에는 노부모가 자녀에게 의존하는 상호교환적 또는 호혜적 관계가 생의 주기에 따라 이루어지는 것이다.

#### (3) 책임감(의무감)

부모에 대한 책임은 자신의 부모를 보호부양하고, 노부모의 욕구를 충족시켜야 한다는 성인자녀의 의무를 의미한다. 부양 또는 돌봄이란 용어는 타인의 안정과 복리를 중시하고 이에 대한 책임을 진다는 의미가 내포되어 있다(Webster's Dictionary, 2005).

공자는 "부모봉양이 할 수 없이 하는 짓이 되어서는 아니 된다. 아들과 며느리는 부모가 편안함을 느끼도록 기쁜 마음으로 봉양해야 한다"라고 했다(예기, 1). 이 말은 사람들이 효행에 대한 의무를 성실히 실행하여 덕(德)을 베풀도록 권장하는 가르침이다. 부모를 부양한다는 것은 자녀의 당연한 도리이며 마음에서 우러나는 이타적 의무감에서 이루어지는 것이다. 이는 곧 어진 덕행(德行)이며, 효의 기본요소이다.

부모부양에 대한 의무는 유대-기독교의 도덕관에도 나타나 있다. 성경에는 "너의 오늘이 있게 해준 너희 부모를 존경하라"라는 가르침이 있다(출애굽기 20: 12). 부모에 대한 존경이 강조되고 있다. 유대 율법에 따르면, 존경은 대인적 서비스를 통하여 실행할 수 있다(Finkel, 1982). 유대교 전통에 따르면 비록 악의는 없다고 할지라도 부모에 대한 무시와 부관심은 무책임한 비인간적 행동과 동일한 것이다(Blech, 1981).

동양의 유교에서도 물론 부모존경이 강조되고 있다. 맹자가 말하기를 "불효에는 5가지가 있다. 그중 하나는 부모를 봉양하지 않고 재물과 재화를 탐하고 자신의 이익을 추구하는 것이다"라고 하였다. 그리고 공자는 이르기를 "부모가 살아있는 동안에 아들은 먼 곳에 출타하지 말 것이다. 만약 먼 곳에 출타할 일이 생기면, 가는 곳을 알려야 한다"(논어, 리인 19). 즉, 부모에 대한 책임을 다하기 위해, 자녀는 부모와 멀리 떨어져 가는 것을 삼가고 부모와 연락할 수 있는 곳에 머물러야 한다는 것이다.

미국사회와 한국사회 모두 부모부양의 일차적 책임은 가족에 있다고 할지라도, 가족생활의 유형은 상당히 다르다. 한국에서는 노부모의 상당수가 결혼한 아들과 동거하고 있다. 그러나 미국에서는 상당한 거리를 두고 서로 떨어져 산다. 고등학교만 졸업하면 대개가 부모로부터 독립해서 다른 가구를 이루기 시작한다. 그리고 미국에서는 딸이 보호부양자의 역할을 하는 경향이 높은 반면 한국에서는 대개의 경우 며느리가 시부모 부양의 책임을 진다. 이러한 현상은 한국자녀와 미국자녀의 부모부양에 대한 책임수행 방식의 차이를 나타낸다.

부모가 가장 염려하는 것은 자녀의 건강이다(효경, 1). 그러므로 자녀의 부모에 대한 매우 커다란 책임은 자신의 건강과 안전에 주의를 기울이고, 부모의 염려를 덜어주는 것이다.

앞서 기술한 바와 같이, 자녀의 부모에 대한 사랑은 보호부양에 따르는 부담과 장기간 부양함으로써 야기되는 긴장과 stress를 줄이거나 무산할 수 있다(성규탁, 2014). 인간의 감정은 변덕스러워 변할 수 있는 것이다. 그러나 부모에 대한 자녀의 의무감은 도의적으로 그럴 수가 없다. 이러한 도의적인 신념이 귀중하기 때문에 가족을 책임의 체계로 보는 시각이 중요시되고 있다. 부모와 가족에 대한 책임문제는 사실 현대산업사회가 그 중요성을 재강조해야 할 과제이다.

### 2) 한국인 특유의 부양의지

위에서 논의한 3가지 부양의지와 더불어 존경, 가족화합 및 희생이 한국인의 또 다른 주요 부양이유로 식별되었는데, 미국인에게는 이러한 이유들이 드러나지 않았다.

#### (1) 부모에 대한 존경

부모에 대한 존경은 한국인들이 많이 지적한 효행이유이다. 실제로 효에 대한 가르침에서 가장 강조하는 점이 부모에 대한 존경이다. 즉, "부모님을 존경심과 예를 갖추어 돌보아 드리는 것"이다(성규탁, 2014; Sung, 2007).

부모존경에 대해서는 이 책 여러 장들에서 깊이 있게 다루어졌다.

예기(禮記, 1)에 수록되어 있는 다음과 같은 가르침은 아직도 우리에게 영향을 미치고 있다고 본다.

"오늘날 부모를 물질적으로 봉양하면 되는 것으로 본다. 그러나 개와 말들에게도 먹이를 주지 않는가. 부모를 봉양하는데 존경심이 따르지 않는다면, 부모와 동물 사이에 무슨 차이가 있겠는가?"

따라서 부모봉양은 물질적 돌봄만이 아니라 존경과 온정이 수반되어야 한다. 이와 더불어 공자는

"너희 가정에서 노인을 공경하듯 다른 가정의 노인들도 공경해야 한다"고 일렀다(禮記, 11).

오늘날 노인의 권위가 약해지고 있다고 하지만, 노인에 대한 존경은 여전히 사회적 규범으로 받아들여지고 있다. 노인을 공손하게 대하고 공경하는 것이 한국인의 전통적 관습이다. 한국인은 노인과 대화할 때 존댓말을 쓰며, 노인이 좋은 자리에 앉게 하며, 노인을 먼저 대접하며, 노인이 먼저 문을 나서게 하며, 노부모의 입맛에 맞추어 요리하며, 생신과 휴일에 노부모를 방문하며 노인을 존경하는 사회적 행사에 참여한다.

유대-기독교문화에서도 부모에 대한 존경은 사회적 윤리로 되어 있다. 성경에 "너희는 각자 자기 부모를 경외하라"는 가르침이 있다(레위기, 19:3). 이 가르침에서 '경외'라는 말은 하느님에게 하는 '존경'과 거의 비슷한 의미를 지닌다(Post, 1989). 그리고 유대율법에서는 부모가 내 앞에 없는 경우에도 존경하는 태도를 가질 것을 요구하고 있다(Finkel, 1982). "너희는 나이 많은 노인을 높이 받들어 모시라"라는 구약의 말씀은 노인에게 높은 지위를 부여해서 존중하라는 의미로 해석되고 있다.

이와 같이 유대-기독교윤리에서 부모를 공경하라고 가르치고 있기는 하지만, 이런 종교적 교의는 서구세계에서 기대하는 것보다 많은 영향력을 발휘하지 못하고 있다고 한다(Cox, 1990). 실제 역사적으로 보아 서유럽에서는 노인을 경시하고, 노인에 대해 관대하지 못한 풍조가 퍼져 있었던 것으로 밝혀졌다. 미국의 경우

도 Palmore(1989)가 지적한 바와 같이, 효의 관념은 대부분의 미국인에게는 낯선 것이다. 본 조사에서 나온 자료는 이런 미국인의 성향을 반영하는 것으로 본다. 그러나 Palmore는 노인에 대한 존경은 노인을 현대사회와 통합시키고 이들의 사회적 지위를 유지하는 데 있어 매우 중요한 요소가 된다는 점을 강조하고 있다.

### (2) 가족의 조화

부모를 중심으로 조화로운 가족관계를 이룸으로써 가족원들이 부양에 대한 감정, 관심 및 행동이 동일하고, 모두가 부양에 대한 책임과 범위를 규정하는 규칙이나 합의사항을 준수할 수 있다.

유교에서는 가족과 사회의 모든 성원들 간의 조화로운 관계를 중요시한다. 도덕성의 핵심이며 인간성 자체인 인(仁)은 사람들이 인간애와 측은지심으로 이타적인 상호관계를 이루는 데 가치를 두고 있다.

한국문화에서는 가족관계의 통합을 매우 중시하며, 가족관계 중에서도 부모-자녀관계가 가장 중심적 위치를 점유한다. 수세기 동안 한국인들은 외침과 내란을 견뎌내는 과정에서 단합된 가족체계를 유지해 왔다. 오늘날에도 한국인들은 "믿을 수 있는 건 가족밖에 없다"라는 말을 한다. 이러한 가족주의적 성향은 최근의 급격한 산업화과정을 거치면서도 약화되기보다는 오히려 강화되고 있다는 견해가 있다. 끈질긴 문화적 저항이 이루어지고 있는 것이다.

### (3) 부모를 위한 희생

부모를 위해 희생하려는 의지는 성인자녀가 부모의 복리를 위해 곤경도 견디어 내겠다는 뜻을 나타낸다. 예로 장기간 와병 중인 부모를 부양하려는 이유를 들 수 있다. 이러한 윤리적 이유는 개인의 이익을 초월하는 이타적인 희생에 근거를 두는 것이다.

한국 효행자에 관한 이야기들은 으레 이들이 바친 희생에 대해 설명하고 있다. 다음 사례들은 이러한 희생이 무엇인가를 간략히 말해주고 있다.

어머니를 봉양하기 위하여 딸은 30세가 될 때까지 결혼을 미루고, 봉양하는 데 드는 비용을 마련하기 위해 가정부로 일했다.

한 전기기술자는 와병 중인 부모를 봉양하기 위해 자신의 사회활동을 줄이고, 결혼을 연기하였으며, 부모의 병원비와 대학에 다니는 동생의 학비를 벌기 위해야간작업을 했다.

10명의 가족을 부양하는 한 행상(行商)은 집집마다 돌아다니면서 비누를 판 돈으로 부모의 의료비를 충당하였다.

신체장애자인 남편과 살고 있는 부인은 와상 상태에 있는 시부모도 정성껏 부양하였다.

이 이야기들과 같이 자신의 부모를 위해, 효행자녀들은 불편, 곤경, 고통을 감내하였다. 많은 한국인들은 빈곤한 생활을 하면서 효도하고 있다. 이들의 의무수행은 그들의 신체적 및 재정적 능력을 초월한 희생적인 경우가 많다.

## Ⅳ. 해 석

이 장에서는 상이한 문화적 맥락에 속해있는 2개의 부양자집단들을 대상으로 부양이유에 대한 비교연구결과를 논의하였다. 한국과 미국에서 동일한 조사설계를 하여 같은 부양이유 유형을 비교한 것이다. 각각의 문화에 친숙하고 민감한 연구자들이 자료를 수집하였으나, 자료를 수집한 시기는 서로 다르다. 기타 조사방법상의 몇 가지 제한점을 보아 본 연구의 결과는 제한된 문화적 맥락에서 일반화할 수 있다고 본다.

한국인과 미국인의 부양이유를 비교함으로써 고령자부양에 대한 이해를 넓히고자 하였다.

본 연구에서 다루어진 6가지 주요 부양이유는 우리의 머릿속의 관념적인 것이 아니라 실제 사회에서 실행되어지고 있는 효의 이념과 행동을 반영하는 것이다.

앞서 지적하였듯이 "부모를 부양하는 이유 - 예로 "*부모님의 은혜를 갚기 위해서*" - 는 부모의 은혜를 갚으려는 자녀의 '의지'와 은혜를 갚기 위해서 취하는 '행동의 유형'을 반영한다.

한국과 미국의 부양자 모두에게 있어 애정, 보은 및 책임이 공통적인 부양이유로 나타난 사실은 인상적이라 하겠다. 서로 다른 문화에 속하는 성인자녀 집단들은 문화적 배경, 사회구조 및 경제적 수준에서 차이를 보이고 있지만, 동일한 부양이유를 표출한 것이다.

그러나 한국인은 미국인보다 이 3가지 부양이유를 더 중요시하고 있다. 애정-

의무감-보은보다도 더 중요한 것이 무엇이겠는가? 다른 부양이유들은 아마도 그 중요성에 있어 이들 3가지 다음에 가는 것으로 간주하는 것이 옳을 것 같다.

다른 유형의 부양이유에서는 두 집단들 간에 차이를 보이고 있다. 한국인에게는 존경, 가족화합, 희생이 또 다른 주요이유로 나타났다. 이 부양이유들은 미국인들의 자료에서는 드러나지 않았다.

이상과 같이 본 연구에서는 문화적 차이에 관계없이 공통적인 부양이유 3가지와 한국인 고유의 부양이유 3가지를 각각 확인할 수 있었다.

부양이유는 상대적 개념이다. 사실 미국인들도 부모에 대한 존경, 가족의 화합, 부모를 위한 희생을 다소간에 중요시하고 있을 것이다. 구미(歐美)사람들이 이러한 속성을 지니고 있다는 데 대해서는 이미 많은 글들에서 언급되었다. 다만 본 연구에서 다룬 미국자료에서는 그러한 요인들이 표출되지 않았다. 상이한 문화적 맥락에서 얻은 자료를 기초로 한 비교연구에서 나타나는 비교집단들 간의 차이는 左다 右다 하는 식의 일방적인 현상이 아니라 오히려 더 그렇다 또는 더 그렇지 않다 하는 식의 정도의 차이로 보아야 할 것이다.

부모부양이유는 도덕적인 호혜성을 반영한다고 본다. 앞 장에서 논한 바와 같이 퇴계(退溪)는 부모와 자녀 간의 호혜적인 관계를 강조하였다. 그분은 이러한 관계를 일상생활 속에서 실천하는 것이 중요함을 지적하였다. 이와 비슷한 교훈을 서양의 Blenkner(1965)도 제시하였다. 즉 그는 부모-자녀관계는 양자의 권리, 의무 및 욕구가 다 같이 동시에 존중받는 교호(交互)적인 방향으로 발전되어야함을 지적하였다. 자녀가 부모를 보호부양하고 부모가 자녀를 보살피는 것은 양자 사이에 자연적으로 나타나는 하늘이 주신 아름다운 현상이라고 했다.

오늘날 고령화사회에서 부모부양 의무를 재강조해야 한다는 소리가 높아지고 있다. 이렇게 사회적 관심이 커짐에 따라 부모-자녀 관계의 도덕성을 높일 필요성이 더해가고 있다. 자녀의 도덕성의 발달은 부모가 자녀에게 어느 정도로 모범적 행동을 보여 동일시할 수 있는 모델이 되느냐에 달려있다. 따라서 젊은이들의 사회화(社會化)는 부모-자녀관계의 소산(所産)이라고 할 수 있다. 윤리학자 Rawls (1971)는 심리학적 원리에 입각하여, "자녀의 부모에 대한 사랑은 그들이 부모로부터 받은 혜택을 인식할 때 갖게 된다"고 하였다. 실제로 성인자녀의 부모부양을 하고자 하는 의지와 행동 사이에는 연관성이 있는 것이다(Sung, 2007). 제1장에서 효행자의 효이념과 부모에게 제공한 돌봄서비스는 연계되어 있음을 발견하였다. 따라서 부모-자녀 관계에 있어 도덕적 합리성이 높을수록 자녀도 부모에 대해 도덕적인 행동을 할 가능성이 높아질 수 있는 것이다. 이 관계와 연계된 중요한 조건이 바로 이 책에서 되풀이해서 논의하는 부모-자녀 간의 호혜적(互惠的) 관계이다.

이상에서 한국인과 미국인의 부모-자녀관계에 초점을 두고 두 문화에 공통적인 효행이유와 각 문화 특유의 효행이유가 갖는 의미와 실천에 대해 살펴보았다.

한국인 특유의 부양이유에는 한국인의 부모와 고령자에 대한 태도와 행동에 강한 영향을 미친 한국의 문화적 전통이 함축되어 있다고 본다. 이러한 전통은 Streib(1987)가 지적한 노인의 안녕에 영향을 미치는 주요인인 '전통적 문화유형'(traditional cultural pattern)을 이루는 것이다.

한국인은 이조(李朝)시대 후기와 일제시대의 지속적인 사회정치적 불안과 전란을 겪는 과정에서 같은 역사적 배경, 언어 그리고 문화를 가진 국민으로서 국가적 통합을 중요시하고 가족을 우선시하는 강한 가족주의 의식을 갖게 되었다. 가족주의는 가족관계의 통합성을 유지하는 가치이며 효에 바탕을 둔 호혜적인 부모자녀 관계를 중요시한다. 이러한 가치는 개인주의적 생활양식을 지향하고, 젊음을 선호하며, 광활한 대지를 이동하기를 좋아하는 미국인의 가치와 대조된다.

미국인과 비교해 볼 때, 가족주의의 영향을 받는 한국인은 가족원들과 친밀한 정서적 관계를 맺는 경향이 강하다(성규탁, 2007; 송성자, 1997; 김한초 외. 1986). 이러한 관계망에서 성장한 한국인들은 효라는 전통적 부모부양이념을 실천에 옮긴다. 미국인의 경우는 Streib(1987)가 지적한 바와 같이 노인에 대한 자발적 존경(automatic respect)을 하는 경우가 드물다.

부모에 대한 존경, 가족조화, 희생의 3가지를 포함한 한국인의 부모부양이유에는 가족주의의식이 반영되어 있다. 한국에서는 게다가 노인부양과 관련된 전통적 관행을 권장하기 위하여 민간과 정부가 협동하여 노력을 기울이고 있다. 노인공경 캠페인, 경로주간 그리고 효행자 포상은 이러한 국가사회적 노력을 보여주는 예가 된다. 이와 같은 사회공학(社會工學)적 노력의 기저를 이루는 것이 바로 효의 이념이다. 이런 문화적 배경을 가진 한국인은 같은 조건하에서라면 미국인보다 더 높은 수준의 부모부양을 하게 될 것으로 본다.

비교문화적 조사에서는 복수의 조사대상 간의 공통점과 차이점을 분석하는 것이 상례이다. 이런 조사를 위해서는 질적 자료만으로는 비교대상자들 간의 차이를 정확하게 식별하기가 쉽지 않다. 본 비교문화적 조사에서는 이러한 점을 고려하여 양적 자료를 바탕으로 한국과 미국의 상이한 문화적 맥락에서 부모부양을 하는 이유에 대한 공통점과 차이점을 분명히 식별하였다.

# 제12장
# 중국인의 어른존경
# 질적 및 양적 접근

조사방법

* 중국의 효 관련 문헌 섭렵
* 고령자존경 관련 사회문화적 맥락 탐사
* 조사지역(도시) : 상하이(上海), 난징(南京), 칭다오(青島), 청두(成都), 지린(吉林)
* 현지방문 : 고령자의 생활과 부양자녀의 행동 관찰
* 조사대상자 : 각 도시에서 무작위 선정된 2개 대학 재학생 : 5개 지역 총수 2,017명
* 설문조사 : 무기명, 폐쇄형, Likert측도적용, (중국어설문 : 부록 참조), 사전 검증
* 통계분석 : t검정, Chi-sq., 상관관계, 변량분석
* 결과해석

## 요 약

효를 창도한 공자(孔子)는 중국 산동성(山東省)에서 태어났다. 효에 대한 가르침이 담겨있는 유교경전(孝經, 禮記, 論語, 孟子, 大學, 中庸 등)은 공자를 비롯한 중국의 유학자들이 저작하였다. 효는 유교의 가르침으로서 지난 2,500여 년 동안 중국을 비롯한 동아시아 나라들에서 널리 실천되어 온 문화적 가치이다. 이러한 특수한 문화적 배경을 가진 중국에서 오늘날 효는 어떻게 실천되고 있는가? 저자는 한국에서 효에 대한 사회조사를 하고서는 이런 의문이 생기어, 효문화의 본산인 중국에서 효의 실상을 살펴보기로 했다. 본 조사는 효의 중심적 차원인 부모존경에 초점을 두고, 중국인의 존경의 표현과 문화적 맥락을 탐사하였다. 저자의 중국연구 및 조사는 2002년부터 2013년에 이르는 기간에 진행되었다. 먼저 문화혁명 이후의 중국의 노인문제, 가족관계, 노인복지에 관한 문헌을 섭렵하고, 중국유학생들과 면담하여 부모자녀관계에 대해 사전 탐사를 하였다. 중국은 광대한 나라이기 때문에 제한적으로 소수의 지역과 조사대상자를 선정하게 되었다. 그러나 내륙지역과 해안지역을 커버하는 비교적 분포되어 있는 표본을 잡았다. 조사지역으로서 중국의 서쪽 내륙지역의 청두(成都), 동북방의 지린(吉林), 중동부지역의 난징(南京)과 상하이(上海), 그리고 동방해변지역의 칭다오(青島)를 의도적으로 선정하였다. 이어 각 도시에서 고령자들의 생활을 관찰하고, 부양자녀들을 맞나 부모돌봄에 대한 태도와 가치관을 살폈다. 이러한 현지활동에 앞서 효에 관한 유교문헌을 섭렵하고, 중국의 노인문제에 관한 최근자료를 탐사하였다. 이러한 질적 접근에 이어 5개 조사지역에서 의도적으로 선정된 2개 대학들의 재학생들을 무작위로 추출하여 설문조사(무기명)를 하여 양적 자료를 수집하였다. 무기명 폐쇄형 설문은 현지에서 동류집단(20명)에 대한 사전조사를 하여 응답의 신뢰성을 검정하였다(중국어설문 : 부록 참조).

중국의 국가주석이 효의 전국적 실천을 선도하며, 국가는 법적으로 성인자녀의 부모돌봄을 의무화하고 있다. 이러한 정치적 맥락에 깃들어 중국의 전통문화의 중요한 부문인 효는 문화적 관습으로서 광대한 중국 전역에 걸쳐 실천되고 있다. 총체적으로 중국은 가족 외부에서 오는 지원과 연계해서 가족 내부의 지원체계를 구축하려는 노력을 하고 있다. 즉, 국가의 제도를 통한 고령자돌봄을 민간의 지역공동체가 제공하는 사적 돌봄으로 보완, 강화하는 방향을 취하고 있다. 이러한 정치사회적 맥락에서 중국응답자들이 부모존경을 중요시하고 부모돌봄을 실행하는 정도는 종합적으로 높다. 농촌으로 둘러싸인 청두, 지린 및 칭다우의 응답자들이 거대도시(상하이, 난징)의 응답자들보다 어른존경의 중요성과 실행빈도에서 더 높게 나타났다. 인구사회적 특성에 따라서도 통계적으로 유의한 차이가 나타났다. 한국과 중국을 비교하면, 두 나라 사람들 사이에는 존경하는 방식과 존경을 중요시한 점에서 차이보다는 공통점이 더 현저하다. 본 조사를 위한 표본은 나라의 크기에 비하여 매우 작아 대표성에 제한이 있어 조심스럽게 다루어져야 하겠다. 또한 어른존경이 진행되는 역동적인 사회적 과정과 지역적 차이에 대한 질적 해석을 포괄적으로 하지 못한 제한점이 있다. 본 연구를 위한 자료수집은 中華人民共和國의 上海市上海大學科學技術大學院 Yan Guangle교수(上海 및 青島 담당), 成都市成都電氣機械工學大學 Zhang Jian교수(成都 담당), 四川市吉林師範大學 Kim Gayul교수(吉林 담당) 및 南京市工商行政管理局 Zhang Min씨(南京 담당)의 지원을 받아 이루어졌다.

## 시대적 변화와 이어지는 전통(고령자 관련 사회문화적 맥락)

중국은 효를 자국의 자랑스러운 문화적 유산으로 재조명하여 가족과 이웃공동체가 실천하도록 권장하고 있다. 이 나라는 효(孝)의 발상지(發祥地)이다. 효는 중국문화에서 중요한 위치를 차지하며 오랜 세월에 걸쳐 중국인의 가정생활에 깊이 스며들어 가족관계, 생활태도, 예절 및 의식(儀式)의 사소한 부문에 이르기까지 반영되어 있다(杜鵬, 2013; 2010; 李翔海, 2010; 王文亮, 2001; de Bary 1995; Kong, 1995).

하지만 지난 20세기 초에 중국에 개방 바람이 일어나자 이 전통적 가치인 효에 대한 비판이 일부 젊은 지식인들 사이에서 일어났다. 이들은 5.4운동(1919년에 陳德秀, 魯迅, 胡適 등이 이끈 중국의 사회운동) 이후 한동안 효에 대해 비판적 시각을 가지고 논쟁을 벌였다.

이에 대해 중국국학(國學)의 대사(大師) 任繼愈는 다음과 같이 말했다.

"5.4 운동 이래 일부 학자들이 효에 대해 역사적으로 고찰하지도 않고 비판한 것은 옳지 않다. 효는 중국민족의 전통에 있어 도덕적 행위의 요소이며 이를 사람과 금수를 구분 짓는 기준으로 삼아왔다." 그는 이어 "효의 사상체계는 중국민족의 단결, 발전, 응집력의 강화를 이룩하도록 하였고, 민족가치관의 공통적 인식을 형성하여 수천년 동안 매우 강력한 역할을 하였음을 간과해서는 안 된다"고 강조하였다(錢遜, 2010).

이어 중국철학-문학연구소장 蔡方鹿은 "효는 중국민족의 공통문화로 깊숙이 자리 잡고 공유하는 심리요소로 녹아들어 중국민족정신의 주요한 구성요소가 되었다. 현재 제창하고 두루 알리고 있는 효도사상은 올바르지 못한 사회분위기를 바로 잡고 화합하는 사회를 건설하는 데 중요한 현실적 의의와 가치를 지니고 있다"고 말했다(蔡方鹿, 2010).

20세기 후반에 중국의 사회주위정치가 시작되었을 시기에는 효를 으뜸가는 의무로 삼는 데 문제가 있었다. 효의 대표적 표현인 조상숭배는 공산주의이념과 어긋나는 것으로 단정되었고, 효의 실천장인 전통적 가족체계를 봉건적이고 가부장적 혼인체제라 하여 비난하였다.

그러나 중국가족체계의 도덕적 바탕을 이루었던 효는 (문화혁명 때를 제외하고는) 사회주의국가의 이념적 토의에서 직접적인 공격을 받지는 않았다(Leung, 1997; Chow, 1991).

이런 지난날의 정책과는 대조적으로 중국정부는 유교의 부활과 효의 실천을 권장하는 방향으로 정책을 전환하였다. 근년에 유수대학들에 유학연구소가 설립되었고 신유학(新儒學)의 학술활동과 효를 권장하기 위한 계몽운동이 전국적으로 확대되고 있다(陳榮照, 2010; 吳光, 2010).

지난 수십 년 동안의 이와 같은 정치경제적 변화과정에서도 효는 여전히 중국사람들의 부모와 어른에 대한 태도와 행동을 조절하는 문화적 가치로서 존속하고 있다(杜鵬, 2013; 錢遜, 2010; 李翔海, 2010; 王文亮, 2001; Whyte, 2004; Tang & Parish, 2000; de Bary, 1995; Tu, 1995; Kong, 1995).

## 정부정책과 효의 재조명

중국의 부모부양체계는 전통적 가치로부터 영향을 받지만, 정부의 시책으로부터도 직접적인 영향을 받고 있다(王文亮, 2001; Leung, 1997).

중국의 최고지도자 시진핑주석은 중국의 문화적 유산인 효를 전국적으로 확산 실천할 것을 선두에 서서 창도하고 있다.

게다가 중국정부는 노부모부양을 자녀의 당연한 의무로 규정하고 있다. 정부는 효를 노인부양의 국가적 부담을 해소하는 방안으로도 삼는 것으로 보인다. 중국정부는 법률과 포고문을 통해 부모를 존경하고 돌보는 역할을 자녀가 수행하도록 권장, 려행(勵行)하고 있다. 이렇게 되어 효를 바탕으로 하는 고령자존경은 중국가족의 의무인 동시에 사회주의국가 시민의 덕목으로 승화되었다.

노인존경과 노인부양에 대한 국가정책을 추진하는 데 관하여 중국정부 부주석 萬國權은 다음과 같이 말했다(人民日報, 1999).

> "전통적 가족구조가 변하고 있으며 인구고령화는 이미 매우 심각한 상태에 이르렀다. 우리 중국인은 노인을 존경하고 보살피는 오랜 전통을 간직하고 있다. 이 미덕과 노력을 지속하여 우리의 노인들을 보살피고, 이들이 즐거운 생활을 하고 뜻있는 만년을 보내도록 지원해야 한다."

중국정부정책의 기본원칙은 가족의 지원과 사회의 지원을 효과적으로 연계시키는 것으로서 가족의 지원능력을 가족 바깥의 공공서비스로 보완하는 사회체계를 구축하는 것이다(杜鵬, 2013; 王文亮, 2001; Leung, 1997).

이런 노력을 뒷받침하기 위해 중국의 노년학자들은 거택보호(居家養老: Djujia Yanglao)를 발전시키기 위한 조사연구를 해나오고 있다.

중화인민공화국 헌법은 노인은 성장한 자녀로부터 물질적 지원을 받을 권리가 있다고 규정하고 있다. 헌법 제49조에는 부모는 어린 자녀를 양육하고 교육시킬 위무가 있고 성장한 자녀는 부모를 지원할 의무가 있다고 법제회되어 있다. 1981년에 제정된 중국의 혼인법에도 같은 규정이 들어 있다. 최근에는 자녀는 정기적으로 노부모를 방문해야 한다는 법적의무조항을 설정하였다.

법적 규정이 효의 가치를 의미하는 것은 아니지만, 중국의 법규는 이와 같이 효행을 의무적으로 권장, 독려하고 있다(王文亮, 2001). 이런 사실을 보아 홍콩대학의 E. Leung(1997)교수가 "중국의 정책수립자들은 노인부양을 중요시하는 중국의 전통적 가치가 계속 사람들에게 영향을 끼쳐 주기를 원하고 있다"고 한 말이 맞다고 본다.

고령자를 위한 가족과 이웃의 민간지원 활용과 병행해서, 중국정부는 위와 같이

법을 제정하고, 사회보장체계를 개발하고, 고령자를 위한 서비스를 개선하고, 고령자를 지원하는 가족에게 수당과 세금감면 혜택을 주는 등 공적지원을 하고 있다.

이러한 일련의 진전을 보아 중국에는 어른을 존중하는 정치사회적 맥락이 조성되고 있다고 할 수 있다.

이런 사실을 예증(例證)하여 중국노년학회회장 張文范은 다음과 같이 효가 중국의 고령자 돌봄을 지향하는 국가사회적 목표와 합치됨을 분명히 하고 있다.

> "중국의 고령자부양방식은 가족이 제공하는 보살핌과 국가가 제공하는 지원을 결합한 것이다. 이 방식은 대체로 가족이 제공하는 보살핌에 크게 의존하고 있다. 혈연관계와 혼인으로 이루어진 가족 내에서 젊은 성원들은 고령의 성원들에게 경제적 지원, 일상생활 지원 및 정서적 지원을 제공할 책임을 수행해야 한다. 자녀가 해야 할 이런 행동은 전통적인 중국의 노인부양방법인 효를 실천하는 것이다. 우리는 이 고령자지원을 위한 전통을 계승해서 오늘날 사회주의정신문화를 건설하는 데 적용해야 한다. 노인의 행복한 여생을 보장하기 위해서 우리는 가족의 노인부양과 사회의 노인부양의 두 가지의 기본적 방법을 결합해야 한다."

위에 소개한 중국학자들의 의견과 중국정부부수상 및 중국노년학회장의 담화는 중국의 문화적 전통을 지속하려는 국가사회적 의지를 예증하며, 부모와 어른을 존중하고 돌보는 사회적 환경이 대체로 유지되고 있음을 시사한다.

그렇다면 어른존경을 하는 데 유리한 사회문화적 및 정치적 배경을 가진 중국인들은 과연 이 전통적 가치를 실생활에서 어떻게 실천하고 있는가?

## 가족의 변화와 전통의 지속

중국사회에서 전통적으로 가장 중심적인 것은 가족이다(董金裕, 2010; Tang & Parish, 2000; Kong, 1995; Chow, 1991; Levy, 1949). 요즘에도 가족은 고령자를 위한 존경과 돌봄의 제1차적 원천이다(Lang, 2010; 王文亮, 2001; Whyte, 2004). 중국가족은 아동을 사회화하고 고령의 가족원을 돌보는 책임을 지고 역할을 한다(Xie, Defrain, Meredith & Combs, 1996; Leung, 1997; Pei & Pillai, 1999; 李建業, 2003).

그런데 중국가족의 구조와 환경은 산업화와 도시화로 인하여 달라지고 있다(杜

鵬, 2013; Goldstein & Ku, 1993; Leung, 1997; Pei & Pillai, 1999).

일찍이 가족연구가 William J. Goode(1963)은 그의 책 '세계혁명과 가족형태'(World Revolution and Family Pattern)에서 "현대화에 따라 수직적 가족과 확대된 친족의 의무는 부부간의 혼인결합에 우위를 두는 가족으로 전환하게 된다. 이런 변화에 따라 부계원칙은 약화되고 아들과 딸은 모두 동등한 가족의 값있는 성원들이 된다"라고 예언했다.

근년에 중국에서 일어나고 있는 가족의 변화는 표면상으로는 Goode의 예언과 대체로 합치된다고 볼 수 있을지도 모른다. 그러나 서양문화권에 속하는 Goode는 중국의 가족체계 저변에 잠재하는 "부모자녀가 서로에 대해 지키는 의무이자 끊을 수 없는 정(情)으로 이루어지는 효의 가치가 사회변동에도 불구하고 지속적으로 중국인들의 일상생활에 크고 깊게 영향을 끼치고 있다는 사실을 간과(看過)했을지도 모른다.

가족이 변하고 있기는 하지만 중국의 젊은 세대는 부모은혜에 감사하여 부모를 존경하고 돌보는 가족윤리를 새 시대의 생활환경에 맞추어 여전히 수행하고 있다(Li, 1994; Leung, 1997; Kong, 1995; 王文亮, 2001; 杜鵬, 2013).

그러나 가족구조와 생활스타일의 변화, 국가의 사회보장 및 사회복지서비스 제공, 새로운 고령자 관련 법령의 시행에 따라 중국의 부모자녀관계의 형태가 달라지고 있다.

아들은 결혼을 하면 짧은 기간 동안만 부모와 동거한 후 곧 분가(分家)한다(Whyte, 2004). 분가가 일찍이 되어짐에 따라 대가족을 중심으로 이루어져 온 가족생활방식은 수정되고 있다(王文亮, 2001).

중국의 새 민법과 혼인법은 남녀동등권, 개인의 결혼상대자 선정의 자유, 여성의 재산소유권을 보장한다. 토지는 부모가 독점하지 못하고 모든 자녀에게 배분된다. 부모 사후 토지는 동리로 되돌아가 다른 사람에게 배당된다.

이런 변화로 자녀는 성인이 되면 부모에게 의존하지 않고 경제적으로 독립하게 된다. 이에 따라 고령자의 가족 내의 권위는 과거보다 약화되었다(Pei & Pillai, 1999).

중국 산동성(山東省) 바오딩 지방에서 하버드대학의 사회학자 Whyte(2004) 교수가 행한 조사의 결과는 중국가족의 변화와 고령자의 형편에 대해 아래와 같이 소상히 알려주고 있다.

그는 바오딩지방의 고령자를 둘러싼 제반 사정이 중국의 중대(中大)도시의 사정과 대체로 비슷하다고 보았다.

바오딩지방의 대다수 노부모들은 결혼한 아들과 별거하고 있으며 이들은 아들과의 동거를 원하지 않고 있다. 이제는 부모의 핵가족과 자녀의 핵가족들로 이루어진 가족망(networked families)을 형성하여, 부모와 자녀는 서로 거리를 두고 살면서 자주 접촉하며, 서로 지원하고 있다. 산동성의 경우 고령자의 1/4 정도가 자녀로부터 현금지원을 받고 1/3은 물질적 도움을 받고 있다. 이제는 가족망이 전통적 부모부양 방식을 상당부분 대신하고 있다. 대다수(75%~95%) 노부모들은 성인자녀가 그들을 존경해 주며 효도한다고 응답했다. 95%는 자녀와의 정서적 관계에 만족하고 있다.

Whyte 교수는 이어 부모의 역할에 대해 다음과 같이 설명하였다(2004).

> "자녀는 일방적으로 부모를 부양한다고 보고들 있지만, 사실은 부모도 자녀를 위해 다방면으로 지원해 왔다. 좋은 학교에 입학 하도록, 유리한 직장을 얻도록, 결혼을 하도록, 집을 구하도록 도와주고, 재정적으로 지원하고, 손자녀를 돌보아주고, 집안일을 거들고, 자녀의 문제를 해결해 주기 위해 친지의 도움을 받도록 주선하는 등 애를 써왔다."

Whyte 교수는 산둥지역의 조사대상자들에서 부모자녀 간의 의무와 부양에 대한 태도에서 세대 간 차이가 나타나지 않았다고 했다. 부모와 자녀가 주고받는 다양한 형태의 지원은 비록 자녀가 떨어져 살아 자주 접촉하지 못하여도 지속적인 협동과 의무수행을 통해 확고히 실행되고 있다고 보았다.

이어 Whyte 교수는 이 지역의 부모들은 그들의 문제를 무시당하거나 자녀의 효심이 부족하다고 느끼는 이는 거의 없다고 했다. 따라서 그의 조사결과에 의하면 산둥성 바우딩지방의 경우 노부모를 위한 효의 의무수행이 위기에 처했다는 증조는 보이지 않았다.

매우 인상 깊은 조사보고이다.

중국의 사회지도자는 부모를 존중하고 돌보는 가치인 효를 중국 특유의 문화적 유산으로 내세우며 이는 아시아에서는 물론 세계 여러 나라들이 갖지 못한 독특한 문화적 자산이라고 자랑한다.

그러나 효의 가치는 그 미치는바 영향력이 과거보다는 완화되었다고 한다(杜鵬, 2013; 王文亮, 2001). 효행의 어떤 면은 수정되고 있는 것이다. 효는 부모와 자녀와의 갈등관계를 피하게 하는 가치로서 중요시되고 있다. 중국의 동리를 관리하는 동리관리위원회는 불효하는 자녀들이 생기면 이들에게 충고를 하고 부모를 지원하도록 설득한다는 것이다. 이제는 부모를 지원할 책임도 아들딸이 똑같이 나누어 수행하고 있다. 딸은 떨어져 살지만 친정부모를 부양하도록 법으로 제정되어 있는 것이다. 부양책임도 현금을 부모에게 제공해서 수행하는 경우가 늘어나고 있다. 부모는 무엇이든 얼마든 자녀가 제공하는 도움에 감사하는 형편이다. 어려운 중에도 동리 이장에게 도움을 구하는 노부모들은 적다는 것이다. 가족의 문제를 바깥사람에게 알리기를 꺼리기 때문이라고 한다.

중국농촌을 조사한 Miller 교수(2004)는 농촌의 노인들은 도시노인들보다 더 잘 부양되고 있다고 보았다. 그는 농촌의 젊은 사람들이 더 전통적이고 도시의 젊은이들이 선호하는 도시문화로부터 영향을 덜 받고 있기 때문인 것으로 보았다. 농촌지역의 다수 노인들은 자녀들로부터 많은 지원을 받을 기대를 하지 않고, 그들의 부담이 되지 않으려 한다는 것이다. 다만 위기에 처해 있을 때 기본적 지원을 해주기를 바란다. 경제적 여유가 있는 부모는 존경과 관심을 받는 정서적인 부모자녀관계를 더 중요시한다는 것이다.

젊은이들은 부모부양을 지역사회의 요청과 자신의 가족형편을 조절하면서 실천해 나가고 있다. 이웃과 공동사회의 눈치와 비평에 신경을 쓰며 "자식노릇을 못한다," "부자가 서로 도와가지 않는다," "부모를 존중하지 않는다" 등의 반가족적 비난을 받으려 하지 않는다. 가족의 체면을 중요시하고 있는 것이다. 이 점은 중국인의 전통적인 가족주의적 성향을 시사하고 있다.

젊은이들은 새로운 시각과 생활스타일을 가지기 시작했지만, 정부가 내세운 가족의 역할과 덕목을 대체로 따르고 있다. 그러나 이들은 과거와 같이 부모에게 무조건 복종하는 것이 아니라 부모와 동등하게 대화를 해서 가족을 꾸려 나가는 새로운 세대관계를 이루는 경향이다(Miller, 2004; Leung, 1997).

이상과 같이 중국과 서양의 중국전문가들은 중국의 가족원들은 시대적 변화에 따라 전통적인 수직적이고 권위주의적인 세대관계를 수정하고 있지만, 부모자녀간의 서로에 대한 친밀, 애정, 책임, 존경은 여전히 지속하고 있음을 지적하고 있다. 급속한 사회변동에도 불구하고 가족의 서로 섬기며 돌보는 전통적 관행은 지속되고 있는 것이다. 중국가족들의 끈질긴 문화적 관행을 엿볼 수 있다. 바꾸어 말하면 문화적저항(文化的抵抗)이 진행되고 있는 것이다.

## 이어지는 가족중심돌봄

중국정부는 효행을 장려하는 정책을 시행하고 있다. 이 정책 하에 가족중심적 양로와 국가의 사회보장제도 운용을 병행함으로써 중국의 종합적 노인복지를 고양하는 방향을 잡고 있다.

중국의 고령자돌봄은 효(孝) 중심의 전통적 가족윤리에 바탕을 두고 있다(杜鵬, 2013; 王文亮, 2001; Chow, 1995). 유교의 윤리적 규범은 노부모에 대한 부양의무를 자연적으로 수행하고 어른을 자동적으로 존경하는 사회적 관행을 조성해 왔다(錢遜, 2010; 李翔海, 2010; Tang & Parish, 2000; Hsu, 1988).

저명한 노년학자 Streib(1987)교수는 중국농촌을 관찰하고 노인생활에 커다란 영향을 끼치는 두 가지 요인을 지적하였다. 그는 효에 뿌리를 둔 전통적인 문화적 형태와 농촌의 농업경제적 조건으로서 상호의존적이며 협동적인 생활방식을 들었다. 그는 이 요건들은 중국의 가족들, 특히 농촌의 가족들이 고령의 부모를 존경하고 돌보는 부모자녀 간의 세대관계는 농촌에서만 지속되는 것이 아니다. 즉, 현대 중국에 관한 연구들은 도시는 농촌지역보다 더 빠른 속도로 변하고 있지만, 이 변화가 세대 간의 관계를 불안정하게 만들고 있지는 않다고 보았다(Kirkby, 1985; Tang & Parish, 2000; Streib, 1987).

지금부터 30년 전 Whyte와 Parish(1984)는 이 점에 관해서 다음과 같이 논하였다. "고령자의 힘은 어느 정도 약화된 것이 분명하다. 그러나 중국인의 노부모에 대한 존경과 노소 간의 상호지원 의욕은 세대를 결속시키고 있다."

여러 해 지나서 이와 비슷한 의견을 다른 중국연구자들도 피력하였다(Chow, 1991, Xie, Defrain, Meredith & Combs, 1996; Ng, David & Lee, 2002; Whyte, 2004; 杜鵬, 2013).

위에서 지적한 바와 같이 중국정부는 사회보장제도와 아울러 가족양로의 개발을 중요시하고 있다. 가족양로는 효를 바탕으로 한 전통적 가족윤리의 실현으로 이루어진다(王文亮, 2001: 58). 요즘 중국에서 유행되는 안노(安老)라는 용어는 바로 가족양로를 두고 하는 말이다. 논어(論語, 公冶長 25)의 노자안지(老者安之)

에서 온 말이다. 그 뜻은 고령자에게 물질적 안정뿐만 아니라 정서적 안정도 제공해야 한다는 것이다. 정서적 안정의 기본내용은 마음을 편히 하도록 하고, 존경을 하는 것, 즉 효를 실행하는 것이다.

### 세대 간의 서로돌봄

중국연구자들은 효의 가치는 여전히 중국사회에서 영향력을 발휘하고 있다고 주장한다(Parish & Whyte, 1978: Streib, 1987; Chow, 1991; Kong, 1995; Tang & Parish, 2000; 錢遜, 2010; 李翔海, 2010; 杜鵬, 2013). 효의 가치는 부모와 자녀, 어른과 젊은이 사이의 호혜적(互惠的) 또는 호수적(互授的) 관계를 통해 실천으로 옮겨지고 있다.

홍콩대학의 Chow(1991) 교수는 문화혁명이 진행된 10년 동안 가족체계가 혼란상태에 빠졌고 혁명당국은 자녀에게 부모를 존경하지 말라고 지령했다. 그러나 그 강력한 명령에도 불구하고 중국인들은 가정 안에서 전과 다름없이 효를 실천해 갔다고 했다.

문화적 전통은 끈질기게 이어지고 있는 것이다. 이러한 전통적 관행은 부모부양법의 시행으로 강화되고 있다. 중국의 새 헌법(憲法)은 성인자녀가 노부모를 지원할 책임을 법으로 규정해 놓았다.

가족이 없는 고령자는 지역사회(이웃공동체)가 책임지고 돌봄, 식사, 주거, 장례를 위한 지원을 한다. 이것을 다섯 가지 보장(五保戶)이라고 한다. 이 보장은 은퇴자홈(중국에서는 '어른존경센터'라고 함)에서도 제공된다.

30여 년 전 Parish와 Whyte(1978: 77) 교수들은 "빈곤한 농부는 먼저 그들의 가족으로부터 도움을 받고 가족이 제공 못 하는 도움은 이웃으로부터 받는다"고 했다.

오늘날에도 대다수 중국가족들과 이웃공동체들은 고령의 친척과 이웃을 지원하고 있다(Wang, 2001; Xie, Defrain, Meredith & Combs, 1996, 李建業, 2003; Whyte, 2004; 杜鵬, 2013). 농촌에 사는 가족만이 아니라 교육을 받은 도시인들까지도 농촌에 남아있는 가족원들과 밀접한 관계를 유지하며 지원하고 있다. 이러한 전통적 생활방식이 대다수 중국가족들 사이에서 자연스러운 관습으로 받아들여지고 있다((Xue, Xin & Liu, 1998; Pei & Pillai, 1999; Streib, 1987; Whyte, 2004).

이런 맥락에서 중국인은 가족원들 사이의 상호의존을 교환관계의 기준으로 받아드린다. 고령자들은 자녀에 의존하는 것을 자존심을 훼손하는 것으로 보지 않는다. 그리고 젊은 세대와 중년기의 사람들은 자력으로 영원히 살아갈 수 있을 것이라고 믿거나 자신들이 고령자가 되면 어려움에 부딪히지 않을 것이라는 환상을 갖지 않는다. 누구나 노년이 되면 호혜적 관습에 따라 젊은 세대에 의존하게 되는 것을 노화의 불가피한 여건으로 받아들인다. 서양사람들같이 의존을 병이나 수치로 알고 독립과 자존을 고집하지 않는다(Streib, 1983; Xue, Xin & Liu, 1998; 杜鵬, 2013).

이런 가족관계 속에서 부모자녀가 존중하고 지원하는 관계는 호혜적(또는 互授的)인 성질의 것이다. 즉, 성인자녀는 고령의 부모를 존중하고 지원하는 것이 그들이 부모로부터 받은 도움(은혜)을 갚는 자연스러운 도리라고 믿는 것이다. 부모자녀 간의 밀접한 상호의존적인 유대관계를 통해 세대 간의 존중과 돌봄이 이루어지고 있다. 이런 가족관계는 중국인들이 간직하는 문화적 특성이다(李建業, 2003; Streib, 1987; Pedersen, 1983).

## 존경 : 으뜸가는 효행

공자는 5가지의 가장 기본적인 인간관계로서 오륜(五倫)을 규정하였다. 오륜은 부모와 자녀, 남편과 처, 형과 아우. 친구, 군주와 신하 사이의 윤리적 관계이다(栗谷集 語錄; de Bary & Bloom, 1999: 336-337). 이 다섯 가지 관계에서 세 가지는 가족에 해당되는데, 이 중에서도 가장 기본적 관계가 부모와 자녀와의 관계이다. 이 관계에서도 가장 중요한 것이 부모를 존경하는 의무이다.

공자의 제자로서 효를 가장 많이 논구한 증자(曾子)는 다음과 같이 효의 요점을 지적했다.

> "인간이 하는 모든 행동 가운데서 효행만큼 중요한 것은 없다. 효행 가운데서도 부모를 존경하는 것이 제일 중요하다"[人之行 莫大於孝 孝莫大於嚴父](효경 10 성치장).

존경이 효의 핵심이 됨을 분명히 한 말이다.

예기(禮記)에 자녀가 부모에게 해야 할 역할과 의무에 대해서 다음과 같은 가르침이 있다.

"효자는 부모를 극진하게 존경하고, 즐거운 마음으로 음식을 대접하고, 병환을 앓을 때는 염려와 걱정을 하고, 사망하면 슬퍼하며 애도한다"(예기 하 12, 15).

예기에는 또한 부모존경과 관련된 다음과 같은 구절이 있다.

"효를 행하는 데 세 가지 방법이 있다. 첫째는 부모를 존경하고, 둘째는 부모를 수치스럽고 불명예하게 만들지 않고, 셋째 충분한 식사를 대접하는 것이다"(大孝尊親, 其次不辱, 其下能養).

이와 같이 가장 먼저 지적한 의무가 부모를 존경하는 것이다. 오랜 역사를 통해서 중국인은 광범위하고 포괄적인 방법으로 효를 바탕으로 하여 부모와 어른을 존경해 왔다. 중국인들이 자랑하는 문화적 관습이다.

자녀의 부모에 대한 의무는 크게 물질적 지원(贍養)과 정신적 지원(安老)의 두 가지로 나눌 수 있다. 고령자에게는 물질적 지원만 아니라 정서적 안정도 이룩하도록 도와야 하는 것이다. 정서적 지원의 중요한 차원은 앞서 지적한 바와 같이 존경하고 돌보는 것이다.

전통적으로 효는 가정을 중심으로 행해져 왔다. 그래서 효를 가정윤리라고 했으며 효는 가정에 국한되는 것으로 생각하였다. 그러나 효의 범위는 그보다 훨씬 더 넓다.

공자는 집안에서는 효도하고 나아가서는 이웃과 사회의 어른을 공경(애중친인: 愛衆親仁)하라고 했다(論語, 學而 6). 이렇게 함으로써 인(仁, 인간애) -넓은 사랑- 을 실천할 수 있음을 교시한 것이다(汎愛衆而親仁).

"仁의 대표적 실행은 부모에게 효를 하는 것"이다(孟子 離婁 상 37; 中庸 20, 5 仁者人也親親爲大). 그리고 위에서 지적했듯이 효의 기본은 부모존경이다. 부모존경은 이웃존경으로 확대된다.

공자의 仁은 사람에서 동식물에 이르기까지 확대된다. 맹자는 공자의 이 사상을 계승하여 한 차원 더 발전시켰다. 즉 그는 사람마다 측은지심(불쌍하고 가엾이 여기는 마음: 惻隱之心)이 있다고 했다(孟子, 公孫丑)(제3장 참조).

가족에서 시작된 효는 이웃, 넓은 사회 나아가 세계로 인(仁)의 마음씨를 적용하는 범위가 확대된다. 이에 따라 인은 사람을 위한 정서적 및 물질적 보살핌의 범위에서 생명이 없는 물건까지 중하게 여기는 경지로 발전하는 사회윤리로서 자리 잡게 된다.

위와 같이 넓은 뜻을 가진 仁(인간애)의 실행은 곧 효의 실천을 말한다. 그리고 효는 모든 사람과 모든 물건을 측은지심으로 존중하며 돌봄으로써 이루어질 수 있는 것이다.

중국의 부모를 존중하고 돌보는 가족윤리는 깊은 내면적 차원을 지닌다. 즉, 부모로부터 받은 은혜를 갚고(報本反始) 부모에 대한 덕(德)을 쌓는(感恩載德) 정(情)이 중국인의 마음속 깊이 잠겨 있는 것이다(李翔海, 2010).

Whyte(2004)교수는 중국인들이 이러한 정을 실천하는 데 주어지는 보상(incentive)은 법적인 것이 아니라 '문화적'이고 '도덕적'인 것이라고 했다.

이 말은 오랜 역사를 두고 중국사회에서 실천되어온 어른존경의 문화적 전통과 부모자녀 간에 생성하는 윤리적 관계가 합성되어 그 정이 표현되고 있음을 시사하는 것이다.

## 어른존경의 뜻

**존경의 뜻과 표현방식에 대해서 제2장~제4장, 제8장에서 논의하였다.**

위에 논술한 바와 같이 중국인은 특이한 부모/어른존경의 문화적 전통을 간직하고 있다. 이러한 존경의 전통적 기반은 효에 관한 유교의 가르침이다. 특히 인(仁)의 이념이 그 가르침의 근본을 이루고 있다. 인은 넓은 사랑으로서 남을 사랑하고 돌보는 이타적인 마음과 행동을 말한다. 다음에 논의하는 바와 같이 사람을 돌본다는 것은 곧 그를 섬긴다, 존중한다는 뜻을 내포하고 있다.

〈존경과 돌봄〉

다음에 서양학자들의 존경에 대한 이론을 인용해 보고자 한다.

돌봄(care)은 존경의 일부이다(Downie & Telfer, 1969). 존경을 하려면 어떤 형태의 남을 돌보는 이타적(利他的) 행동을 해야 한다. 예를 들어 다른 사람을 위한 서비스를 제공하는 것이다(Gibbard, 1990: 265; Sung, 1998). 존경은 눈에 보이지 않는 내면적 차원이 있지만, 눈에 보이는(가시적) 행동으로도 표현되는 것이다(Silverman & Maxwell, 1978). 사람을 존경하려면 그 사람에게 합당한 어떤 행동을 보여 주어야 한다(Gibbard, 1990). 즉, 그 사람을 존경하기 위해 어떤 행동이나 특정한 제스추어를 하는 것이다(Downie & Telfer, 1969; Dillon, 1992). 이런 행동적인 것으로서 음성(예 : 인사말, 호칭), 신체적 움직임(예 : 서비스, 절, 안내), 외모(예 : 단정한 옷차림, 미용)를 들 수 있다. 존경하는 사람은 이런 존경을 나타내는 몸짓과 표현을 하게 된다. 존경받는 사람은 이런 행동을 존경의 표상(symbols)으로서 받아 드린다(Hewit, 1988).

서양문화에서는 위와 같은 존경에 대한 이론적 해석이 있기는 하나, 부모/어른에 대한 존경을 의무적으로 실행해야 된다는 규범은 찾기 어렵다. 이 점 동아시아 문회의 경우와 차이가 있다. 동아시아에서는 부모와 어른존경은 자녀와 젊은 사람들이 일상생활에서 마땅히 실행해야 하는 윤리적인 의무이며 규범으로 되어 있다. 이러한 의무는 오랜 역사를 통해 전해 내려온 문화적 관행으로서 수행되고 있다.

〈고령자들의 소원〉

고령자들에게는 음식, 의복, 주거, 보건 및 안전이 일상생활을 위한 필수적 요건들이다. 그러나 이분들은 또 하나의 꼭 필요한 것이 있다. 그것은 다름이 아니라 사람들로부터 존경을 받는 것이다.

고령자들의 존경을 받고자 하는 의욕은 모든 문화권에서 공통적인 것이다(Reichel, 1995; Leininger, 1990; Sung, 2001, 2004). 미국에서도 그러함이 나타났다. 미국의 최대 일간지 New York Times(1996, 9, 22)가 고령자들이 가장 원하는 것을 조사한 결과 다름 아닌 사람들로부터 존경받는 것으로 나타난 것이다. 미국의 고령자들은 우리는 긴요한 삶의 조건인 의식주는 해결하고 있다. 그런데 존경을 옳게 받지 못하고 있다고 했다.

〈존경이 미치는 긍정적 영향〉

존경을 받는 고령자는 생에 대한 만족감을 가지게 되며, 자신들이 사회에 쓸모가 있는 존재라고 믿게 되고, 가족 및 주변 사람들과 어울려서 긍정적 사회관계를 이루게 된다(Applegate & Morse, 1994; Dillon, 1992).

이와 같이 존경은 고령자들의 위신을 높이고, 이들의 자기존중감과 안녕감을 증진하며, 이들을 가족과 사회에 통합하는 힘 -문화적 및 사회적 영향력- 으로 작용한다(Downie & Telfer, 1969; Leininger, 1990; Riley & Riley, 1994; Sung, 2010). 젊은 사람이 어른을 존중하는 이유는 어른에 대한 마음속으로부터의 존경심, 은혜를 갚겠다는 소망, 또는 어른을 즐겁게 하려는 뜻에서 행하는 것으로 볼 수 있다. 이런 자원적이고 진실한 표현과 대조해서 외부로부터 압력을 받고 존경해야 하는 경우에는 그 표현은 외관상의 표현에 불과하고, 진정한 마음에서 울어나는 존경이 되지 못하는 것이다.

## 조사의 목적과 방법

한 사회에서 일어날 변화를 알기 위해서는 먼저 그 사회의 젊은이를 드려다 보게 된다. 젊은 사람들은 변화를 가져오는 매체가 되기도 하지만, 앞으로 그 나라의 사회복지를 기획하고 실천하는 일꾼이 될 인재들이기도 하다. 본 조사에서는 이들 젊은 사람들을 조사대상으로 선정하였다.

〈조사의 목적〉

본 조사를 위해서 제기된 과제들은 세 가지이다.

(1) 중국의 젊은 사람들은 노인을 존경하는가?

(2) 존경을 한다면 어떠한 방식으로 표현하는가?

(3) 존경하는 방식은 대상자들의 개인적 특성에 따라 차이가 있는가?

이들 질문에 대한 답을 얻기 위해 중국의 젊은 성인들의 어른을 존경하는 행동적 표현을 조사하였다.

〈조사방법〉

5단위 측도로 된 구조화된 설문을 사용하여 전형적인 수량적 조사(survey)를 하였다. 그러나 앞에서 논한 바와 같이 조사에 앞서 중국의 효(세대 간의 서로돌봄)와 노인 및 가족 복지와 관련된 문헌을 섭렵하고, 현지답사를 해서 고령자의 생활을 관찰하여 고령자존경의 사회문화적 배경을 살펴보았다.

설문을 작성하기 전에 2개 미국대학들에서 유학 중인 중국인학생들 중 22명을 무작위로 선발하여 이들이 미국으로 유학 오기 전 본국(중국)에서 가장 자주 사용하였고 가장 중요하다고 인식한 어른존경의 표현을 적어 달라고 부탁하였다. 선행연구들이 식별한 존경방식들을 열거하여 이들에게 주고 해당되는 방식에 체크하도록 부탁하였다. 또한 이들 표현 외에도 이들이 사용한 다른 존경방식이 있으면 적어달라고 했다. 이 예비조사에서 선행연구들이 보고하지 않은 다음의 두 가지 방식들을 발견하였다.

(1) “동일시해서 하는 존경” : 어른의 이념, 가치관, 행동 및 생활방식을 따름

(2) “사생활을 존중해서 하는 존경” : 어른의 사생활과 사비밀을 존중함

이 두 방식들을 앞서 찾아낸 13개 방식들에 합쳐서 총 15개 방식들로 구성된 무기명, 폐쇄형 설문을 아래와 같은 내용으로 작성하였다.

〈조사에 사용된 존경방식〉

* *보살핌으로 하는 존경*
* *음식대접으로 하는 존경*
* *선물로 하는 존경*
* *외모를 갖추이 하는 존경*
* *순종을 해서 하는 존경*
* *존댓말로 하는 존경*
* *윗자리를 제공해서 하는 존경*
* *축하를 해서 하는 존경*
* *의논을 해서 하는 존경*
* *인사를 해서 하는 존경*
* *먼저 대접해서 하는 존경*
* *조상에게 하는 존경*
* *이웃노인에 대한 존경*
* *사생활 존중*
* *동일시해서 하는 존경*

〈설문의 구성과 내용〉

각 설문은 위의 15개 방식들을 지적한 지표들과 응답자들의 사회인구학적 특성을 포함한 총 29개 항목들로 구성되었다. [부록 : 중국설문 참조]

두 편의 설문을 조사대상자들에게 배부하여 응답하도록 했다.

첫째 편은 응답자에게 각 항목(존경방식)에 대해 어느 정도 자주 실천했는가 “실천한 빈도”를 기입하도록 했다.

둘째 편은 같은 항목들에 대해 그들의 개인적 판단에 따라 어느 정도로 중요한가 "중요성의 정도"를 지적하도록 했다.

이 두 방법으로 존경의 실천 정도를 신뢰성과 타당성이 있게 파악하려고 했다.

설문에서 "보살핌으로 하는 존경"은 4개 항목들('수단적 돌봄' : 시간을 함께 보냄, 집안일을 돌봄; '정서적 돌봄' : 다정하게 대함, 편안하게 해드림)은 모두 돌봄으로 하는 존경방식을 지적하는 지표들이다. 나머지 존경방식들의 대다수는 두 가지의 지표들로 지적되었다.

각 항목에 대한 빈도는 5단위 측도로 지적되었다(5=항상 실천하였음, 4=자주 실천한 편임, 3=가끔 실천하였음, 2=별로 실천하지 않았음, 1=전혀 실천하지 않았음). 중요성의 정도도 역시 5단위 측도로 지적되었다(5=매우 중요함, 4=중요한 편임, 3=중요하기도 하고 중요치 않기도 함, 2=별로 중요하지 않음, 1=전혀 중요하지 않음).

이어 조사대상자의 사회인구학적 특성을 묻는 항목들(성별, 연령, 결혼상태, 교육, 부모와 동거/별거, 거주지역-도시/농촌)이 따랐다.

영어와 중국어를 구사하는 조사자가 원래 영문으로 된 설문을 중국어로 번역하고, 다른 중국어 사용자가 이를 영어로 역번역하였다. 세 번째 중국어 사용자가 영어로 된 질문들을 다시 중국어로 번역하였다. 세 사람의 번역자들이 행한 두 가지 국어로 된 설문들을 대조하여 모두 언어적으로 동일하고 중국의 문화적 맥락에서 사용하는 데 합당하다는 결론을 내렸다.

> 설문지에는 응답은 자유이며, 무기명이고, 응답은 종합해서 평균치를 산출하기 때문에 개개 응답자에 대한 자료는 표출되지 않음을 부기했다. 무작위를 선정된 중국학생 16명에 대한 test-retest를 하여 신뢰도를 검정하였다.

〈조사대상자〉

이렇게 구성된 설문들은 중국의 5개 도시 상하이(上海), 난징(南京), 칭다오(青島), 청두(成都) 및 지린(吉林)에 있는 대학들에 재학중인 대학생과 대학원생들에게 정용되었다. 상하이는 초대도시이고, 난징은 문화적이면서 산업화된 대도시이고, 칭다오는 농업지역으로 둘러싸인 산업화된 도시이며, 청두는 중국내륙지역에 위치한 교통중심지로서 중국의 문화적 전통을 보존하는 지방도시이며, 지린은 중국의 동북부의 문화. 교육 및 산업의 요충이다. 칭다오, 청두 및 지린의 대상자들 중에는 농촌출신이 다수 포함되어 있다. 이들 각 도시에는 대학들이 5개 이상이 있어 이 중에서 2개 대학들을 무작위로 선출하였다. 모두가 정부지원으로 운영되는 남녀공학이며 사회적 및 경제적으로 다양한 학생들이 다니는 대학들이다.

자료는 총 2,017명의 학생들로부터 수집되었다(난징 405, 상하이 402, 칭다오 404, 청두 421, 지린 385). 각 대학에서 사회계열 과목들을 청강하는 대학생들과 대학원생들을 설문응답자로 선발하였다. 각 교실에서 강사가 청강생들에게 이 조사는 자원해서 참여하는 것이며, 설문은 무기명으로 기입하도록 알려 주었다. 각 대학에서 90%~95% 이상의 응답자들이 설문을 완성해 주었다.

## 조사결과

설문에 대한 응답을 바탕으로 찾아낸 존경방식들과 존경방식 분석에 대해서 논의하고자 한다.

종합해서 보면, <표 12-1>이 보여 주듯이 대다수 응답자들은 대학에 다니는 젊은 성인들로서 89%는 20~29세(20~24, 70%; 25~29세, 19%), 59%는 학부학생, 25%는 대학원생, 5%는 박사학위소지자, 11%는 기타 학위 소지자; 남성 57%, 여성 43%; 미혼 68%, 기혼 32%; 부모와 별거 63%, 부모와 동거 37%; 도시거주자 83%, 농촌거주 17%로 구분되었다.

5개 지역들(상하이, 난징, 칭다오, 청두, 지린)의 응답자들의 사회인구학적 특성을 비교해 보았다. 응답자들을 지역에 따라 5개 집단으로 분리하였다.

결혼상태에서는 상하이집단이 난징, 칭다오, 청두 및 지린 집단들보다 미혼자가 더 많았다(미혼자 : 상하이 83%; 난징 64%, 칭다오 54%, 청두 52%, 지린 50%) [Chi-square검정결과 : $X^2$=278, df=4, sig.=.001].

주거형태에서도 달랐다. 가장 도시화된 상하이의 집단이 다른 집단들보다도 부모와 함께 사는 응답자들이 적었고, 지방도시인 칭다오, 청두 및 지린에는 상대적으로 동거하는 응답자들이 더 많았다(부모와 동거 : 지린 61% 청두 55%, 칭다오 45%, 난징 31%, 상하이 12%) [$X^2$=86, df=4, sig.=.001]. 예측한 바와 같이 지방도시집단들이 도시집단들보다 농촌에 사는 응답자들이 더 많았다.

<표 12-1> 응답자들의 사회인구학적 특성

| 사회경제적 특성 | | % |
|---|---|---|
| 연령 | 20-24 | 69.2 |
| | 25-29 | 19.6 |
| | 30-34 | 4.8 |
| | 35-39 | 1.9 |
| | 40+ | 4.5 |
| 성별 | 남 | 56.6 |
| | 여 | 43.4 |
| 결혼상태 | 기혼 | 39.1 |
| | 미혼 | 60.9 |
| 교육 | 대학 | 59.5 |
| | 대학원 | 24.7 |
| | 박사 | 9.6 |
| | 기타 | 6.2 |
| 부모동거 | 예 | 41.0 |
| | 아니오 | 59.0 |
| 거주지역 | 농촌 | 17.4 |
| | 도시 | 82.6 |

N=2,017

조사대상자들의 대다수는 부모와 떨어져 도시에 살고 있는 미혼자들이다.

〈존경방식의 지적빈도와 중요성〉

<표 12-2>는 15개 존경방식들에 대한 조사결과를 보여 준다. 각 방식에 대한 지적빈도(평균)와 중요성(평균)에 기초한 자료이다.

<표 12-2> 어른존경방식에 대한 빈도와 중요성*

| 존경방식 | 지적빈도[1] | | | 중요성[2] | | | 평균등위** |
|---|---|---|---|---|---|---|---|
| | 등위 | 평균 | S.D. | 등위 | 평균 | S.D. | |
| 외모 | 1 | 4.25 | 0.85 | 5 | 4.06 | 0.85 | 2 |
| 존댓말 | 2 | 4.09 | 0.89 | 3 | 4.10 | 0.81 | 1 |
| 먼저 | 3 | 3.95 | 0.90 | 7 | 3.89 | 1.01 | 5 |
| 윗자리 | 4 | 3.90 | 0.89 | 4 | 4.08 | 0.91 | 4 |

| 인사 | 5 | 3.87 | 0.88 | 6 | 3.91 | 0.92 | 6 |
|---|---|---|---|---|---|---|---|
| 돌봄 | 6 | 3.74 | 0.99 | 1 | 4.21 | 0.77 | 3 |
| 순종 | 7 | 3.72 | 0.96 | 14 | 3.39 | 1.16 | 10 |
| 사생활 | 8 | 3.65 | 1.04 | 9 | 3.82 | 1.36 | 8 |
| 음식 | 9 | 3.64 | 1.67 | 2 | 4.12 | 0.89 | 6 |
| 축하 | 10 | 3.63 | 1.09 | 12 | 3.57 | 0.99 | 11 |
| 동일시 | 11 | 3.60 | 1.05 | 11 | 3.76 | 0.98 | 11 |
| 조상 | 12 | 3.58 | 1.15 | 8 | 3.88 | 1.02 | 9 |
| 이웃 | 13 | 3.46 | 1.09 | 10 | 3.77 | 1.19 | 13 |
| 의논 | 14 | 3.37 | 0.98 | 15 | 3.29 | 0.99 | 15 |
| 선물 | 15 | 2.79 | 1.23 | 13 | 3.40 | 1.04 | 14 |

*N = 2,017
** 평균등위 : (빈도의 등위 + 중요성의 등위)/2
1 각 방식을 지적한 빈도 (5=항상 실천함~1=전혀 실천 안함)
2 각 방식에 주어진 중요성 (5=매우 중요함~1=전혀 중요치 않음)

먼저 지적빈도를 보면, '외모를 갖추어 하는 존경'이 가장 많이 지적되었다(평균 4.25, 1등위). 다음으로 많이 지적된 방식은 '존댓말을 사용해서 하는 존경'(평균 4.09, 2등위)이다. 이 두 방식들은 "자주 실천한 편" 보다 "약간 더 자주 실천함"의 범위에 속하는 평점을 받았다. 이 다음으로 '먼저 대접해서 하는 존경'(3.95, 3등위), '윗자리를 제공해서 하는 존경'(3.90, 4등위), '인사를 해서 하는 존경'(3.87, 5등위), '돌봄으로 하는 존경'(3.74, 6등위), '순종으로 하는 존경'(3.72, 7등위), '사생활 존중'(3.65, 8등위), '음식대접으로 하는 존경'(3.64, 9등위), '축하를 해서 하는 존경'(3.63, 10등위), '동일시해서 하는 존경'(3.60, 11등위), 및 '조상에 대한 존경'(3.58, 12등위)의 10가지 방식들이 "자주 실천한 편" 내지 이에 가까운 평을 받았다. 나머지 방식들 -'이웃노인존경'(3.46, 13등위), '의논을 해서 하는 존경'(3.37, 14등위) 및 '선물로 하는 존경'(2.79, 15등위)- 은 "가끔 실천함" 내지 이에 가까운 평을 받았다.

다음 중요성에서는 '돌봄으로 하는 존경'이 가장 중요한 방식이다(4.21, 1등위). 다음으로 '음식대접으로 하는 존경'(4.12, 2등위), '존댓말로 하는 존경'(4.10, 3등위), '윗자리를 제공해서 하는 존경'(4.08, 4등위) 및 '외모를 갖추어 하는 존경'(4.06, 5등위)이 따랐다. 이 5개 방식들은 '중요한 편' 보다 '더 중요함'의 평을 받았다.

이와 같이 중국의 젊은 성인들은 인상 깊게도 돌봄으로 하는 존경을 가장 중요하다고 지적하였다. 6등위~13등위로 평가된 방식들은 인사로 하는 존경(3.91), 먼저 대접해서 하는 존경(3.89), 조상에 대한 존경(3.88), 사생활 존중(3.82), 이웃노인 존경(3.77), 동일시해서 하는 존경(3.76) 및 축하를 해서 하는 존경(3.57)이다. 이 방식들은 '거의 중요한 편'에 가까운 평을 받았다. 나머지 방식들 -선물로 하는 존경(3.40), 순종해서 하는 존경(3.39) 및 의논을 해서 하는 존경(3.29)- 은 '중요하기도 하고 중요하지 않기도 함' 보다는 약간 중요한 편에 가까운 평을 받았다.

[돌봄으로 하는 존경은 4개 지표; 음식대접으로 하는 존경, 사생활존경, 동일시존경 방식은 각각 1개 지표; 기타 방식들은 2개 지표로 각각 지적되었다. 각 방식을 지적한 지표들은 <표 12-3>에 들어 있음.]

모든 방식들은 지적빈도의 중요성평균치들이 서로 통계적으로 유의한 긍정적 상관관계를 가지며(r=.63~.41, p<.05~.001, N=1,993~2,017), 중요성에서도 역시 긍정적이고 유의한 상관관계를 가졌음이 시사되었다(r=.55~.37, p<.001, N=1,987~2,017).

<표 12-3> 어른존경의 지표에 대한 빈도와 중요성(중국응답자)

| 어른존경 지표 | 빈도 | | 중요성 | |
|---|---|---|---|---|
| | 평균 | S.D. | 평균 | S.D. |
| 돌봄으로 하는 존경 | | | | |
| 시간을 함께 함 | 3.47 | 0.84 | 4.24 | 0.8 |
| 집안일을 돌봄 | 3.57 | 0.89 | 4.10 | 0.88 |
| 다정하게 대함 | 3.93 | 0.99 | 4.41 | 0.97 |
| 행복, 안락하게 함 | 4.00 | 0.86 | 4.09 | 0.97 |
| 순종으로 하는 존경 | | | | |
| 복종함 | 3.68 | 1.09 | 3.36 | 0.89 |
| 귀담아 들음 | 3.76 | 0.87 | 3.42 | 0.91 |
| 존댓말로 하는 존경 | | | | |
| 존댓말 사용함 | 4.10 | 0.90 | 4.13 | 0.8 |
| 호칭을 부름 | 4.08 | 1.10 | 4.06 | 1.03 |
| 인사로 하는 존경 | | | | |
| 목례를 함 | 3.84 | 0.89 | 3.97 | 0.82 |
| 인사를 함 | 3.90 | 0.88 | 3.85 | 0.96 |

| | | | | |
|---|---|---|---|---|
| 의논으로 하는 존경 | | | | |
| 의논을 한 | 3.21 | 1.09 | 3.32 | 1.06 |
| 충고를 받음 | 3.53 | 0.98 | 3.26 | 1.05 |
| 외모를 갖추어 하는 존경 | | | | |
| 얌전한 태도를 가짐 | 4.24 | 0.85 | 4.28 | 0.89 |
| 단정한 옷차림을 함 | 4.26 | 1.14 | 3.83 | 1.03 |
| 먼저 대접해서 하는 존경 | | | | |
| 먼저 대접함 | 3.96 | 1.00 | 4.02 | 0.85 |
| 먼저 가도록 함 | 3.94 | 0.90 | 3.76 | 1.06 |
| 이웃노인존경 | | | | |
| 이웃노인을 돌봄 | 3.25 | 1.09 | 3.65 | 0.91 |
| 자리를 양보함 | 3.68 | 0.89 | 3.88 | 0.94 |
| 축하해서 하는 존경 | | | | |
| 생일에 방문함 | 3.62 | 1.03 | 3.57 | 0.9 |
| 생일에 전화함 | 3.65 | 1.06 | 3.58 | 0.92 |
| 선물로 하는 존경 | | | | |
| 선물을 함 | 2.68 | 1.13 | 3.22 | 0.92 |
| 소원을 성취함 | 2.90 | 1.00 | 3.58 | 0.97 |
| 윗자리를 드려 하는 존경 | | | | |
| 모임을 주도케 함 | 3.82 | 1.10 | 3.80 | 1.02 |
| 윗자리를 제공함 | 3.98 | 1.04 | 3.99 | 0.95 |
| 음식대접으로 하는 존경 | | | | |
| 음식을 제공함 | 3.64 | 0.95 | 4.12 | 0.82 |
| 동일시해서 하는 존경 | | | | |
| 동일시함 | 3.60 | 0.96 | 3.76 | 0.98 |
| 사생활 존중 | | | | |
| 사비밀을 존중함 | 3.65 | 1.06 | 3.82 | 0.89 |
| 조상에 대한 존경 | | | | |
| 성묘를 함 | 3.45 | 1.15 | 3.79 | 1.06 |
| 제사를 올림 | 3.72 | 1.06 | 3.97 | 0.98 |

*N = 2,017

㊟ 돌봄방식은 4개 지표, 음식대접, 사생활 및 동일시 방식들은 각각 1개 지표, 기타 방식들은 2개 지표로 지적되었음

다음에 15개 존경방식들과 이들의 지표들에 대한 지적빈도와 중요성 정도에 관해서 알아보고자 한다.

〈존경의 방식과 지표〉

"돌봄으로 하는 존경"

다음의 4가지 지표들로 설명하였다.

(1) 어른을 안락하게 함

(2) 어른을 다정하게 대함

(3) 어른의 집안일을 돌봄

(4) 어른과 시간을 함께 보냄

위의 4개 지표들에 대한 평점을 합쳐 돌봄으로 하는 존경의 평균치를 내었다(<표 12-3>). 돌봄존경에서 어른을 안락하게 함과 어른에게 다정하게 함(정서적 차원)은 어른과 시간을 함께 보냄과 집안일을 돌봄(수단적 차원)보다 더 자주 실천되었다. 이 지표들에 주어진 '빈도'는 약간 낮았으나 '중요성'은 높았다. '다정하게 대함'은 가장 높았다.

돌봄으로 하는 방식은 15개 방식들 중에서 중요성 정도가 가장 높다. 이 자료는 중국의 젊은 성인들의 부모에 대한 긍정적인 태도를 시사한다. 이 방식은 돌보는 사람들(서비스전달자)에게 매우 중요한 뜻을 내포하고 있다. 다수 고령자들은 여러 가지 문제들을 해소하기 위해 돌보는 사람들에게 거의 전적으로 의존하게 된다. 이렇게 자신을 맡기고 의존하는 고령자를 서비스제공자가 존경심을 가지고 돌보느냐 않느냐에 따라 그 고령자의 생활의 질이 크게 달라질 수 있다.

**"순종으로 하는 존경"**

'어른에게 순종함'과 '어른이 하는 말을 귀담아 들음'으로 평하였다. 두 가지 모두 비교적 '자주 실천함'으로 나왔다. 그러나 중요성은 두 지표들 모두가 '중요한 편'보다 낮으며 '중요하다와 중요하지 않다'에 가깝다.

위계적인 사회관계가 널리 퍼져있는 사회주의체제 하의 중국사회에서는 어른에게 순종해서 하는 존경은 비교적 엄한 사회적 규범으로 통용되고 있다.

그러나 존경의 행동적 패턴은 사회주의정치체제 때문에 발생하는 현상으로만 볼 수 없다. 오히려 중국고유의 전통문화 속에 뿌리내린 관습이라고 보는 것이 옳다고 본다.

그런데 예상외로 응답자들이 순종해서 하는 존경의 중요성을 비교적 낮게 평가했다. 이런 반응은 중국젊은이들의 고령자에 대한 태도의 시대적 변화를 시사한다고 본다.

**"음식대접으로 하는 존경"**

'어른이 즐기는 음료와 식사를 대접함'으로 지적되었는데, '자주'에서 '가끔' 사이의 평을 받았고, 중요성에서는 '중요함'으로 나왔다. 음식대접은 오랜 세월 동안 효행의 대표적 표현으로서 공지되어온 방식이다. 중국의 효행 이야기들에는 효자가 노령의 부모가 좋아하는 음식을 애써 마련해서 대접했다는 내용이 들어 있다.

**"존댓말로 하는 존경"**

'존댓말을 사용함'과 '호칭을 부름'으로 지적하였다. 두 지표 모두 '자주 실천함'과 '중요한 편'으로 평가되었다. 중국인들은 지금도 경의를 표시하기 위해 어른에게 인사할 때, 어른과 대화할 때, 편지를 쓸 때 존댓말을 사용한다. 존경하는 정도는 윗사람에게 사용하는 명사는 물론 구절과 문장에까지 반영된다. 근래에는 존경의 표현들이 단순화되고 있지만, 어른존경은 중국말 속에 심어져있어 기본적인 존경의 표현은 그리 쉽게 사라지지 않을 것이다.

**"인사로 하는 존경"**

'어른을 만날 때 인사를 함' 그리고 '어른의 호칭을 부름'으로 지적하였다. 이 두 지표들은 모두 '자주' 사용되었고 '중요함'으로 평가되었다. 중국에서는 어른을 대할 때 적절한 몸짓도 해야 한다. 어느 정도로 순종하느냐는 것은 절을 하고 몸을 굽히는 정도에 따라, 그리고 합장을 한 손을 위로 올리는 정도에 따라 나타난다. 깊은 존경을 표하기 위해서 이런 행동적 표현을 반복하고 계속한다. 인사는 중국 어린이들이 부모로부터 배우는 첫 사회적 행동이다. 그런데 이 방식은 서서히 단순화되고 있다.

**"의논을 해서 하는 존경"**

'어른과 의논을 함'과 '어른의 충고를 받음'으로 평하였다. 이 두 지표들은 '가끔 함'과 '중요하기도 하고 중요치 않기도 함'에 가까운 '중간' 평을 받았다. 젊은이는 개인 및 가족에 관한 일들에 대하여 어른의 의견을 묻는다. 이렇게 의논함으로써 어른에 대한 경의도 표한다. 본 연구에서는 두 지표들이 별로 높게 평가되지 않았다.

**"외모를 갖추어 하는 존경"**

'예의 있는 모습을 갖춤'과 '단정한 옷차림을 함'인데 두 지표들이 다 같이 '자주 실천함'과 '중요함'으로 평가되었다. 오만하고 무관심한 대도와 어른의 불쾌감을 사는 표정은 존경의 표시라고 할 수 없다. 예에 맞고 의식적(儀式的)인 생활태도는 중국문화에서 여전히 중요시되고 있다.

**"먼저 대접해서 하는 존경"**

'먼저 대접함'과 '방이나 승강기에 먼저 들어가도록 함'의 두 지표로 지적되었는데, 두 가지가 모두 '자주' 사용되었으며 '중요함'으로 평가되었다. 어른을 먼저 대접하고, 식사, 음료, 서비스를 어른에게 먼저 제공하고, 방이나 자동차에 먼저 들어가도록 하고, 목욕을 먼저 하도록 하는 존경방식이다. 중국의 고령자들 사이에는 연령에 따라 존경받는 것을 당연시하는 경향이 있다. 그뿐만 아니라 이 방식은 중국인들의 공식적 모임에서는 물론, 일반 사교장에서도 매우 중요시되고 있다.

**"이웃노인 돌봄"**

'이웃노인을 돌봄'과 '버스나 기차에서 어른에게 자리를 양보함'의 두 지표로 평가했다. 이 지표들은 '가끔' 실천했으며 '중요함에 가까움'의 평이 나왔다. 이 방식은 공적(정부의) 및 사적(민간의) 서비스를 고령자에게 제공하고, 이들의 사회적 신분을 높이는 등의 사회봉사를 반영한다. 중국의 이웃공동체가 제공하는 5가지 혜택(五保戶)은 이런 사회적 노력의 한 예이다. 중국 농촌에서는 지역사회 주도의 공적 및 사적 서비스를 사정이 어려운 고령자들에게 제공하고, 예를 갖추어 대하도록 젊은이를 교육하며, 고령자들을 학대하거나 유기할 경우에 경고를 하고, 심한 사례는 법적으로 처벌한다. 이웃노인을 섬기는 것은 전통적 유교교의에 근원을 두는 중국인의 문화적 관행이다.

### "축하로 하는 존경"

부모의 탄생일에 '방문을 함'과 '전화를 함'의 두 지표로 평하였다. 두 지표들이 다 같이 '가끔'보다 '자주' 실천되었고 '거의 중요함'에 가깝게 평가되었다. 생일은 생의 주기에서 중요한 시점이 된다. 이 날은 부모가 고령기에 한 발 더 진입함을 딱하게 여기면서 경의를 표하고 축하를 하는 기회가 된다. 자녀는 부모의 탄생일을 맞아 전화를 하고 방문을 한다. 이런 행사의 주목적은 노부모에게 존경의 뜻을 행동으로 표출되게 전하기 위한 것이다.

### "선물로 하는 존경"

'선물을 함'과 '어른의 소원을 성취함'으로 지적되었다. 선물을 함은 '가끔 실천함'과 중간 평점으로서 '중요하기도 하고 중요치 않기도 함'으로 평하였다. 소원을 성취함은 선물을 함보다 더 자주 실천되었고 약간 더 중요한 것으로 나타났다. 선물은 의복, 돈, 기타 상징적 가치가 있는 물건으로 한다. 용돈을 주는 것이 요즘에는 인기 있는 선물이 되었다. 어른의 소원을 성취하는 것도 선물과 같은 뜻을 내포한다. 가족중심적인 중국문화에서는 부모의 소원을 이루는 것을 전통적으로 매우 뜻있고 중요한 일로 삼아왔다.

### "윗자리를 제공해서 하는 존경"

모임에서 '의장자리를 줌'과 '윗자리를 줌'의 두 지표로 지적했는데, '자주 실천함'과 '중요함'에 가까운 평을 받았다. 중국에서는 윗사람에게 좋은 자리를 제공하는 것이 매우 중요한 관습으로 되어 있다. 사회주의체제 하에서 이 관행은 더욱 중요시되고 있다. 그리고 가족에게 행운을 가져올 집자리와 묫자리를 정하는 데 많은 노력을 기울인다.

### "조상에 대한 존경"

'성묘를 함'과 '제사를 올림'의 두 지표로 평했다. 성묘는 '때때로 함'이고 제사는 '자주 실천함'에 가깝게 평가되었다. 중요성에서는 두 지표들 모두 '중요함'에 가까운 평점을 받았다. 조상에 대한 존경(조상숭배)은 중국문화에서 효를 표하는 핵심적 방식이다. 조상으로부터 받은 은혜에 감사하기 위해 조상을 숭배한다. 기일(제삿날)에 제사를 올린다. 가족원들은 깨끗한 방이나 절에서 위패 또는 사진 앞에 제사음식을 차려 놓고 절을 한다. 조상의 묘를 성묘하고 가꾸는 일도 은혜를 갚는 방법이다. 의식과 절차는 간소화되었으나 조상숭배는 여전히 중요한 문화적 관행으로 중요시되고 있다.

**"동일시해서 하는 존경"**

'어른의 가치관과 생활방식을 동일시함'의 지표로 지적하였는데 '자주 함'과 '중요함'에 가까운 평을 받았다. 부모, 선생, 선배, 존경하는 지도자, 밀접한 관계를 갖는 어른, 훌륭한 인물의 가치관, 신조, 사상, 행동, 생활스타일을 따르거나 동일시함으로써 그분에게 경의를 표한다. 위계적이고 통제적인 중국사회에서는 이 방식이 널리 통용되고 있는 것 같다.

**"사생활에 대한 존중"**

'자주 함'과 '중요함'에 가까운 평을 받았다. 어른의 사생활을 존중하여 간섭하지 않고, 이분들의 개인적 비밀을 지켜 줌으로써 존경을 표하는 것이다. 전통적으로 가족원들이 친밀하게 상호의존하는 관계를 유지하는 중국문화에서는 사생활에 대해서 별로 관심을 두지 않았다. 그러나 본 조사에서 젊은이들이 이 존경방식에 비교적 높은 평점을 주었다. 이런 결과는 이 방식을 새 세대가 중요시하고 있음을 사사한다.

이상 15개 방식들에 대한 지적빈도와 중요성에 대해서 알아보았다. 다음으로 응답자의 사회인구학적 특성과 4개 방식들 -돌봄으로 하는 존경, 순종으로 하는 존경, 조상숭배 및 이웃노인존경- 과의 상관관계를 검정해 본다. 여러 존경방식들 중 이 방식들이 특히 중요하다고 보고 선정하였다.

응답자의 특성(연령, 결혼상태, 성별, 교육, 거주형태, 거주지역)을 보고 돌봄존경의 중요성을 예측하는 정도를 탐사하기 위해 다중회기분석을 하였다. 분석과정에서 '결혼상태 - 성별'의 두 요인을 산입하였다(<표 12-4> 참조). 결혼상태와 성별에 따라 보살핌의 변화가 있음이 통계적으로 시사되었다(33%의 변화 설명). 다른 특성들은 보살핌 존경을 유의하게 예측하지 못하였다.

여성응답자가 남성응답자보다도 돌봄으로 하는 존경에 더 많은 평점을 주었다. 돌봄으로 하는 존경의 평균은 여성 4.2과 남성 3.9이며, 평균차는 +-.3이다. 결혼한 응답자는 돌봄존경을 미혼자보다도 더 높게 평가하였다. 중요성 평점은 기혼자

4.12, 미혼자 3.93이고 평균차는 +-.19이다.

돌봄존경의 4개 지표들(정서적 지표 2개와 수단적 지표 2개)의 경우는 기혼여성들의 56%가 '사간을 함께 보냄'에 높은 평점을 주었는데, 남성(44%)과 비교하면 차이가 난다 [$X^2$=3.32, df=1, sig.<.50]. 여성응답자들의 58%가 '집안일 돌봄'에 높은 평점을 주었는데 남성 42%에 비해 훨씬 더 높다 [$X^2$=8.25, df=1, sig.<.08]. '다정하게 대함'에서도 여성이 57%를 주었는데 남성 43%에 비해 역시 높다 [$X^2$=20.50, df=1, sig.<.001]. 끝으로 '안락하게 함'에서는 60%의 여성 응답자들이 높은 평점을 주었는데 남성 40%에 비하면 높다 [$X^2$=89.10, df=1, sig.<.001]. 이와 같이 여성기혼자가 돌봄으로 하는 존경의 4가지 지표들 모두에 높은 평점을 주어 더 중요시한 것이다.

순종으로 하는 존경은 중요성이 비교적 낮게 나왔으나 비교적 자주 실천되었다. 회귀분석 결과는 성별(t=3.16, B=.097, p<.002)과 결혼상태(t=2.44, B=.074, p<.015)가 각각 통계적으로 유의한 선에서 '순종'의 평점을 예측함을 사사한다 (R2=.523, F=8.18, p<.001). 기혼자가 중요성을 높게 평하였다(여성 3.94, 남성 3.63 - 중요성 기초 : 여성 3.93, 남성 3.74 - 빈도 기초 : 기혼자 4.10, 미혼자 3.84 - 중요성기초 기혼자 4.11, 미혼자 3.93 - 빈도 기초).|

조상에 대한 존경은 "때때로"보다는 약간 더 자주 실천하였으나 '중요함'에 거의 가깝게 평하였다. 회귀분석 결과는 성별(t=44.95, .099, p<.001)과 결혼상태(t=25.14, B=.157, p<.001)가 각각 조상숭배 방식의 평점을 통계적으로 유의한 선에서 예측함을 시사한다(R2= 3.63, df=1, F=8.57, p<.003). 남성이 조상숭배방식을 여성보다 더 중요하다고 평하였고(3.98 vs. 377), 기혼자가 미혼자보다 더 중요하다고 평하였다(3.95 vs. 3.81).

이웃노인존경은 지적빈도보다 중요성 정도가 약간 더 높다. 이 방식의 평점을 예측한 변수도 역시 성별(t=26.22, B=.164, p<.001)과 결혼상태이다(t =.28.4, B=.17.2, p<.001); (R2=16.39, F=26.44, p<.001). 남성과 기혼자는 각각 이 방식의 중요성을 여성보다 더 높게(3.89 vs. 3.65), 그리고 미혼자가 기혼자 보다 더 높게 평하였다(3.84 vs. 3.70).

이와 같이 성별과 결혼상태는 4개 존경지표들의 평균을 예측한 요인들이다. 그러나 성별의 영향은 일관성이 없는 혼합된 상태라고 할 수 있다.

이상 4개 방식들 모두에서 실천빈도보다 중요성이 더 높이 평가되었다. 즉 응답자들이 학생생활 중 실천은 자주 못 했지만 중요성은 인증한 셈이다.

이 밖의 특성들(연령, 교육, 거주지역 및 거주형태)의 경우는 15개 방식들에 대한 평점들 사이의 변화가 통계적으로 유의하지가 않음이 시사되었다. 연령의 하위지수들(20-24, 25-29, 30-34, 35-39, 40+)과 15개 방식들의 평점들도 역시 통계적으로 유의한 관계를 가지고 있지 않다(X=22.84, df=14, sig.=.12).

이와 연계해서 농촌으로 둘러싸인 도시들 청두, 칭다오 및 질린의 경우는 15개 방식들에 긍정적인 답을 한 응답자들이 초대도시 상하이와 대도시 난징보다도 더 많다. 이 자료는 지역에 따른 어른존경과 관련된 태도와 행동에 다소간의 차이가 있음을 시사한다.

<표 12-4> 독립변수(응답자 특성)의 효과분석 종속변수(돌봄으로 하는 존경)

| Source | Df | 평균 Square | F | P |
|---|---|---|---|---|
| Intercept | | 1372.039 | 5.559 | 0.001 |
| 연령 | 1 | 1.184 | 3.027 | 0.082 |
| 결혼상태 | 1 | 4.892 | 11.534 | 0.003 |
| 성별 | 1 | 3.637 | 8.574 | 0.001 |
| 주거형태 | 1 | 1.065 | 2.512 | 0.113 |
| 거주지역 | 1 | 0.009 | 0.022 | 0.881 |
| 교육 | 1 | 0.797 | 1.880 | 0.131 |
| 거주지역/성별 | 1 | 0.480 | 1.131 | 0.288 |
| Error | 1047 | 0.424 | | |
| Total | 1057 | | | |

N = 2,017

교육의 하위변수들(학부, 대학원, 박사과정)은 존경방식의 평점과 통계적으로 유의한 관계가 없다($X^2$=9.52, df=14, sig.=.25). 거주지역의 하위변수들(지방, 도시)(t=-.480, df=1097, sig.=.631)도 거주형태(부모와 동거, 별거)와 통계적으로 유의한 관계가 성립되지 않았다.

다음 29개 지표들의 저변차원을 탐색하기 위하여 요인분석을 중요성자료를 사용해서 행하였다. 분석결과 5개 요인들(eigen치=1 이상)이 출현하였다. 29개 지표들 중 26개가 적재치 .50 또는 그 이상을 가져 이를 요인을 지적하는 지표들로 선정하였다.

첫째 요인은 8개 적재치로 이루어졌는데 "상징적 존경"이라고 이름 지었다. 이 8개 적재치들은 인사를 함에서 외모를 단정히 함에 이르는 어른존경 방식들을 반영하며 상징적이고 의식적인 뜻을 함축한다. 둘째 요인은 6개의 적재치들을 가지며 "베풀어 하는 존경"이라 이름 지었는데, 존경을 표시하기 위한 물질적 및 비물질적인 것을 제공하는 방식들을 지적한다. 셋째 요인은 5개 적재치들을 갖는데 "순종하는 존경"이라 이름 지었는데 복종하고 공손한 행위를 나타낸다. 넷째 요인은 4개 적재치들을 가지며 "돌보며 하는 존경"이라 했는데 정서적 및 수단적 돌봄을 나타낸다. 다섯째 요인은 3개의 적재치들을 가지며 "조상에 대한 존경"인데 조상숭배를 상징한다. 이상의 5개 요인들은 전체 변량의 55%를 차지한다.

이 분석의 결과는 15가지의 다양한 존경방식들이 다음의 5개 차원으로 축소될 수 있음을 시사한다.

(1) 상징적 존경

(2) 베풀어 하는 존경

(3) 순종으로 하는 존경

(4) 보살핌으로 하는 존경

(5) 조상에 대한 존경

## 해석 및 논의

위에 제시한 중국인의 어른존경방식들은 한국인과 일본인으로부터 식별한 존경방식들과 유사하다(Sung & Kim, 2002; Sung & Hagiwara, 2010). 동아시아에서 행한 선행연구들이 식별한 거의 모든 존경방식들을 중국에서도 재발견한 것이다.

본 조사는 유교문화가 발생한 중국에서 다양한 어른존경방식들을 식별하였고, 선행연구들이 하지 못한 존경의 행동적 패턴을 경험적 조사에서 얻은 수량적 자료를 바탕으로 식별하였다.

조사대상자들은 사회주의정치체제 하에서 태어나 자유주의적 분위기, 비전통적 가치관, 그리고 젊은 동료로부터의 영향에 노출되어 있다. 이런 환경적 영향은 그들로 하여금 부모와 다른 가치관을 갖게 하고 어른을 존경하는 사회적 규범을 약화시키는 경향이 없지 않은 것으로 본다. 그러나 인상적인 것은 이들 젊은 중국인들이 여러 가지 방식으로 어른을 존경하고 있다는 사실이다.

중국의 성인자녀는 어른을 존경하는 데 있어 그가 처해 있는 상황적 이유 때문에 어떤 방식은 다른 방식보다 더 자주 실행하고 더 중요시하고 있음이 나타났다.

존경방식에 대한 평가는 응답자의 사회인구학적 특성에 따라 다소 간의 차이가 있었다. 여성 응답자와 기혼자가 남성과 미혼자보다도 더 긍정적으로 존경항목들을 평가했다. 성별과 결혼상태에 따른 차이는 중국 가족 내 여성의 역할과 관련이 있다고 본다. 중국에서는 여전히 여성이 부모를 돌보는 주역을 담당하고 있다. 결혼한 딸도 법적으로 친정부모를 돌볼 의무가 있는 것이다.

거주지역(농촌, 도시)에 따라서도 현저한 차이가 엿보였다. 농촌거주 응답자들이 도시거주자들보다도 더 자주 존경방식들을 실천하였고 더 중요시했다. 농춘거주자들은 대부분 부모와 조부모와 함께 생활하는 경우가 많고 가정생활이 도시가족보다도 더 전통적이고 보수적인 것으로 보인다. 농촌으로 둘러싸인 청두, 칭다오 및 지린의 경우는 4개 존경방식에 대해 긍정적 답을 한 응답자들이 초대도시 상하이와 대도시 난징 보다도 더 많았다.

응답자의 연령과 교육정도는 존경방식에 대한 평점과 통계적으로 유의한 상관관계가 없음이 시사되었다. 대다수 응답자들은 대학생들이다. 이 결과는 젊은 성인집단이 보여주는 공통적인 행태적 표현인 것으로 보인다.

장래 연구는 면접, 초점집단 등 질적인 접근을 통하여 개인적 배경과 존경하는 행위 간의 관계를 더 심층적으로 탐색할 수 있기를 바란다.

여러 세기 동안 중국 사람들은 부모를 지원하는 책임이 모든 것에 앞선다는 문화적 가치를 존중해 왔다. 이런 전통적 기치는 노인이 결혼한 아들과 같이 사는 거주양식을 따르도록 권장한다. Pei와 Pillai(1999)는 중국에서 결혼한 자녀와 함께 사는 거주형태는 노부모의 만족감을 증대한다고 했다. 성인자녀와 동거함으로써 고령의 허약한 노인은 손끝으로 제공하는 돌봄서비스를 받으며 여생의 안녕을 보장받는다는 것이다.

어른존경의 주요인 돌봄은 농촌지역에서는 별로 변한 바가 없는 것으로 보이며, 오히려 가족책임법(1979년 발포)이 시행되어 노인들은 가족 안에서 더 안정되게 생활하도록 권장되고 있다. 총체적으로 중국의 정부정책은 안정된 가정을 유지하고 부모자녀의 의무를 지키도록 권장, 지원하고 있다.

중국정부는 유교의 재조명을 허락하고, 특히 효의 실천을 권장하고 나섰다. 정부는 가족, 친척 및 이웃 사이의 지원이 국가의 공적 지원과 통합되어 제공되기를 바라고 있다. 이와 같이 고령자지원을 위한 노력이 가족체계의 내부와 외부에서 병행하여 진행되고 있는 것이다.

Tang 및 Parish(2000)의 다음과 같은 공통적인 소견도 이러한 추세를 지적하는 것이다.

> "효의 기능은 부모-자녀 간의 관계로 제한되었지만 효의 미덕은 전통적으로 젊은 사람들이 고령의 가족과 사회의 모든 고령자들에 대한 존경과 공손함을 불러일으키는 힘이 되어왔다."

어른존경은 경제적 조건, 생활양식, 인구이동, 기술, 기타 가족 바깥의 요인들에 따라 수정되어 갈 것으로 본다. 따라서 본 연구에서 발견한 어른존경 방식이 변하지 않고 그대로 실행되어 갈 것이라고 단정하기는 어렵다.

그러나 Chow(1997, 2013)는 가족의 가치와 생활방식이 달라진다 해도 중국인의 노부모를 존경하려는 심정은 세대 간의 관계를 지속적으로 결속하게 될 것이라고 내다보고, 동아시아 사람들의 공통점에 대해서 다음과 같이 지적했다.

> "타이완, 홍콩 및 싱가폴은 중국인들이 다수를 이루고 있는데 이들 나라에서는 모두 노부모 존중을 강조하고 있다. 중국문화의 영향을 받은 일본과 한국의 경우도 효는 노인 존중에 영향을 주는 중요한 가치로서 실천되고 있다."

이러한 공통점을 나타내는 사실로서 본 연구가 중국에서 발견한 존경방식들은 한국과 일본의 젊은 성인들이 실천하는 방식들과 대동소이하다. 사실 학자들은 동아시아인들이 간직하는 공통적인 가치로서 효와 어른존중을 비롯한 가족원들의 상호의존과 이웃에 대한 사명감을 들고 있다(Pedersen, 1983 Chow, 1995; Tu, 1995; Whyte, 2004). 저자는 동아시아 나라들 사이에 차이점이 있음을 부정하지는 않는다. 다만 이들이 어른존경의 가치를 공통적으로 간직하고 있음을 지적하려는 것이다.

Chow 교수의 말과 같이 중국인은 그들의 문화적으로 형태화된 행동인 어른존경을 앞으로도 지속할 것으로 본다.

본 탐색적 연구는 거대인구를 가진 중국의 5개 지역들에서만 수집한 한정된 표본에서 얻은 자료를 바탕으로 한 것이다. 조사대상자들은 대학별로 무작위로 선발되기는 했지만 이들의 대다수는 의도적으로 선정된 도시의 대학에 다니는 젊은 성인들에 한정되어 있다. 장래 연구는 표본의 크기를 대폭 증대하여 학교에 다니지 않는 농촌의 젊은이 그리고 더 연상의 성인들을 포함하기를 바란다. 그리고 응답자들의 특성과 어른존경과의 관계를 탐색하는 데 있어 부모와 자녀가 소유하는 자원, 사회적 지원망, 가족의 단합 및 상호지원과의 관계를 각종 질적 조사방법을 적용해서 탐색하기를 바란다. 나아가 어느 존경방식이 국제적으로 보편화된 것이고 어느 방식이 유교문화권에 특유한 것인가를 식별하기 위한 비교문화적 고찰도 하기를 바란다.

## 부록 [중국설문]

# 社 会 调 查 表

亲爱的同学们：

我们正在做一个调查研究，关于在这个变化巨大的时代，年轻人是如何和老年人共处的。

请您花几分钟时间认真回答以下的问题。您的回答将保密，所以请不要写名字。

谢谢合作

研究人员
年 月 日

请在选项上打√。
性别：男________，女________；
年 龄：____.____岁；
婚 否：是________，否________；
教 育：大学本科____，硕士____，大专____，其他____；
和老人住在一起：是______，否______；
家庭住址：农村________，城市________。

1、总的来说，你对老人给予你兴趣爱好的关心和重视的满意程度如何？
（1）根本不满意；（2）不满意；（3）无所谓满不满意；
（4）相当满意；（5）非常满意

2、总的来说，你对从老人那儿得到的物质支持满意程度如何？
（1）根本不满意；（2）不满意；（3）无所谓满不满意；
（4）相当满意；（5）非常满意

3、当老人因年龄大而不能自立时，你会以何种程度去支持和关心他们？
（1）基本不关心；（2）有一点关心；（3）比较关心；
（4）相当关心；（5）非常关心

4、请填表

| 对老人的行为 | 请√出你是如何做的 | | | | | 请√出你是如何想的 | | | | |
|---|---|---|---|---|---|---|---|---|---|---|
| 1.花时间陪老人 | 从来不 | 基本不 | 有时 | 经常 | 总是 | 根本不重要 | 不是很重要 | 无所谓重要不重要 | 比较重要 | 非常重要 |
| 2.为老人做家务 | | | | | | | | | | |
| 3.对老人友善和周到 | | | | | | | | | | |
| 4.使老人感到快乐舒服 | | | | | | | | | | |
| 5.遵守老人的命令 | | | | | | | | | | |
| 6.听老人的话 | | | | | | | | | | |
| 7.用尊敬的语言和老人说话 | | | | | | | | | | |
| 8.称呼老人的头衔（如××先生、女士、博士、教授等） | | | | | | | | | | |
| 9.见到老人时打招呼 | | | | | | | | | | |
| 10.问候老人 | | | | | | | | | | |
| 11.关于私事向老人请教 | | | | | | | | | | |
| 12.征询老人的建议 | | | | | | | | | | |
| 13.对老人礼貌 | | | | | | | | | | |
| 14.会见老人时,要正式的服装 | | | | | | | | | | |
| 15.优先服务和照顾老人 | | | | | | | | | | |
| 16.给老人让路 | | | | | | | | | | |
| 17.在社区邻里为老人服务 | | | | | | | | | | |
| 18.公共汽车上给老人让座 | | | | | | | | | | |
| 19.老人生日时拜访 | | | | | | | | | | |
| 20.老人生日时,打电话祝贺 | | | | | | | | | | |
| 21.给老人送礼物和钱 | | | | | | | | | | |
| 22.努力达到老人最期望的目标 | | | | | | | | | | |
| 23.请老人主持会议 | | | | | | | | | | |
| 24.给老人安排头等座 | | | | | | | | | | |
| 25.准备老人喜欢的食品 | | | | | | | | | | |
| 26.理解老人的思想和生活方式 | | | | | | | | | | |
| 27.尊重老人的个人隐私和生活 | | | | | | | | | | |
| 28.扫墓 | | | | | | | | | | |
| 29.祭日纪念 | | | | | | | | | | |

# 제13장
# 미국인의 어른존경
# 양적 및 질적 접근

**조사방법**

* 존경방식의 지적빈도 및 중요성 분석
* 표본 : 성인남녀 521명(2개 비교집단)
* 설문조사 : 무기명, 개방형(미국대학윤리위원회심사통과)
* 면접을 통한 질적 자료수집(사비밀보장)
* 가장 자주 지적되고 가장 강조된 존경방식을 조사자 3인이 교차 식별
* 통계분석 : %, 등위 산정
* 양적 자료와 질적 자료의 대조, 종합 분석
* 해석 및 논의

원문(영문) : Educational Gerontology, Vol. 36, No. 2, pp. 127-147, 2010 게재

## 요 약

지금까지 동아시아의 한국과 중국에서 효를 하는 실상을 조사하였다.

문화가 다른 미국에서는 효가 어떻게 실천되고 있는가?

이에 대한 답을 얻기 위해 효의 중심적 차원인 부모/어른에 대한 존경을 미국인이 실행하는 실상을 탐사하였다.

본 조사는 어른존경에 관한 양적 자료와 질적 자료인 개인적 담화 및 일화를 함께 수집하였다. 즉 양적 및 질적 조사를 통합한 접근을 하였다.

젊은 미국인들도 부모와 어른을 존경하고 있다. 그런데 이들은 보편화된 효와 같은 문화적 가치가 없는 사회적 맥락에서 개인중심으로 다른 사람의 인권과 권위를 존중하는 사회적 관행으로서 행하고 있다. 그러나 수단적 및 정서적 면에서 동아시아의 젊은 세대와 유사한 방식으로 부모/어른을 존경하고 있음이 드러났다. 앞 장에서 밝혀진 바와 같이 이들은 존경방식에 따른 존경정도에서 한국인과 차이가 있는 것으로 시사되었다.

사회에 팽배해 있는 문화적 가치로부터 영향을 받지 않으면서 사회적 윤리와 개인적 인간관계의 깊고 얕음에 따라 어른을 존경하는 성향이 뚜렷함이 시사되었다.

# Ⅰ. 존경의 표현

존경은 사람에 대한 관심을 가지고 섬긴다는 뜻이다. 관심을 갖고 섬긴다는 것은 그 사람을 중히 여기고 돌보려는 의사를 가짐을 뜻한다.

이와 같이 존경의 중심적 차원은 사람에 대해 관심을 갖고 섬긴다는 것이다. 그런데 존경을 하는 데는 관심과 섬김 이상의 것이 필요하다. 존경할 사람이 마땅히 받아야 할 무엇을 행동으로 표시해야 한다. 이 행동은 어른에 대한 이타적(남을 이롭게 함)이고 온정이 어린 덕스러운 심정을 전하는 것이라야 한다. 이런 이타적인 행동은 사람의 내면적 가치에 바탕을 두는 도덕적인 행위라고 한다.

[이 논문의 잠고자료(References)는 이 논문 다음에 게재된 영문판에 실려있음.]

어른존경은 여러 가지 행동으로 표현된다.

일찍이 미국의 인류학자 Silverman과 Maxwell(1978)은 세계의 34개 사회에서 비교문화적인 조사를 하여 7가지의 고령자를 존경하는 행동방식을 가려내었다. 즉, (1) 가사를 돌보아 주는 것, (2) 음식을 대접하는 것, (3) 선물을 하는 것, (4) 존댓말을 하는 것, (5) 외모를 단정하게 하는 것, (6) 윗자리를 제공하는 것, (7) 생일을 축하하는 것이다.

이 조사에 이어 근년에 노인존경에 대한 4편의 연구가 동아시아에서 행해졌다. Palmore과 Maeda(1985)가 일본에서, Mehta(1997)가 싱가폴에서, Ingersoll-Dayton과 Saengtienchai(1999)이 타이완, 싱가폴, 태국에서, Sung과 Kim (2002)이 한국에서 각각 행하였다.

이 조사들은 주로 질적인 접근을 통해서 다양한 어른존경 표현을 식별하였다. 이들은 Silverman과Maxwell이 식별한 7가지 이외에 돌봄으로 하는 존경, 순종으로 하는 존경, 의논으로 하는 존경, 인사로 하는 존경, 이웃노인존경, 조상에 대한 존경을 더 가려내었다.

이 조사들은 다양한 존경방식을 알아내기는 했으나, 수량적 방법으로 조사를 하지 않아서 존경의 정도와 존경의 중요성에 대한 통계적인 해석을 하지 못했다. 그리고 이 조사들은 본 연구의 대상이 되는 미국인들에 대한 자료를 제공하지 못했다.

## 조사방법

이 논문에서 논술하는 조사는 두 단계에 걸쳐 진행되었다. 제1단계에서는 존경방식을 식별하기 위한 설문조사를 했고, 제2단계에서는 존경방식을 실행하는 데 관한 설문응답자들의 설화와 일화를 수집했으며, 이어 존경을 하는 데 영향을 끼친 요인을 파악하기 위해 면접을 하였다.

### 제1단계조사(설문조사 : 양적 접근)

의도적으로 선정한 미국서북부의 공립대학에서 261명과 미국서부지역의 사립대학에서 260명을 각각 조사대상으로 선발했다. 도합 521명의 3~4학년 대학생(68%)과 대학원생(32%)인데, 연령은 평균 23세, 남성이 56%, 백인 71%, 히스패닉 12%, 흑인 12%, 아시아계 5%이다. 두 집단들 사이에 인구학적으로 특출한 차이는 없는데, 다만 서부에 히스패닉과 아시아계 미국인들이 중서부보다 더 많았다(23% 대 9%). 이들은 두 대학에서 무작위 선정된 28개 사회과학과목 교실에서 수강하고 있었다. 다음과 같은 사전검증된 무기명 자작설문에 이들이 응답하였다. "당신이 가장 자주 사용하는 고령자를 존경하는 행동이나 제스처를 2가지 또는 그 이상을 적어주시오." 이에 앞서 응답은 자유이며, 응답은 종합해서 평균치를 산출하기 때문에 개개 응답자에 대한 자료는 표출되지 않음을 설명했다. 이 설문은 무작위로 선발된 대학생 22명에 대한 사전검증(test-retest)을 하여 신뢰도를 검정하였다. 각 교실에서 도합 95% 이상의 학생들이 응답했다. 3인의 분석자들이 응답한 다양한 존경방식들을 식별하는 작업을 하였다.

### 제2단계 조사(면접 : 질적 접근)

면접은 2개 대학에서 각각 30명과 31명을 무작위로 추출하여 본 조사자가 직접 행하였다. 각 교실에서 설문에 응답한 학생들 중 2~3명의 전화번호를 확보하여 예약을 해서 면접을 했다. 다음과 같은 반(半)구조적 개방식 질문을 했다. (1) "여러분은 고령자를 존경하기 위해 다음과 같은 방식 또는 행동을 하고 있습니다. 당신이 고령자를 만나 이들 방식 또는 행동을 하면서 개인적으로 경험한 바에 대해 자유로운 의견을 말해 주십시오." [제1차 조사에서 식별한 존경방식들을 보여 주었다.] (2) "당신의 기억으로는 당신이 고령자를 존중하도록 영향을 가장 많이 끼친 요인이 무엇인지 몇 가지 알려 주시오." 이 개방식 질문으로 응답자들은 그들의 관심사를 자유로이 이야기하도록 하고 이를 기록해 나갔다.

면접방법은 사전에 10명의 학생들을 상대로 검정하였다. 이 설문을 적용하기 위한 면접은 응답자와 조사자가 공동으로 선정한 장소에서 평균 10~25분이 걸려 시행되었다. 면접결과는 테이프에 수록된 후 문자화되었으며, 면접진행상황 기록문과 대조해 정확성을 확인하였다.

3인의 면접자들이 설화와 개인적 경험에 관한 자료를 교차해서 식별하는 작업을 했다. 응답자의 성별, 연령, 인종은 설문조사에 참여한 응답자들과 상응했다.

## 조사결과

### I. 설문조사

어른존경을 표현하는 방식은 다양하게 분류할 수 있었다.

응답자의 72%는 두 가지 방식을 지적했고, 나머지 응답자들은 한 가지 또는 세 가지를 지적했다. 이들의 응답을 기초로 11가지 방식을 식별했다. 지적빈도는 평균치로 산정했으며 이 평균치의 크기에 따라 등위를 매겼다.

등위를 보면, '순종으로 하는 존경'이 가장 빈도가 높게 지적되었다(전응답자들의 53%). 두 번째로 높은 빈도는 '돌봄으로 하는 존경'(32%), 세 번째는 '존댓말로 하는 존경'(27%), 네 번째는 '인사로 하는 존경'(17%), 다섯 번째는 '의논으로 하는 존경'(13%), 여섯 번째는 '단정한 외모로 하는 존경'(10%)이다. 나머지 방식들은 4%에서 1%의 낮은 지적빈도를 보였다.

다음으로 지적한 빈도에 대해 2개 집단(2개 대학별)을 비교하였다. '순종으로 하는 존경' 이외에는 2개 집단들 간에 통계적으로 유의한 차이가 없다. 서부지역의 응답자들이 중서부지역응답자들보다 이 방식을 더 자주 지적하였다($X^2$=.72, d.f.=1,p<.001). 서부지역에는 히스패닉계 미국인과 아시아계 미국인이 중서북지역보다 더 많았다(23.6% vs. 10.2%). 아마도 보수적 성향의 가족 출신인 이 소수인종집단들이 있어 더 많이 지적된 것이 아닌가 한다. 연령으로는 두 집단 간에 '의논해서 하는 존경'에 차이가 있으나 통계적으로 유의한 차이는 아니다.

### II. 면접

면접에서는 다음을 알아보았다.

(1) 고령자를 접촉하여 6가지 존경방식을 실천한 데 대한 설화와 일화

(2) 어른존경행위를 조성하는 데 영향을 끼친 요인에 대한 축어적 보고

존경방식실천에 관한 담화와 일화

1. 가장 자주 실천한 존경방식

다음의 자료는 응답자의 이야기에서 인용한 설화이다. 여기에 인용된 이야기는 가장 자주 실천했고 가장 중요시한 존경방식을 해설하고 표현한 내용이다.

1) 순종으로 하는 존경

순종을 지적한 사례들 중, 58%는 지시를 따르는 방식, 42%는 귀담아듣는 방식을 지적하였다.

어른이 정한 지시나 규칙을 따른 것이 존경의 한 방식이다. 어떻게 이 방식을 실천했느냐는 물음에 대해 한 사회학을 전공하는 학생은 다음과 같이 말했다.

"나는 우리가족이 지켜야 할 규칙과 부모님의 말씀을 따른다. 예를 들어 저녁에 집에 돌아오는 시간을 지키는 것이다."

영문학을 전공하는 학생은 다음과 같이 설명했다.

"나의 부모님은 가족이 지켜야 할 규칙을 정하기 전에 나와 상의를 하신다. 그래서 나는 이 규칙을 순순히 지켜나간다."

거의 모든 히스패닉계 및 아시아계 미국인들은 가족적 맥락에서 부모에게 순종한다는 견해를 분명히 했다.

가족 밖에서 어른에게 순종하는 데 대해서도 해설하였다. Kansas 주 출신 법학전공생은 다름과 같이 말했다.

"나의 걱정거리에 대해 관심을 가지고 이를 해결하도록 도와주는 어른의 충고와 암시를 나는 받아드린다."

한편 Los Angeles 출신인 대학원생은 어른존경은 당연히 해야 할 일이라고 다음과 같이 설명하였다.

"나는 대학연구실의 지도교수가 설정한 규칙을 지킨다. 그리고 또 학교 바깥의

나의 부업장소의 감독자가 정해 놓은 지시를 따른다. 이렇게 규칙을 지키는 것이 나의 일상적인 일이다."

그러나 다음과 같이 다른 시각에서 고령자를 대한다는 설명도 나왔다. 예를 들어 범죄학을 전공하는 학생은 다음과 같이 설명했다.

"누구나 동등한 권리를 가지고 있다. 따라서 연령, 성별 또는 사회적 지위에 따라 특별대우를 할 수 없다. 고령자가 다른 사람에게 어떻게 행동하느냐에 달려 있다. 우리는 우리에게 좋은 일을 하는 고령자를 존중한다."

이 말은 세대 간 관계에서는 서로에 대한 돌봄 또는 상호교환적인 관심과 돌봄이 중요함을 나타내는 의견이다.

순종으로 하는 존경의 또 하나의 방식은 말을 귀담아듣는 것이라고 했다. 예를 들어 학부 4년생은 이런 방식으로 존경하는 마음을 표시한다고 다음과 같이 토로했다.

"나의 부모님과 그분들의 친구들이 이야기를 나눌 때, 나는 좀 싫증이 나지만 끼어들지 않고 참고 귀담아듣는다. 그러면서 나는 가끔 고개를 끄덕거리고 미소를 지으면서 나간다."

Texas에서 온 3학년생도 위와 비슷한 말을 했다.

"나는 나 스스로 일을 해나가는 마음가짐으로 사람을 대한다. 그러나 나는 사람들의 이야기에 귀를 기울인다. 특히 사람들이 나에게 충고를 해 주고 좋게 타일러 줄 때 그렇게 한다. 크게 도움이 되지 않은 경우에도 그런다."

심리학을 전공하는 대학원생은 좀 다른 의견을 제시한다.

"나는 직장 상사에 말을 듣기가 싫증이 날 때가 있다. 그러나 내가 좀 손해를 보더라도 그의 말을 경청한다. 어쨌든 그는 오랫동안 그 부서를 감독해 왔다. 나는 양심의 가책을 받지 않으려고 그의 말을 따른다."

귀담아듣는 것은 들은 것은 반드시 실행하는 것은 아니지만, 이들은 분명히 듣는다는 것이 중요한 존경방식으로 인증하고 있다.

### 2) 돌봄으로 하는 존경

몇 가지 돌봄으로 하는 존경방식들을 지적되었는데, 이 방식들은 모두가 이타적(남을 이롭게 하는) 행동으로서 다음의 두 가지 유형으로 분류할 수 있다.

(1) 고령자를 정서적으로 돌보는 방식으로서 친절하고, 동정심이 많고, 관심을 갖고, 걱정을 들어주고, 편찮을 때 돌보아 주는 것이다.

(2) 고령자를 돌보는 서비스를 하거나 행동을 하는 수단적 방식이다. 예를 들어 가사를 돌보아주고, 만나 시간을 함께하고, 용돈을 주고, 가까이 살고, 길을 건널 때 무거운 것을 날라 주는 것이다.

돌봄은 분명히 고령자와 응답자 간의 사회적 관계에서 이루어진다. 즉, 신체적인 손끝으로 돌보는 것과 애정 및 친밀감으로 상호 교환하는 정서적인 차원에서 돌보는 것을 말한다.

Detroit에서 온 지리학전공학생은 그의 친척을 한 달에 한 번씩 방문하였다. 그에게는 돌봄이라는 것은 그 친척에게 관심을 가지고 무엇인가 도움이 되는 것을 해주는 것이다.

"나는 어머니 그리고 할머니와 전화로 대화를 하면서 시간을 함께한다. 그리고 그분들을 직접 방문도 하여 그분들의 집 소제를 해드리고, 빨래도 하고, 물건들을 정리해 드린다. 그리고 무엇이 필요하면 구해 드린다."

한 4학년생은 다음과 같이 말했다.

"나의 할머님의 가장 커다란 걱정은 나의 건강인 것 같다. 나는 그분이 나 때문에 항상 걱정하시는 것을 원치 않는다. 그래서 나는 흔히 내가 하고 있는 것에 대해 알려드리고 나의 심정과 기분을 이야기 해 드린다. 그리고 문제가 생기면 그분과 상의한다. 이렇게 함으로써 그분의 나에 대한 걱정을 덜어드릴 수 있다고 본다."

한 대학원생은 수백 마일 떨어진 곳에 사는 그의 대학 은사에 대해 위와 비슷한 말을 했다.

"나는 가끔 나의 은사님인 Rosemary에게 전화를 한다. 혼자 사는 그와 이야기를 나누고 싶어서 그렇게 한다. 그러고는 그를 도와주기 위해 그를 방문하겠다고 전한다. 그가 몸이 아플 때는 나는 그를 방문하여 돌보려고 한다."

불문학을 공부하는 3학년생은 다음과 같이 이웃노인을 위한 활동을 말했다.

"나는 고향에 가면 4-H Club친구들과 함께 양로원을 찾아 노인들을 돌보는 일을 한다. 그분들이 외출할 때 동반하고, 면도를 해드리고, 노래를 불러 드리고, 전화를 걸어드리는 등 서비스를 한다. 이번 여름에 돌아가면 같은 일을 할 계획이다."

응답자들은 노인들을 자주 방문하지는 않았지만, 거의 모두가 노인과 접촉하는 것이 중요함을 깨닫고 있었다. 노인이 그들의 친족이든 아니든 그분들의 고독함을 해소해 드리고, 그분들을 같은 사회의 멤버로 대접해 드리려는 심정에서 이분들을 돌보려는 의지를 성별, 인종, 문화 및 출신지역에 따른 차이가 없이 모두 표명했다.

그런데 어떤 응답자는 그들의 부모와 정서적으로 거리가 있음을 토로했다. 예를 들어 Montana 주에서 온 4학년생은 권위주의적인 그의 부친과 어려운 날을 보냈다고 하며, 원망스러운 심정을 토로했다. 그러나 그는 "부모님이 나를 키우는 데 어려운 살림에도 헌신하였다. 이렇게 나 때문에 고생을 아니 하셔도 되었는데, 고맙게 생각한다. 이분들이 고령이 되면 나는 도와 드리려고 한다"고 부언했다.

이러한 의견은 그의 내면화된 가치를 피력한 것이다. 부모 슬하에서 엄격한 규범을 지켜야 했던 생활과 부모가 베풀어준 은혜를 갚으려는 의지가 상호작용하고 있음을 시사한다.

끝으로, 한 사회학전공 대학원생은 그의 입장을 설명했다.

"고령자가 길을 건널 때나 무거운 것을 가지고 길을 갈 때 돕는다는 것은 상식이다. 우리의 양심에 따라 하는 짓이다."

위의 다양한 소견을 종합하면, 젊은 사람들의 어른존경은 그들의 양심에 따라 어떠한 방식으로, 어느 정도로, 무엇을 해주느냐를 그들 스스로의 후의와 선심에 따라 결정한다는 것을 알 수 있다.

### 3) 존댓말로 하는 존경

존경을 표현하기 위해 부모님을 부를 때 '어머님', '아버님'이라고 하고, 또 '님'을 부쳐서 부른다. 좀 더 공식적인 자리에서는 목사님, 신부님, 부인, 선생님, 위원장님, 교수님, 소장님 등 호칭을 부쳐서 부른다. 고령자와 이야기를 할 때는 예의에 맞는 말을 한다.

한 4학년생은 조심스럽게 말을 하는 데 대해 다음과 같은 의견을 토로했다.

"나는 어른이 나에게 싫은 소리를 해도 그분에게 막말을 하지 않는다. 나는 그분의 말에 대해 부정적인 반응을 하지 않는다."

Boston에서 여행을 온 한 대학원생은 어릴 때부터 말조심해야 된다고 집에서 배웠다고 했다.

"고령자와 이야기할 때 나는 말을 조심한다. 나는 선생님에게 막말을 한다고 벌을 받은 일이 있다. 나는 고령자 앞에서 큰 소리를 내지 않는다."

다른 대학원생도 역시 고령자를 부를 때 조심한다고 다음과 같이 말했다.

"나는 가끔 학생들이 친근하지도 않으면서 선생님을 부를 때 이름을 부르는 것을 보았다. 이러한 행동은 좀 지나치다고 본다. 학생들은 고령의 분들을 부를 때는 선생님, 부인, 교수님 등 호칭을 부처 불러야 한다고 생각한다."

또 다른 행정학전공 4학년생은 고령자로부터 조금이라도 도움이나 편의라도 받으면 으레 '고맙습니다'라고 인사한다고 했다.

이 말은 공식, 비공식 자리를 막론하고, 고령자에게 예의 바른 언행을 한다는 뜻이다.

4) 인사로 하는 존경

인사는 고령자의 사회적 가치를 인증하는 행위이다. 응답자들은 공식적 및 비공식적 맥락에서 어른에게 인사하는 방식을 지적했다. 즉, 몸을 안고(서양에서 하는 인사), 볼에다 입을 맞추고, 악수를 하고, 친밀감을 가지고, 만나면 반가운 표정을 하고, '안녕하십니까'라고 인사한다.

Arizona 주 출신 3학년생은 그의 경험을 말했다.

"부모님으로부터 처음 배운 것은 방문객에게 'Hi"라고 말하고, 몸을 얼싸 안고서는 볼에다 입을 맞추는 것이다. 이렇게 하는 것이 사람들과 상호관계를 맺는 기본적인 행위라고 본다."

Kansas 주에서 온 대학원생은 그가 노인을 만날 때 다음과 같은 행동을 한다고 했다.

"나는 노인을 만나면, 그분이 고령이기 때문에 조심하고 차분하게 대한다. 그리고는 그분의 눈을 바라보고 인사를 한다."

아시아에서 유학을 온 학생은 좀 더 격식에 맞는 인사를 한다고 했다.

"나는 고령의 친척이나 선생을 만나면 나의 몸을 약간 굽히면서 인사한다. 이렇게 하는 것이 우리가족이 노인을 만나면 으레 하는 짓이다."

재미있게도 국제학을 공부하는 박사학위과정 학생은 다음과 같이 말했다.

"내가 일본말을 배우는데 가장 어려웠던 것은 고령자에게 그분의 사회적 지위에 따라 경의를 표하는 방법이었다. 그분의 연령, 사회적 지위, 나와의 관계에 따라 적절한 정도의 존경을 표하기 위해 알맞은 전치사, 후치사, 말의 구절, 문장을 사용해야 했다."

### 5) 의논으로 하는 존경

응답자들은 개인적인 일이나 가족과 일반생활에 관해서 어른과 상의를 하였다. 경제학을 전공하는 대학원생은 상의를 해서 존경하는 데 대해 다음과 같이 말했다.

"나는 나의 조부모님과 아이스하키 코치에게 내가 개인적인 일에 대해 결정을 해야 할 때 그 분들의 의견과 충고를 간청한다. 이 분들은 자신들의 값진 경험과 지혜로써 나를 도와주시려고 한다."

"나의 자원봉사그룹에서는 프로그램을 개발할 때 선임자들로부터 충고와 상담을 받는 것을 규칙으로 삼고 있다."

한편 젊은 사람들에게 충고와 상담을 해 주는 고령자는 그의 연령과 경험을 높이 존경을 받는다. 그래서 이 존경방식은 양편에게 모두 도움이 되는 것이다.

### 6) 외모를 단정하게 해서 존경하는 방식

단정한 모습과 의복을 갖추고 어른을 맞이하는 것은 그 분에게 존경을 표하는 중요한 방식이다.

한 대학원생은 이렇게 존경을 나타내는 것이 당연하다고 다음과 같은 말을 했다.

"우리가 사회생활을 하는 데 있어 올바른 의상과 태도를 갖춘다는 것은 기본적 요건이라고 생각한다. 이 점에 대해 나의 가정과 학교에서 배웠다."

한편 3학년생인 아시아계 미국인은 좀 다른 의견을 내세웠다.

"나는 조부모님과 그분들의 친구분에게 무엇을 줄 때 두 손으로 준다. 그리고 그분들이 방에 들어 올 때는 나는 일어서서 마중을 한다."

응답자들의 다수가 가정 밖의 공식적 맥락에서 외모로 하는 존경방식을 사용하는 경우가 많음을 지적하였다.

기타 존경방식들 -먼저 대접하는 것, 선물을 주는 것, 윗자리를 제공하는 것, 식사대접을 하는 것, 생일축하를 하는 것- 은 소수의 응답자들만이 지적하여 별로 자주 실행하지 않은 것으로 나타났다. 이 방식들은 아마도 응답자들(학생들)의 재정적 및 지리적 사정 때문에 자주 실행하지 못했을 것으로 짐작한다.

다음은 면접에서 수록한 어른존경에 관한 응답자들의 일반적인 견해이다. 어른존경에 대한 연관성과 통찰력이 있는 설명이라고 보고 기록했다.

"우리는 서로를 동등한 인격자로 대우해야 한다. 그러나 나의 부모님의 경우는 다르다. 나는 부모님을 누구보다도 존경한다. 이분들은 나를 위해 일을 많이 하시고 나를 돌보아 주신다. 나는 나이가 들면서 그분들이 나에게 주시는 사랑과 지원을 깨닫게 되어 그분들을 더 존경하게 되었다."

"나의 친척은 나의 어른을 대하는 행동과 언어에 대해 주의를 주신다. 나의 어른에 대한 태도는 그분들의 지도를 받고 형성되었다."

"나의 부모님은 언제나 어른을 존중하라는 타이름을 주셨다. 언젠가 부모님의 친구분이 우리집을 방문했을 때, 나는 그분에게 입을 맞추고 인사를 하지 않았다. 그래서 부모님은 나에게 이틀 동안 코카콜라를 마시지 못하게 하는 벌을 주셨다."

"나는 어릴 때 이혼을 한 부모님들과 별거하고 있다. 나는 다른 사람을 존경스럽게 대하는 데 관해서 TV와 영화에서 배웠다."

"나는 다른 사람을 위해 기여한 고령자를 존경한다. 우리는 이분들에게 은혜를 입고 있다. 이분들은 우리로부터 당연히 존경을 받아야 한다."

"나는 고령자들에 대해 더 알고자 한다. 이분들이 기진 지식과 경험 그리고 이분들의 문제와 걱정거리에 대해서 알고 싶다. 학교에서 젊은이와 고령자가 서로에 대한 이해를 증진하는 공부를 하면 좋겠다."

"다음 세대에게 다른 사람을 존중하는 데 대해 가르쳐 줄 필요가 있다. 그럼으로써 이들이 성장하면 어른존경의 기치를 그들의 자녀에게 전수하도록 할 수 있다. 기성세대가 젊은 세대를 교육하는 데 따라 바람직한 변화가 일어날 수 있다고 본다."

위의 설화는 모든 사람들에게 적용될 수는 없겠으나 고령자에 대한 젊은 미국인들의 인식과 심정을 반영하는 자료라고 본다.

### 2. 응답자에게 노인존경을 일으키게 한 요인

끝으로 응답자가 어른존경을 하게 영향을 준 요인을 찾아보았다. 3가지 가장 많이 지적된 요인들은 부모의 가르침(91%), 조부모의 가르침(33%), 기타 사람의 가르침(13%)이다. 이 다음으로 친구의 충고(9%), 자신의 자각(6%), 대중매체(6%), 학교교육(5%), 기타이다. 이 자료는 중서북지역과 서부지역을 비교해 보아도 통계적인 차이가 없다.

## Ⅲ. 맺는말과 논의

본 조사는 아마도 미국에서 처음으로 이루어진 젊은 사람들이 고령자를 존경하는 데 대한 경험적 연구가 될 것이다. 이 조사는 양적 접근인 설문조사와 질적 접근인 면접을 통해서 수집한 어른존경에 대한 행동적 및 정서적 자료를 바탕으로 이루어졌다.

본 연구로부터 6가지의 현저한 존경방식들이 드러났다. 이 방식들은 미국의 성인자녀가 부모와 고령자를 존중하는 구체적 방법들이다. 어른존경을 총체적으로 말할 때는 이 모든 방식들을 고려해야 한다. 왜냐하면, 이 방식들 하나하나가 서로 다른 존경방법과 상호연계되어 있다고 보기 때문이다.

6개 방식들은 크게 2가지 형태로 분류할 수 있다. 즉, (1) 어떤 행동이나 작업을 하는 방식으로서 돌봄, 서비스, 상담 등을 하는 것이고, (2) 순종, 존댓말, 인사, 외모 같은 상징적 표현을 하는 것이다. 따라서 어른을 존경하는 종합적인 방식은 이러한 2가지 형태를 혼합하고 있다.

이 조사는 젊은 미국인들이 가장 자주 실천하고 가장 중요시하는 어른존경방식을 찾아내었다. 이 경험적 조사는 미국에서 처음으로 계량적 자료를 바탕으로 이루어졌다. 이 존경방식들은 앞으로 구체적이고 체계적으로 어른존경을 논의할 방편으로서 활용될 수 있다고 본다. 이 방식들은 더욱이 고령자를 위한 돌봄서비스의 질과 세대관계의 도덕적 관점을 평가하는 포괄적인 행동양식을 개발하는 데 도움이 될 것으로 본다. 더욱이 면접을 통해 수집된 설화와 이야기는 노소세대관계의 정서적 관점을 이해하는 데 도움이 될 것으로 본다.

순종으로 하는 존경은 두 가지 방식으로 하고 있다. 한 방식은 어른이 정한 규칙을 따르는 것이고 다른 방식은 어른의 말을 귀담아듣는 것이다. 귀담아듣는다는 것은 어른의 명령이나 지시를 반드시 준수한다는 것은 아니지만, 젊은이들은 이 방식이 어른을 존중하는 한 가지 방법이라고 믿고들 있다. 이와 같이 귀담아듣는 방식을 다수 응답자들이 중요시했는데, 이 방식은 어른을 비굴하게 추종하는 방식이 아니라 어른과 상호교환을 하는 방법이기에 선호하는 것 같다.

돌봄으로써 존중하는 방식도 가장 자주 지적되었는데, 이 점은 매우 인상적이다. 존경은 돌봄(care)과 긴밀히 연계되어 있는 개념이다. 돌봄은 존경의 하위개념의 일부이다. 존경은 곧 다른 사람을 애정, 관용, 동정심으로 돌보는 것을 의미한다.

개인 및 가족에 관한 일에 대해 어른과 상의하는 것도 비교적 자주 지적된 방식이다. 어른은 조언을 해줌으로써 존중을 받고, 그의 지혜와 경험을 활용하는 데서 오는 만족을 느낄 수 있다. 한편 조언을 받는 젊은이는 어른의 지혜와 경험을 전수받아 통찰력을 키우고 새로운 것을 배울 수 있다.

인사로 하는 방식은 응답자들이 어릴 때부터 배운 올바른 사회관계를 이루는 데 필요한 행동이다. 어른과 대화를 하거나 편지를 할 때 예에 맞는 말을 사용하는 것은 존경을 표하는 역할을 한다. 응답자들은 어른 -고용주, 감독자, 교수, 고령의 인사 등- 을 만날 때는 일상적으로 예의 바르고, 단정한 옷차림과 외모를 갖추는 것이 중요하다고 보았다.

응답자들이 제공해 준 설화와 이야기의 내용을 보면, 어떤 존경방식은 사적(私的)인 setting에서 더 자주 실행되었고, 어떤 방식은 공식적(公的)인 장소에서 더 많이 행해진 것으로 나타났다. 사적 setting에서 그들의 어머니와 조부모에게 더 자주 존경을 표했음이 드러났다. 이러한 행위는 응답자와 친밀한 친척에 대한 존경, 그리고 특히 어머니에게 본능적으로 존경을 표했음을 시사한다. 이와 대조적으로 상징적인 표현이라고 볼 수 있는 순종, 존댓말, 인사, 외모로 하는 존경은 공공집회, 공식적인 회합 또는 의식을 하는 장소에서 더 자주 실행한 것으로 보인다. 특히 외모로 하는 존경의 경우가 그러하다.

윤리에 관한 문헌은 인간사회의 오랜 전통으로서 부모를 존중하는 데 대한 철학적인 견해를 제시하고 있다. 그런데 부모를 존경하는 데 대해 그 내용이 정서적인가 아니면 물질적인가에 대한 논의를 하게 된다. 그러나 가족적 맥락에서 어느 것을 택해 행하든 부모와 자녀 사이의 친밀한 관계를 무너뜨리지는 못한다고 본다. 본 연구의 결과는 이러한 사실을 시사하고 있다. 성인이 된 자녀가 어릴 때 부모로부터 홀대를 받았다 해도 성인이 된 오늘에는 어느 방식으로서든 그의 부모를 존중하고 돌보려 하는 것이다. 어떤 사례에서는 부자 간의 상호교환적인 관계가 존경하는 행동을 유발하는 것으로 보인다. 그리고 어떤 경우는 물질적이고 규범적인 요인이 존경을 표하는 방식을 좌우하는 것 같다.

한편, 어른존경은 문화와 연계된 의무로 보인다.

가족, 사회집단, 조직 및 사회에서 가지는 지위에 따라 생기는 의무라고 볼 수 있다. 효성스러운 자녀로서, 신뢰할 수 있는 구성원으로서 수행할 의무인 것이다. 대개는 이러한 사회적 지위를 가짐으로써 생기는 책임 때문에 어른을 존경하는 경우가 많을 것이다. 아시아계와 히스패닉계 미국인의 경우 일관성이 있게 어른에게 순종하는 사례가 많았다. 그리고 Lithuania, Hungary, Armenia에서 이민해 온 학생들도 어른존경을 많이 하는 것으로 나타났다. 이들 가운데 어떤 학생들은 부모에 대한 의무를 적절히 수행하지 않으면 죄의식을 느낀다고 고백하였다. 그러나 어떤 학생의 경우는 문화적인 요인이 어른존경과 전혀 연계되지 않은 것으로 보였다. 이런 학생은 어른존경의 실행은 사회적 의무라기보다는 개인적 선택에 따라 하는 것으로 보였다. 이들은 고령자에 대한 개별적 관점에서 선택적으로 그때그때의 사정에 따라 존경하는 것으로 보였다. 보편적이고 무조건적인 어른존경은 하지 않는 것이다. 이런 학생들은 존경을 한다고 해도 비교적 단순한 방식으로 제한된 정도로 하는 것으로 보였다.

어떤 존경방식의 표현은 변하거나 수정되고 있다. 귀담아듣는 방식은 전통적인 어른에 대한 순종과 복종이 수정된 것이라고 본다. 상담으로 하는 존경도 노소 양편에 이득이 되는 장점이 있기에 널리 실행된다고 할 수 있다. 이와 같이 존경의 표현은 복종으로부터 상호 교환적인 방향으로 변해가고 있다. 예를 들어 복잡한 표현은 단순한 표현으로 변하는 것이다. 인사를 하거나 예를 표하는 데 사용하는 복잡한 언어적 표현은 이제는 20~30년 전과 같이 자주 사용하지 않고 있다. 게다가 젊은 사람들은 고령자라고 해서 아무에게나 존경을 표하지 않는다. 이러한 행동양식은 그들이 살고 있는 새 시대에 적응해서 일어나는 변화라고 할 수 있다. 이러한 변화가 고령자의 안녕에 어떠한 영향을 끼치느냐는 문제는 앞으로 노인문제연구자들이 관심을 가지고 지켜봐야 할 과제이다.

다수 응답자들은 그들의 부모, 조부모, 기타 친척으로부터 어른을 존경하도록 배웠다고 했다. 분명히 가족에 의한 사회화와 어른이 보여준 역할모범은 긴요한 요인으로 작용한 것으로 보인다. 가족이 어린이에게 가치관을 품도록 하는 사회화의 중요성을 시사하는 것이다. 이상하게도 이 조사에서는 학교 선생이 끼친 영향은 별로 나타나지 않았다.

고령화사회에서 어른존경은 매우 중요한 과제이다. 그런데 어른존경이 감퇴되고 있다고 걱정하는 소리가 높아지고 있다. 이러한 걱정은 인류사회에서 고대부터 현대에 이르기까지 계속되어 왔던 것이 아니겠는가? 2,000년 전에 Plato는 배움의 시기에 있는 젊은이에게 사람을 존경하는 버릇을 마음속에 심어주어야 한다, 그럼으로써 이들이 어른에게 불손한 행동을 하지 않도록 해야 한다고 경고하였다. 그 무렵에 동양에서는 공자가 다음과 같은 말을 하여 어른존경이 중요함을 강조하였다. "사람들은 부모에게 먹을 것만 주면 되는 줄 안다. 그러나 개와 말에게도 먹을 것을 주지 않는가? 존경과 온정으로 부모를 대하지 않는다면 부모와 짐승 사이에 차이가 무엇이겠는가?"

이 석학들의 말은 오늘날에도 적용될 수 있는 금언(金言)이다.

그러나 지나친 염려는 하지 않아도 좋을 것 같다. 본 조사에서 나타난 바와 같이 미국의 젊은 사람들은 부모와 어른을 존경하고 있다. 이러한 긍정적인 증표가 있는 한 낙관을 할 여지가 있는 것이다. 우리는 이러한 긍정적인 증표를 지켜나가도록 힘써야 하겠다. 그렇지 않으면 어른을 불경하는 상황이 벌어질 것이 분명하다.

문화가 다른 미국에서도 이와 같이 젊은이들이 부모와 어른을 존경하고 있다. 다만 이들이 존경을 표현하는 방식과 존경을 중요시하는 정도에서 한국의 젊은 성인들과 상이하였다. 이 차이는 정도의 차이이다.

이 조사에는 질적 및 양적 자료를 통합하여 비교적 포괄적으로 어른존경을 조사하였다. 그러나 제한점이 있다. 표본은 의도적으로 선발된 2개 대학에서만 추출되었다. 조사가 진행된 주변상황에 대한 자세한 자료를 수집하지 못했다.

장래 조사는 대학에 다니지 않는 젊은이와 고령자를 돌보는 장년층을 포함한 보다 더 대표성이 있는 표본을 대상으로 하여 어른존경 방식의 변화, 상이한 문화적 및 사회적 맥락에 따른 존경방식의 차이, 고령자 자신이 존경방식을 수렴하는 정도 등을 조사하기를 바란다.

**[원문]**

# Treating the Elderly with Respect Forms and Narratives

Kyu-taik Sung
Bum Jung Kim
Fernando Torres-Gil

This study is supported by Schools of Social Work, University of Southern California.

Abstract

There has been little research on how young people respect older adults. This study explored the ways in which young adults connote elder respect. Based on quantitative data from a survey of 521 college students, a set of 11 behavioral forms of elder respect was obtained. Out of these forms, six were frequently practiced. Additionally, by interviewing the subjects, qualitative data based on narratives explicating the dynamic practice of elder respect was obtained, and factors that had a central significance to the development of elder respecting behaviors are identified. Implications of the findings from both types of the data and suggestions for future research are discussed.

There has been little research focused on respect for the elderly by the young in the United States. Consequently, information on how the elderly are respected by young people is extremely limited. In recent years, however, the issue of respect for the elderly has been gaining attention from gerontologists(Strahmer, 1985; Palmore & Maeda, 1985; Wilson & Netting, 1986; Streib, 1987; Post, 1989; Freedman, 1996; Mehta, 1997; Ingersoll-Dayton & Saengtienchai, 1999; Sung, 2001, 2004, 2009). This trend may reflect a social concern over disrespectful treatment of older people reported by a number of studies, e.g., mistreatment by abuse, neglect, and abandonment; prejudice manifested in myths, disdain, and dislike, and discriminatory practices; belief in erroneous stereotypes - many aged are in nursing homes, senile, unable to adapt to change, and so forth; and tendency to support ageism through negative connotations and portrayals of older persons by language, humor, songs, and art(Pillemer & Finkelhor; 1988; Vasil & Wass, 1993; Butler, 1995; Rowe & Kahn, 1998; Palmore, 1999: 61-69; Kosberg & Torgusen, 2001). Such negative ageism held by the young, for instance college students, are often reported(Gekoski & Knox, 1990; McCall, 1993; MacNeil et al., 1996). These unfortunate trends and incidences render the elderly valueless to society.

For older persons, food, clothing, shelter, health care, and security are all necessities. But they have another cardinal need. That is the need to be treated with respect. Most of the elderly are those who have contributed to their families, communities, and nation. They suffered to rear, educate, and support younger generations. Without respect, society cannot have positive attitudes toward these elderly, treat them with propriety and dignity, and integrate them more fully into the society (Nydegger, 1983; Leininger, 1990). Indeed, elderly persons respected tend to have greater life satisfaction, which in turn enhances their sense of usefulness and involvement in family, community, and significant others(Applegate & Morse, 1994; Ghusn et al., 1996). Moreover, the young will be a key element of the support system for the elderly(Montgomery & Kamo, 1989; Bell & Garner, 1996). Therefore, how the young treat the elderly is very important not only to the elderly but also to society. (Hereafter respect for the elderly is called "elder respect." The term "elder" here denotes elderly relatives, neighborhood elders, elders at workplace, and elders at large.)

The growing concern necessitates a critical review of elder respect among young people. However, empirical data on elder respect is extremely limited in the United States. Besides, until now writings about elder respect have dealt it in an invariably abstract form. Hence, elder respect has been a concept too general to provide clear guidance for practice and research. We need to distinguish varying forms of respect the young accord the aged and develop a set of concrete forms. Thus, the examination of specific ways in which the young respect older people is an important issue.

In order to explore this issue, the present study first explored by a questionnaire survey the behavioral forms of elder respect that younger adults most often practice. To examine changes occurring in any given society, one would have to look into younger people to find the potential source of the changes. In the case of college students, exposure to a liberal atmosphere on college campus, relative lack of parental supervision as they are away from home, and greater peer influence would mark their social and academic life. As a consequence, they are likely to contract new values different from their parents' and be less supportive of the traditional norms governing the way of treating older persons(Palmore, 1999: 30, 79). For this study, college students -a subset of younger adult population- were selected as subjects.

Following the survey, face-to-face interviews were carried out to obtain narratives and anecdotes, and certain personal experiences explicating how elder respect was practiced in interaction with older adults, described and explained in their own terms. In understanding the practice of elder respect, such qualitative data would be as important as scores on the behavioral forms. Because the practice may be entangled with and varied by affective and interpersonal factors. A combination of both types of data allowed the study to gain insights into behavioral as well as affective aspects of the practice.

## VARIOUS EXPRESSIONS OF ELDER RESPECT

Respect comes from Latin 'repicere', which means to look back at or to look again. The idea of looking to, or giving attention to, can be used synonymously with words such as regard and consideration(Webster's, 1996: 1640). So attention is a central aspect of respect; we respect a person by paying careful attention to the person and taking the person seriously(Downie & Telfer, 1969: 23; Dillon, 1992). Respect, however, calls for more than attention; it requires certain actions to be practiced which are deserved by the person(Gibbard, 1990: 265; Dillon, 1992). Such actions or behaviors are intended to convey an altruistic and benevolent sense of regard to elderly persons. The behaviors are called moral as they are based on younger persons' internalized values what they ought to do for older persons(Kunda & Schwartz, 1983).

Elder Respect may be expressed in a variety of forms, e.g., showing consideration for them, caring for them, complying with their wishes, showing them courteous manners, or giving them seats of honor. It is an open and matter-of-fact behavioral expression that can be observed and recorded. Elder respect, on the other hand, can be personal, carry an affective charge, and be culture-based(Downie & Telfer, 1969; Silverman & Maxwell, 1978; Leininger, 1990).

Earlier, Silverman and Maxwell(1978) distinguished the forms of elder respect based on data from a cross-cultural study of 34 societies. They derived inductively the following seven behavioral forms from having observed the way the aged were treated: service respect(doing house-keeping for elders), victual respect(serving drinks and foods of elders' choice), gift respect(bestowing gifts upon elders), linguistic respect(using respectful language in addressing to elders), presentational respect (holding courteous appearances before elders), spatial respect(furnishing elders with honorable seats), and celebrative respect(celebrating elders' birthdays).

In recent years, expressions of elder respect were described by three studies conducted in East Asia. Palmore and Maeda(1985)described a dozen of ways in which the Japanese expressed elder respect. Mehta (1997)reported on similar expressions of Singaporeans. Lately, Ingersoll-Dayton and Saengtienchai(1999)reported on such expressions based on their study of Taiwanese, Singaporeans, Thais, and Filipinos. Based on qualitative data, these studies described various expressions of elder respect that indicate the aforementioned seven forms identified by Silverman and Maxwell(1978) plus at least the following six forms(which are titled by the author): care respect(caring for and serving elders)(Care respect encompasses service respect.), acquiescent respect(complying with elders' words), consulting respect(seeking elders' advice), salutatory respect(greeting elders), public respect(respecting elders at large), and ancestor respect(worshipping ancestors). Thus, the forms presented by Silverman and Maxwell are largely replicated by the three studies suggesting cross-cultural similarity among the forms. While these studies made significant contributions, they commonly did not distinguish specific forms of elder respect based on quantitative data, and did not account for the extent or the degree to which the young practiced the forms important to them. Besides,the previous studies, conducted in Asia,did not examine elder respect in the United States.

## METHODS

This study was carried out in two phases. In the first phase a questionnaire survey was conducted to identify the forms of elder respect. In the second phase interviews were carried out to obtain narratives and anecdotes regarding the practice of the forms and factors that influenced the subjects to respect older adults. In both phases, the identity of the study subjects were kept strictly confidential.

### The First Phase Study

A survey was given to a sample comprised of two separate groups of students at universities selected purposively - one group of 261 at a large public university in the Midwest and another group of 260 at a large private university on the West Coast. Overall the sample(521) comprised of graduate students(32%) and seniors(68%). Their median age was 23 and 56% were male students. In terms of ethnicity, about 71% were Caucasian, 12% African Americans, 12% Latinos, and 5% Asian Americans. There were no major demographic differences in the age and gender between the two groups. However, in terms of ethnicity, there were more Latino and Asian American subjects in the West Coast group than in the Midwest group(23% as compared to 9.1%). They were attending 28 randomly chosen classes in social sciences at the two universities. Anonymous, self-administered question was administered: "Please list two or more important behaviors or gestures by which you most often express your respect for older adults." In all, 95 percent or more students in each class responded to the question. Three analysts participated in the content an alysis of various expressions of elder respect cited in response to the question.

### The Second Phase Study

Interviews were conducted by the author with 61 subjects selected at random from the 521 subjects(30 and 31 at the two respective universities) who responded to the questionnaire(2-3 students from each classroom). Their telephone numbers were secured, and they were subsequently called and interviewed by appointment. In each interview, the author outlined two semi-structured and open-ended questions: (1) "The following are forms or behaviors young people use to connote respect for older adults. Please give your free opinion about these forms and your personal experience in practicing each form with older adults." A list of the six forms(along with typical expressions of these forms) identified in the first phase was provided in a randomized order; (2) "From your recollection, what has influenced you most to respect older adults? Please state one or more such factors." As is characteristic of semi-structured interviewing method(Merton et al., 1990), the subjects were allowed to introduce discussions of their own interest. Interview schedules required to record additional descriptive and verbatim data provided by the subject. The interview guide was pretested on ten students not included in the sample. The interviews lasted on the average of 20 minutes at locations selected by the subject and the researcher. They were taped, transcribed, and then compared with field notes for accuracy. Three investigators participated in the identification of narratives and personal experiences reflective of the whole data. The ratios of sex, age, and ethnic groups of the sample resembled those found in the survey.

## FINDINGS

### Ⅰ. Survey

Respondents appeared to have no difficulty in citing behavioral expressions which they most often exhibited to connote elder respect and which they considered important to them. The expressions were categorized into various forms as shown in Table 1. Most(72%) subjects cited expressions leading to two forms of elder respect; the rest cited expressions indicating one or three forms. Based on their expressions, the following 11 forms were identified and named referring to the titles and meanings of elder respect described by the previous studies. The frequency with which each form was cited was assessed in terms of percentage. Based on the percentage size, the forms were rank-ordered(Table 1).

In the ranking, acquiescent respect(complying with and listening to what elders say) was the most frequently cited important form(53% of all the subjects). The second most often cited form was care respect(giving care and services)(32%), the third, linguistic respect(using respectful language)(27%), the fourth, salutatory respect(greeting)(17%), the fifth, consulting respect(seeking advice)(13%), and the sixth, presentational respect(holding courteous manners)(10%) (Table 1, Figure 1). The rest were cited by less than five percent: precedential respect(giving precedential treatment)(4%), gift respect(bestowing gifts)(3%), spatial respect(furnishing honorable seats)(2%), victual respect(serving foods of elders' choice)(1%), and celebrative respect(celebrating birthdays)(1%).

Forms of Elder Respect Most Often Practiced

Thus, the following six forms were cited by more than 10 percent of the subjects. This makes these forms more common and practiced more often. Thus, they stand out.

(1) acquiescent respect

(2) care respect

(3) linguistic respect

(4) salutatory respect

(5) consulting respect

(6) presentational respect

Next, the two groups were compared by frequency with which the forms were cited. Overall both groups were similar in terms of the frequency, except for acquiescent respect. The subjects on the West Coast cited acquiescent respect more frequently than did those in the Midwest(X2=.72, d.f.=1, p<.001). In the former, there were more Latino and Asian Americans than in the latter(23.6% vs. 10.2%). Probably because of the inclusion of these ethnic subgroups,the West Coast group as a whole had a higher frequency score than the other group(51 vs. 55)(Cf. Both groups combined: Latinos 64, Asian Americans 59, African Americans 54, Caucasian Americans 52). By age groups, there were some difference between the two groups in citing consulting respect, but it was not statistically significant. By gender,no difference was found.

## Ⅱ. Interviews

Overall the interviewer elicited useful information from all the subjects who willingly participated in the interview. Results of interviews were summarized into (1) narratives and anecdotes regarding how the six forms were practiced in interaction with older adults, and (2) verbatim data on factors that had a central significance in the development of elder respecting behavior.

Quotations and Anecdotes regarding the Practice of the Forms

### 1. The Important Forms that the Subjects Most Often Practiced

Data presented below are quotations and narrative accounts drawn from the subjects' stories. These specific quotations are chosen because they are illustrative and representative of the data on the forms most often practiced by the subjects and considered important to them.

#### 1) Acquiescent Respect(Complying and listening)

Of the subjects who cited acquiescent respect, 58% cited `compliance' and 42% cited `listening.'

Thus, one way of practicing this form was complying with rules set by elders.

Asked how she practiced it, a senior majoring in sociology

"I follow family rules and what my parents tell me to do, including keeping curfew."

Another senior studying English literature revealed,

"My parents usually discuss with me before setting up rules to be observed by family members. So, I obligingly comply with those rules."

Almost all Latino and Asian American students interviewed expressed even a stronger tendency to acquiesce elderly relatives in the family context.

The subjects revealed also how they practice acquiescent respect outside their family. A junior from Kansas majoring law said,

> "I would accept advices and suggestions of elderly persons who pay attention to my concern and help me out to resolve this."

Meanwhile, a graduate student from Los Angeles explained matter of factly,

> "It's part of my daily routine to comply with rules set up by the research director at my university and directives outlined by my supervisor at my part-time work place outside the campus. These are just my daily routines."

However, opinions that inform a different way of treating older people were also heard. For instance, a graduate student of criminal justice said,

> "Everyone has equal rights and therefore no preferences should be given because of age, gender or social status. It depends on what older persons do to others. We respect those who have done something good for us."

This opinion calls attention to the importance of reciprocity in intergenerational relationship.

Another way acquiescent respect was expressed was by listening to elders when they talked. For instance, a senior revealed his feeling about practicing this form,

> "When my parents and their friends talk, I listen to them even when I am bored. I don't interrupt them. I occasionally nod or smile while listening to them."

A junior from Texas gave a similar remark:

> "I do have my own feelings about how I should do certain things. But, I usually listen to my old folks when they advice and suggest as to how I should do, even if they might not seem very helpful."

A graduate student studying psychology gave a somewhat different opinion,

"I sometimes cannot stand my workplace supervisor. Yet no matter what it costs me, I listen to him and follow his directives. Above all, he is an old timer who runs the department. I do this for my own conscience."

Although listening would not always mean complying with what the elderly directed, a fairly large number of the subjects obviously understood that listening was an important way of elder respect. They seemed to prefer this less subservient and more interactive form.

2) Care Respect(Giving care and services)

An array of altruistic behaviors of care respect was cited, which may be broadly classified into two types: (1) caring for elders with affective touches involving being kind and considerate to them, paying attention to them, having concern for them, resolving anxiety for them, and taking care of them when they are ill; (2) providing services in terms of doing work or taking action for elders, such as housekeeping, maintaining contact and spending time with them, living closely to them, and assisting them to cross the road or carry a heavy load. Caring was clearly a social relationship between the subject and the elderly that comprised physical tending and support on the one hand and, on the other, emotional feelings based on affection, intimacy, and reciprocity.

For a senior from Detroit studying geography who visited her relatives once a month, care respect meant telling them that she cares about them and doing something beneficial for them. She described,

"I spend time with my mom and grandma by talking with them over the phone. I visit them and lend a hand with cleaning, washing, or organizing something in their houses that needs order. If they want something, I get it for them."

Another considerate senior stated,

"My grandparents biggest worry seems to be my safety and health. I don't want them to worry about me all the time. So, I often talk to them about what I do and how I feel. I also discuss with them things that concern me. By doing so, I feel I can reduce their anxiety about me."

A graduate student who lived a few hundred miles from her retired teacher voiced a similar sentiment when she said,

"I often call Rosemary, my former teacher. I try to keep in touch with her who is living alone. I tell her that I want to be her home to help her. When she is unwell, I am going to visit her more often and care for her."

A junior in French literature stated,

"Back home, I and buddies of 4-H Club used to visit a nearby home for older folks and did some caring for them. I mean such things as ccompanying outings, giving shaving, singing songs, making phone calls, etc. We will be doing these this summer when we are back home."

Although not all the subjects visited the elderly frequently, nearly all of them recognized the importance of keeping in touch with them - whether they be own relatives or non-relatives - to alleviate their isolation and to keep them as part of their lives. Such affective feelings and willingness to care for elderly relatives and other older persons were expressed by nearly all of the subjects regardless of their gender, ethnic, cultural, and geographic origins.

A few of them, however, revealed that they had emotional distance from their parents. For instance, a senior from Montana described of a hard life he had with his authoritarian father and resented him for it. But he said,

"Let's face it, my dad with my mom have struggled to bring me up. He could have gone without bringing me up. So, when they get to that age I should take over. I mean, I have to care for them in their old age."

This response illustrates the strength of internalized values and norms. It also suggests that normative factors and repayment for aids are mutually reinforcing.

Finally, a graduate student of sociology outlined his stance,

> "It's a common sense that we young ones need to help older folks cross the street or carry a heavy object. We do these at our own free will. Its really up to our conscience and heart."

This stance implies that the ultimate player in the realm of elder respect is the young themselves who, according to their conscience, decide how and to what extent they should do for elders

### 3) Linguistic Respect(Using respectful language in addressing to older adults)

To convey elder respect, the subjects used such terms as Mother and Father when they called their parents. In more formal contexts they used the titles such as Minister or Reverend, Madam, Mr., Dr., Chairperson, Prof., Director, etc. They avoided inappropriate language in speaking to older persons.

A senior revealed his cautious approach to the practice of this form,

> "I do not swear at old people even if they tell me something I don't like. I don't give them a negative feedback on what they say."

And then, a graduate student visiting from Boston revealed how she was taught to speak to older persons,

> "I try to be sensitive to the kinds of words I use in talking to older persons. Once I was paddled by a teacher for swearing at them. I don't raise my voice when I speak to them."

A graduate student expressed her concern regarding calling older persons,

> “We sometimes see students calling older persons and professors by their first name without being really intimate with them. I think it’s a little out of line. They should call the older persons by their last name with Mr., Mrs., or Prof.“

Another senior in public administration stated that she always said

> “Thank you” to older persons for even small things they received from them.

In both informal and formal situations, the subjects took effort to use appropriate language in addressing to older persons.

4) Salutatory Respect(Greeting elders)

Greetings reflect the social worth of the elderly toward whom they are directed. The subjects cited ways of greeting in both informal and formal contexts, including hugging and kissing elders, shaking hands with them, making eye-contact with them, looking at them with an expression of intimacy, acknowledging them when one sees them, and saying "How are you?"

A junior from Arizona reminisced her earlier experience,

> "The first thing I learned from my parents was saying 'Hi' to visitors, and hugging and kissing them. I think it is a basic way of interacting with others.”

A graduate student from Kansas explained how she usually greet older persons,

> “When I see older persons, I try to be careful and restrained because they are older. Then I say Hello, making eye-contact with them, and acknowledging them.”

For a student who emigrated from Asia, greetings were more formal.

"When I meet my older relatives and professors, I greet them by slightly bending my body forward. This is how my folks greet elderly persons in my family."

Interestingly, a doctoral student in international relations said,

"For me, the most difficult part of my learning Japanese is how to connote respect to older persons according to their social status. I have to change suffixes and prefixes, or even phrases and sentences to adjust the level of respect appropriate to individual persons' age, status, and relation to me."

5) Consulting Respect(Asking for advice)

The subjects consulted elders over personal matters and matters related to their family and living. A graduate student of economics described his feelings about consulting respect.

"I ask my grandparents and my hockey coach for their opinions and advice on decisions I have to make on my personal matters because I value their experience, wisdom, and willingness to help me."

"In my volunteer service group, we made it a rule to ask older members for advice and counseling on how to develop service programs."

Meanwhile, older persons who are consulted would feel respected for their age and experience. Hence, the practice of this form is likely to bring beneficial results for both the young and the old.

6) Presentational Respect(Showing courteous manners)

Wearing modest and proper apparel, doing ordinary or moderate grooming and exhibiting polite postures were cited as expressions of this form.

A graduate student said matter of factly,

"I think proper attire and manners are basics of our social life. These are what I learned from my folks at home and school."

Meanwhile, a junior, an Asian American, introduced a little different expression,

"I usually give something to my grandparents and their friends with two hands. And, I usually stand erect when they enter the room."

For most subjects who cited presentational respect, however, it appeared that this form was used mostly in the formal context outside the family.

Other forms - precedential, gift, spatial, victual, and celebrative - mostly symbolic displays of elder respect - are forms not infrequently practiced among older adults. However, these forms were cited only by a few subjects. For financial and physical reasons, many of them might not be able to practice some or all of these forms.

The following are quotations regarding the general meanings of elder respect obtained from interviews. These were selected on the basis of their relevance or insightfulness.

"People should treat each other on an equal footing. But my parents are a different case. I respect them more than anybody else. They work hard and care for me. I started to respect them as I became older and more conscious of their love and aid for me."

"My relatives were particular about my manners and language in addressing to older persons. I think my attitude toward older persons has been built up by their influence."

"My folks back home always told me to respect the elderly. Once when their friend visited our home, I refused to kiss the visitor's cheek. For this misbehavior, I was deprived of Coke for two days."

"I lived separately from my parents who were divorced when I was young. I learned how to treat others courteously through television and movies."

“I would pay respect to those older persons who have done something for me and other people. We need to repay them for that. They are the elderly who earn our respect.”

"I would like to know more about older people - their knowledge and experience as well as their issues and concerns. Some form of school teaching on how the young and the old can understand each other is desirable."

"We need to teach the next generation how to respect others, so that when they grow up, they would pass the value to their children. From my own experience, much depends on how older people bring up younger ones."

Although the meanings of these anecdotes cannot be generalized, they do reflect the subjects' perceptions and feelings on elder respect.

## 2. Factors That Influenced The Subjects to Respect Elders

Finally, the factors which influenced the subjects to respect the elderly were identified. Table 2 presents a list of these factors along with the frequency with which they were cited and ranking based on the frequency size. The three frequently cited are teachings by parents(91%), grand-parents(33%), and other relatives(13%). Less frequently cited were friend's advice(9%), self-awareness(6%), influence from mass media(6%), and learning at the school(5%). Five percent(3 persons) stated that nobody taught them how to respect the elderly. A further analysis was conducted by dividing the subjects into the Midwest group and the West Coast group. The two groups were compared using the frequencies with which influence factors were "cited" or" not cited." The key factorsteaching by parents(chi-square=.916, d.f.=1, sig.=.338, 2-tailed), teaching by grandparents(chi-sqaure=.089, d.f.=1, .sig.=.765, 2-tailed), and teaching by other relatives(chi-square=.265, d.f.=1, sig.=.338, 2-tailed) were found not differentiated by the two groups. Similarly, all other influence factors were not statistically differentiated.

## DISCUSSION AND CONCLUSION

This is probably the first study that clarified how young people respect older adults in the United States. For the study, a survey and interviews were carried out to obtain data on both behavioral and affective aspects of the practice of elder respect.

From the study, a typology comprising six outstanding forms of elder respect has emerged. The distinction between these behavioral forms highlights specific ways in which older adults are respected by younger adults. In the description of the holistic meaning of elder respect, all these forms would have to be considered as each of them indicates a different way of elder respect. The forms might be categorized into two broad types: (1) one involving some activity or work, such as caring, serving, and consulting, and (2) the other involving symbolic displays of respect - those falling into acquiescent, linguistic, salutatory, and presentational forms. Thus, the typology is a mix of these two types reflecting the necessity for fulfilling both.

The present study specified a various forms of elder respect that the younger adults most often practiced and considered important, based on quantitative data that the previous studies did not provide. The set of the forms provides a tool with which we can discuss elder respect in a concrete and systematic way. Besides, the set will be useful in developing a more comprehensive typology of such behavioral forms that might be used to assess the quality of eldercare and the moral aspect of intergenerational relationships. Moreover, the data from the narratives and verbatim data provides insights into the younger adults' perspectives on elder respect interlaced with affective qualities of intergenerational exchanges.

With regard to acquiescent respect - the most frequently cited form - one way of expressing this form was complying with rules set by older adults and another way was listening to them when they talked. Although listening would not always mean complying with what the older adults directed, the young obviously understood that listening is a way of elder respect. For a fairly large proportion of the subjects, listening appeared to be a very important form. They might have preferred this less subservient and more interactive form. It is noteworthy that care respect was another most frequently cited important form. In fact, respect is closely interrelated with care; care is one kind of respect(Downie & Telfer, 1969: 110; Kelly, 1990; Dillon, 1992). It reflects the value of caring for others with affection, benevolence, and sympathetic concern. Consulting elders over personal matters and asking them for advice was cited fairly often as an important form. Older persons who are consulted would feel respect for their age and experience. Hence, the practice of this form would bring beneficial results for both generations. Greeting elders is a social behavior that the subjects learned at early ages. Proper language used in addressing to older people was an important medium by which they connoted elder respect. Those who came into contact with elders - employers, supervisors, professors, or elderly dignitaries - usually dressed plainly and neatly, and maintained a posture that was polite and courteous.

In practicing these forms, the subjects seemed to give more emphasis to certain forms while giving less to others. However, it may be a challenge for them to practice some or all of these forms because of constraints associated with their obligations to wife and children, work situations, and social and environmental factors including financial capability and long distance living.

In examining the content of narratives and verbatim data, it was found that some forms were practiced more frequently in informal contexts while others were exhibited more often in formal situations. The subjects seemed to define the extent to which they practiced care respect and consulting respect, particularly the former, based on the proximity of their personal relations, i.e., parents and grandparents first, other relatives next, and thereafter, teachers, seniors, and elders at large. Many expressed their eagerness to convey these two forms of respect more to their mothers and grandparents reflecting greater respect accorded to these closest relatives and the instinctual relationship between the child and the relatives. However, in the practice of other forms(acquiescent, linguistic, salutatory, and presentation) - mostly symbolic expressions of respect - social contexts in which they were practiced tended to be more formal and ritualistic. This was so particularly in the case of presentational respect(holding courteous manners). Acquiescent, linguistic and salutatory forms were practiced in interaction with relatives and acquaintances as well as in the conduct of social life outside the informal context.

Ethical literature identifies a major philosophical view that our ethical tradition commands lifelong parental reverence(Blustein, 1982; Post, 1989; Chappell, 1990). There is, however, some debate about the relative importance of material as opposed to affective factors in determining reverence(English, 1979; Selig et al., 1991). Findings of the present study suggest that neither affect nor reciprocity was always a necessary condition for elder respect in the case of close relationship, such as that between the parent and an adult child in the family context. Even when an adult child resented the way his parent treated him, he still respected the parent by some forms of respect. In other cases, reciprocity appeared to be a major factor: aid and support form older adults seemed greatly affect the amount of respect connoted by the subjects. However, still in some cases, material and normative factors seemed mutually reinforcing.

Meanwhile, elder respect appeared to be a culture-related obligation - obligations that stemmed from their positions in the family, social groups, organizations, and society, as filial children, responsible members, loyal supervisees, and trustworthy juniors. In many cases, the obligation provided the first level of explanation for elder respect. In particular, Latino and Asian American students consistently expressed their tendency to acquiesce elderly. Also Caucasian Americans emigrated from Lithuania, Hungary, and Armenia expressed a similar tendency. For several subjects belonging to these ethnic subgroups, even some guilt feeling revolved around not properly fulfilling this obligation to their elders. However, for some other subjects, there seemed to be little cultural expectation to respect older adults. For them, the practice of respect toward older adults seemed motivated by a free personal choice, rather than social obligation, practiced selectively or case-by-case rather than categorically or universally, and expressed, if they did, by a simple expression. Even when the obligation was accepted, they tended to set limits for themselves regarding a point at which they would no longer pay respect.

Expressions of certain forms seem to be undergoing modification. Listening seems to be a modification of the traditional form of obedience. And, consulting respect, a newly emerged form, involves open communication and mutually beneficial exchange between generations. Thus, expressions appear to be shifting from subservient forms to reciprocal or egalitarian ones. They also appear to be shifting from complex forms to simpler ones. For instance, complicated lingual expressions of greeting and paying courtesy are not as frequently heard and seen as they were decades ago. Also, the young tend to be selective; they would not express respect to every old person automatically. These changes would seem to reflect a new culture in which they reside. To what degree such shifts engender positive or negative effects on the well-being of the elderly is an empirical question to which gerontologists need to be sensitive.

The majority of the subjects cited family influence - teachings by parents, grandparents, and other relatives - as key factors that influenced them to respect elders. Clearly, socialization and role modeling by family members emerged as the most important factor. This underscores the crucial role of the family in instilling the value in early ages(Harre & Lamb, 1983). An interesting corollary is that there is little evidence of the influence from school.

Elder respect will remain a vital issue in our aging society. And, concern over the purported decline of it persists. But, isn't it an age-old concern of human society? More than two thousand years ago, Plato showed his insight by fixing on youth as the impressionable period when reverence should be stamped on the mind of learner. He trusted reverence to check the rise of insolence in the young(Hastings, 1908: 752). In the East, before Plato, Confucius stressing elder respect said, "Filial piety today is taken to mean providing nourishment for parents, but even dogs and horses are provided with nourishment. If it is not done with reverence for parents, what is the difference between men and animals?"(Analects, Bk. 2. Ch.7). The concern expressed by these great scholars is still with us as has been for many generations.

However, one should not be overly concerned, for there is an indication that young people still respect the elderly. Hence, there is room for optimism as long as there is such a positive sign. We must struggle to preserve this sign, for without it the disrespectful treatment of the elderly may increase.

This exploratory study does have limitations: the sample was drawn at only two universities selected purposively, and situational factors surrounding the subjects were not fully accounted for. Besides, the study allotted limited time and cost to the survey and interviews. These constraints could have delimited the scope and depth of exploration. Future research should use a wider range of representative samples that include younger adults not attending college and older adults who assume greater caregiving obligations, and carry out longitudinal studies to account for the following issues among others: the changing trend in the way of respecting the elderly, forms of elder respect appropriate to varied contexts of social relations, and how older adults themselves perceive of these forms.

Table 1. Forms of Elder Respect: The Ist Phase and The 2nd Phase Studies

| Forms of Elder Respect | | 1st Phase Study (N=621) | | 2nd Phase Study (N=62) | |
|---|---|---|---|---|---|
| | | Rank | % | Rank | % |
| Acquiescent | (complying & listening) | 1 | 53 | 2 | 48 |
| Care | (giving care & service) | 2 | 32 | 1 | 71 |
| Linguistic | (using proper language) | 3 | 27 | 4 | 19 |
| Salutatory | (greeting) | 4 | 17 | 5 | 13 |
| Consulting | (seeking advice) | 5 | 13 | 3 | 25 |
| Presentational | (holding polite manners) | 6 | 10 | 5 | 13 |
| Precedential | (giving precedence) | 7 | 5 | 7 | 6 |
| Gift | (presenting gifts) | 8 | 3 | 9 | 5 |
| Spatial | (furnishing seats of honor) | 9 | 2 | 9 | 5 |
| Victual | (swerving choice foods) | 10 | 1 | 11 | 3 |
| Celebrative | (celebrating birthdays) | 10 | 1 | 8 | 6 |

* Rank is based on the size of frequency with which the form is cited.

Table 2. Factors which Influenced Elder Respect

| Influencing Factors | Rank N | Frequency (%) |
|---|---|---|
| Teaching by parents | 1 | 56 (91) |
| Teaching by grandparents | 2 | 20 (33) |
| Teaching by other relatives | 3 | 8 (13) |
| Advises from friends | 4 | 6 (9) |
| Self-awareness | 5 | 4 (6) |

| | | |
|---|---|---|
| Mass Media | 5 | 4 (6) |
| Teaching at schools | 7 | 3 (5) |
| No one taught me how to respect | 7 | 3 (5) |

N=62
Some interviewees cited more than one influencing factor.
Only items cited by more than 5% (3 persons) or more are shown.
Rank is based on frequency size.

# 맺는말

〈전통사상의 흐름〉

효는 우리 겨레가 여러 세대에 걸쳐 가족중심으로 실천해 온 문화적 가치이다. 이 가치는 인(仁)에 사상적 근원을 두고 있다. 인은 인간애 그 자체이며 부모와 가족 그리고 이웃을 사랑하는 넓은 사랑이다.

효는 오랜 역사를 통해 우리가 이어받은 전통사상과 합치된다. 홍익인간사상에서 시발하여, 신라, 고려, 이조에 걸쳐 융성한 불교와 유교의 사상 그리고 근대 동학의 인내천사상이 공통적으로 창도한 인간애-인간존중 가치의 면면한 흐름과 합류했다. 근대에 도입된 기독교는 이 가치를 더욱 고양하였다.

효의 가치는 이러한 민족사상의 흐름과 합류하여 우리의 문화적 자산으로 승화하였다. 효는 여러 세대에 걸쳐 고령자, 가족 및 이웃 공동체의 안녕과 복리를 증진하는 데 커다란 영향을 끼쳐 왔다.

그러나 산업화와 도시화의 충격적인 변화로 인하여 우리 겨레가 일찍이 겪지 않은 다양한 변동이 가족 안팎에서 일어나고 있으며, 이 과정에서 효의 의미는 변질되고 젊은 세대의 효의 표현이 달라지는 경향이 나타나고 있다.

이러한 시대적 변화에 직면하여 우리의 문화적 자산인 효를 재조명하고, 달라지는 민중문화와 생활환경에 적응해서 효의 표현과 방식을 수정해 나가야 한다는 소리가 높아지고 있다.

〈효에 대한 사회조사〉

오늘날의 한국인이 실천하는 효의 구체적 행동은 어떠한 것인가? 노부모에게 어떠한 돌봄서비스가 제공되고 있는가? 효는 가족을 중심으로 이웃과 어떠한 관계를 맺으면서 실행되는가? 시대의 변동에 따라 효는 어떻게 달라지고 있는가? 그리고 새 시대에 한국인이 받드는 효의 상(像)은 어떠한 것인가?

위의 과제에 대한 답을 얻기 위해 저자는 이 책에 소개된 일련의 사회조사를 하였다.

〈조사과정〉

저자는 효에 관한 한 가지 주제에 대한 조사가 끝나면, 효에 대한 다른 주제에 대한 의문이 생기어 이에 대한 새 조사를 시작하는 식으로 일련의 연속된 조사활동을 해 나왔다. 그리하여 그동안 20여 개의 크고 작은 사회조사를 국내외에서 수행하였다. 이 조사활동을 위한 재정적 지원은 저자가 봉직한 연세대학교와 미국의 The University of Southern California의 사회사업대학원이 제공해 주었다.

효행의 유형, 제공한 돌봄서비스의 종류, 효행의 실행상황, 효행이 진행된 가족 setting, 효행을 둘러싼 인간관계, 효행이 이루어진 문화적 맥락에 대하여 양적 및 질적 조사방법을 적용하여 체계적으로 조사해 나갔다.

수집된 자료는 질적 접근, 양적 접근 및 두 가지 접근을 통합한 방식으로 분석하였다. 양적 접근에서는 합당한 통계분석기법을 적용하였고, 질적 분석에서는 교차분석기법 등 기법을 적용하였다. 이 모든 접근에서 조사결과의 신뢰도와 타당성을 고양하기 위한 노력을 하였다.

조사과정에서 응답자들이 조사작업에 협조적으로 참여해 주었다. 피조사자들의 개인적 사비밀과 사생활에 저촉되는 질문은 피하고, 이들이 마음 편히 안심하고 자료를 제공하도록 윤리적 측면을 십분 배려하여 조사를 진행하였다.

〈주요결과〉

효행에 관한 질적 및 양적 자료를 한국적 맥락에서 종합, 분석하여 구체적이고 체계적인 효연구자료를 산출하였다.

효행의 중심적인 차원으로서 다음이 식별되었다. 이들 차원에 대해서 효에 관한 문헌과 양적 자료를 바탕으로 집중적으로 논의하였다(제1장, 제2장, 제3장 참조).

부모에 대한 존경

부모애 대한 책임(의무)

부모은혜에 대한 보답

부모를 위한 능양(能養)

부모에 대한 측은지심(惻隱之心)

부모자녀의 호혜적(互惠的) 관계

효행자들은 가족중심으로 다양한 유형의 돌봄서비스를 복수적인 이유로 제공하였음이 드러났다. 여성(며느리, 배우자, 딸)이 효행의 주역이었다. 효는 결코 일방적인 돌봄이 아니라 세대 간의 양방향적인 서로돌봄이라는 사실이 분명해졌다. 노부모와 자녀가 생의 주기를 두고 호혜적으로 돌봄을 주고받은 것이다.

효에 대한 사회조사에서는 질적 접근과 양적 접근이 다 같이 필요함을 깨닫게 되었다. 이 책에 소개한 조사들은 양적 성격의 것이 많으나, 필요에 따라 질적 조사도 하였고, 질적 및 양적 조사를 통합한 조사도 하였다. 양적 조사의 결과에 대해서는 해당분야의 참고자료를 바탕으로 질적 해석을 부가하였다.

가장 중심적인 조사는 효행의 유형과 부모존경방식을 식별한 것이다. 효를 실천하는 행동을 경험적 자료를 바탕으로 통계분석하여 그 행동의 유형을 가려내었다. 이어 부모와 어른을 존경하는 방식도 역시 경험적인 자료를 기초로 다양한 유형으로 식별해 내었다. 이 조사결과를 앞으로 효의 실천과 존경의 실행을 조사, 평가하는 데 참고할 수 있을 것이다. 효에 대한 이러한 조사는 우리나라에서 처음으로 이루어진 것으로 본다.

효행의 유형을 다시 제시하면 다음과 같다(제1장과 제2장 참조).

* 부모에 대한 존경
* 부모에 대한 책임수행
* 부모은혜에 대한 보답
* 부모를 위한 희생
* 부모에 대한 동정
* 부모중심의 가족화합
* 이웃노인돌봄
* 가족의 영속도모
* 못 다한 역할의 보상
* 종교적 신념에 따른 돌봄
* 가족체면 유지

그리고 처음으로 식별된 존경방식은 아래와 같다(제6장, 제11장 참조). 효의 핵심적인 표현방식이다. 이들 방식을 한국문화적 맥락에서 실행하는 데 대해서 논의하였다.

* 보살핌으로 하는 존경
* 음식대접으로 하는 존경
* 선물로 하는 존경
* 외모를 갖추어 하는 존경
* 순종을 해서 하는 존경
* 존댓말로 하는 존경
* 윗자리를 제공해서 하는 존경
* 축하를 해서 하는 존경
* 의논을 해서 하는 존경
* 인사를 해서 하는 존경
* 먼저 대접해서 하는 존경
* 조상에게 하는 존경
* 이웃노인에 대한 존경
* 사생활 존중
* 동일시해서 하는 존경

사회조사의 대표적인 기법으로서 조사대상을 비교집단으로 나누어 대조해서 동질성과 차이점을 식별하는 접근을 하였다. 이런 접근으로 효행자와 일반인을 비교하였고, 한국과 미국의 부모부양자에 대한 비교문화적 조사를 하였다.

비교문화적 조사를 통해서 동일한 문화권에서 실행되는 효행과 외국에서 행해지는 것을 비교하여 문화에 따른 효행의 동질성과 이질성을 검증하였다.

이 일련의 사회조사의 대부분은 국내와 국외의 학술지에 발표되었다(부록 참조).

종합해서 시대가 변하여도 효의 문화적 가치는 비교적 넓게 실천되고 있음을 알았다. 다만 이 가치를 실현하는 방식이 새로운 생활문화와 사회환경에 맞게 점차적으로 수정 내지 변경되고 있는 것이다.

〈앞으로의 과제〉

이 책에 소개된 조사자료는 한국사회가 달라지고 있지만 문화적 전통의 영향은 지속되고 있음을 예증하고 있다. 즉 변화 속에서도 지속의 현상이 드러나 보인다.

효는 가족을 중심으로 행해지는 부모돌봄이다. 즉 가족과 이웃이 제공하는 사적 또는 비공식적 돌봄이다. 이것은 국가가 제공하는 공적 돌봄과 대조된다. 물론 이 두 가지가 합성, 통합되어 종합적 사회복지가 이루어지는 것이다.

이러한 공식적 및 비공식적 돌봄은 다 같이 앞서 지적한 한국인의 인간애 · 인간존중의 사상적 맥락에 준거하여 실행되는 것이라고 해석된다. 즉, 효는 진정한 인(仁)의 발현이며 인은 인간애 · 인간존중사상을 그 근원으로 하고 있는 것이다.

효의 가치는 여전히 사람들의 행동의 사회적 적합성을 판단하고 조정하는 영향력으로 작용하고 있다.

그러나 한편, 부양능력이 약화된 가족을 돕기 위한 보완적 방편이 필요하게 되었다. 이런 방편이 하나로서 사회적 지원망이 실상을 조사하고 이의 유용성을 논구하였다. 이러한 보완방법과 연계되는 고령자의 안녕을 이룩하는 방안을 제시하였다.

우리 앞에 놓인 과제는 효를 새 시대의 생활문화와 생활양식에 맞게 실현하기 위한 방법을 창안, 개발하는 일이다. 그리고 이 방법을 다음 세대로 전수하는 것이다. 이 점을 감안하여 청소년을 위한 효에 대한 가정에서의 사회화와 학교에서의 교육을 논의하였다.

이 책에 수록된 자료가 이러한 과업의 수행과 효에 대한 보다 더 타당하고 신뢰성 있는 자료를 축적하는 데 다소나마 도움이 되기를 바란다.

# 부 록 I

## 내용분석방법<질적 자료를 양적 자료로 전환하는 기법>

제1장에서 효행자에 관한 기록문을 분석하기 위해 적용한 내용분석기법에 대해서 약술하고자 한다.

내용분석(content analysis)은 질적 자료를 양적 자료로 전환하는 기법이다(Babbie, 2014, 고성호 외 옮김, 444; Miles & Huberman, 1984; Krippendorf, 1980; 최성재, 2012: 472-477; 김영식, 2002: 204; Sung, 2007; 성규탁, 1995). 시간적 제약을 받지 않고 경제적으로 할 수 있는 조사방법이다.

이 기법은 기록문서뿐만 아니라 신문기사, 소설, 일기, 회의록, 역사자료 등 거의 모든 의사를 전달하는 글, 이야기 및 TV 프로그램을 분석하는 데 사용할 수 있다. 의사를 전달하는 글 또는 이야기 속의 특정한 형태의 내용을 코딩하여 발생빈도로 교차분석하는 것이 주된 방법이다. 예로 회의록에 특정한 사항이 얼마나 자주 다루어졌는지, 사회복지대회의 기록문에 상담기법에 관해 얼마나 자주 논의되었는지, 신문의 논설에서 통일에 관한 주제가 어느 정도의 빈도로 거론되었는가를 분석하는 데 사용될 수 있다.

내용분석은 또 텔레비전이나 라디오가 대중에게 전하는 특정한 소식/정보를 분석하는 데도 유용하다. 예를 들어 다문화가정에 대한 편견을 없애기 위한 TV프로그램의 효과를 측정하는 경우 시계열적으로 방송하는 프로그램의 날짜와 시간을 설정하여 오늘, 내일, 모레 또는 이번 주일, 다음 주일, 그다음 주일과 같이 시간적으로 연달아 그 프로그램에 대한 청중들의 반응을 탐사해 나아갈 수 있다.

### [내용분석을 위한 표본선정]

내용분석에서도 표본을 골라야 한다. 왜냐하면 전달된 것 전체를 모두 다 읽거나 관찰할 수 없기 때문이다. 따라서 전달물의 조사와 해당되는 부분을 시간(time)과 공간(space)을 고려해서 대표성 있게 골라야 한다. 분석을 위한 단위와 표본을 대표성 있게 선정해야 한다.

### [내용분석 단위]

먼저 서술적인 해석 또는 설명을 분석하기 위한 분석단위(unit of analysis)를 설정한다. 가족의 수입을 조사할 경우는 가족이 단위가 된다. 가족원 하나하나에게 물어볼 때는 개개 가족원이 관찰대상(unit of observation)이 된다. 효행자 조사에서는 효행자 개인이 분석단위가 되고 조사대상이 되었다. 분석단위에는 하위 분석단위가 있을 수 있다. 효행자의 경우는 효행의 유형, 돌봄서비스의 종류 등이 하위 단위가 되었다. 관찰단위도 마찬가지로 하위관찰 단위를 둘 수 있다.

다문화가정에 대한 TV프로그램을 조사하는 경우 TV프로그램이 분석단위가 될 수 있는데 이 경우 다음과 같이 분석을 진행할 수 있다. 조사대상은 여러 채널들이 될 수 있고, 채널마다 그 프로그램을 방송하는 시간들이 복수로 있을 것이다. 따라서 다음과 같이 조사대상을 설정할 수 있다(Rubin, & Babbie, 2001).

사전에 조사를 해서 채널 2, 4, 8을 다문화가정프로그램을 관찰하는 데 가장 적당한 채널로 선정하고, 오후 8시에서 10시를 그 프로그램을 가장 잘 나타내는 시간임을 정한다. 그리고는 1월 10일을 조사시작일로 정하고 끝날 날짜를 조사자금의 사정과 프로그램의 내용을 고려하여 결정한다. 이 모든 결정은 조사자가 가장 적합한 것이라고 판단해서 정하는 것이다.

[코딩(coding)과 분류]

일반 사회조사에서 사용하는 표본추출방법을 거의 모두 사용할 수 있다. 어느 방법을 사용하든 코딩과 분류 작업이 기본기법으로 사용된다. 즉 기록물이든 설화/구두표현이든 개념적 틀에 기초한 지표에 따라 분류해야 한다. 예를 들어 논설의 경우, '보수적' 또는 '진보적'으로 그 내용을 구분한다. 소설도 '친사회복지적' 또는 '반사회복지적'이라고 나눌 수 있다.

그런데 이러한 표현은 '명시된'(manifest) 내용과 '잠재된'(latent) 내용을 갖는다. 명시된(논설 또는 소설에 눈에 띄게 나타난) 내용과 잠재된(논설 또는 소설 속에 담겨있는) 내용이 있다. 분석 결과의 타당성과 신뢰도를 높이기 위해서는 이 두 가지를 모두 잘 다루어야 한다. 표준화된 설문을 사용하는 설문조사에서는 바로 이러한 잠재된 내용을 깊이 있게 재는 데 한계가 있다.

[명시된 내용의 코딩]

예를 들어 책 내용에서 고령자의 성적 문제를 다른 면이 몇 군데가 되는가를 분류하는 경우, 성문제를 기록한 면이 몇 개가 되는 가 세면 된다. 양적 분석을 하는 것이다. 이 분류에서 지적된 면의 수(지적빈도)가 많을 경우 신뢰도는 높아 질 수 있다. 그러나 이것으로 타당성을 이룩하기는 어렵다. 책면의 수만을 가지고는 고령자 성문제의 '깊이'를 파악하기가 어렵기 때문이다. 그렇기 때문에 다음으로 잠재적 내용의 분석에 들어가야 한다. '잠재된 내용' 분석은 보다 더 질적인 분석을 하는 것이다. 즉 성적 문제를 다룬 면의 빈도(수)가 주된 관심이 아니라 그 문제의 깊이(심도)가 대상이 된다. 바로 이 깊이를 재는 것이 내용분석의 강점인 것이다. 이 방법은 그 책 속에 담겨있는 내용을 분석하는 것인데 여기에서는 분석 결과의 지적빈도에 따르는 신뢰도와 세분화문제가 대두된다.

한편 코딩을 하기 전에 사전 검정을 해야 한다. 예로 고령자의 행복을 분류하기 위해서는 먼저 행복의 내용을 이론적으로나 관찰을 통해서 파악한 후 신뢰성있게 행복의 지표를 선정, 분류한 후, 그 지표를 바탕으로 코딩을 시작한다.

고령자의 행복에 대한 명시된 및 잠재된 내용을 나타내는 속성을 이론적으로 그리고 실제 관찰을 통해서 가려내어 이를 바탕으로 지표를 정립하는 것이다.

내용분석을 하기 위해서는 코딩을 숫자(numerical)로 전환해야 한다. 어떤 조사대상 자료 -명시된 것이나 잠재적인 것- 에 관한 단어, 어구, 절, 면, 장의 수를 파악하기 위해 숫자를 사용하여 표준화된 양적 양식을 취한다. 예를 들어 1=그렇다(yes), 2=그렇지 않다(no) 또는 1=매우 행복함, 2=행복한 편임, 3=행복하지 않은 편임, 4=전혀 행복하지 않음으로 코딩을 한다.

내용분석에서 이러한 숫자로 된 코딩을 하여 질적인 자료를 양적 자료로 전환할 수 있다.

[내용분석의 강점과 약점]

내용분석의 최대 장점은 경제성이다. 다수의 조사자들을 필요로 하지 않고 단 한두 사람이 할 수 있으며 특별한 장비나 시설이 필요치 않다. 조사가 잘 아니 되는 경우에는 이를 반복할 수 있다. 그리고 장기간에 걸쳐 조사대상에 대한 내용분석을 해나갈 수 있다. 게다가 내용분석은 조사대상자를 귀찮게 하거나 괴롭히지 않으면서 할 수 있다. 사람이 아닌 기록물이나 이야기자료를 대상으로 작업을 하기 때문이다. 이러한 장점은 일반 사회조사에서 가질 수 없다.

내용분석 방법에는 약점도 있다. 기록된 정보만을 분석하기 때문이다. 즉, 현존하는 문서, 도면, 구도와 같은 자료에 한한다. 타당성 문제가 가장 커다란 관심사이다. 흔히 양적 방법을 함께 해서 신뢰도를 올림으로써 타당성도 높이려고 노력한다.

현존하는 자료의 분석결과의 타당성은 무엇보다도 조사대상에 대한 논리적인 판단과 사실을 반복해서 발견하는 것이다. 즉, 조사가 정확한 논리적 바탕을 갖추어 예측한 사실을 반복해서 발견하거나 교차분석에서 동일한 사실을 확인함으로써 타당성뿐만 아니라 신뢰도도 높일 수 있다(Greene & McClintock, 1985). 다시 말해서 조사하고자 하는 상황/사실이 반복되어 관찰되거나 발견되면 이러한 장점이 발생할 수 있는 것이다.

그리고 자료가 과연 타당성이 있는가 걱정하는 경우가 많다. 따라서 조심스럽게 그 자료의 출처, 사회적 공인정도, 유사한 자료의 존재 등에 대해 사전 조사를 할 필요가 있다.

신뢰도는 간단히 말하면 조사대상에 대해 여러 조사자들이 같은 의견을 표시하거나 지적하는 경우, 또는 여러 가지 배경을 가진 많은 응답자들이 어떠한 분석단위에 대해 같은 응답을 하는 경우, 같은 상황에 대해 여러 번 또는 여러 장소, 여러 날에 걸쳐 조사결과가 비슷할 경우 신뢰도가 있는 것으로 해석한다.

# 부 록 Ⅱ

## 효조사에 관한 저서 및 논문[사회복지관련 서적 및 논문 제외]

### 孝조사에 관한 책

[국문]

- 孝 1995 成圭鐸, *새 時代의 孝*, 延世大學校 出版部(연세대학교학술상수상)(아산효행상수상)
- 孝 2005 成圭鐸, *새 시대의 孝 Ⅰ*, 전통적 이념과 표현의 변화, 문음사
- 孝 1996 成圭鐸, *새 시대의 孝 Ⅱ*,시대의 적응과 효행의 형태, 문음사(문화공보부추천도서) (아산효행상수상)
- 孝 2005 成圭鐸, *새 시대의 孝 Ⅲ*, 어른에 대한 존경: 뜻과 표현의 방법, 문음사
- 孝 2005 성규탁, *현대 한국인의 효: 전통의 지속과 표현의 변화*. 집문당(대한민국학술원선정우수학술도서)
- 孝 2010 성규탁, *한국인의 孝 Ⅰ*, 이어지는 전통과 변하는 실천 (사회복지적 시각). 학술정보사
- 孝 2010 성규탁, *한국인의 孝 Ⅱ*, 시대의 변화와 실천의 유형 (사회복지적 시각). 학술정보사
- 孝 2010 성규탁, *한국인의 孝 Ⅲ*, 새 시대의 어른존경 (사회복지적 시각). 학술정보사
- 孝 2010 성규탁, *한국인의 孝 Ⅳ*, 따로 사는 자녀와 부모부양 (사회복지적 시각). 학술정보사
- 孝 2010 성규탁, *한국인의 孝 Ⅴ*, 주고받는 세대관계 (사회복지적 시각). 학술정보사
- 孝 2011 성규탁, 어른을 존중하는 중국, 일본, 한국 사람들, 학술정보사
- 孝 2012 어떻게 섬길까 - 동아시아사람들의 에티켓, 학술정보사
- 孝 2013 한국인의 서로돌봄 - 사랑과 섬김의 실천, 학술정보사
- 孝 2013 부모님, 선생님 "고맙습니다"로 시작되는 효, 청소년을 위한 길잡이, 학술정보사
- 孝 2014 한국인의 세대 간 서로돌봄: 전통–변화–복지, 집문당

[영문]

- 2009 Kyu-taik Sung & Bum Jung Kim (Eds.), _Respect for the Elderly: Implications for Human Service Providers_. Lanham, MD, The U.S.: University Press of America. 388p
- 2007 Kyu-taik Sung, _Respect and Care for the Elderly: The East Asian Way_. Lanham, MD, The U.S.: University Press of America. 328p
- 2005 Kyu-taik Sung, _Care and Respect for the Elderly in Korea_. Seoul; Jimoon Publishing Co. 227p

## 孝조사에 관한 주요논문(선별)

[영문]

- 2015 Kyu-taik Sung, "Filial Piety in East Asia: Cultural Specificity and Global Alignment," Presentation at IAGG(International Association of Gerontology & Geriatrics) Symposium, _Ageing Population and Advanced Aged-Care Practices in China_, Care Expo China 2015, November 17, Shanghai, China. [동아시아의 효: 문화적 특이성과 세계적 연대]
- 2015 Sung, K. T., "Filial Piety in Modern Korea: Persisting Values and Modifying Expressions," (In) _Aging Industry and Filial Piety Culture_. Xi'an Jiaotung University Aging and Health Research Center, Xi'an China. [현대한국의 효: 지속되는 가치와 표현의 수정]
- 2013 Kyu-taik Sung, "_Filial Piety in Aging Society_," Presentation at The Presidential Symposium on Changing Times and Filial Piety, The 20th World Congress, Internat'l Association of Geontology & Geriatrics, June 24, Seoul, Korea. "변하는 시대의 효", 제20회 노년학-노년의학연합회 세계대회 초청발표논문. 6월 24일, 한국, 서울
- 2010 Kyu-taik Sung, Bum Jung Kim, & Fernando Torres-Gil, "Treating the elderly with respect: Affective and behavioral ways of American college students," _Educational Gerontology_ (New York: Routledge, Taylor & Francis Gp.). 36(2), 127-147. [어른존경: 미국대학생의 정서적 및 행동적 표현방식]
- 2009 Kyu-taik Sung & Ruth Dunkle, "How social workers demonstrate respect

for elderly clients." *Journal of Gerontological Social Work* (New York: The Haworth Press), 52(3), 250-256. [사회복지사가 고령자를 존경하는 방식]

- 2009 Kyu-taik Sung & Ruth E. Dunkle, "Roots of elder respect: Ideals and practices in East Asia." *Journal of Aging, Humanities, and the Arts* (Washington, DC: Gerontological Society of America), 3(1), 6-24. [어른존경의 근원: 동아시아의 이념과 실천]
- 2009 Kyu-taik Sung, "*New Look at Filial Piety in South Korea: Changing Way of Treating the Elderly*," Presentation at Presidential Symposium on New Look at Filial PIety in East Asia: Changing Family Support for the Elderly, The 19th World Congress, Internat'l Association of Geontology and Geriatrics, Paris, France, 5-9, July. "한국의 효에 대한 재조명: 변하는 노인부양", 제19회 노년 학-노년의학 연합회 세계대회 초청발표논문. 7월 6일, 불란스 파리
- 2007 Kyu-taik Sung, "Chinese young adults and elder respect," (In) *Respect and Care for the Elderly* (Lanham, MD: University Press of America), 59-105. [중국청년들의 어른존경]
- 2007 Kyu-taik Sung, "Japanese young adults and elder respect," (In) *Respect and Care for the Elderly* (Lanham, MD: University Press of America), 107-141. [일본정년의 어른존경]
- 2004 Kyu-taik Sung, "Elder respect among young adults: A cross-cultural study of Americans and Koreans." *Journal of Aging Studies* (New York: Elsvier Science), 18(2), 215-230. [어른존경의 비교문화적 고찰: 미국인과 한국인의 실천 비교]
- 2003 Kyu-taik Sung & Han Sung Kim, "Elder respect among young adults: Exploration of behavioral forms in Korea." *Aging International* (Pis Cataway, NJ: Transaction Periodicals Consortium, Rutgers Univ.), 28(3), 279-294. [한국청년의 어른존경행동의 탐색]
- 2003 Kyu-taik Sung, "Filial piety: Buddhist way in East Asia." *Journal of Religious Gerontology* (New York: Haworth Press). 14(4), 95-111. [동아시아의 불교식 효: 어머니의 은혜에 대한 보답]
- 2002 Kyu-taik Sung, "Elder respect among American college students: Exploration of behavioral forms." *International Journal of Aging and Human Development* (New York: Baywood Pub. Co.), 55(4), 71-86. [미국대학생

의 어른존경 행동 탐사]

- 2002 Kyu-taik Sung, "Filial piety--East Asian ideal of parent care--in changing times." *The Southwest Journal of Aging* (Stillwater, OK: The Southwest Society of Aging). 17(2), 23-29. [변하는 시대의 효 - 동아시아의 부모부양이념]
- 2001 Kyu-taik Sung, "Family support for the elderly in Korea: Continuity, change, future directions, and cross-cultural concerns" *Journal of Aging and Social Policy* (Thousand Oaks, CA: Sage Publications), 12(4), 65-79. [한국의 고령자를 위한 가족의 지원: 지속, 변화, 장래방향 및 비교문화적 과제]
- 2001 Kyu-taik Sung, "The kindness of mothers: Ideals and practice of Buddhist filial piety." *Journal of Aging and Identity* (New York: Human Sciences Press), 6(3), 137-146. [불교의 효: 어머니의 은혜]
- 2001 Kyu-taik Sung, "Elder respect: Exploration of ideals and practicing forms in East Asia." *Journal of Aging Studies* (New York: Elsvier Science.), 15(1), 13-27. [어른존경: 동아시아 사람들의 이념과 실천]
- 2000 Kyu-taik Sung, "Ideals and practices of family support: Cross-cultural perspectives." (Keynote address at The Asia/Oceania Regional Congress of Gerontology, 1999), 18-27. (In) *Changing Family Systems and Care for the Aged in the 21st Century*. The Organizing Committee for the 6th Asia/Oceania Regional Congress of Gerontology. [가족지원의 이념과 실천] 제6회 아시아/대양주지역 노년학대회에서 발표한 논문 - 주제발표
- 2000 Kyu-taik Sung, "Respect for elders: Traditional forms and emerging trends in East Asia." *Hong Kong Journal of Gerontology* (Hong Kong: Hong Kong Association of Gerontology). 14(1 & 2), 5-13. [동아시아에서 실천되는 어른존경의 전통적 이념과 새로운 경향]
- 2000 Kyu-taik Sung, "An Asian perspective on aging East and West: Filial piety and changing families." 41-51. (In) V. L. Bengtson, K. D. Kim, & G. C. Myers (eds.), *Aging in East and West* (New York: Springer Pub. Co.). [효와 변하는 가족: 동양과 서양의 노화에 대한 시각]
- 2000 Kyu-taik Sung, "Respect for elders: Myths and realities in East Asia." *Journal of Aging and Identity* (Holland: Kluwer Academic Pub. Co.), 5(4), 197-205. [고령자에 대한 존경: 동아시아의 신화와 현실]
- 1998 Kyu-taik Sung, "An exploration of actions of filial piety." *Journal of Aging Studies* (Greenwich, CT: JAI Press), 12(4), 369-389. [효의 행동적

표현 탐색]

- 1998 Kyu-taik Sung, "Filial piety in modern times—Thematic highlights." _The Australian Journal on Ageing_ (Melbourne: The Australian Council on Ageing), 17(1), 88-92. [현대의 효: 주제발표]
- 1997 Kyu-taik Sung, "Filial piety: Timely adaptation and practicing patterns in Korea." (In) _Aging Beyond 2000: One World One Future_ The 16th World Congress of the International Association of Gerontology, Adelaide, Australia. [효: 시대적 즉응과 실천방식]
- 1995 Kyu-taik Sung, "Measures and dimensions of filial piety in Korea." _The Gerontologist_ (Washington, DC: The Gerontological Society of America), 35(2), 240-247. [한국의 효: 측도와 차원]
- 1994 Kyu-taik Sung, "A cross-cultural comparison of motivations for parent care: Case of Americans and Koreans." _Journal of Aging Studies_ (Greenwich, CT: JAI Press), 9(2), 195-209. [부모부양동기의 비교문화적 고찰: 미국인과 한국인]
- 1992 Kyu-taik Sung, "Family-centered informal support networks and the well-being of Korean elderly." 338-342. (In) H. Orimo, Y. Fukuchi, K. Kuramoto, and M. Iriki (Eds.) _New Horizon in Aging Science_ (The 4th Asia/Oceania Regional Congress of Gerontology) (Tokyo: Tokyo Univer. Press). [한국노인의 가족중심적 비공식 지원망과 복지]
- 1992 Kyu-taik Sung, "Motivations for parent care: The case of filial children in Korea." _International Journal of Aging and Human Development_ (New York: Baywood Pub. Co.), 34(2), 109-124. [한국 효행자의 부모부양 동기]
- 1991 Kyu-taik Sung, "Family-centered informal support networks of Korean elderly: Resistance of cultural traditions." _Journal of Cross-Cultural Gerontology_ (Holland: Kluwer Academic Pub. Co.), 6(4), 432-447. [한국노인의 가족중심적 지원망: 문화적 전통의 저항]
- 1990 Kyu-taik Sung, "A new look at filial piety: Ideals and practices of family-centered parent care in Korea." _The Gerontologist_ (Washington, DC: The Gerontological Society of America), 30(5), 610-617. [효에 대한 새로운 조명: 가족중심적 부모부양의 이념과 실천]
- 1988 Kyu-taik Sung, _Filial piety: An analysis of meanings and practices_. The Center for East Asian Studies, The Univ. of Chicago, Paper S-88.5. [효: 의미와 실천에 대한 분석적 해설]

• 1988 Kyu-taik Sung, <u>A study of social support networks of the elderly in Korea</u>. The Center for East Asian Studies, The Univ. of Chicago, Paper S-88.6. [한국노인을 위한 사회적 지원망 고찰]

[국문]

• 2014 성규탁, "새 시대의 효: 이념과 실천," 효문화 확산과 지역사회실천 학술대회, (지역주민조사논문), 6월 26일, 강원도여성가족연구원, 춘천시.

• 2014 성규탁, "새 시대의 효: 전통-변화-적응," 제72회 충북사회복지포럼, (청소년사회화연구논문), 충청북도사회복지협위회, 5월 13일, 청주시.

• 2011 성규탁, "중국인의 어른존경," 어른을 존중하는 중국-일본-한국 사람들: 새시대의 실천방식, 74-130, 집문당. (중국현지조사논문)

• 2006 성규탁 "현대 한국인이 인식하는 孝 - 척도와 차원 - 재조명," 노인복지학과 행정학의 새로운 도전-황진수교수회갑논문집, pp. 286-312. 서울: 대명문화사

• 2001 성규탁, "어른尊敬방식에 대한 탐험적 연구-동아시아에서 행한 조사들을 중심으로," 한국노년학, 21권 2호, pp. 125-139.

• 2000 성규탁, 노인을 위한 家族의 支援 - 비교문화적 고찰," 사회복지, 통권 146호, pp. 175-192.

• 1996 성규탁, "원거리에 사는 자녀와 孝行," 아산, 아산사회복지재단, 제72호, pp. 72-78.

• 1995 성규탁, "한국인의 父母扶養理念에 관한 연구," 전환기에 선 한국인의 가치관, 한림과학원총서, 제34권, 한림과학원, pp. 7-62.

• 1995 성규탁, "父母扶養理念의 비교: 한국인과 미국인간의 比較文化的 연구," 국제학술발표회, 서울대학교 사회개발 및 정책연구소, pp. 1-15.

• 1995 성규탁 "한국인의 가족지향성과 孝行意志," 가정복지와 새시대의 효, 대전대학교사회복지연구소, 개교15주년기념 사회복지학술발표논문집, 10월 27일, pp. 25-35.

• 1995 성규탁, "現代韓國人이 認識하는 孝: 內容分析," 孝思想과 未來社會, pp. 447-475. 孝思想 國際學術會議, 韓國精神文化硏究院.

• 1995 성규탁, "韓國人의 孝行意志와 年齡層들간 差異," 韓國老年學, 제15권 1호, pp. 1-14.

• 1994 성규탁, "한국인의 가족지향성," 현대사회와 사회사업, 어윤배박사회갑기념논

문집, 7-28.

- 1994 성규탁, "現代 韓國人이 認識하는 孝: 尺度와 次元," 韓國老年學, 제14권 1호, pp. 50-68.
- 1991 성규탁, "韓國人의 父母扶養을 위한 意志와 慣行에 관한 연구: 老人의 非公式的 支援網을 중심으로," 韓國老年學, 제11호, pp. 251-273.
- 1990 成圭鐸, "韓國老人의 家族中心的 相互扶助網: 强化하는 文化的 抵抗", 韓國老年學, 제10호, pp. 163-181.
- 1989 成圭鐸, "韓國人의 孝行에 관한 연구", 傳統倫理의 現代的 照明, 韓國精神文化硏究院, pp. 119-209.
- 1989 成圭鐸, "現代韓國人의 孝行에 관한 硏究 - 家族中心的 父母扶養의 理念 및 實踐", 韓國老年學, 제9호, pp. 28-43.
- 1988 成圭鐸, "社會福祉의 韓國的 方向 - 家族機能活用을 중심으로," 先進祖國의 理念的 基礎, 韓國精神文化硏究院, pp. 135-158.

# 찾아보기

# 참고문헌

[국내]


- 강철희, 김미옥, 이종은, 이경은, 2007, 나눔교육을 통한 아동의 변화연구, 한국사회복지학, 59.
- 경제기획원, 2013, 평균가족수.
- 고범서, 1992, 가치관연구, 나남.
- 고성호 외 옮김, 2014, 사회조사방법론, 박영사 [Babbie, E. 2014, The Practice of Social Research, CENGAGE-Learning (13th Ed.)].
- 공세권, 조애조, 김진숙, 장현섭, 서미경, 1990, 한국가족의 기능과 역할 변화, 한국보건사회연구원.
- 교육과학기술부, 2011, 도덕과 교육과정 교육과학부기술부 고시 제2011-361호 (별책 6).
- 권경임, 2009, 현대불교사회복지론, 동국대학교출판부.
- 권중돈, 2010, 노인복지론, 학지사.
- 금장태, 2006, 한국유교의 현실인식과 변혁론, 집문당.
- 김경동, 1964, 태도척도에 의한 유교가치관의 측정, 한국사회학, 제1집, pp. 3-24.
- 김경희, 2003, 아동심리학, 박영사.
- 김낙진, 2004, 의리의 윤리와 한국의 유교문화, 집문당.
- 김동배, 2007, 노인과 자원봉사. 한국노년학회(편), 노년학의 이해, 도서출판 대영문화사.
- 김미혜, 권금주, 2008, 며느리의 노인학대 과정에 관한 연구, 한국노년학, 28(3), 403-424.
- 김미혜, 권용희, 2013, 일자리 특성이 고령근로자의 삶의 만족도에 미치는 영향: 직무만족 매개효과와 성별 간 다집단분석, 한국노년학, 33(1), 67-84.
- 김상균, 2005, 한국사회복지의 좌표, 한국사회복지학회.
- 김성천, 2005, 한국사회복지의 좌표, 한국사회복지학회, 한국가족의 변화와 대응방안, 한국보건사회연구원 연구보고서.
- 김시우, 2008, 성경적 효 입문, 다시랑.
- 김영범, 박준식, 2004, 한국노인의 가족관계망과 삶의 만족도, 한국노년학, 24(1),

169-185.
- 김영식, 2002, 사회조사방법론. 나남출판.
- 김용우, 2011, 한국자선교육 제도화 방안연구, 동국대학교박사학위논문.
- 김유진, 2007, 치매노인가족의 간병 경험에 관한 선험적 현상학 연구, 한국노년학, 27(4), 963-986.
- 김익기, 김동배, 모선희, 박경숙, 원영희, 이연숙, 조성남, 1999. 한국노인의 삶. 미래인력연구회.
- 김인자 외, 2004, 긍정심리학, 물푸래.
- 김정식, 김익기, 2000, 세대간 지원교환의 형태와 노인들의 만족도, 한국국노년학, 20(2), 155-168.
- 김정현, 2009, 문화적 가치가 수발부담 및 사회적 지지를 통해 남가주 한인가족수발자의 신체적 건강에 미치는 영향 -사회문화적 스트레스 대처모델을 적용하여, 한국노년학, 29(2), 377-394.
- 김정현, 김중환, 2010, 노인복지관 물리치료실의 물리적 요법이 고혈압 관련 교감신경활성에 미치는 영향, 한국노년학, 30(2), 311-322.
- 김제엽, 1998, 한국노인부부의 부부폭력실태와 사회인구학적 변인과의 관계 연구, 한국노년학, 18(1), 170-183.
- 김태환, 1979, 사회적인 견지에서 본 한국인의 국민성, 국민윤리, 8, 정신문화연구원.
- 김한초, 한남제, 최성재, 유인희, 1986, 한국가족의 표준모형개발, 한국정신문화연구원, 10-35.
- 김형태, 2008, 21세기를 위한 자녀교육, 태양출판사.
- 김형호, 최진덕, 정순우, 손문호, 심경호, 1997, 퇴계의 사상과 그 현대적 의미, 한국정심누화연구원, 179-180.
- 김혜경, E. Kobayashi, J. Liang, 2003, 일본 후기교령자의 자녀와의 시회적 지원과 심리적 복지감, 한국노년학, 2003, 23(4), 195-209.
- 나까무라 모또(中村 元), 1961, 慈悲, 日本京都: 平樂寺書店. [일본아판]
- 나병균, 1985, 향약과 사회보장의 관계, 사회복지학회지, 7호, 21-50.
- 노년학척도집, 2010, 한국노년학포럼, 나눔의 집
- 노자(老子)도덕경, 1989, 박일봉 역편, 육문사.
- 논어(論語),1997, 이가원 감수, 홍신문화사.

- 대학-중용(大學-中庸), 1993, 이가원 감수, 홍신문화사.
- 董金裕(臺灣政治大學), 2010. 효도사상의 현대해석과 현대에서의 실천(孝道思想的擴大詮釋與現代實踐), 儒學復興과 現代社會, 국제유학연합회, 성균관대학교, 12. 15.
- 杜鵬(중국노년학회부회장), 2013, Filial Piety in The New Century in China, Presentation at The Presidential Symposium on *Changing Times and Filial Piety*, The 20th IAGG, World Congress of Gerontology & Geriatrics, June 24, Seoul, Korea.
- 류승국, 1995, 효와 인륜사회. 효사상과 미래사회, 한국정신문화연구원.
- 맹자(孟子) 1994, 이가원 감수, 홍신문화사.
- 명심보감(明心寶鑑), 1995, 이기석 역해, 홍신문화사.
- 모선희, 1997, 농촌노인의 사회활동참여에 영향을 미치는 요인, 한국 노년학, 17(1), 94-108.
- 모선희, 2000, 효윤리의 현황과 과제, 현대사회와 효의 실천방안, 한국노인문제연구소.
- 문수경, 2007, 중풍노인의 사회참여에 관한 연구, 한국노년학, 27(3), 563-578.
- 문용린, 김인자, 원현주, 백수현, 안선영 역, 2008, 성격감정과 덕목의 분류, 한국심리상담연구소.
- 민기체, 이정화, 2008, 비공식적 관계망에 대한 지원제공이 노인의 정신건강에 미치는 영향, 한국노년학, 28(3), 515-533.
- 박병헌, 2008, 사회복지와 문화: 문화로 해석한 사회복지의 발달, 집문당.
- 박영란, 2000, 효관련 연구의 현황과 과제, 현대사회와 효의실천방안, 한국노인문제연구소.
- 박재간, 1989, 전통적 사상과 그 현대적의의, 傳統倫理의 現代的 照明, 韓國精神文化硏究院, 89-117.
- 박종홍(朴鍾鴻), 1960, 퇴계의 인간과 사상. 서울: 국제문화연구소, 世界 2권, 4호.
- 박철호, 2014, 현대시회의 '올리(치) 사랑체계' 연구, 현대 효사상과 노인정책, 제2회 효도실버신문사 제15주년기념 효포럼, 11월 13일.
- 박현식, 2010, 조손가족의 특징과 손자녀 양육지속의사에 관한 질적 연구, 한국노년학, 30(3), 779-791.
- 보건복지부, 2007, 노인학대상담사업 현황보고서.
- 보건복지부, 2009, 2008년도 노인실태조사: 전국노인생활실태 및 복지요구조사.

- 부모은중경(父母恩重經), 1993, 권오석 역해, 홍신문화사.
- 삼성복지재단. 1910~2013, 삼성효행록.
- 서병숙, 이신숙, 1991, 농촌기혼여성의 노부모부양의식과 부양수행도, 한국노년학, 제11권 2호, 191-221.
- 성규탁, 1988, 노인들의 욕구에 관한 연구(연구보고서), 아산사회복지재단.
- 성규탁, 1990, 한국노인의 가족중심적 상호부조망, 한국노년학, 제10호, 163-181.
- 성규탁, 1994, 한국인의 가족지향성, 현대사회와 사회사업, 우계어윤배박사회갑기념논문, 7-28.
- 성규탁, 1995, 한국인의 효행의지와 연령층들간의 차이, 한국노년학, 15(1), 1-14.
- 성규탁, 1995, 새시대의 효, 연세대학교출판부.
- 성규탁, 1998, 현대한국인이 인식하는 효: 척도와 차원, 한국노년학, 14, 1, 50-68.
- 성규탁, 2000, 노인을 위한 가족의 지원: 비교문화적 고찰, 사회복지, 145, 175-192.
- 성규탁 2001. 어른존경방식에 대한 탐험적 연구. 한국노년학, 21(2), 125-139.
- 성규탁, 2006, 현대한국인의 효, 집문당. [학술원선정우수학술도서]
- 성규탁, 2010, 한국인의 효 Ⅰ, 전통과 변화, 학술정보사.
- 성규탁, 2010, 한국인의 효 Ⅱ, 변하는 형태, 학술정보사.
- 성규탁, 2010, 한국인의 효 Ⅲ, 어른 존경, 학술정보사.
- 성규탁, 2010, 한국인의 효 Ⅳ, 별거와 부양, 학술정보사.
- 성규탁, 2010, 한국인의 효 Ⅴ, 주고받는 관계, 학술정보사.
- 성규탁, 2011, 노인을 존중하는 중국, 일본, 한국 사람들, 학술정보사.
- 성규탁, 2013, 한국인의 서로 돌봄: 사랑과 섬김의 실천, 한국학술정보사.
- 성규탁, 2014, 새 시대의 효: 전통-변화-적응, 제72회충북사회복지포럼, 충청북도사회복지협위회, 5월 13일, 청주시.
- 성규탁, 2014, 새 시대의 효: 이념과 실천, 효문화 확산과 지역사회실천 학술대회, 6월 26일, 강원도여성가족연구원, 춘천시.
- 성규탁, 2014, 한국인의 세대 간 서로돌봄(전통 · 변화 · 복지), 집문당.
- 성서 (The Holy Bible).
- 소학(小學), 이기석 역해, 2003, 홍신문화사.
- 손인주, 1992, 한국인의 가치관, 교육가치관의 재발견, 문음사.

- 송 복, 1999, 동양의 가치란 무엇인가: 논어의 세계, 미래인력연구센터.
- 송성자, 1997, 한국문화와 가족치료, 한국사회복지학, 32권, 160-180.
- 송인한, 박장호, 김리자, 2013, 준고령층과 청장년층 자활사업 참여자의 자활의지: 영향요인 비교분석, 한국노년학, 33(1), 183-197.
- 신용하, 2004, 21세기한국사회와 공동체문화, 지식산업사.
- 신용하, 장경섭, 1996, 21세기 한국의 가족과 공동체 문화, 집문당.
- 심미옥, 2003, 초등학교학부모의 자녀지원활동에 관한 연구, 초등교육연구, 16(2), 333-358.
- 심석산, 2010, 효운동, 1%의 성공. 부산: 전양.
- 엄예선, 1994, 한국가족치료개발론, 홍익제.
- 예기(禮記), 1993, 권오순 역해, 홍신문화사.
- 吳光(中國浙江省儒學學會), 2010, 중국당대유학부흥의 형세와 발전 방향, 서울, 국제유학연합회, 성균관대학교.
- 오늘의 한국가족 어디로 가고 있나? 아산사회복지재단 29주년기념 심포지움.
- 오세철, 1982, 한국인의 사회심리, 박연사.
- 오종일, 2010, 효의 유학적 가치와 미래적 기능, 유학부흥과 현대사회, 국제유교연합회, 성균관대학교.
- 王文亮, 2001, 중국의 고령사회보장(中國之高齢者社會保障). 日本東京: 白帝社 [일본어판]
- 원영희, 모선희, 1998, 노인복지관에 관한 연구, 한국노년학, 18(2), 64-79.
- 유병용, 신관영, 김현철, 2002, 유교와 복지, 백산서당.
- 윤경아, 성규탁, 1997, 사회복지임상조사방법론, 법문사.
- 윤사순, 2008, 퇴계 이황, 예문동양사상연구원.
- 윤성범, 1975, 현대와 효도, 을유문화사.
- 윤태림, 1970, 한국인의 의식구조, 삼화서적.
- 윤현숙, 2003, 노부모와 자녀간의 지원교환이 노인의 심리적 안녕에 미치는 영향, 한국노년학, 23(3), 15-28.
- 윤현숙, 유희정, 2007, 성공적 노화여부에 따른 중요 생애서건 비교분석, 한국노년학, 27(4), 807-827.
- 윤현진, 추병환, 정창우, 2009, 도덕과 교육내용 개선방안 연구, 한국교육과정평가원.
- 율곡전서(栗谷全書), 국역, 1985, 한국정신문화연구원, 卷19, (聖學輯要, 正家章;

學校模範, 事親條).

- 이가옥, 권선진, 권중돈, 이원숙, 1990, 노인부양에 관한 연구, 한국보건사회연구원.
- 이광규, 1990, 한국가족의 구조분석, 일지사.
- 이부영, 1983, 한국인의 성격의 심리학적 고찰, 한국인의 윤리관, 한국정심문화연구원.
- 이상은, 이병도, 1976, 한국의 유학사상: 퇴계집/율곡집(退溪集/栗谷集), 삼선출판사.
- 李翔海(中國南開大學), 2010. 효와 중국인의 안신입명의도(孝與中國人的安身立命之道), 儒學復興과 現代社會, 국제유학연합회, 성균관대학교.
- 이십사효적고사(24孝的故事), 1977, Singapore: Asiapac Publication.
- 이연숙, 2011, 체험주의의 초등도덕교육에 대한 함의연구, 초등교육연구, 24(3), 51-72.
- 이인수, 이용한, 2000, 노인학대 인식도의 한미간 비교에 관한 연구, 노인복지연구. 겨울호, 165-182.
- 이종호, 1994, 율곡의 인간과 사상, 지식산업사.
- 이혜자, 박경애, 2009, 농촌노인의 가족관계망 유형과 생활만족도, 한국노년학, 29(1), 291-309.
- 이황(李滉), 이광호 옮김, 2001, 성학십도(聖學十圖), 홍익출판사.
- 이황(李滉), 장기근 역해, 2003, 퇴계집(退溪集), 홍신문화사.
- 이희경, 2010, 유아교육개론, 태양출판사.
- 인민일보(人民日報), 1999, 노인이 갈망하는 정신적 부양(老年人渴望精神加護)(海外版), 11월 8일.
- 임진영, 2003, 어머니의 양육태도와 아동의 자아개념이 아동의 대인관계에 주는 영향, 초등교육연구, 16(1), 379-399.
- 전미경, 집정현, 2008, 초등교과서에 재현된 노인에 대한 연구, 한국노년학, 28(3), 663-685.
- 정경배, 1999, 21세기 노인복지정책 방향. 노인복지정책연구, 한국보건사회연구원.
- 錢 遜(中國淸華大). 2010, 유학보급의 회고와 전망, 유학부흥과 현대사회, 서울, 국제유학연합회, 성균관대학교.
- 중국노년학회(中國老年學會), 2006, 중국노령화사회추세에 대응하는 거택양로방식(中國探索居家養老模式應待老齡化社會趨勢), 3월2일.
- 지교헌, 1989, 경로.효친사상의 역사적 전개와 그 현대적 의의, 전통윤리의 현대적

조명, 한국정신문화연구원, 213-278.

- 지교헌, 1989, 전통윤리의 현대적 의의와 그 사회적 기능, 전통윤리의 현대적 조명, 한국정신문화연구원, 3-43.
- 陳榮照(싱가폴국립대), 2010, 유학의 부흥과 당대사회, 유학부흥과 현대사회, 서울, 국제유학연합회, 성균관대학교.
- 蔡茂松, 1985, 退溪.栗谷 哲學의 比較研究, 성균관대학교출판부.
- 蔡方鹿(中國四川師範大學中國哲學-文化研究所長), 2010. 효도사상과 현대사회의 화합(孝道思想與現代社會和諧), 儒學復興과 現代社會, 국제유학연합회, 성균관대학교, 12월 15일.
- 최성재(편), 2012, 고령화사회, 서울대출판부.
- 최성재, 2012, 사회복지조사방법론. 나남출판.
- 최재석, 2009, 한국의 가족과 사회, 경인문화사.
- 최재석, 1994, 한국가족연구, 일지사.
- 최정혜, 1998, 기혼자녀의 효의식, 가족주의 및 부모부양 의식, 한국노년학, 18(2), 47-63.
- 최혜경, 2006, 가족법 개정운동에 비춰 본 한국의 가족제도.
- 통계청, 장래인구 추계 (1990-2021).
- 퇴계집(退溪集), 2003, 이황, 장기근 역해, 홍신문화사.
- 한경혜, 주지현, 이정화, 2008, 조손가족 조모가 경험하는 손자녀 양육의 보상과 비용, 한국노년학, 28(4).
- 한경혜, 2004, 생애사 연구를 통한 노년기 삶의 이해, 한국노년학, 24(4), 87-106.
- 한경혜, 손정연, 2009, 경험표집법을 통해 살펴본 도시노인의 일상생활 경험, 한국노년학, 29(3), 1159-1182.
- 한국가족문화원, 2005, 21세기 한국가족: 문제와 대안, 경문사.
- 한국개발원, 1985, 2000년을 향한 국가장기개발구상 총괄보고서, 72-84.
- 한국노인문제연구소, 2000, 현대사회와 효의 실천방안.
- 한국청소년개발원, 2011, 청소년심리학, 교육과학사.
- 한동희, 2002, 노인학대의 의미와 사회적 개입에 대한 노인들의 인식연구, 한국사회복지학, 50, 193-208.
- 한형수, 2011, 한국사회 도시노인의 삶의 질 연구, 청록출판사.
- 홍경준, 1999, 복지국가유형에 관한 질적 분석: 개인주의, 자유주의, 그리고 유교주

의 복지국가, 한국사회복지학, 38, 309-335.

- 홍미령, 김은정, 김태현, 차우규, 한정란, 2008, 노인인식개선을 위한 초.중교 과과정 내용분석 및 보조교재 개발, 보건복지부, 한국노인복지진흥재단
- 황진수, 2011, 노인복지론, 공동체.
- 효경(孝經), 1989, 박일봉 편역, 육문사.
- 효적고사(孝的故事), 1997, Singapore: Asiapac Pulication.
- 효행실록(孝行實錄), 1985, 한국노인문제연구소.

[국외]

- *Analects of Confucius* (Lun Yu) [English translation], 1966. Beijing:Sinolingua, 2nd Ed.
- Applegate, M., & Morse, J. M., 1994, Personal Privacy and Interactional Patterns in a Nursing Home. *Journal of Aging Studies* 8. 413-434.
- Babbie, E. The Practice of Social Research, 사회조사방법론, 고성호 외 옮김, 2014, CENGAGE-Learning, 박영사.
- Bengtson, V. L., 1993, Is the "Contract across Generations" Changing? Effects of Population Aging on Obligations and Expectations across Age Groups. (In) V. L. Bengtson & W. A. Achenbaum (Eds.), *The Changing Contract across Generations* (pp. 3-23). Hawthorne, NY: Aldine de Gruyer.
- Bengtson, V. L., & Schaie, K. W.. 1989, The Problem of Generations: Age Group Contrast, Continuities, and Social Change. (In) *The Course of Later Life: Research and Reflections*. New York: Springer.
- Biggs, S., & Lowenstein, A., 2011, *Generational Intelligence: A Critical Approach to Age Relations*. New York: Routledge.
- Blackstone, A., 1856. *Commentaries on Law of England*. Philadelphia: Lippincott. Bk. 1, Ch. 8, Sec. 1.
- Blair, M. J., 1972, An Evaluation of the Bardis Familism Scale. *Journal of Marriage and the Family* 34, 265-268.
- Blech, B., 1981, Judaism and Gerontology, (In) *Aging and Human Spirit*, C. LeFevre & L. LeFevre (Eds.) Chicago: Exploration Press.
- Blenkner, M., 1965, Social Work and Family Relationships in Later Life with

Some Thoughts on Filial Maturity, *Social Structure and the Family: Generational Relations*, E. Shanas & G. F. Streib (Eds.). Englewood Cliffs, NJ: Prentice-Hall. 46-59.

- Blustein, I., 1982, The Duties of Children. (In) *Parent and Children: The Ethics of the Family* (Chap. 3). New York: Oxford University Press.
- Burgess, E. W., Locke, H. J., & Thomas, M. M., 1963, The *Family from Institution to Companionship*. New York: American Book Co.
- Butler, R., 1995, Ageism. (In) R. Maddox (Ed.), *Encyclopedia of Aging*. New York: Springer.
- Chow N., 2013, *Filial Piety and Digital Divide in East Asian Chinese Societies*. 세계노년학-노인의학 대회 발표논문. Seoul, Korea, 7월 24일.
- Chow, N., 1997, The *Policy Implications of the Changing Role and Status of the Elderly in Hong Kong*. Paper presented at The 16th Congress of The International Association of Gerontology, August 17.
- Chow, N., 1995, *Filial Piety in Asian Chinese Communities*. Paper presented at 5th Asia/Oceania Regional Congress of Gerontology, Honk Kong, 20 November.
- Chow, N., 1991, Does Filial Piety Exist under Chinese Communism? *Journal of Aging and Social Policy* 3, 207-225.
- Cogwill, D. O., 1986, *Aging around the World*. Belmont, CA: Wadworth.
- Connidis, I. A., 2009, *Family Ties and Aging*. Toronto, Butterworth.
- Cox, H. G., 1990, Roles for Aged Individuals in Post-Industrial Societies. *International Journal of Aging and Human Development* 30, 55-62.
- Davis-Friedman, D., 1983, *Long Lives, Chinese Elderly and the Communist Revolution*. Cambridge: Harvard Univ. Press.
- de Bary, W. T., 1995, Personal Reflection on Confucian Filial Piety. (In) *Filial Piety and Future Society*, 19-36. Gyonggido, South Korea: The Academy of Korean Studies.
- de Bary, W. T., & Bloom, I., 1999, *Sources of Chinese Tradition* (2nd Ed.), Chap. 15. New York: Columbia Univ. Press.
- Denzin, N. K., 1970, *The Research Act; A Theoretical Introduction to Sociological Methods*. Chicago: Aldine.

- Dillon, R. S., 1992, Respect and Care: Toward Moral Integration. *Canadian Journal of Philosophy* 22, 105-132.
- Downie, R. S., & Telfer, E., 1969, *Respect for Persons.* London: Allen and Unwin.
- Du Peng(中國人民大), 2013, *Filial Piety in the New Century China.* Paper presented at The World Congress of Gerontology and Geriatrics, Seoul, Korea, 7. 24.
- Ember, C. R., & Ember, M., 2009, *Cross-Cultural Research Methods.* (2nd Ed.) Lanham, MD: AltaMira Press.
- Emmons, R. A., & McCullough, M. E., 2008, *Thanks! How Practicing Gratitude Can Make You Happier.* Boston: Houghton Mifflin.
- *Encyclopedia of Psychology*, 2001, Harre, R., & Lamb, R. (Eds.). Cambridge, MA: MIT Press.
- English, I., 1979, What Do Grown Children Owe Their Parents? (In) O. O'Neill & W. Ruddick (Eds.), *Having Children: Philosophical and Legal Reflections on Parenthood.* New York: Oxford University Press.
- Erikson, E., 1950, *Childhood and Society.* New York: Norton.
- Evans, A., & Baxter, J., 2012, *Negotiating the Life Course: Stability and Change in Life Pathways.* New York: Springer.
- Finkel, A., 1982, Aging in Jewish Perspective, (In) *Aging: Spiritual Perspective,* F. V. Tiso (Ed.). Lake Worth, FL: Opera Pia International/Sunday Publications.
- Freedman, B., 1996, Respectful Service and Reverend Obedience: A Jewish View on Making Decisions for Incompetent Parents. *The Hastings Center Report* 26: 31-37.
- Fromm, E., 2006, *The Art of Loving.* New York: Harper and Row.
- Gallo, F., 1984, Social Support Networks and the Health of Elderly Persons. *Social Work Research & Abstracts* 8, 13-19.
- Gekoski, W., & Knox, V., 1990, Ageism or healthism. *Journal of Aging and Health* 2, 15-27.
- Ghusn, H. M., Hyde, D., Stevens, E. S., Hyde, M., & Teasdale, T. A., 1996, Enhancing life satisfaction in later life: What makes a difference for nursing home residents? *Journal of Gerontological Social Work* 26,

27–47.

- Gibbard, A., 1990, *Wise Choices, Apt Feelings.* Cambridge, MA: Harvard Univ. Press.
- Goode, W. J., 1963, *World Revolution and Family Patterns.* New York: Free Press.
- Goodwin, L. D., & Goodwin, W. L., 1984, Qualitative Vs. Quantative Research or Qualitative and Quantitative Research. *Nursing Research* 23(6), 378~380.
- Greene, J., & McClintock, C., 1985, Triangulation in Evaluation. *Evaluative Review* 9(5), 523~535.
- Gubrium, J., & Lyncott, R., 1985, Alzheimer's Disease as Biological Work, (In) Peter W. A., and Quadagno, J. (Eds.), *Social Bonds in Later Life.* Beverly Hills, CA: Sage.
- Harper, S., 1992, Caring for China's Ageing Population. *Ageing and Society* 12, 157–184.
- Harre, R., & Lamb, R. (Eds.), 1983, *Encyclopedic Dictionary of Psychology,* 398–400. Cambridge, MA: MIT Press.
- Hashimoto, A., 2004, Culture, Power, and the Discourse of Filial Piety in Japan: The Disempowerment of Youth and its Social Consequences. (In) *Filial Piety*: C. Ikels (Ed.). Stanford University Press.
- Hastings, J. (Ed.), 1908, *Encyclopedia of Religion and Ethics,* Vol. 6. New York: Charles Scribner's Sons.
- Hewitt, J. P., 1988, *Self and Society: A Systematic Interactionist. Social Psychology.* (4th Ed.) Boston, MA: Allyn and Bacon.
- Horowitz, A, & Shindelman, L. H., 1983, *The Role of Families in Providing Long-Term Care to the Frail and Chronically Ill Elderly Living in the Community, Final Report,* Health Care Financing Administration Grant No. 18-P-97541.
- Hsu, F. L. K., 1998, Confucianism in Comparative Context. (In) *Confucianism and the Family,* Slate and De Vo (Eds.), 53–71.
- Hummert, M., 1994, Stereotypes of the Elderly and Patronizing Speech. (In) M. Hummert, J. Wieman, & J. Nussbaum (Eds.), *Interpersonal Communication in Older Adulthood.* Thousand Oaks, CA: Sage.

- Ingersoll-Dayton, B., & Saengtienchai, C., 1999, Respect for the Elderly in Asia: Stability and Change. *International Journal of Aging and Human Development* 48, 113-130.
- Ikels, C. (Ed.), 2004, *Filial Piety: Practice and Discourse in Contemporary East Asia*. Stanford Univ. Press.
- Jarret, W. H., 1985, Caregiving within Kinship Systems: Is Affection Really Necessary? *The Gerontologist* 25, 5-10.
- Kant, I., 1964, Gregor, M. J. (Trans.). Doctrine of Right: *The Metaphysicas of Morals*, II. New York: Harper.
- Kastenbaum, R., & Ross, B., 1975, Historical Perspectives of Care. (In) *Modern Perspectives in the Psychiatry of Old Age*, J. G. Howells (Ed.). New York: Brunner/Mazel.
- Kirkby, R. J. R., 1985, *Urbanization in China: Towns and Country in a Developing Economy*, 1949-2000 A.D. Irvington, Columbia Univ. Press.
- Kong, D. C., 1995, The Essence of Filial Piety. (In) *Filial Piety and Future Society*, 127-137. Gyeonggido, South Korea: The Academy of Korean Studies.
- Kosberg, J. I., & Torgesen, B. L., 2001, *Emerging Issues of Elder Abuse: Implications for Prevention and Intervention*. Proceedings of 17th World Congress of the International Association of Gerontology, July 1-6, Vancouver, Canada.
- Koyano, W., 2000, Filial Piety, Co-residence, and Intergenerational Solidarity in Japan. (In) Who *should care for the Elderly? An EastWest Value Divide*, W. T. Liu & H. Kendig (Eds.), Chapter 10. Singapore: Singapore Univ. Press.
- Krippendorff, K., 1980, *Content Analysis: An Introduction to Its Methodology*. Beverly Hills, CA: Sage.
- Kunda, Z., & Schwartz, S. H., 1983, Undermining Intrinsic and Self-Presentation. *Journal of Personality and Social Psychology* 45, 763-771.
- Kwan, A. Y., 1995, Elder Abuse in Hong Kong. *Journal of Elder Abuse and Neglect* 6, 65-80.
- Lang, O., 2010, *Chinese Family and Society*. Whitefish, MT: Kissinger Publishing.
- Lawton, M. P. et al., 1992, Dimensions of Affective Experience in Three Age

Groups. *Psycholgy and Aging* 7, 1-14.

- Leininger, M., 1990, Culture: The Conspicuous Missing Link to Understand Ethical and Moral Dimensions of Human Care. (In) M. Leininger (Ed.), *Ethical and Moral Dimension of Care.* Detroit: Wayne State University Press.
- Legge, J., 1960, *The Chinese Classics.* (3rd Ed.) Hong Kong: Hong Kong University Press. Bk 1.
- Leung, J. C. B., 1997, Family Support for the Elderly in China. *Journal of Aging and Social Policy* 9, 87-101.
- Levy, M. J., 1949, *The Family Revolution in Modern China.* Cambridge, MA: Harvard Univ. Press.
- Levy, B. R., 1999, The Inner Self of the Japanese Elderly. *International Journal of Aging & Human Development* 48, 131-144.
- Lew, S. C. (류석춘), 2013, *Korean Economic Development Path: Confucian Tradition-Affective Network.* New Yrok: McMillan.
- Lewis, B., 2005, *What Do You Stand For? For Kids.* Free Spirit Publishing.
- Lewis, B., 2005, *Teaching Gratitude in the Early Years - When Do Kids Get It?* Minneapolis, MN: Free Spirit Publishing.
- Li Chi, J. Legge (Trans.), 1989-85, *Sacred Books of the East.* London: Oxford. I.
- Li, J., 1994, *Filial Piety: Tradition and Change: The Effect of Culture Change on Filial Piety on Chinese Americans at a Residence for the Chinese Elderly.* Michigan: Bell and Howell.
- Liang, J., & Jay, G. M., 1990, *Cross-Cultural Comparative Research on Aging and Health,* Instititte of Gerontology and School of Public Health, The University of Michigan.
- Litwak, E., 1978, Theoretical Base for Practice. (In) *Maintenance of Family Ties of Long-term Care Patients,* R. Dobroff and E. Litwak (Eds.). Washington, D.C.: Department of Health, Education and Welfare.
- Liu, W. T., 1986, Culture and Social Support. *Research on Aging* 8, 57-83.
- Liu, W. T., & Kendig, H., 2000, *Who Should Care for the Elderly? An East-West Value Divide.* Singapore: Singapore University Press.
- Ma, H., & Rosenberg, E., 1999, Aging and Family Transition in China: The

Impact of Culture, Technology, and Westernization. *The Southwest Journal of Aging* 14: 103-108

- MacNeil, R., Ramos, C., & Magagas, A., 1996, Age Stereotyping among College Students: A Replication and Expansion. *Educational Gerontology* 22, 229-243.
- McCall, T., et al., 1993, Listener Perceptions of Older versus Younger Adult Speech: Implications for Professionals and Families. *Educational Gerontology* 22, 229-243.
- Mancini, J. A., & Blieszner, R., 1989, Aging Parents and Adult Children: Research Themes in Intergenerational Relations. *Journal of Marriage and the Family* 51, 275-290.
- Mannheim, K., 1952, The Problems of Generations, (In) D. Kecskemeti (Ed.), *Essays on the Sociology of Knowledge*, 276-322. London: Routledge & Kegan Paul.
- Matsumoto, D., & van de Vijver, J. R., 2010, *Cross-Cultural Research Methods in Psychology*. London: Cambridge Univ. Press.
- McCullough, L. B., Wilson, N. L., Teasdale, T. A., Kolpakchi, A. L., & Skelly, J. R., 1993, Mapping Personal, Familial, and Professional Values in Long-term Care Decisions. *The Gerontologist* 33(3), 324~332.
- Mehta, K., 1997, Respect Redefined: Focus Group Insights from *Singapore. International Journal of Aging and Human Development* 44, 205-219.
- Merton, R. K., Fiske, M., & Kendall, P. L., 1990, *The Focused Interview -Aannual of Problems and Procedures* (2nd Ed.). New York: The Free Press.
- Meyer, J. F., 1988, Moral Education in Taiwan. *Comparative Education Review* 32, 20-38.
- Miles, M. B., & Huberman, M., 1984, *Qualitative Data Analysis: A Sourcebook of New Methods*. New York: Macmillan.
- Miller, D. C., & Salikind, N. J., 2002, *Handbook of Research Design and Social Measurement*. (6th Ed.) Thousabd Oaks, CA: Sage Publications.
- Miller, E. T., 2004, Filial Daughters, Filial Sons: Comparison from Rural North China, (In) *Filial Piety*, C. Ikels (Ed.). Stanford: Stanford Univ. Press.

- Mizerski, R. W., Frieden, J. B., & Greene, Jr., R. C., 1983, The Effect of the 'Don't Know' Option on TV Ad Claim Recognition Tests. (In) R. P. Bagozzi & A. M. Tybout (Eds.), *Advances in Consumer Research*, 10. Ann Arbor, MI: Association for Consumer Research. 283-287.
- Montagu, A., 1975, A Scientist Looks at Love. (In) A. Montagu (Ed.), *The Practice of Love*, 5-16. Englewood Cliffs, NJ: Prentice-Hall.
- Montgomery, R. J., & Kamo, Y., 1989, Parent Care by Sons and Daughters. (In) J. A. Manchini (Ed.), *Aging Parents and Adult Children*(213-230). Lexington, MA: Lexington Books.
- Moon, S. M., Dillon, D. R., & Sprenkle, D. H., 1990, Family Therapy and Qualitative Research. *Journal of Marital and Family Therapy* 16(4), 357~373.
- Moore, S. T., 1987, The Capacity to Care: A Family Focused Approach to Social Work Practice with the Disabled Elderly. *Journal of Gerontological Social Work* 10(1/2), 79-97.
- Morgan, C. T., 1957, Physiological Mechanisms of Motivation, *Nebraska Symposium on Motivation*. Lincoln: University of Nebraska Press.
- Morgan, L. A., & Kunkel, S. R., 2011, *Ageing, Society, and the Life Course* (3rd Ed.). New York: Springer.
- Moroney, R. M., 1976, *The Family and The State: Considerations for Social Policy*, 1-14, 115-140. New York: Longman.
- Murphy, J. W., & Longino Jr., C. F., 1992, What is the Justification for a Qualitative Approach to Ageing Studies. *Ageing and Society* 12, 143-156.
- *New York Times* [Sept. 22, 1996, Week in Review: Aging World: "A recent survey of Americans found that the single value that parents most want to pass on to younger generations is not diligence or patriotism or consideration for others, but "respect for the aged," chosen by 91% of those surveyed."]
- Ng, A., P. David & K. M. W. Lee, 2002, Persistence and Challenges to Filial Piety and Informal Support: A Case Study in Tuen Mun, Hong Kong. *Journal of Aging Studies* 16, 1-20.
- Nicholson, U. T., (Trans.), 2000, *Sutra about the Deep Kindness of Parents and the Difficulty of Repaying It*, B. H. Ch'ih and U. S.

Rounds, cert., (Eds.), Abbot Hua and B. H. Tao, Rev'd by B. H. Tao.

- Novick, L. J., 1981, How Traditional Judaism Helps the Aged Meet Their Psychological Needs, (In) *Aging and the Human Spirit*, C. LeFevre & P. LeFevre (Eds.). Chicago: Exploration Press.
- Nydegger, C. N., 1986, Familly Ties of the Aged in Cross-Cultural Perspective. *The Gerontologist* 23, 26-32.
- Palmore, E. B., 1999, Ageism: *Negative and Positve*. New York: Springer.
- Palmore, E. B., & Maeda, D., 1985, *The Honorable Elders Revisited*. Durham, NC: Duke University Press.
- Parish, W. L., & Whyte, M. K., 1978, *Village and Family in Contemporary China*. Chicago: University of Chicago Press.
- Park, B. H. (박병현), 2011, Culture, Dominant Values, and Social Welfare in Korea, (In) K. T. Sung et al. (Eds.), *Advancing Social Welfare of Korea: Challenges and Approaches*. Seoul: Jimoondang.
- Park, C. H. (朴鍾鴻), 1983, Historical Review of Korean Confucianism, In *Main Currents of Korean Thoughts*, The Korean National Commission for UNESCO. Seoul: The Si-sa-yong-o-sa.
- Payne, B. K., 2011, *Crime and Elder Abuse: An Integrated Perspective*. Springfield, IL: C. C. Thomas.
- Pedersen, P. B., 1983, Asian Personality Theory. (In) R. J. Corsica & A. J. Marsella (Eds.), *Personality Theories, Research, and Assessment*. Itasca: Peacock.
- Pei, X., & V. K. Pillai, 1999, Old Age Support in China: The Role of the State and the Family. *International Journal of Aging and Human Developement* 49, 197-212.
- Piaget, J., 1969, *The Moral Judgement of the Child*. London: Routledge and Kegan Paul.
- Pillemer, K. A., & Finkelhor, D., 1988, The Prevalence of Elder Abuse. *The Gerontologist* 28, 51-57.
- Post, S. G., 1989, Filial Morality in an Aging Society. *Journal of Religion & Aging* 5, 15-29.
- Qureshi, H., & Walker, A., 1989, *The Caring Relationship: Elderly People and their Families*. New York: Macmillan.

- Rawls, J., 2005, *A Theory of Justice*. Cambridge, MA: Harvard University Press.
- Reichel, W., 1995, *Care for the Elderly: Clinical Aspects of Aging*. Baltimore: Wilkins and Wilkins.
- Rice, E. P., 1984, *The Adolescent: Development, Relationships, and Culture*. Boston: Allyn & Bacon.
- Riley, M., & Riley, J., 1994, Age Integration and the Lives of Older People. *The Gerontologist* 34, 110-115.
- Robert, K., 2008, *Age Stratifications*. U.S. Department of Health, Education, and Welfare, Office of Education.
- Rokeach, M., 1978, *Understanding Human Values: Individual and Societal*. New York: Free Press.
- Roland, A., 1989, *In Search of Self in India and Japan: Toward Cross-Cultural Psychology*. Princeton University Press.
- Rosow, I., 1962, Old Age: One Moral Dilemma of an Affluent Society. *The Gerontologist 2*, 182-191.
- Rowe, J., & Kahn, R., 1995, *Successful Aging*. New York: Pantheon Books.
- Rubin, A., & Babbie, E., *Research Method for Social Work*. Brooks/Cole. (12th Ed.) [유태균 옮김, 2012, 사회복지조사방법론. 제12판 박영사, Cengage Learning Korea, Ltd.]
- Rubinstein, R., 1992, Anthropological Methods in Gerontological Research: Entering the Realm of Meaning. *Journal of Aging Studies* 6(1), 57~66.
- Ryan, M. J., 1999, *Attitudes of Gratitude*. San Francisco: Conari.
- Schlafly, P., 2014, *Who Killed American Family?* Washington, DC: WND Books.
- Scott, J., 2012, *Social Network Analysis*. (3rd Ed.) Beverly Hills, CA: Sage.
- Selden, M., 1993, Family Strategies and Structures in Rural China. (In) *Chinese Families in the Post-Mao Era*, (Ed.) D. Davis & S. Harrel, 139-164. Berkeley: University of California Press
- Selig, S., Tomlinson, T., & Hickey, T., 1991, Ethical Dimensions of Intergenerational Reciprocity: Implications for Practice. *The Gerontologist* 31, 624-630.
- Shanas, E., 1979, The Family and a Social Support System in Old Age.

*The Gerontologist* 19, 169-174.
- Sidgwick, H., 1983, Filial Morality. *The Journal of Philosophy* 83(8), 144.
- Silverman, P., & Maxwell, R., 1978, How Do I Respect Thee? Let Me Count the Ways. *Behavior Science research* 13, 91.
- Simmel, O. S., 2008, *The Web of Group Affiliation.* New York: Free Press.
- Simmons, P., 2008, *Faith and Health, Religion, and Public Policy.* New York: Simon & Schuster.
- Singapore Ministry of Community Development, 1996, *Report of Advisory Council on the Aged.* Singapore, The Author
- Smelser, J., 1976, *Comparative Methods in the Social Sciences.* Englewood Cliffs, NJ: Prentice-Hall.
- Sokolovsky, J. (Ed.), 1990, *The Cultural Context of Aging.* New York: Bergen and Garvey.
- Someya Yoshiko(東京女子大), 2013, *Changing Attitude toward Supporting Older Parents in Japan.* 세계노년학-노인의학대회 발표논문, Seoul, Korea, 7월 24일.
- Sorokin, P. A., 1941, *The Crisis of Our Age.* New York: E. P. Dutton.
- Sternberg, R. J., 2008, *Cognitive Psychology.* New York; Free Press.
- Strahmer, H. M., 1985, Values, Ethics and Aging, (In) Losnoff-Caravaglia (Ed.), *Values, Ethics and Aging.* New York: Human Sciences Press.
- Strauss, A., & Corbin, J., 1998, *Basics of Qualitative Research.* (2nd Eds.) Thousand Oaks: Sage.
- Streib, G. F., 1987, Old Age in Sociocultural Context; China and the United States. *Journal of Aging Studies* 7, 95-112.
- Sung, K. T. (성규탁), 1990, A New Look at Filial Piety: Ideals and Practice of Family-Centered Parent Care in Korea. *The Gerontologist* 30, 610-617.
- Sung, K. T. (성규탁), 1991, Family-centered Informal Support Networks of Korean Elderly: Resistance of Cultural Traditions. *Journal of Cross-Cultural Gerontology* 6, 432-447.
- Sung, K. T. (성규탁), 1992, Motivations for Parent Care: The Case of Filial Children in Korea. *International Journal of Aging and Human Development* 34, 179-194.

- Sung, K. T. (성규탁), 1994, Cross-cutural Comparison of Motivations for Parent Care. *Journal of Aging Studies* 8, 195-209.
- Sung, K. T. (성규탁), 1995, Measures and Dimensions of Filial Piety. *The Gerontologist* 35, 240-247.
- Sung, K. T. (성규탁), 1998, An Exploration of Actions of Filial Piety. *Journal of Aging Studies* 12, 369-386.
- Sung, K. T. (성규탁), 2000, Respect for Elders: Traditional Forms and Emerging Trends. *Hong Kong Journal of Gerontology* 14, 331-345.
- Sung, K. T. (성규탁), 2001, Family Support for the Elderly in Korea. *Journal of Aging and Social Policy* 12, 65-79.
- Sung, K. T. (성규탁), 2002, Elder Respect among American College Students. *International Journal of Aging and Human Development* 55, 367-382.
- Sung, K. T. (성규탁), 2004, Elder Respect among Young Adults: A Cross-cultural Study of Americans and Koreans. *Journal of Aging Studies* 18. 215-230.
- Sung, K. T. (성규탁), 2005, *Care and Respect for the Elderly in Korea: Filial Piety in Modern Times in East Asia*. Seoul: Jimoondang.
- Sung, K. T. (성규탁), 2013, *Filial Piety in Aging Society*. Paper presented at The Presidential Symposium on "Changing Times and Filial Piety", The 20th World Congress, International Association of Geontology and Geriatrics, June 24, Seoul, Korea (國際老年學與老人醫學協會主催).
- Sung, K. T. (성규탁), 2013, *Respect for The Elderly in East Asia*. Paper presented at The Presidential Symposium on "The Intervention of Ageing: Approaches and Strategies for the Digital Ageing Era", The 20th World Congress, International Association of Geontology and Geriatrics, June 25, Seoul, Korea (國際老年學與老人醫學協會主催).
- Sung, K. T. (성규탁), 2015, *Filial Piety in East Asia: Cultural Specificity and Global Alignment*, Paper presented at Symposium on "East meets West Reconciling Culturally Different Perspectives on Elder Care and Probable Results in China," IAGG(International Association of Gerontology and Geriatric), Shanghai, China (中國上海國際老年學與老人醫學協會主催).
- Sung, K. T. (성규탁), 2015, Filial Piety in Modern Korea: Persisting Values and Modifying Expressions. (In) *Aging Industry and Filial Piety Culture*. Xi'an

Jiaotung University Aging and Health Research Center, Xi'an China.

- Sung, K. T. (성규탁), & Dunkle, R. E., 2009, How Social Workers Demonstrate Respect for Elderly Clients. *Journal of Gerontological Social Work* 53: 250–260.
- Sung, K. T. (성규탁) & Hagiwara, S.(萩原俊), 2005, Japanese Young Adults and Elder Respect: Exploration of Forms and Expressions, Graduate School of Social Well-being Studies, Hosei University, Japan.
- Sung, K. T. (성규탁), & Kim, B. J. (김범중), 2009, *Respect for the Elderly: Implications for Human Service Providers*. Lanham, MD: University Press of America.
- Sung, K. T. (성규탁), Kim, B. J. (김범중), & Torres-Gil, F., 2010, Respectfully treating the elderly: Affective and Behavioral Ways of American Young Adults, *Educational Gerontology* 36, 127–147.
- Sung, K. T. (성규탁), Yan, G., Zhang, J., Zhang, M., & Kim, G., 2003, Study of Elder Respect among Chinese Young Adults, School of Social Work, University of Southern California.
- Sung, K. T. (성규탁), et al. (Eds.), 2012, *Advancing Social Welfare of Korea: Challenges and Approaches*. Seoul: Jipmoondang.
- Tang, W., & Parish, W. L., 2000, *Chinese Urban Life under Reform: The Changing Social Contract*. London: Cambridge University Press.
- *Teaching of Buddha*, 1984, Buddhist Promoting Foundation, Tokyo: Bukkyo Dendo Kyokai. 430–431.
- Tomita, S., 1994, Consideration of Cultural Factors in the Research of Elder Mistreatment with an In-depth Look at the Japanese. *Journal of Cross- Cultural Gereontology* 9, 39–52.
- Tu, W. M., 1995, Humanity as Embodied Love: Exploring Filial Piety in a Global Ethical Perspectives. (In) *Filial Piety and Future Society*. Gyonggido, South Korea: The Academy of Korean Studies.
- Uhlenberg, P., & Cooney, T. M., 1990, Family Size and Mother-Child Relations in Later Life. *The Gerontologist 30*, 618–625.
- Vasil, L., & Wass, H., 1993, Portrayal of the Elderly in the Media: A Literature Review and Implications for Educational Gerontologists. *Educational Gerontology* 19, 71–85.

- Wasserman, S., & Faust, K., 1994, *Social Network Analysis: Methods and Appications*. Cambridge University Press.
- *Webster's New Universal Unabridged Dictionary*, 1996. New York: Barnes & Noble Books.
- Wenger, G. C., 1984, *The Support Network: Coping with Old Age*. London: Allen & Unwin.
- West, P., 1984, The Family, the Welfare State and Community Care. *Journal of Social Policy* 13, 417-446.
- Whyte, M. K., 1995, The Social Roots of China's Economic Development. *China Quarterly* 144, 999-1019.
- Whyte, M. K., 2004, Filial Obligations in Chinese Families: Paradoxes of Modernization, (In) Ikels, C. (Ed.), *Filial Piety: Practice and Discourse in Contemporary China*. Stanford University Press
- Whyte, M. K., & Parish, L. W., 1980, *Village and Family in Contemporary China*. University of Chicago Press.
- Wilson, C. C., & Netting, F. E., 1986, Ethical Issues in Long-term Care for the Elderly. *Health Values* 10: 3-12.
- Xie, X, Defrain, J., Meredith, W., & Combs, R., 1996, Family Strengths in the People's Republic of China. *Internat'l Journal of Sociology of the Family* 26, 17-27.
- Xue, H. L., X. M. Xin & G. S. Liu, 1998, *Empirical Analysis and Basis of Elder Care Problems in Farming Villages: Investigation of Documents on Shandong Farming Villages*. Science, Economy and Society, The People's Repulic of China.
- Yi, S. U. (李相殷), 1983, On the Criticism of Confucianims in Korea, *Main Currents of Korean Thoughts*. Seoul: Si-sa-yong-o-sa.
- Yi, Z., & Wenmei, C., 1994, A Comparative Study on Changes in Chinese Families, Urban and Rural. (In) *Aging and the Family* 160-165. New York: United Nations.

저자 : **성규탁, 成圭鐸, Kyu-taik Sung**

e-mail: sung.kyutaik@gmail.com
충북청주중학교 & 고등학교 졸업
서울대학교 문리과대학 & 대학원 졸업(BA, MA)
미국미시간대학교(앤아바)사회사업대학원 졸업(MSW)
미국미시간대학교(앤아바)대학원졸업(Ph.D.)

(전) University of Wisconsin-Madison사회사업대학원교수
연세대사회복지학과교수[창립시학과장]
연세대사회복지연구소초대소장
University of Chicago 특임연구원(Fellow)
(동아시아가족복지 및 사회복지행정 연구)
한국사회복지학회장
한국노년학회장
〈연세대 은퇴〉
미국Michigan State University사회사업대학원전임교수
미국University of Southern California사회사업대학원
석좌교수(Frances Wu Endowed Chair Professor)
(동아시아가족복지 및 사회복지행정 연구)
미국University of Michigan사회사업대학원초빙교수
Elder Respect, Inc.(敬老會)대표
〈귀국〉
시회복지교육실천포럼대표
효문화연구소대표
한국사회복지사협회원로회공동위원장
한국고령사회비존연합회교육원장

**저서**(국문)
새 時代의 孝 (연세대출판부) (연세대학술상수상) 1995
새 시대의 효 Ⅰ (문음사) (아산효행상수상) 1996
새 시대의 효 Ⅱ (문음사) (문화공보부추천도서) 1996
새 시대의 효 Ⅲ (문음사) 1996
현대 한국인의 효 (집문당) (한국학술원선정우수도서) 2005
한국인의 효 Ⅰ (한국학술정보사) 2010
한국인의 효 Ⅱ (한국학술정보사) 2010
한국인의 효 Ⅲ (한국학술정보사) 2010
한국인의 효 Ⅳ (한국학술정보사) 2010
한국인의 효 Ⅴ (한국학술정보사) 2010
어른을 존중하는 중국, 일본, 한국 사람들 (한국학술정보사) 2011
어떻게 섬길까: 동아시아인의 에티켓 (한국학술정보사) 2012
한국인의 서로돌봄: 사랑과 섬김의 실천 (한국학술정보사) 2013

부모님, 선생님 "고맙습니다"로 시작하는 효 (한국학술정보사) 2013
한국인의 세대간 서로돌봄: 전통–변천–복지 (집문당) 2014

사회복지행정론 (법문사)
산업복지론 (박영사)
정책평가 (법영사)
사회복지조직론(역서) (박영사)
사회복지사업관리론(역서) (법문사)
사회복지임상조사방법론 (법문사) 외

**저서**(영문)
*Care and respect for the elderly in Korea*: *Filial piety in modern times in East Asia*. Seoul: Jimoondang, 2005
*Respect and care for the elderly: The East Asian way*. Lanham, MD: University Press of America. 2007
*Respect for the elderly: Implications for human service providers*. Lanham. MD: University Press of America. 2009
*Advancing social welfare: Challenges and approaches*. Seoul: Jimoondang, 2011

**논문**(국내)
사회복지학회지
연세사회복지연구
사회복지
한국정신문화연구원논총
한림과학원총서
숭곡논총
한국노년학
노인복지정책연구총서 등에 발표

**논문**(외국)
Journal of Social Service Research
Administration in Social Work
International Social Work
Society and Welfare
Social Indicators Research
Journal of Family Issues
Journal of Applied Social Sciences
Journal of Poverty
The Gerontologist
Journal of Aging Studies

International Journal of Aging & Human Development
Journal of Gerontological Social Work
Journal of Cross-Cultural Gerontology
Journal of Aging & Social Policy
Educational Gerontology
Ageing International
Journal of Aging and Identity
Journal of Aging, Humanities, and the Arts
Journal of Religious Gerontology
Hong Kong Journal of Gerontology
Australian Journal on Ageing
The Southwest Journal of Aging
International Journal of Social Research & Practice: Dimentia
Public Health Reports
Public Health Reviews
Health and Social Work
Studies in Family Planning
Child Care Quarterly
Child Welfare 등에 발표

**한국인의 효에 대한 사회조사** 값 23,000원

2016년 1월 7일 1판 1쇄

저 자 성규탁
발행인 임삼규
발행처 **지문당**
주 소 10881 경기도 파주시 광인사길 85(본사)
03134 서울시 종로구 돈화문로 82(서울사무소)
등 록 1997. 12. 30. 제406-2003-000038호
영업부 전화 (02)743-3192~3
팩스 (02)742-4657
전자우편 sale@jimoon.co.kr
편집부 전화 (02)743-3096~8
팩스 (02)743-0227
전자우편 edit@jimoon.co.kr
홈페이지 www.jimoon.co.kr

ISBN 978-89-6297-179-8